한국사회복지전달체계연구

한국사회복지전달체계연구

초판 1쇄 인쇄　2016년 6월 27일
초판 1쇄 발행　2016년 6월 30일

지 은 이　지은구
펴 낸 이　신일희
펴 낸 곳　계명대학교 출판부
출판등록　제347-1998-1호(1970. 9. 1)
주　　소　대구광역시 달서구 달구벌대로 1095
대표전화　053-580-6233
팩　　스　053-580-6235
홈페이지　www.kmupress.com

ISBN　978-89-7585-753-9　93330　정가 23,000원

이 도서의 국립중앙도서관 출판예정도서목록(CIP)은 서지정보유통지원시스템 홈페이지(http://seoji.nl.go.kr)와 국가자료공동목록시스템(http://www.nl.go.kr/kolisnet)에서 이용하실 수 있습니다.(CIP제어번호: CIP2016015804)

한국사회복지전달체계연구

지은구 지음

계명대학교 출판부

차례

제3장 사회복지전달 모델

제5장 사회복지전달에 있어 정부와 민간과의 관계

머리말

한국사회복지의 발달은 1980년대 이후부터 급속하게 발전하여 왔다. 특히 사회복지 재화와 서비스의 전달과 관련한 전달체계는 공적부조 및 사회보험 혜택에 대한 국가중심 전달체계로부터 사회복지서비스영역의 비영리조직중심의 전달에 이르기까지 공공 및 민간이 혼합된 유형으로 서비스가 진행되어 왔으며 2007년 이후부터는 노인장기요양서비스와 지역사회서비스투자사업의 제공을 시장이 책임지는 혼합시장모형이 적극적으로 도입되어 우리나라의 사회복지전달체계는 대표적인 민간비영리, 민간영리 그리고 공공부문이 함께 사회복지서비스를 제공하는 대표적인 복지혼합체계를 이루고 있다.

사회복지전달체계는 국민들에게 사회복지재화와 서비스를 전달(할당)하는 조직적 배열이나 조직적 체계를 의미하는 것으로 사회복지전달체계가 어떻게 구축되어 있는가 즉, 사회복지전달체계의 성격에 따라 국민들에게 제공되는 사회복지서비스의 영향력이나 국민들의 사회복지에 대한 인식이나 태도 등은 차이가 발생할 수 있다. 지금까지 사회복지전달체계에 대한 논의는 매우 제한적으로 이루어져 왔다. 우리나라에서의 사회복지전달체계에 대한 논의는 주로 복지혼합의 성격을 논의하는 글이 대부분이며 복지혼합성격의 틀을 바탕으로 사회복지전달체계를 분석하기 위한 이론이나 모델 그리고 분석기준 등을 다루는 논의는 이루어지고 있지 않았다. 그리고 복지혼합의 성격규명에 대한 논의없이 이루어진 대부분의 사회복지전달체계에 대한 연구들은 특히 한국사회복지전달체계의 성격 규명을 위한 이론과 모델에 대한 분석없이 우리나라의 공공과 민간의 사회복지전달의 현상을 살펴보고 문제점과 개선방안을 제시하는 수준에 머물러 있는 것이 특징이다.

사회복지재화와 서비스가 어떠한 방식으로 어떠한 경로를 거쳐 전달되는가 또는 전달되어야 하는가를 이해하고 분석하기 위해서는 반드시 사회복지전달의 경로를 이해하고 분석할 수 있는 이론적 틀과 전달의 경로를 밝히는 전달모형에 대한 비교분석 그리고 사회복지전달에 있어 공공과 민간의 역할에 대한 이해가 필수적이다. 또한 일 국가의 사회복지전달체계의 성격을 규명하기 위해서는 위의 작업에 더하여 사회복지전달체계의 성격규명에 가장 적합한 분석기준이 반드시 필요하다. 사회복지전달을 설명하는 이론적 틀, 사회복지전달의 모형 그리고 사회복지전달에 있어 민과 관의 역할과 이를 적용하여 전달체계의 성격을 규정할 수 있는 분석기준이 없다면 일 국가의 사회복지전달의 성격을 규명하는 것은 현실적으로 불가능하다.

본 연구는 사회복지전달체계를 본격적으로 다룬다. 특히, 한국사회복지전달체계의 성격을 규명하기 위하여 제2장에서는 사회복지전달체계의 이론적 토대를 살펴보고 제3장에서는 사회복지전달을 설명해주는 다양한 모델들을 비교 분석하며 제4장에서는 사회복지전달체계의 성격을 규명하기 위한 기준을 분석하고 제5장에서는 사회복지전달에 있어 국가와 민간의 역할을 설명해주는 다양한 모델들을 비교분석한다. 그리고 제6장에서는 사회복지전달체계분석을 위한 앞장의 논의들을 중심으로 한국사회복지전달체계의 성격규명을 시도한다.

사회복지전달체계는 복지국가의 성격을 나타내주는 바로미터의 역할을 수행하는데 이는 사회복지전달체계의 성격이 그 국가의 복지수준을 파악하도록 해주는 주요한 기준이 될 수 있기 때문이다. 즉, 특정 국가가 유지하고 있는 사회복지전달체계가 공공조직중심으로 이루어져 있는지 아니면 시장중심이나 비영리조직중심으로 구성되어 있는지는 그 국가의 전체 사회복지수준과 내용을 이해하는데 있어 매우 중요한 척도가 된다. 예를 들어 시장중심의 사회복지전달체계는 국가의 사회복지전달에 있어 사회복지의 총체적 기획과 생산 및 공급을 시장에게 맡김으로써 국가의 사회복지에 대한 책임성을 많은 부분 시장에게 맡기는 것을 의미하며 국가가 직접 사회복지전달을 책임지는 공공제공모델은 국가의 사회복지에 대한 총체적 기획 및 관리를 국가가 직접 통제함으로 시장모델과 공공제공모델은 당연히 사회복지전달에서 국가의 역할은 다를 수밖에 없고 이러한 차이점은 곧 사회복지의 양과 질에 영향을 주는 주요 영향요인이 된다.

본 연구는 비공식부분인 가족을 제외하고 공식적으로 사회복지재화와 서비스가 전달되는 공공 및 민간부분을 중심으로 논의를 한정할 것이다. 본 연구를 통하여 사회복지전달을 설명하는 이론적 틀과 전달체계모형 그리고 전달체계를 분석하는 분석기준에 대한 논의가 활발히 이루어질 것을 기대할 수 있으며 특히, 본 연구가 한국사회의 사회복지전달체계에 있어 복지혼합의 성격을 규명하는 논의를 이끌어낼 수 있다는 점은 한국 사회복지발전에 매우 유익하게 작용할 수 있을 것이다. 본 연구는 방대한 영역의 한국사회복지전달체계에 대한 성격을 다루는 탐색적인 연구라는 한계를 갖지만 본 연구를 기반으로 앞으로 사회복지전달체계의 성격에 대한 활발한 논의와 연구가 이루어지기를 기대해 본다.

2016년 3월

지은구

제1장 서론: 협력과 조정인가?
아니면 선택과 경쟁인가?

제1절 연구의 필요성과 연구의 목적

제2절 연구의 과정 및 방법

제1장 서론: 협력과 조정인가? 아니면 선택과 경쟁인가?[01]

제1절 연구의 필요성과 연구의 목적

자본주의사회에서 재화와 서비스는 시장을 통해서 교환된다. 하지만 시장을 통하지 않고도 교환이 가능한 대표적인 서비스가 공공 및 사회복지서비스이다. 사회복지재화와 서비스가 전달되는 또는 경제학적으로 표현하면 교환되는 경로를 사회복지전달체계라고 규정할 수 있다. 경로를 조직적 배열이나 조직적 체계로 이해한다면 사회복지재화와 서비스가 전달되는 전달체계는 교환이 이루어지는 조직적 배열이나 조직적 체계를 나타낸다고 할 수 있다. 결국, 사회복지전달체계는 어떠한 경로를 거쳐 사회복지 재화와 서비스가 일반국민들에게 제공되는지를 설명해준다. 즉, 서비스전달체계는 서비스제공자와 서비스이용자 사이

---

01 이 저서는 2013년 정부(교육부)의 재원으로 한국연구재단의 지원을 받아 수행된 연구임(NRF-2013S1A6A4018325)

에 그리고 서비스제공자들 사이에 존재하는 서비스 교환의 경로이거나 조직적 배열 또는 조직적 체계라고 할 수 있다.

사회복지재화와 서비스는 국가가 직접 제공하는 경우, 민간비영리조직이 제공하는 경우 그리고 영리조직이 시장을 통해서 제공하는 경우 등으로 구분할 수 있으며 일반적으로 대부분의 복지국가에서는 복잡한 혼합전달체계로 서비스가 전달된다. 사회복지전달의 혼합적 성격을 통상적으로 "복지혼합"이라고도 부른다. 사회복지서비스가 이렇게 복잡하게 전달되는 이유는 재화 자체적 성격 때문이다. 즉, 사회복지재화와 서비스는 일반 상품과는 달리 사회적 가치를 실현하는 가치재적 성격과 국가가 특정 목적 성취를 위해 제공한다는 공공재적 성격을 가지고 있으며 특히, 인간을 유지, 보전, 변화시키기 위해 제공되는 휴먼서비스라는 성격을 가지고 있음으로 시장을 통해서 전달되는 일반상품이나 서비스와는 다른 전달경로를 가질 수밖에 없다. 즉, 사회복지서비스는 가치재적 성격과 공공재적 성격을 가지고 있음으로 국방서비스와 같이 국가가 직접 제공하는 것이 가능하며 인간을 유지, 보전, 변화시키는 것이 목적임으로 일반상품과는 다른 전달체계를 갖게 된다.

자원의 한계를 강조하는 자본주의경제학의 대표적인 법칙인 희소성의 법칙은 사회복지전달에 있어 효율성과 효과성을 강조하는 전달체계의 등장을 가져다주었는데 이는 복지혼합을 이해하는 가장 중요한 핵심주제어이다. 즉, 복지국가의 재정적 위기의 시대에 공공사회복지전달체계의 비효율성을 극복하기 위해 민간시장이 참여하는 시장을 통한 사회복지전달이 1980년대 이후 민영화라는 이름으로 등장하였으며 역시 공공사회복지전달의 효과성을 개선하기 위해 전문가주의를 강조하는 비영리제공모델이 확대되었다. 하지만 민영화를 통한 시장모델은 서비스를 제공받는 국민들을 차별하여 사회적 불평등을 양산하며 비영리모델 역시 서비스를 제공받는 모든 국민들을 변화가 필요한 서비스대상자 즉, client로만 간주하여 국민들을 수동적인 인간이면서 자체적인 문제해결능력을 가지지 못한 것으로 바라보며 조직의 이익실현을 보다 중요시하는 조직이기주의의 바람직하지 못한 현상을 가져다주었다는 비판으로부터 자유롭지 못한 것이 사실이다. 이러한 문제점들을 극복하기 위하여 신뢰, 협력, 상호이해와 조정 등을 강조하는 새로운 복지전달모델들이 등장하였다. Le Grand(2002)는 공공 및 사회복지서비스를 전달하는 가장 대표적인 체계(또는 모델)로 정부통제 및 감독, 네트워크, 그리고 준시장모델을 제시하였으며 2007년에는 전달체계를 신뢰, 명령과 통제, 표적 그리고 성과관리모델로 수정 제시하였지만 이는 한 학자의 개인의 견해에 해당될 뿐 현대 자본주의사회에서 사회복지서비스전달의 다양한 경로를 설명해주기에는 제한적이다.

사회복지전달의 경로 즉, 사회복지전달체계는 복지국가의 성격을 나타내주는 바로미터의 역할을 수행하는데 이는 사회복지전달체계의 성격이 그 국가의 복지수준을 파악하도록 해주는 주요한 기준이 될 수 있기 때문이다. 즉, 특정 국가가 유지하고 있는 사회복지전달체계가 공공조직중심으로 이루어져 있는지 아니면 시장중심이나 비영리조직중심으로 구성되어 있는지는 그 국가의 전체 사회복지수준과 내용을 이해하는데 있어 매우 중요한 척도가 될 수 있다. 예를 들어 시장중심의 사회복지전달체계는 국가의 사회복지전달에 있어 사회복지의 총체적 기획과 생산 및 공급을 시장에게 맡김으로써 국가의 사회복지에 대한 책임성을 많은 부분 시장에게 맡기는 것을 의미하며 국가가 직접 사회복지전달을 책임지는 공공제공모델은 국가의 사회복지에 대한 총체적 기획 및 관리를 국가가 직접 통제함으로 시장모델과 공공제공모델은 당연히 사회복지전달에서 국가의 역할은 다를 수밖에 없고 이러한 차이점은 곧 사회복지의 양과 질에 영향을 주는 주요 영향요인이 된다.

지금까지 사회복지전달체계에 대한 연구는 활발히 이루어지고 있지 않다. 특히 사회복지전달에 대한 이론적 배경에 대한 연구는 민영화에 따른 계약관계를 설명하는 주인과 대리인이론이나 공공선탄이론을 제외하고는 제한적이다. 물론 공공서비스전달영역에 대한 이론적 배경은 1990년대 이후 이해관계자이론이나 스튜어드십이론 등이 제시되어 활발한 논의가 외국을 중심으로 이루어지고 있지만 사회복지전달에 대한 이론적 배경으로의 적용과 논의 확산은 제한적으로 이루어지고 있다. 사회복지전달을 공공서비스전달의 맥락에서 이해한다면 사회복지전달을 분석하는데 도움을 받을 수 있는 이론으로는 공공선택이론, 주인-대리인이론, 스튜어드십이론, 이해관계자이론 그리고 협력과 조정을 강조하는 네트워크이론과 자원의존이론 등이 있다. 주인-대리인이론이나 공공선택이론을 설명하는 학자들은 대부분 민영화에 따른 민간조직과 정부와의 계약관계 또는 시장확대 등을 분석하는데 있어 공공선택이론과 대리인이론을 활용하고 있는데 대표적인 학자는 Savas(2000) 그리고 바우처의 적용가능성과 한계를 대리인이론으로 분석한 Daniels와 Trebilcock(2005)등이 있다. 반면 대리인이론과 공공선택이론의 문제점을 극복하기 위한 대안으로 스튜어드십이론, 이해관계자이론, 네트워크이론과 자원의존이론 등을 강조한 학자들로는 Martynov(2009), Vallejo(2009), Eddleston과 Kellermanns(2007), Van Slyke(2007) Provan과 Huang(2006), Buchholz와 Resenthal(2005), Pesqueux와 Damak-Ayadi(2005), Heath와 Norman(2004), Freeman과 Phillips(2002), Davis, Schoorman 그리고 Donaldson(1997), Donaldson과 Davis(1992), Rowley(1997), Hill과 Jones(1992), Granovetter(1983) 등이 있다. 이들의 논의들은 대부분 공공서비스나 비영리조직의 서비스전달과 관련된 이론적 배경을 고찰하는 것임으로 사회복지전달의 이론적 배경으로 확대해석하는 것이 가능하다.

사회복지전달의 유형 즉, 모델에 대한 연구는 이론적 배경에 대한 논의보다는 비교적 활발하게 진행되어 왔다. 대표적인 학자는 준시장모델을 강조한 Le Grand(1991, 2002, 2007)이다. 물론 공공서비스의 전달모델에 대한 논의는 Peters(1996)가 제시한 시장모델, 참여모델, 유연성모델 그리고 탈규제모델이 주된 영역이지만 공공서비스에 대한 논의를 확대하면 신뢰모델을 강조한 Alexander와 Nank(2009) 그리고 Girdon, Kramer 그리고 Salamon(1992)이 유형화한 모델(정부지배모델, 비영리지배모델, 이중모델, 협조모델) 그리고 Denhardt와 Denhart(2000)의 신공공서비스모델 등은 모두 사회복지전달모델로 확대 해석할 수 있으며 Pestoff(2006)이 강조한 공동생산모델은 전형적인 사회서비스전달모델이다.

사회복지전달에 있어 민간과 공공의 역할분담에 대한 논의는 이론적 배경과 전달모델의 영역보다 활발히 이루어져왔다. 물론 공공서비스전달에 있어 민간과 공공의 역할에 대한 논의가 주된 영역이지만 Young(2000)의 공공조직과 비영리조직의 관계모델은 사회복지전달로 논의를 확대하여 민간과 공공의 역할을 이해하고 해석할 수 있는 근거를 제시하였다. 특히, Reisch와 Sommerfeld(2003)은 Young의 관계모델을 복지분야로 적용하여 미국의 1996년 복지개혁 이후로 민간과 비영리조직 사이의 관계를 분석하여 비영리조직이 정부의 사회복지전달을 보완해주는 역할이 증대하고 있음을 지적하였다.

사회복지전달체계를 분석하기 위한 기준을 제시한 논의는 더욱 제한적으로 이루어져 왔다. Besely(2002)와 Savas(2000)는 공공서비스전달체계 분석을 위한 기준을 제시하였으며 Ranci(2002) 역시 사회서비스전달체계를 분석하기 위한 기준을 제시하였다. 또한 Burchardt, Propper 그리고 Hills(1999)도 민-관의 공공 및 사회복지서비스 전달체계 분석을 위한 기준을 제시하였는데 이 기준들은 모두 사회복지전달체계를 분석하는 기준으로도 확대하여 활용할 수 있다.

위의 논의들을 종합하면 이론적 배경이나 전달모형 그리고 전달모형분석을 위한 기준과 전달에 있어 민간과 공공의 역할을 논의하는 연구들은 대부분 파편적으로 이루어져 왔음을 알 수 있으며 주로 사회복지서비스보다는 공공서비스전달과 관련된 연구가 주된 부분임을 알 수 있다. 사회복지재화와 서비스의 재화적 성격의 특수성을 고려하여 사회복지재화와 서비스를 전달하는 전달체계를 이해가고 분석할 수 있는 이론적 배경과 분석기준 그리고 전달모델 등에 대한 논의를 사회복지영역에서 다루는 논의가 제한적임을 고려할 때 사회복지재화와 서비스의 특성을 고려하여 사회복지로 영역을 제한하고 사회복지전달의 이론적 배경 그리고 전달모델, 전달에 있어 민간과 공공의 역할 그리고 분석기준을 적용하여 특정 국가의 사회복지전달체계의 성격을 다루는 연구는 의미가 있다. 이는 사회복지전달을 설명하는 이론에 대한 분석과 전달경로를 밝히는 모델 그리고 민과 관의 역할에 대한 비교분석을 배경으로 하여 사회복지전달분석기준을 찾고 이 분석기준을 적용하여 특정 국가의 사회복지전달체계를 분석한 연구는 거의 이루어지고 있지 않고 있기 때문이다.

우리나라에서의 사회복지전달체계에 대한 논의는 주로 복지혼합의 성격을 논의하는 글이 대부분이며 복지혼합성격의 틀을 바탕으로 사회복지전달체계를 분석하기 위한 이론이나 모델 그리고 분석기준 등을 다루는 논의는 이루어지고 있지 않다. 신동면(2001)은 한국복지혼합의 특징을 잔여적 국가, 성장된 시장, 미비한 자원 그리고 보호적 가족으로 제시하였으며 김진욱(2004)은 복지혼합모형으로 국가, 시장, 기업, 제3섹터, 그리고 가족으로 구성되어 있는 복지 5각 모형을 제시하였고, 나아가 사회서비스전달에 있어 공사혼합모형을 살펴보고 한국으로의 적용가능성을 탐색하였다(2007). 이현주와 정익중(2012)는 아동복지서비스영역에서 복지혼합의 특징을 살펴본 후 공공성확보를 위한 공공기능개선 방안을 제시하였다. 또한 최재성(2005)은 사회복지전달체계의 민영화에 따른 역할분담에 대한 논의를 국가, 시장 그리고 가족을 중심으로 제시하였다. 이들 논문들에는 대부분 복지혼합에 대한 이론적 논의는 배제되어 있음으로 이론적 틀에 기초한 복지혼합과 사회복지전달체계에 대한 모델분석을 등한시하였다는 한계와 모델분석을 위한 적당한 기준의 제시 없이 한국 사회복지전달체계의 성격을 규명하였다는 한계를 동시에 가지고 있다. 그리고 복지혼합의 성격규명에 대한 논의 없이 이루어진 대부분의 사회복지전달체계에 대한 논문들[02]은 특히 한국사회복지전달체계의 성격 규명을 위한 이론과 모델에 대한 분석없이 우리나라의 공공과 민간의 사회복지전달의 현상을 살펴보고 문제점과 개선방안을 제시하는 수준에 머물러 있는 것이 특징이다.

기존연구의 한계로는 첫째, 사회복지전달체계를 이해하고 분석하기 위한 이론적 틀에 대한 논의가 공공선택이론이나 주인-대리인이론 등에 치우친 채 매우 제한적으로 이루어지고 있으며 국내에서는 그나마 전혀 논의가 이루어지고 있지 않다는 점, 둘째, 사회복지의 전달을 책임지는 전달체계 즉, 전달유형이나 모델에 대한 연구 역시 공공서비스영역에 한정되어 이루어져왔고 특히 이론적 배경을 토대로 한 전달모델에 대한 분석 역시 매우 제한적으로 연구가 이루어진 분야이고 국내에서는 논의가 활발히 이루어지고 있지 않다는 점 셋째, 사회복지전달을 책임지는 가장 대표적인 집단인 공공조직과 민간조직과의 관계를 설명하고 분석하는 분석모델이나 분석 기준에 대한 논의 역시 외국에 비해 우리나라에서는 활발히 이루어지고 있지 않은 영역이라는 점 그리고 마지막으로 앞의 논의들을 배경으로 사회복지전달의 성격을 규명하기 위한 분석기준에 대한 연구 역시 활발히 이루어지고 있지 않다는 점이다.

---

02 대표적인 논문들로는 이현주(2001), 강혜규(2003, 2007), 박경숙(2003), 차보현(2006), 서재호(2008) 등의 있다.

사회복지전달체계는 전적으로 이론에 의하여 이해되고 설명될 수 있음으로 사회복지전달모델을 포괄적으로 이해하여 분석할 수 있는 이론적 배경에 대한 논의는 반드시 필요하다. 또한 모델들을 이론과 결합하여 분석하고 각각의 모델들이 가지고 있는 특성과 한계점들을 지적하는 논의 역시 매우 중요하다.

본 연구의 목적은 사회복지전달을 이론과 모델 그리고 모델분석을 위한 기준을 설정하고 이를 공공과 민간의 역할관계를 중심으로 적용분석하여 한국 사회복지전달체계의 성격을 규명하는 것이다. 즉, 사회복지재화와 서비스의 특성을 고려하여 사회복지로 영역을 제한하여 사회복지전달의 이론적 배경 그리고 전달모델, 전달에 있어 민간과 공공의 역할 그리고 분석기준을 적용하여 한국 사회복지전달체계의 성격을 규명한다. 특히, 본 연구는 비공식부분인 가족을 제외하고 공식적으로 사회복지재화와 서비스가 전달되는 공공 및 민간부분을 중심으로 논의를 한정할 것이다. 본 연구를 통하여 사회복지전달을 설명하는 이론적 틀과 전달체계모형 그리고 전달체계를 분석하는 분석기준에 대한 논의가 활발히 이루어질 것을 기대할 수 있으며 특히, 한국사회의 사회복지전달체계에 있어 복지혼합의 성격을 규명하는 논의를 이끌어낼 수 있다는 점은 한국 사회복지발전에 매우 유익하게 작용할 수 있을 것이다.

제2절 연구의 과정 및 방법

본 연구는 사회복지전달체계를 본격적으로 다룬다. 특히 사회복지전달을 위한 이론적 틀을 제시하고 이를 중심으로 전달모델에 대한 분석을 시도한 후 한국사회복지전달체계의 성격을 규명하는 것이 주된 연구의 목적이다. 본 연구의 목적을 성취하기 위한 연구의 질문은 다음과 같다.

첫째, 사회복지전달의 원리를 설명해주는 이론적 배경은 무엇인가?

둘째, 사회복지의 재화와 서비스를 전달하는 유형으로 어떠한 모델들이 존재하는가?

셋째, 사회복지전달체계를 분석하기 위한 분석기준은 무엇인가?

넷째, 사회복지전달에 있어 민간과 공공의 역할은 어떠한가?

다섯째, 한국사회복지전달체계의 성격은 어떠한가?

위와 같은 질문에 대한 대답을 찾기 위하여 설정한 연구의 과정은 아래와 같다.

[그림 1-1] 연구의 과정

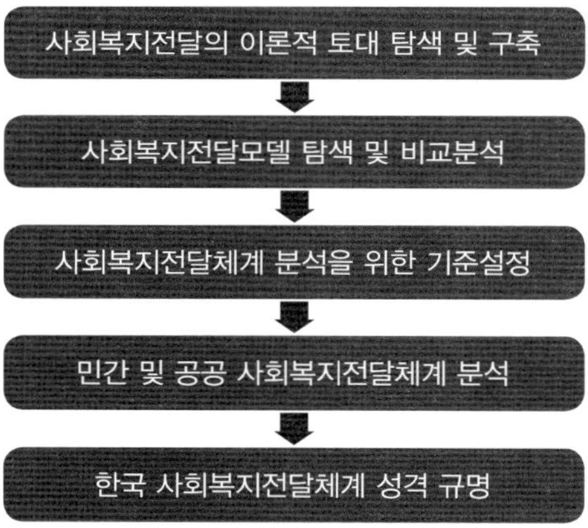

한국사회복지전달체계의 성격을 규명하기 위한 연구의 목적을 성취하기 위하여 본 연구에서는 먼저 사회복지전달체계를 포괄적으로 이해할 수 있도록 도움을 주는 이론적 틀을 선행연구와 문헌조사를 통해

고찰한 후 제시하였고 사회복지전달모델에 대한 내용분석과 공공과 민간과의 역할분담모형비교를 위해서 비교문헌조사를 통한 분석을 시도하였다. 특히, 사회복지전달모델을 분석하는 기준으로 Besley(2002)가 제시한 제공, 재정 그리고 규정의 기준을 적용하였고 사회복지전달에 있어 공공과 민간의 관계는 Young(2000)의 모델을 참고하여 발전시켰다. 마지막으로 한국사회복지전달체계의 성격을 규명하기 위해서 본 연구에서는 제시된 이론적 틀과 모델 그리고 공공과 민간의 관계를 적용하여 각종 정부통계자료를 통한 사회지표분석과 이차자료분석을 병행하였다.

제2장 사회복지전달체계의 이론적 배경

제1절 개관
제2절 주인–대리인이론
제3절 스튜어드십(청지기)이론
제4절 이해관계자이론
제5절 공공선택이론
제6절 (사회)네트워크이론
제7절 자원의존이론
제8절 소결

제2장 사회복지전달체계의 이론적 배경

제1절 개관

전달체계(delivery system)란 사회 또는 지역사회에서 서비스제공자(provider)와 소비자사이에 그리고 서비스제공자들 안에 존재하는 조직적 배열이나 조직적 체계를 의미함으로(Gilbert and Terrell, 2005) 사회복지전달체계란 사회 또는 지역사회에서 사회복지재화와 서비스를 제공하는 제공자들 안에 그리고 사회복지서비스의 제공자와 이용자(또는 소비자) 사이에 존재하는 조직적 배열이나 체계를 나타낸다. 한 국가의 사회복지(서비스)전달체계를 이해한다는 것은 매우 어려운 작업이다. 대부분의 복지국가는 역사적 발전단계에서 그 나라가 처한 다양한 환경으로부터 영향을 받아 그 나라만의 독특한 사회복지전달체계를 구축하게 된다. 따라서 사회복지전달체계는 국가가 처한 상황에 따라 매우 다르게 나타난다고 볼 수 있다. 특히, 사회복지전달체계는 특정 국가의 인구통계적 특성뿐만 아니라 정치적 그리고 경제적인 영향을 많이 받는 관계로 어떤 정당이 정권을 유지하느냐에 따라서 전달의 유형은 매우 다르게 나타날 수 있다. 1960년대 복지국가의 발전기에 대부분의 복지국가의 사회복지전달은 국가의 사회문제에 대한 대응의 책임성을 강화하여 공공조직을 통한 사회복지전달이 강조되었지만, 1980년대 이후 복지국가의 재정적 위기와 함께 사회복지전달의 영역을 대표하는 복지혼합의 현상으로 복지국가의 민간과 공공사회복지전달체계는 상호 중첩되는 영역으로 나타나고 있다.

본 장에서는 사회복지전달체계의 정치 경제적 특성을 이해하기 위한 이론적 틀을 분석한다. 특히 사회복지전달체계의 특성을 이해하기 위해 정부와 민간조직이 참여하여 전달하는 사회복지전달체계의 논리를 정치경제학 제이론들을 적용하여 분석한다. 사회복지전달체계의 역동적 논리를 이해하기 위한 이론으로는 주인-대리인이론, 공공선택이론, 이해관계자이론, 스튜어드십이론, 자원의존이론 그리고 네트워크이론 등이 있으며 이 이론들은 모두 사회복지전달체계의 역할 및 사회복지전달체계를 구성하는 구성요소들 간의 관계를 이해하는데 도움을 준다.

제2절 주인-대리인이론

1. 주인-대리인이론의 이론적 배경

주인-대리인이론의 기본 논리는 한 사람 또는 한 조직이 다른 사람이나 조직을 대신해서 행동하는 것이다. 주인-대리인이론은 실질적으로 대리인이론(agency theory)이라고도 불린다. 특히, 대리인이론에서 나타나는 문제점으로 주인-대리인문제가 지적되었음으로 정확하게 표현하면 주인-대리인이론이라기 보다는 대리인이론으로 설명하는 것이 옳지만 대리인이론에서 강조하는 것이 주인과 대리인 사이의 계약을 통한 서비스의 제공을 강조함으로 본 연구에서는 대리인이론을 주인-대리인 이론으로 통칭하기로 한다.

주인-대리인이론(principal-agent theory)은 신고전파 경제행동이론을 조직으로 적용하는 것에 의해서 나타났다. 신고전파 경제행동이론은 모든 개인들은 합리적이며 개인의 합리성은 바로 모든 인간이 자기 자신의 이익실현을 위해 행동하는데 이러한 인간의 행동에 대한 동기가 바로 주인-대리인이론에 내재해 있는 이론적 특성이자 배경이라고 할 수 있다. 주인-대리인이론에 따르면 계약관계는 공공조직, 영리조직, 그리고 비영리조직 간의 계약에 의해서 발생할 수 있으며 주인은 비용부담과 전문성을 이유로 직접 서비스를 제공하지 않고 대리인이 대신 서비스를 제공하도록 하는 계약을 체결한다. 즉, 주인조직이 재화와 서비스를 생산하는데 필요한 전문성과 자원이 부족하고 전문성을 개발한다든지 또는 전문가를 고용하여 서비스를 생산하는 것보다 전문성을 가진 대리인과 계약을 통해 서비스를 제공하는 것이 비용측면에서 더욱 효율적이라는 측면이 바로 주인-대리인관계에 내재해 있다(Van Slake, 2007).

주인은 대리인이 주인 대신 정해진 행위를 하는 것에 대한 비용부담 또는 보상을 하게 되는 것이 기본 논리이지만 주인-대리인 사이에 문제가 발생하는 것은 현실세계에서 주인과 대리인사이에의 계약에 영향을 주는 정보비대칭, 불확실성, 위험, 역선택, 도덕적 해이 등의 요인이 존재해있기 때문이다. 즉, 아무리 완벽한 계약을 통해 주인대신 대리인이 주어진 행위를 수행하지만 계약 행동을 수행하는데 있어 불확실성이나 위험 등은 언제든지 나타날 수 있으며 또한 대리인이 업무를 수행하면서 얻게 되는 정보가 완전히 주인에게도 공개되리라는 보장이 없다. 따라서 주인은 대리인이 무슨 일을 수행했는지에 대한 완전한 정보를 갖는 것이 어렵다. 이는 주인-대리인이론이 기본적으로 모든 경제활동의 주체들이 자기 자신들만의 이익을 추구한다는 기본적인 논리에 기초한다. 또한 위험의 측면에서 보면, 주인보다 계약관계에 있는 대리인이 위험을 더욱 싫어할 것임으로 위험을 떠안는 어떠한 행위도 수행하지 않을 가능성이 높다.

2. 주인-대리인이론의 특성

주인-대리인이론에서 대리인은 일반적으로 주인보다 효율적인 결과를 가져다주는 행위자로서 인식된다. 만약 대리인이 주인보다 효율적 결과를 가져다주지 않는다면 당연히 주인은 그들의 행위를 대신하는 대리인이 필요 없기 때문이다. 따라서 주인-대리인이론의 중심 개념은 바로 효율성이라고 할 수 있다. 주인-대리인이론을 설명하는 두 개의 기본 가정은 첫째, 주인과 대리인사이에 목적 갈등(또는 목적 불일치)이 존재한다는 가정[03]과 둘째, 대리인은 주인에 비해 더 많은 정보를 가지고 있다는 가정이다. 아래의 표는 주인-대리인이론의 특성을 나타낸 것이다.

---

03 목적 갈등은 주인과 대리인이 모두 자기이익최대화를 위해 노력함으로 나타난다. 예를 들어 주인은 예산을 줄이기 위한 예산최대화를 위해 노력하게 되고 대리인은 자신의 이익이나 만족을 최대화하기 위한 만족최대화를 위해 노력하게 되어 상호간에 조직목적이 갈등상태에 놓이게 된다.

[표 2-1] 주인-대리인이론의 특성

중심개념	- 주인-대리인관계는 위험비용과 정보에 있어 효율적인 조직을 반영한다. - 주인과 대리인 사이의 관계는 하나의 과업 그리고 양자간의 서열관계가 중심으로 주로 통제과업이 강조된다.
분석단위	주인과 대리인사이의 계약
인간에 대한 가정	자기중심적이며 자기이익을 추구하고 위험을 싫어하며 합리적(이성적)이다.
정보에 대한 가정	정보는 구입 가능한 상품이다.
조직에 대한 가정	- 인간에 대한 가정과 마찬가지로 모든 조직은 자기조직의 이익을 최대화하기 위해 노력한다. - 주인조직과 대리인조직 사이에 정보비대칭이 존재한다. - 효과성판단기준으로 효율성을 강조한다. - 주인조직과 대리인조직 모두에게서 부분적으로 목적갈등이 존재할 수 있다.
계약에 의해서 나타날 수 있는 문제	- 대리인의 도덕적 해이와 주인의 역선택 - 위험분담
문제의 영역	주인과 대리인은 상이한 목적과 위험에 대해 상이한 태도를 가질 수 있다.

* 자료: Eisenhart(1989), p. 59에서 재수정

아래의 그림은 주인대리인이론의 기본 개념을 설명한 것이다. 그림에서 나타나는바와 같이 주인과 대리인은 모두 자기이익이나 만족을 추구하는 개인이나 집단이고 기본적으로 주인과 대리인 사이에는 정보비대칭이 존재한다. 즉, 대리인이 가지고 있는 모든 정보가 대리인의 자기이익실현을 위한 행동에 대한 정보만으로 국한되어 주인에게 전달되는 경우 주인의 이익목적실현이 이루어지지 않을 가능성이 상존하게 된다. 즉, 주인은 대리인에 비해 부족한 정보를 가지고 있고 대리인이 완벽한

정보를 제공하는지를 검토할 수 있는 관리체계를 가지고 있지 못함으로 정보비대칭은 주인대리인관계에 대한 불완전한 동기와 결과에 있어서의 비효율성을 나타낸다고 할 수 있다(Vickers and Yarrow, 1988). 만약 정부가 주인이고 정부를 대신하여 서비스를 제공하는 민간조직이 대리인이라고 한다면 정부의 입장에서는 주어진 예산으로 국민들에게 최대한의 혜택을 제공하는 것을 원할 것이지만 제공되는 서비스나 사용된 예산에 대한 일차적 정보는 모두 대리인이 가지고 있음으로 주인과 대리인 사이에는 정보비대칭이 일어날 수 있다. 즉, 대리인이 정보를 완전하게 공유하지 않는다는 가정은 조직이 자신의 이익을 위해 또는 자기이익을 최대화하는 것에 더 큰 관심이 있다는 앞에서 언급한 신고전파경제행동이론에 근거한다.

이러한 정보비대칭문제는 곧 대리인조직에 대한 도덕적 해이라는 문제를 동시에 가져다줌으로 주인은 이러한 문제를 해결하기 위해 관리적 측면에서 대리인에게 적절한 보상을 주어 동기를 부여하며 또한 통제를 강화하여 적절한 정보가 공개되도록 노력하게 됨으로 보상과 통제는 주인-대리인이론에 내재해 있는 관리적 측면에서의 주요 특성이라고 할 수 있다. 즉, 주인과 대리인 사이의 계약관계에 의해서 나타나는 비효율성(정보비대칭이나 도덕적 해이 그리고 역선택에 의해서 나타나는)을 해결하기 위하여 주인은 조직 관리적 측면에서 보상과 감시 및 통제 감독 등의 조직 관리기법을 강화하게 된다. 대리인조직에 대한 통제의 강화는 다른 한편에서 보면 대리인이 효율적이고 효과적으로 주인의 업무를 대행할 것이라는 신념을 상실하게 만드는 즉, 주인과 대리인사이에 불신을 가져다주는 중요한 요인이 된다(Frey, 1993).

[그림 2-1] 주인-대리인이론의 기본 개념

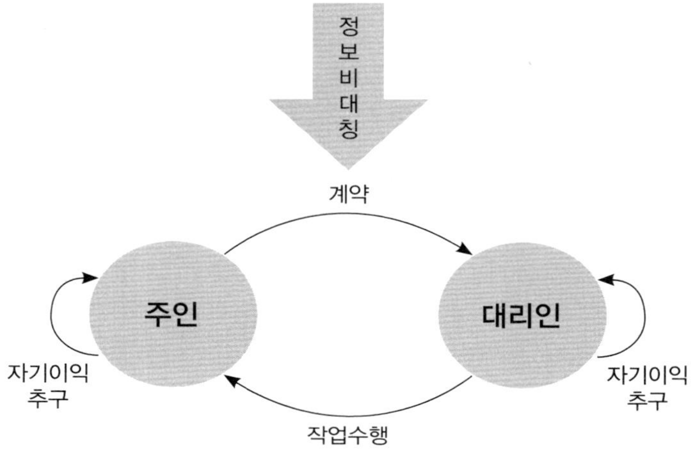

3. 주인-대리인이론의 한계

1) 정보비대칭, 역선택 그리고 도덕적 해이

주인-대리인이론이 갖는 이론적 한계를 정확하게 표현하면 위에서 지적한바와 같이 정보비대칭문제를 이해하는 것이 가장 핵심적 사안으로서 정보비대칭은 결국, 목적갈등이나 역선택, 도덕적 해이 등과 같은 이론적 한계점들을 설명하는 핵심 요인이 된다.

정보비대칭문제 이외 지적될 수 있는 주인-대리인이론의 한계점으로는 정부의 대리인조직에 대한 관리 감독 강화를 위해 지불하는 비용부담문제를 들 수 있다. 주인-대리인이론을 사회복지전달과 연결하여 설명하면 사회복지전달의 책임자인 정부가 민간조직과 사회복지 재화와 서비스를 제공하도록 하는 계약을 통해 주인대리인관계를 맺는 것을 의미한다(지은구, 2012). 따라서 정부조직이 제공하는 공공 또는 사회복지서비스의 제공에 있어 정부조직의 서비스전달의 한계를 극복하기 위한 대책으로서 대리인에게 자격을 부여하여 정부대신 서비스를 제공하는 대리인으로 민간조직을 일반적으로 계약을 통해 지명하여 서비스를 전달한다. 즉, 민간조직의 지식과 기술을 활용하면서 정부는 민간조직을 협력파트너로 인정치 않고 대리인으로 인식하게 된다. 따라서 주인-대리인이론에서, 사회복지를 전달하기 위해 주인인 정부는 대리인인 민간조직에게 계약을 통해 자원(주로 자금)을 지원하고, 대리인은 주인이 설정한 목적을 성취하기 위해 노력한다. 특히, 주인은 대리인이 자신들이 설정한 목적을 잘 성취하도록 하기 위해 통제와 명령을 강조하고 관리적 기법으로 보상과 벌칙을 활용한다. 대리인은 계약에 명시되어 있는 주인이 원하는 목적을 성취하기 위해 노력하지만 계약 이상의 목적을 성취하기 위해서 노력하지는 않으며 변화나 혁신이나 개선을 위한 노력 또한 불필요한 행동으로 인식될 수 있다는 한계를 갖는다. 이는 일단 주인이 원하는 것을 성취하는 경우 또는 더 이상의 보상이 없는 경우 대리인은 행동에 대한 동기를 부여받지 않기 때문이다. 따라서 계약을 충실히 이행하고 있는지를 관리하기 위해 대리인을 통제하기 위한 관리시스템의 개발과 적용을 위한 비용부담은 피할 수 없으며 관리목적을 위해 설정한 목적 성취를 위한 보상시스템 역시 유지 개발되어야 함으로 이를 위한 비용부담 역시 불필요한 비용으로 직접적 서비스전달과 관련 없는 인적 물적 자원의 낭비를 가져오는 결과를 초래하게 된다.

Van Slyke(2007)은 주인-대리인이론의 이론적 한계로 세 가지 점을 지적하였다. 첫 번째로 지적된 한계는 주인-대리인이론이 조직의 도덕적이고 집합적 행동을 무시하고 모든 조직은 자기이익추구를 위해 노력하고 힘이나 부를 획득하는 것에만 관심을 갖는다는 인간 행동 또는 조직행동에 대한 부정인 묘사로 일괄한다는 점이다(Donaldson, 1990;

Perrow, 1986). 즉, 직원의 충성심, 긍지, 조직임무나 목적과의 동일화 노력 등을 무시하고 조직을 포함한 모든 개인이 자기이익을 최대화하는 것에만 관심을 갖는다는 인간행동의 이기적 측면의 지나친 강조는 개인간 그리고 조직간 신뢰를 무너트리는 이론적 취약점이라고 볼 수 있다. 주인-대리인이론의 두 번째 한계는 주인조직과 대리인조직사이의 계약관계가 기본적으로 협력이나 상호의존관계보다는 서열적이고 법적인 관계를 보다 중요시한다는 점이다(Waterman and Meier, 1998). 서열과 법적인 관계는 조직과 조직사이에 상호의존보다는 한 조직이 일방적으로 한 조직에 의존하는 의존관계에 놓이게 됨을 의미하는 것이다. 주인-대리인이론의 세 번째 한계로 지적되는 것은 조직과 조직 사이의 계약을 통한 서비스제공에 있어 제공되는 서비스가 계약한 대로 제공되는지를 측정하고 관찰하는 것이 쉽지 않다는 점이다(Eisenhardt, 1989). 이러한 계약관계의 측정과 관찰의 불명확성은 주인의 대리인조직에 대한 통제와 감독의 강화라는 관리적 속성을 강화하는 계기가 된다.

Daniels와 Trebilcock(2005)는 주인-대리인문제가 첫째, 대리인조직이 주인조직의 이익이나 관심 그리고 선호에 대한 완전한 지식을 갖는 것이 불가능하다는 점과 둘째, 주인과 대리인의 선호가 다를 수 있음에 기초하여 있음을 강조하였다. 이러한 주인-대리인문제는 주인-대리인이론이 신고전파경제학에 기초하여 인간은 자기 이익의 최대화를 위해 행동한다는 인간에 대한 가정에 근거한다. 결국, 주인과 대리인이 상호간에 완전한 정보를 공유하는 것이 사실상 불가능하며 서로 자기이익최대화를 위해 선호하는 것을 선택할 것이라는 점으로 인해 주인-대리인문제는 모든 주인-대리인 관계에 내재해 있다고 볼 수 있다.

Eisenhart(1989)은 주인-대리인이론이 두 개의 문제를 가지고 있음을 지적하였는데 첫 번째는 대리인문제이고 두 번째는 위험분담문제이다. 대리인문제는 주인과 대리인이 원하는 것이나 성취하려는 목적이

불일치할 때 그리고 주인이 대리인이 어떤 행동을 하는지를 입증하는 것이 어려울 때 나타난다. 그리고 위험분담문제는 주인과 대리인이 위험에 대해 서로 상이한 태도를 취할 때 나타난다. 즉, 주인과 대리인이 위험에 대해 서로 생각하는 것이 다르게 되면 이에 대한 행동 역시 상이하게 나타나기 때문이다.

도덕적 해이와 역선택의 문제 역시 주인대리인이론이 갖는 중요한 이론적 한계라고 할 수 있다. 주인-대리인이론에 따르면 정부의 대리인인 민간조직은 서비스전달과 관련하여 정부와 계약관계에 있다. 계약이론에 따르면 정부조직은 민간조직에 대해 도덕적 해이문제와 역선택의 문제를 가질 수 있음(Van Slyke, 2007)으로 정부는 이를 방지하기 위하여 지속적인 조직 관리 및 감독강화를 강조하게 되며 관리는 주로 재정적 통제와 보상을 통해서 이루어진다. 즉, 서비스제공이 잘 이루어지는 조직에게는 예산 증액이나 보상(인센티브)을 제공하며 서비스제공이 잘 이루어지지 않는 조직에 대해서는 예산삭감이나 프로그램삭감 등의 벌칙이 뒤따른다. 정부와 민간조직의 주인-대리인관계에서 서비스전달 계획의 책임은 전적으로 정부에게 있으며 서비스전달의 직접적 책임 역시 정부에 있고 간접적 책임은 민간조직에게 있다. 민간조직은 서비스전달에 있어 직접적 책임을 가지고 있지 않음으로 정부보조금을 개인적 이익이나 조직적 이익을 위해 유용하는 등의 도덕적 해이문제가 발생할 수 있다. 또한 계약이론에 따라 정부와 민간조직 간에 계약관계를 유지하고 있음으로 서비스를 대신 제공하는 민간조직의 선택권은 정부에게 있고 민간조직의 선택을 잘못하는 경우 역선택의 문제가 발생하게 된다. 즉, 정부는 서비스전달능력이 우수할 것이라고 판단하여 서비스전달의 대리인으로 특정 민간조직을 선택하였지만 계약관계에 있는 조직의 실질적인 서비스전달능력이 기대에 못 미치는 경우 또는 다른 민간조직이 계약관계에 있는 조직보다 우수한 서비스전달능력을 가지고 있는 경우 역선택의 문제가 발생하게 된다.

역선택의 문제와 도덕적 해이문제를 해결하기 위한 유일한 방법은 민간조직에 대한 조직통제권을 강화하는 것임으로, 대체관계에 있는 민간조직에게 조직관리적 측면에서 계약의 주체인 주인으로서의 정부는 민간조직의 서비스전달과정 및 결과에 대한 책임을 강화하기 위하여 통제와 관리를 강화하게 되는 필연적 결과를 초래하게 된다. 즉, 대체관계에서 정부조직은 민간조직을 대리인으로만 인식하고 공동의 목적을 성취하기 위해 노력하는 협력자로 인식하지 않음으로 주인과 대리인 사이에 수직적 관계가 존재하게 되고 이 수직적 관계는 조직 관리적 측면에서 보상과 채찍이라는 통제방법을 활용하게 만든다.

결국, 주인-대리인이론이 이론적 한계의 가장 핵심은 목적갈등을 유발하는 자기이익최대화를 강조하는 이기주의적 측면이 주인조직과 대리인조직사이에 놓여 있고 이 이기주의적 속성이 바로 도덕적 해이와 위험 분담문제를 유발하며 또한 정보비대칭은 대리인에 선택오류 즉, 역선택의 문제를 가져다주고 통제 강화를 위한 비용부담을 유발하는 요인으로 작동하게 된다. 주인-대리인이론이 가지고 있는 또 다른 문제점으로는 대리인이 다루어야 하는 과업이 하나의 단순한 과업이 아니고 다중한 과업인 경우에 나타나는 문제점과 주인이 한 사람이 아니고 여러 사람이 주인인 경우에 나타나는 문제점 등이 있다. 이들 문제점들을 설명하면 아래와 같다.

2) 다중한 과업문제

주인-대리인관계에 의해서 대리인이 수행하는 과업은 항상 하나의 과업이 아니다. 현실적으로 기업들은 이익과 같은 결과를 만들어 내야하며, 비용을 절감하고, 상품의 질을 유지 개선하여야 하고, 시장의 점유율을 높이기 위해 노력하여야 하고, 좋은 기업이미지를 유지하고 창출하기 위해 노력하여야 한다. 만약 공공 및 사회복지서비스분야에서 주인과 대리인 관계에 의해 대리인이 주인이 요구하는 하나의 서비스를 제공한다고 해도, 서비스의 제공은 과업이 하나가 아니고 여러 개의 다중한 과업으로 이루어져 있는 경우가 허다하다. 이 경우 대리인은 최저선(bottom line)을 정해놓고 다중한 과업에 모두 신경을 쓰는 것이 아니라 그중 주인이 가장 원하는 하나의 최저선을 유지하는 것으로 그들의 과업행동을 수행하는 경우가 발생한다.

3) 여러 주인 문제

주인-대리인이론의 핵심은 하나의 주인에 하나의 대리인이 계약을 통해 주인이 원하는 과업을 수행한다는 것이다. 따라서 위에서 제시한 대리인이 수행하여야 하는 과업이 하나의 단순한 과업으로 이루어지지 않은 경우 대리인은 주인이 원하는 결과를 만드는 것이 어렵게 된다. 이와 마찬가지로 주인이 한명이 아니고 여러 명이 존재하는 경우도 대리인은 여러 주인의 요구에 맞는 과업행동을 수행하여야 함으로 과업수행에 있어 어려움을 겪게 된다. 일반적으로 주인-대리인관계에 따라 대리인은 주인의 요구에 맞는 과업을 수행하고 그 결과에 대한 평가 또는 보상을 받게 되지만 대리인이 그들의 과업행동에 대해 여러 주인들의 생각을 고려하여야 한다면 대리인의 과업행동은 때때로 방향을 잃게 되는 경우가 있다.

한 사람의 주인요구에 부응하는 행동과 결과를 만들어내는 것과 여러 주인(또는 이해집단)의 요구에 부응하는 결과나 행동을 수행하는 것은 대리인에게 매우 어려운 과업이 된다. 정부와 민간조직이 주인-대리인관계에 있고 민간조직이 정부와의 계약을 통해 과업을 수행하지만 정부 이외에 지역주민, 기부자, 회원, 지역사회, 이용자 등이 모두 대리인에게 주인으로 인식되고 주인같이 행동한다면 대리인의 입장에서 그들의 요구에 부응하여야 하는지 아니면 그들의 요구를 무시하여야 하는지에 대한 심각한 고민을 할 수 밖에 없게 된다. 비영리사회복지조직의 경우 서비스제공계약은 정부와 이루어지지만 서비스의 목적성취여부는 서비스가 제공되는 이용자(또는 국민)의 상태나 조건의 변화를 가져다주는 전 과정에 의해서 결정됨으로 제공기관은 계약주체인 정부보다 이용자들의 요구에 더 많은 관심을 갖게 되어 주인인 정부가 원하는 것과 대리인이 원하는 것 사이에 불일치가 나타날 수 있다.

4. 주인–대리인이론과 사회복지전달체계

주인과 대리인의 관계는 계약에 의해서 성립되는 계약관계로서 대리인은 계약에 의해서 주인이 기대하는 과업을 수행하고 주인은 대리인이 기대하는 과업을 수행하고 있는지 지속적으로 관리한다. 특히, 주인은 대리인이 계약과 관련된 모든 필요한 정보를 적절하게 공개하고 있는지에 관심을 갖게 되는데 이는 기본적으로 주인과 대리인 사이에 목적불일치에 의해서 나타나는 정보비대칭문제 때문이라고 할 수 있다. 일반적으로 사회복지전달에 있어 정부(주인)는 민간조직(대리인)을 대리인으로 하여 사회복지서비스를 대신 전달하게 하는데 이는 정부가 다음과 같은 장점이 수반되기를 기대하기 때문이다.

첫째, 서비스생산 및 공급에 있어 민간조직의 우수성활용: 정부가 서비스를 제공하는 것 보다 전문적이고 기술력이 높은 민간조직이 서비스를 제공하는 것이 보다 효과적이라는 측면이 강조된다.

둘째, 재정적 효율성: 국가 재정지출의 증대에 따른 비용부담압박을 줄이기 위해 정부는 작은 정부를 추진하면서 사회서비스의 제공과 관련된 공공인력 및 물적 토대를 갖추기 위해 노력하는 것보다 이미 인적 그리고 물적 토대를 갖추고 있는 민간조직을 대리인으로 지명하여 서비스를 대신 제공하도록 함으로 낮은 비용으로 더 높은 결과나 같은 비용으로 더 향상된 결과를 기대할 수 있게 된다.

하지만 위의 기대와 달리 정부가 민간조직을 대리인으로 하여 사회복지서비스를 전달하는 경우 나타날 수 있는 여러 단점들이 있는데 이들 단점들을 지적하면 아래와 같다.

첫째, 사회복지 생산 및 공급에 대한 정부책임감의 축소: 일단 계약관계에 의해서 서비스가 대리인조직에 의해서 제공되는 경우 정부와 계약관계에 있는 민간조직에게 서비스전달의 일차적 책임이 있음으로 인해 국가는 서비스전달과 관련된 책임감을 덜게 된다. 따라서 사회복지공급은 지속적으로 증대하지만 계약관계에 있는 민간조직을 통해서 공급이 일어남으로 일반국민들이 갖게 되는 정부에 대한 복지체감도는 낮고 서비스를 제공하는 민간조직에 대한 복지체감도는 향상되는 현상이 발생하게 된다. 또한 새로운 사회적 위협에 대한 대응에 있어 대리인은 주어진 역할의 범위에서만 행동을 할 것임으로 사회적 위험에 대처에 있어 정부의 적극적인 대처가 부족할 수밖에 없는 요인을 제공한다.

둘째, 사회복지서비스의 공공성 및 보편성의 약화: 사회복지서비스를 국가가 직접제공하는 것이 아니라 계약을 통해 민간조직이 대신하여 제공한다는 것은 언제든지 계약의 상태에 따라 서비스가 중단 내지는 축소될 수 있음을 나타냄으로 서비스의 지속가능성과 안전성이 위협받는다. 이는 사회적 권리로서의 필요한 사회복지서비스를 언제든지 원하는 만큼 제공받을 수 없음을 의미하는 것으로 사회복지의 공공성과 사회적 책임에 대한 의식을 크게 위협할 수 있다.

셋째, 민간조직에 대한 감시 감독강화에 따른 기회비용의 증가: 주인과 대리인사이에 목적불일치와 정보의 불균형이 발생할 수 있음으로 정부의 입장에서 계약에 따른 주어진 과업이 적절하게 수행되고 있는지를 지속적으로 관리하여야 함으로 관리감독을 위한 인적 및 물적 비용이 발생하고 지속적으로 증대하게 되며 이는 감시감독에 들어가는 비용만큼의 기회비용상실을 의미하고 이는 또한 직접적 서비스제공과 관련 없는 서비스비용의 증대를 의미한다고 할 수 있다.

제3절 스튜어드십이론

1. 스튜어드십[04]이론의 기본적 배경

주인-대리인이론과 같이 조직 간의 계약관계를 설명해주는 또 다른 이론이 스튜어드십이론이다. 따라서 스튜어드십이론은 주인-대리인이론

04 우리나라에서 스튜어드십이론은 청지기이론으로 번역된다.

과 같이 주인과 스튜어드 사이에 계약을 통한 서비스전달이 강조된다. 스튜어드십이론은 심리학과 사회학에 뿌리를 두고 있으며, 최고관리자가 스튜어드로서 주인의 이익을 위해 최선을 다한다는 상황에 기초한다(Donaldson and Davis, 1991). 따라서 스튜어드십이론은 주인과 대리인이 각자 자기의 이익을 추구하는 주인-대리인이론에 대한 대응으로 등장한 이론이라고 할 수 있다(Donaldson and Davis, 1991; Fox and Hamilton, 1994; Vallejo, 2009). 스튜어드십이론은 소유주(또는 주인)와 관리자의 관계를 설명한다. 스튜어드십이론에 따르면 관리자인 스튜어드는 집단주의적 행동을 수행하는데 이는 스튜어드가 조직의 목적을 성취하는 것을 추구한다고 보기 때문이다. 즉, 관리자 개인의 이익보다는 조직 전체의 이익을 위해서 과업을 수행한다고 볼 수 있다. Davis와 동료들(Davis et al., 1997)에 따르면, 스튜어드는 조직성과를 통해서 주주들의 재산을 보호하고 최대화하며 이를 통해서 스튜어드의 만족은 최대화된다고 주장하였다. 따라서 조직의 성과를 개선하는데 성공한 스튜어드는 일반적으로 대부분의 이해관계자들을 만족시키게 되는데 이는 대부분의 이해관계자들이 조직의 부가 증가하는 것에 관심을 가지고 있기 때문이다. 따라서 친 조직성향인 스튜어드는 개인의 만족이나 이익이 아닌 조직의 성과를 최대화하는 것에 동기를 부여받는다.

스튜어드십이론가들은 스튜어드가 왜 자기이익보다는 조직의 이익을 위해 노력하는 가에 대한 설명을 조직에 대한 사명감에서 찾는다. 즉, 고용인들이 그들의 조직을 자발적으로 떠나지 않는 것은 고용인과 조직사이의 심리적 연관으로 정의되는 조직사명감(organizational commitment) 때문이라고 설명한다. Allen(Meyer and Allen, 1997)은 고용인들이 가지고 있는 조직사명감을 긍정적 사명감(affirmative commitment), 체류사명감(continuance commitment), 그리고 규범적 사명감(normative commitment)으로 구분하였다.

긍정적 사명감은 조직에 대한 감정적인 애착과 동일화를 의미하는 것으로서, 강한 긍정적 사명감이 고용인들이 조직에 남도록 하는데 영향을 주게 된다(Allen and Meyer, 1996; Mayer and Allen, 1991; Allen et al., 1990). 조직에 대한 긍정적 사명감은 조직과 자신을 동일시하는 정도에 따라서 그리고 조직을 향한 애정이나 사랑의 정도에 따라 달라질 수 있다. 체류사명감은 조직을 떠남으로 발생하는 비용에 대한 인식과 연관이 있다. 조직을 떠남으로 발생하는 비용 때문에 체류사명감이 강한 고용인들은 조직에 머무르게 된다(Allen and Meyer, 1996; Mayer and Allen, 1991; Allen et al., 1990). 따라서 조직을 떠남으로써 발생하는 인지된 비용이 크면 클수록 직장을 잃음으로서 발생하는 비용이나 위험을 줄이는 수단으로 조직에 대한 개입의 수준은 더 커지게 된다. 동시에 직장을 떠남으로서 발생하는 인지된 비용이나 위험이 적으면 적을수록 직장을 떠나는 것이 중요한 일이 아니게 되고 고용인들의 직장에 대한 개입은 낮아지게 된다. 따라서 체류사명감을 관찰하는데 있어 중요한 기준으로 직장에 대한 개입의 수준을 활용할 수 있다. 규범적 사명감은 조직에 대한 의무감과 연관이 있다. 따라서 강한 규범적 사명감을 가진 고용인들은 조직을 떠나지 않고 조직에 머무르게 된다(Allen and Meyer, 1996; Mayer and Allen, 1991; Allen et al., 1990). 특히 규범적 사명감은 조직에 대한 충성심 그리고 내면화되어 있는 신념과 연관이 있다(Morrison, 1994). 따라서 규범적 사명감을 측정하는 기준으로 충성심을 활용할 수 있다(Vallejo, 2009).

2. 스튜어드십이론의 특성

스튜어드십이론은 자기이익실현보다는 조직목적실현을 위해 조직이 설정한 목적에 대한 집중을 더욱 강조한다. 따라서 스튜어드십이론에서, 스튜어드는 자기이익중심과 개인주의적 행동을 하기보다 친 조직성향적이며, 집합적 행동을 한다고 전제된다. 스튜어드는 협조적 행동을 개인주의적 행동과 교환하거나 대체하지 않으며 심지어 스튜어드의 관심이나 이익과 주인의 이익이나 관심이 일치하지 않는다고 할지라도 스튜어드는 태만이나 의무불이행보다 협력과 조정에 더 많은 가치를 부여하는데 이는 스튜어드가 기본적으로 협조적 행동에서 더 큰 만족을 얻기 때문이라고 할 수 있다(Davis, Schoorman, amd Donaldson, 1997). 즉, 스튜어드의 행동이 협조적이고 집합적이라는 것은 스튜어드가 조직의 목적을 성취하기 위해 노력한다는 것을 의미한다. 스튜어드십이론가들에 따르면, 스튜어드가 조직성과를 통해서 관련된 이해관계자의 재산을 최대화하기 위해 노력하게 되는데 이는 그렇게 함으로써 스튜어드의 만족 역시 최대화되기 때문이다. 따라서 스튜어드는 조직성과를 최대화하기 위해 노력하며 조직성과가 개선 또는 증진되면 이는 조직과 연관이 있는 관계자들의 이익 역시 증진되는 것임으로, 조직소유자를 포함한 이해관계자들은 스튜어드의 행동을 지지하고 따르게 된다.

물론, 스튜어드 역시 개인적 욕구를 충족시키기 위한 갈망이 있을 수 있지만 주인-대리인이론의 대리인과는 달리 스튜어드는 개인의 욕구가 조직적 그리고 집합적 결과를 향해 일하는 것을 통해서 성취된다고 바라본다(Davis, Schoorman, amd Donaldson, 1997). 스튜어드는 친 조직적 행동을 통해서 얻는 만족이 개인적 행동을 통해서 얻은 만족보다 높다고 믿는다. 즉, 스튜어드의 이익과 동기만족은 조직과 소유주의 이익과 만족에 의해서 동기 부여받는다는 점이 강조된다

스튜어드십이론의 기본 가정은 조직과 조직사이에 이루어지는 장기적인 계약관계가 신뢰, 신망, 집합적 목적, 관계지향적이고 상호호혜적인 개입에 기초한다는 점이다(Van Slyke, 2007). 따라서 더리인이론과

같이 계약을 통해 서비스가 제공된다고 해도 스튜어드십이론은 계약관계가 상호신뢰와 상호호혜를 바탕으로 장기적으로 성과를 창출하도록 유도된다는 특징이 있다. 대리인·조직 간(주인과 스튜어드 간)의 계약관계에서 주인과 스튜어드행동의 상호신뢰론은 기본적인 이론 작동의 토대가 된다고 볼 수 있으며, 스튜어드는 계약의 목적을 성취하기 위해 자체 조직이 가질 수 있는 피해를 감수하며 목적 성취를 위한 주인이나 다른 조직과의 협력을 주요한 가치로 설정한다.

스튜어드십이론에 따르면 초기 주인과 스튜어드사이에는 공동결정, 정보교환, 해결할 문제형성 등 주인과 스튜어드 사이에 집합적 이익을 해결해가기 위한 기본적 신뢰를 닦기 위해 필요한 시간노력 등 주인과 대리인 사이에서 보다 더 높은 거래비용이 유발될 수 있지만, 시간이 지나면서 주인과 스튜어드사이에 과업에 대한 동기, 행동, 생각 등에 대해서 상호간에 이해가 형성되면 스튜어드조직의 관리를 위한 거래비용은 줄어들게 되어 장기적으로는 조직관리적 측면에서 효율적이고 효과적인 측면을 가지고 있음이 강조된다(Van slyke, 2007). 주인과 스튜어드사이의 신뢰관계는 재계약을 위한 프로포절, 각종 보고서 등 사업평가나 조직관리 및 감독을 위해 들어가는 직원들의 시간 및 노력비용을 줄이도록 함으로 보다 문제 해결적이고 목적 성취 지향적으로 조직을 운영하도록 하는 자양분으로 작동하는 토대이다. 결국, 조직과 조직사이에 신뢰관계는 계약의 책임성 강화를 위한 비용을 줄이도록 함으로써 조직관리나 통제를 위해 들어가는 비용을 조직 목적 성취를 위해 사용하도록 하는 순기능적 역할을 하게 된다. 따라서 조직관리적 측면에서 통제는 스튜어드의 친조직적성향을 해칠 수 있음으로 불필요하며 나아가 조직성과개선에 역효과를 가져오는 요인이라고 지적된다(Argyris, 1964). 이는 스튜어드가 자기 자신의 이익실현보다는 조직의 목적 성취를 위해 행동함으로 스튜어드를 감시하고 통제하는 것보다 그들의 역량을 강화하고 촉진시키는 것이 보다 바람직하기 때문이며, 개인적 이익을 위해서 위험을 싫어할 수 있지만 조직 목적성취를 위하여 스튜어드는 위험을 감수하여 행동을 수행할 수 있음을 의미하는 것이다.

3. 대리인과 스튜어드의 차이

개인의 이익보다는 집단이나 조직의 이익을 강조하는 스튜어드십이론의 특성은 주인-대리인이론이나 공공선택이론의 기본적 토대인 인간의 행동이 자기이익을 최대화하기 위해 동기부여 받는다는 점을 부정한다는 점 그리고 소유주와 스튜어드 사이의 긍정적인 관계를 강조한다는 점이라고 할 수 있다.

스튜어드십이론에 따르면 스튜어드는 조직성과를 최대화하는 것에 의해 동기를 부여받는데, 여기서 조직성과는 영리기업 측면에서 본다면 이익이나 판매량, 조직혁신 등을 모두 포괄하는 의미로 이해될 수 있고 비영리조직 측면에서 본다면 서비스효과성이나 서비스품질 그리고 형평성 등을 포괄하는 의미로 이해될 수 있다. 따라서 스튜어드는 조직이 성취하려는 조직목적에 부합하는 행동을 통해서 조직의 성과를 개선하고 증진시키기 위해 노력함으로 주인-대리인이론의 대리인과 같이 자기이익을 추구하며, 위험을 회피하고 주인과의 목적불일치가 나타나는 행동 등을 최소화할 수 있다.

주인-대리인이론에서 주인과 대리인은 모두 자기이익실현을 위해 노력하는 주체임으로 양자 사이에 이해의 불일치가 발생할 수 있음으로 주인은 대리인에 대해 명령과 통제시스템을 유지하며 지속적으로 관리를 강화하게 된다. 하지만 스튜어드십이론에서 스튜어드와 소유주의 이해는 일치함으로 소유주가 스튜어드를 통제하고 감시, 감독하는 관리시스템의 유지 강화는 불필요하게 된다. 이러한 두 이론의 차이는 기본적으로 인간행동에 대한 이해의 차이에서 비롯된다고 할 수 있다. 즉, 대리인은 자기이익을 최대화하기 위해 노력하지만 스튜어드는 이해관계자 모두의 이익을 최대화 하기 위해 노력하며 특히, 스튜어드는 조직의 목적 실현을 성취하여야 한다는 조직사명감을 가지고 있다는 측면에서 대리인과는 차이가 있다. 주인대리인이론과 스튜어드십이론을 설명하는 주체인 대리인과 스튜어드의 차이점은 아래의 표와 같다.

[표 2-2] 대리인과 스튜어드의 차이점

대리인	스튜어드
사명감이 없음	사명감이 있음
개인적 이익의 최대화에 관심이 있음	조직목적성취와 이해관계자 공동의 이익에 관심이 있음
이기주의, 개인주의, 개인적 만족	이타주의, 집합주의, 신뢰, 협조

4. 주인-대리인이론과 스튜어드십이론의 차이

Davis, Schoorman, 그리고 Donaldson(1997)은 주인대리인이론과 스튜어드십이론의 차이점을 심리적 요인과 상황적 요인으로 구분하여 설명하고 있다. 그들은 두 이론의 차이점을 지적하는 심리적 요인으로 동기, 동일화, 힘의 활용을 그리고 상황적 요인으로 관리에 대한 철학(관리 철학)과 문화적 차이 등을 제시하였다. 이들을 간략하게 소개하며 아래와 같다.

1) 심리적 요인

주인대리인이론과 스튜어드십이론의 가장 기본적인 차이점은 인간에 대한 이해에 뿌리를 두고 있다. 주인대리인이론에 따르면 인간은 합리성을 가진 경제적 인간으로 이해되지만(Simon, 1957 a) 스튜어드십이론에서는 인간이 더욱 복잡하며 인본주의적 특성을 가지고 있다고 이해한다. 스튜어드십이론가인 Agryris(1973 a)에 따르면 인간은 자기실현을 추구한다. 인간의 행동이 자기실현에 있다는 것은 McGregor(1980)와 Maslow(1970)의 이론에 근거하는데 이는 인간이 그들의 현재 상태의 이상의 것, 더 높은 성취감에 대한 욕구가 있음을 의미하는데 이러한 인간에 대한 이해는 결국, 인간을 경제적 인간으로 한정하는 것 자체가 인간의 잠재적 가능성을 성취하려는 것을 제한하는 것이 된다. 이러한 인간행동에 대한 인식의 차이는 결국, 동기(동기부여), 동일화, 서열적 관계에서의 힘의 활용 등에 반영되어 나타난다.

(1) 동기

주인-대리인이론에서 인간의 동기는 화폐적 가치로 측정 가능한 외적 보상에 의존한다. 이러한 외적 보상체계는 바로 통제메커니즘을 대표하는 것이다. 즉, 주인이 그가 원하는 작업이나 결과를 가져오도록 하기 위하여 자기이익실현을 위해 노력하는 대리인에게 보상체계를 통해 일정 정도 결과를 보장받을 수 있다. 하지만 스튜어드십이론에서 스튜어드의 동기는 쉽게 측정가능하지 않은 내적보상에 의해 이루어진다. 내적보상은 성장, 성취, 가입, 그리고 자기실현의 기회 등을 의미한다. 내적보상을 통해 이루어지는 내적 동기와 관련하여 Manz(1986, 1990)은 자기-지도력(self-leadership)이라는 개념을 주장하였다. 그에 따르면 '자기지도력'은 자연적으로 동기부여되지는 않지만 반드시 수행하여야 하는 과업관리뿐만 아니라 자연적으로 동기부여되는 과업성과를 인도하는 포괄적인 자기영향력 관점을 의미한다. '자기지도력'이라는 내적 동기는 자기효능감, 자기결정, 목적성취를 위한 감정 등의 요소로 구성된다. '자기지도력'은 또한 개인의 과업에 대한 신념이 보상시스템보다는 공유된 조직비전에 의존됨이 강조된다.

주인대리인이론과 스튜어드십이론의 인간동기에 대한 차이점은 또한 형평이론 또는 사회적 비교이론에 의해서 설명되어진다(Adams, 1965; Cosier and Dalton, 1983). 주인-대리인이론에 의하면, 주인과 대리인 사이에는 계급적 또는 경제적 격리가 존재한다. 즉, 주인은 대리인의 임금을 결정하는데 있어 비슷한 조건에 있는 다른 대리인과의 비교를 통해 결정한다. 하지만 스튜어드십이론에서, 대리인의 임금을 결정하는데 있어 주인도 집합의 한 부분임으로 비교는 주인을 포함하여 이루어진다.

(2) 동일화

동일화는 관리자가 조직의 미션, 비전, 목적과 목표 등을 수용하는 것에 의해서 조직의 일원으로 자기 자신을 간주하는 것에 의해서 나타난다(Kelman, 1958; Mael and Ashforth, 1992). 즉, 조직의 비전이나 미션을 관리자 자신의 가치로 받아들임으로서 동일화가 나타난다고 할 수 있다. Salancik과 Meindl(1984), Strw, McKechine, and Puffer(1983) 등과 같은 학자들에 따르면, 조직과 동일화되어 있는 관리자들은 조직의 성공을 자신들 덕분이라고 생각한다고 강조한다. 조직과 자기 자신을 동일화하는 것은 스튜어드십이론에서 주인과 스튜어드 사이의 관계를 설명하는 핵심적 내용이라고 할 수 있다.

주인-대리인이론에서, 대리인들은 비난을 회피하기 위하여 조직의 문제점들을 외적요인으로 돌리며, 자신에게 부여되는 책임감을 회피하기 위해 노력한다. 조직실패에 대한 원인을 관리자들이 외적요인으로 돌릴 때, 그들과 조직은 더 이상 동일화가 나타나지 않게 된다(D'Aveni and MacMillan, 1990; Staw at al., 1983). 하지만 스튜어드십이론에서, 조직과 동일화된 관리자들은 조직목적을 위해서 일하며, 조직이 당면한 문제를 해결하고 장벽을 극복하기 위해 노력한다. 또한 조직과 동일화된 관리자들은 더욱 손쉽게 협조적이고, 자발적이며, 이타적인 행동에 개입하게 된다고 스튜어드십이론가들은 강조한다(Mowday, Porter, and Steers, 1982; O'Reilly and Chatman, 1986; Smith, Organ, and Near, 1983). 따라서 조직과 동일화된 관리자들은 조직의 성공을 돕는 것에 동기를 부여받으며, 조직과 주인의 성공을 증진시키기 위하여 그들의 업무수행능력을 강화하기 위해 노력하게 된다(Davis, Schoorman, and Donaldson, 1997). Porter, Steers, Mowday, 그리고 Boulian(1974)는 개인의 조직에 대한 개입과 동일화의 힘으로 조직사명감을 정의하여 조직사명감과 동일화는 밀접한 연관이 있음을 강조하였다.

(3) 힘의 활용

힘(power)은 주인과 관리자의 관계를 설명하는 주요한 요인이다. 관리자들은 힘의 활용에 의해서 동기 부여받으며 힘의 활용에 의해서 만족을 얻는다(McClelland, 1970, 1975; McClelland and Burnham, 1976). 관리자들이 사용하는 힘의 유형은 주인과 대리인 그리고 주인과 스튜어드의 차이점을 설명하는 중요한 요인이다. French와 Raven(1959)가 제시하였던 것처럼 힘은 일반적으로 강제의 힘, 합법적인 힘, 보상의 힘, 전문적 힘 그리고 관계의 힘으로 유형화할 수 있다.

강제의 힘, 합법적인 힘, 그리고 보상의 힘은 주인과 대리인 관계에 영향을 미치는 힘의 유형이다. 적절한 보상시스템과 주인의 권한에 대한 인식은 주인과 대리인관계에서 대리인에게 통제의 메커니즘으로 작동한다. 강제적 힘은 또한 해고와 같은 대리인에 대한 더욱 강도 높은 통제방법을 나타낸다. 하지만 관계의 힘이나 전문적 힘은 주인이라는 직위에서 나타나는 힘이 아니다. 전문적 힘은 지식이나 기술에 의해서 나타나며 관계의 힘은 한 사람이 다른 사람과 동일시함으로 나타나게 된다. 일반적으로 강제의 힘, 합법적인 힘, 그리고 보상의 힘은 단기간에 형성될 수 있지만 전문적 힘과 관계의 힘은 장기간에 걸쳐 형성된다. 주인과 스튜어드의 관계에 영향을 미치는 힘은 바로 전문적 힘과 관계적 힘이다. 즉, 스튜어드는 강제의 힘, 합법적인 힘, 그리고 보상의 힘보다는 전문적 힘과 관계의 힘을 활용한다.

2) 상황적 요인

(1) 관리에 대한 철학

주인대리인이론과 스튜어드십이론의 차이점은 조직관리에 대한 철학에 의해서도 설명될 수 있다. Lawler(1986, 1992)는 관리에 대한 철학을 통제가 중심이 되는 관리철학과 개입이 중심이 되는 관리철학으로 구분하였다. 그에 따르면 통제가 중심이 되는 관리철학은 작업을 수행하는 것과 작업을 생각하고 통제하는 것이 분리되는 것을 의미하며, 개입이 중심이 되는 관리철학은 작업을 수행하는 것과 생각하고 통제하는 것이 분리되지 않고 자기스스로 관리하고 자기스스로 통제하는 관리를 의미한다. 즉, 관리가 스스로 이루어지는 것이 개입중심 관리철학이며 관리가 타인에 의해서 이루어지는 것이 통제중심관리라고 이해할 수 있다.

개입중심 관리의 핵심적 전제는 직원들에게 도전과 책임이 주어질 때, 그들은 스스로 그들의 행동을 통제한다는 것이다. Lawler는 단기간의 비용통제와 생산성이 중요할 때는 통제중심의 관리가 더 좋은 결과를 가져다 줄 수 있으며, 반면에 품질과 장기간의 효과성이 강조되고 노동비용이 높으며, 불확실한 환경에서는 개입중심 관리가 더욱 효과적이라고 강조하였다.

통제가 중심이 되는 관리철학과 개입이 중심이 되는 관리철학의 가장 중심적인 차이점은 바로 위기(risk)에 대한 관점에 근거한다. 앞에서 불안전하고 불확실한 환경에서는 개입이 중심이 되는 관리가 유리하지만 안정적인 환경에서는 통제가 중심이 되는 관리가 유리함을 지적하였다. Lawler에 따르면, 통제가 중심이 되는 관리가 불확실한 상황이나 위험에 직면하였을 때 당연히 더 큰 통제를 수행함으로서 위기를 극복하기 위해 노력할 것이지만, 개입이 중심이 되는 관리는 불확실한 상황이나 위험에 직면하였을 때 이를 훈련, 역량강화 그리고 직원들에 대한 신뢰 등을 통해서 극복하기 위해 노력한다. 신뢰는 개입중심 관리의 가장 특징적인 측면이다(Davis, Schoorman, and Donaldson, 1997). Mayer, Davis 그리고 Schoorman(1995)는 신뢰를 관계의 정황에서 약해지려는 의도라고 정의하였으며 통제가 중심이 되는 관리는 허약함을 피하기 위해 설계되어진 관리임으로 신뢰에 대한 필요성이 없는 관리체계라고 주장하였다. 이들의 견해에 따르면 신뢰는 관계의 정황에서 발생하는 것으로 이해할 수 있다. 이들은 또한 관계가 관계적 힘과 전문적 힘에 기초할 때 발생하는 것으로 바라보았으며, 통제가 중심이 되는 관리에서는 관계가 거래적이고 강제적 힘, 합법적 힘 그리고 보상의 힘에 기초한다고 주장하였다.

(2) 문화

• 개인주의와 집합주의

주인대리인이론과 스튜어드십이론의 차이점을 설명하는데 있어 문화적 측면 역시 중요한 요인이다. Hofstede(1980, 1991)는 문화적 차이를 설명하는 데 있어 개인주의와 집합주의문화를 강조하였다. 개인주의는 조직목적보다는 자신의 목적을 강조하며 집합주의는 개인의 목적을 조직의 목적에 종속시킨다. 집합주의 문화에서 자신은 집합의 부분으로 이해됨으로 집단의 구성원이라는 것이 동일시나 성취의 중요한 측면이다. 집합주의 문화에서 성공은 집단의 성공으로 정의된다. 집합주의자들은 집단의 조화를 향한 긍정적인 태도를 가지고 있으며 갈등과 대항을 피하기 위해 노력한다. 반면 개인주의자들은 대항을 직접적으로 의사소통하기 위한 그리고 해결하기 위한 기회로 바라본다. 집합주의자들은 사업을 수행함에 있어 신뢰를 중시하며, 거래에 앞서서 시간을 거쳐 서로 알아 가는 것을 중요시 한다. 반면 개인주의자들은 사업을 수행함에 있어 개인적 관계를 중요시하고 비용-혜택분석을 통하여 교환이나 거래를 평가한다. 일반적으로 집합주의문화는 스튜어드관계에 내재해 있으며 개인주의문화는 주인-대리인관계에 내재해 있다.

• 힘의 거리

힘의 거리(power distance)는 일반적으로 조직 안에서 힘이 덜한 구성원이 불평등하게 분배된 힘을 받아들이고 기대하는 정도로 정의할 수 있다(Hofstede, 1991). Hofstede(1980, 1991)에 따르면 어떤 문화에서는 조직구성원들 사이에 힘의 차이가 상대적으로 많이 나는 것이 수용되어지고 참을 수 있는 것으로 간주된다고 한다. 힘이 차이가 많이 나면 힘이 없는 구성원은 힘이 많은 구성원에 의존하게 되는데 인도의 카스트 제도 등이 대표적인 예가 된다. 구성원들 사이에 힘의 차이가 낮은 조직은 불평등이 최소화되며, 독립이 가치있는 행동이 되고 고취된다(Hodgetts and Luthans, 1993). 구성원들 사이에 힘의 차이가 많은 가족을 예로 들어 살펴보면, 아이는 부모에 복종하여야 하며 부모와 어른을 공경하여야 한다. 이 경우 아이는 돌봄의 대상이며 오랫동안 의존하는 것이 허락된다. 반면에 구성원 사이에 힘의 거리가 짧으면 즉, 구성원 사이에 힘의 차이가 낮으면, 아이는 동등하게 대접받으며, 짧은 기간 의존하고 독립적이 되도록 고취된다(Davis, Schoorman, and Donaldson, 1997).

이러한 힘의 거리에 대한 설명은 조직에도 적용될 수 있다. 조직원 사이에 힘이 차이가 나는 조직은 중앙에 힘이 집중되어 있으며, 권위, 임금, 특권에 있어서도 차이가 많이 나지만 조직원 사이에 힘의 차이가 별로 없는 조직은 탈 중앙화되어 있고, 독자적인 결정보다는 함께 결정하고, 임금이나 특권이 최소화되어 있다.

구성원들 간에 힘이 차이가 나는 조직은 주인-대리인이론에도 영향을 미쳤는데 이는 주인과 대리인 사이에 내재적인 불평등을 정당화하는 것에 의해서 나타난다. 즉, 서열관계를 강조하여 다양한 통제메커니즘을 도입하며, 보상과 직위에 차별을 주는 것이 주인이 대리인을 행하는 행동이 된다. 하지만 조직구성원 사이에 힘의 거리가 짧은 문화(구성원 사이에 힘의 차이가 적은 문화)는 주인과 스튜어드 사이에도 영향을 주었는데 이는 주인과 스튜어드가 평등한 관계를 지향하기 때문이다. 즉, 주인과 스튜어드 사이의 발전적 관계가 스튜어드십이론의 핵심적 부분이기 때문이다. 아래의 표는 Davis, Schoorman, 그리고 Donaldson(1997)이 제시한 주인-대리인이론과 스튜어드십이론을 심리적 요인과 상황적 요인으로 구분하여 비교한 것이다.

[표 2-3] 심리적 요인과 상황적 요인에 따른 주인-대리인이론과 스튜어드십이론 비교

		주인-대리인이론	스튜어드십이론
인간의 행동		경제적 인간 자기이익실현	자기실현인간 집합적 이익실현
심리적 요인	동기	경제적, 물질적 욕구 외적 지향	자기실현, 성취, 성장의 욕구 내적 지향
	사회적 비교(비교대상)	다른 관리자들	주인포함
	동일화	낮은 (가치) 사명감	높은 (가치) 사명감
	힘	합법적인 힘, 강제적인 힘, 보상의 힘	관계적 힘, 전문적 힘
상황적 요인	관리철학	통제	개입
	위험에 대한 시각	통제	믿음
	시간 틀	단기간	장기간
	목표	비용통제	성과개선
	문화적 차이	개인주의 구성원 사이에 힘의 차이가 많음	집합주의 구성원 사이에 힘의 차이가 적음

* 자료: Davis, Schoorman, 그리고 Donaldson(1997), p. 37, 표-1에서 재인용

Van Slyke(2007)는 주인-대리인이론과 스튜어드십이론을 아래의 표와 같이 두 이론의 주요 가정, 이론적 틀, 그리고 적용의 측면에서 비교하였다.

[표 2-4] 주인-대리인이론과 스튜어드십이론의 비교

	주인-대리인이론	스튜어드십이론
주요 가정	• 이성적 조직들의 자기이익실현을 위한 노력으로 주인-대리인의 목적은 불일치 • 조직 상호간에 또는 행위당사자들 상호 간에 불신이 기본적으로 존재 • 통제경향의 조직관리가 중심 • 경제학이론에 영향을 받음	• 조직 상호간에 또는 행위당사자들 간의 신뢰를 기본으로 공통으로 지향하는 목적성취를 위해 상호 노력 • 통제보다는 개입을 통한 조직관리가 중심 • 사회학, 철학, 조직행동이론 등에 영향을 받음
이론적 틀	조직목적성취를 위해 보상, 제재 등을 활용 • 모니터링, 보상체계, 위험관리 활용	조직직원들의 역량강화를 통해 조직목적성취 • 책임성, 자율성, 신뢰, 공유된 문화와 규범 그리고 협력메커니즘을 활용
적용	• 기회행동을 제거 • 정보비대칭을 제거하기 위하여 제재와 보상을 강조 • 구체적인 계약내용으로 도덕적 해이를 극복 • 신망을 얻는 방법으로 보상과 제재를 활용	• 공유된 목적과 신뢰를 바탕으로 하는 목적성취 • 비화폐적 메커니즘을 활용하는 보상체계 • 책임성과 자율성을 통해 기회행동을 줄임 • 조직행동강화를 위해 법적인 계약내용에 대한 의존을 줄임

* 자료: Van Slyke(2007), p. 167 표-1에서 재인용

결국, 주인-대리인이론과 스튜어드십이론의 가장 큰 차이점은 조직행동을 유발하는 동기요인에 대한 기본적 이해가 다르다는 점에 근거하는데 대리인이론은 자기이익실현의 최대화가 행동의 기본 토대가 되며 스튜어드십이론은 친 조직성향적이고 공동이익실현이 행동의 기본 토대가 됨을 알 수 있다. 이러한 기본적인 차이점은 스튜어드와 대리인이 상호행동에 상호 불신과 상호신뢰에 대한 인식의 차이를 가져다주며 이는 또한 조직 관리적 측면에서 통제를 통한 관리와 자율적 개입

을 통한 관리의 차이점을 가져다주는 중요한 토대로 작동한다.

5. 스튜어드십이론의 한계

스튜어드십이론의 주된 한계는 바로 이론적 가정에 전제한다. 즉, 스튜어드가 친조직성향적이고 이타주의적이며 집합주의적이고 자신의 이익보다는 조직목적 성취를 위해 노력한다는 점은 인간의 이성적이고 합리적 측면을 강조하는 경제학이론(특히, 주인대리인이론과 공공선택이론 등)과는 상치하는 점이다. 즉, 인간은 모두 자기가 만족하는 것을 성취하기 위해 노력할 것이고 자기이익 실현에 어긋나는 행동은 비합리적이고 비효율적인 행동으로 치부하는 경제이론들은 스튜어드십이론이 이상주의적이고 비현실적이라는 점을 강조한다.

6. 스튜어드십이론과 사회복지전달체계

스튜어드십이론을 사회복지서비스전달에 적용한다면 정부가 직접 사회복지서비스를 전달하는 경우 정부는 주인이 되고 공무원(관료)들은 스튜어드가 되며 민간조직이 사회복지서비스를 전달하는 경우 주인은 정부이고 서비스를 대신 전달하는 민간조직은 스튜어드가 된다. 주인과 스튜어드 사이의 협력과 신뢰를 강조하는 스튜어드십이론은 인간행동에 대한 가정에서부터 조직운영에 대한 관리자의 관리철학에 이르기 까지 주인-대리인이론과는 극점을 이루고 있다. 사회복지전달을 위해 민간조직이 공공조직과 계약을 체결하게 되는 경우, 두 조직 간의 계약관계는 스튜어드십이론을 적용하면 민간조직이 자기이익을 실현하기 위해 노력하기보다 조직이 설정한 목적(즉, 빈곤퇴치, 지역사회건강 또는 지역주민의 상태 개선이나 client의 생태개선 또는 안전성유지, 상호협력을 통한 관계개선 등과 같은)을 성취하기 위해 노력한다는 점이 강조된다. 따라서 조직의 이익보다는 정부와 체결한 계약을 성취하기 위해 민간조직은 자체적으로 노력할 것이라는 점이 스튜어드십이론의 기본 전제가 된다. 스튜어드의 동기부여요인은 신뢰, 좋은 평판(또는 평판의 향상), 상호호혜, 선별과 자율성, 책임성수준, 직무만족 그리고 목적 성취 등에 기초함으로(Van Slyke, 2007), 주인인 정부는 사회복지전달을 책임진 민간비영리사회복지조직의 자율적 목적 성취를 위한 노력에 협력하는 공동협력자로서 역할을 하게 된다.

즉, 스튜어드인 관료들이나 민간조직은 스튜어드십이론에 따르면 친조직적 성향을 가지고 있으며 공공선택이론에서 강조한 개인적인 이익이나 자기 만족보다는 조직전체의 이익을 먼저 생각하고 집합주의적 행동을 수행함으로 정부(주인)가 사회복지서비스제공을 위해서 성취하려는 목적을 성취하기 위해 협력하고 노력하게 된다. 따라서 스튜어드십이론에서 주인인 정부는 스튜어드인 관료나 민간조직을 통제하거나 감시 감독하는 비용이나 노력이 줄어들게 되고 스튜어드가 목적을 성취할 수 있도록 동기를 부여시키거나 역량을 강화시키기 위한 방안을 찾기 위해 노력할 것이다. 조직성과를 개선하는데 직접적인 영향을 미치는 요인으로 협력과 신뢰가 강조됨으로 연계서비스 및 통합수행서비스 제공이 가능하고 협력네트워크 결성에도 영향을 주어 새로운 환경이나 위험에 대해 공동으로 대응하고 해결하는 집단주의적 해결방안이 자리 잡는데 영향을 줄 것이다

특히, 사회복지조직과 관련된 상황은 새로운 사회문제의 출현과 사회문제의 복잡화 등으로 더욱 불안전하고 불확실한 환경임으로 개입이 중심이 되는 즉, 주인-대리인이론과 같이 통제가 중심이 되는 관리보다는

조직원들에 대한 신뢰와 역량강화 그리고 훈련이나 교육 등 자기개발을 통해서 지역주민들이 당면한 문제를 극복하고 해결하기 쉬운 스튜어드십이론이 더욱 적합할 것이다. 또한 사회복지사들은 대부분 관계 지향적이고 전문적 서비스를 제고함으로 관계적 힘과 전문적 힘이 발휘되는 스튜어드십이론이 사회복지전달에 더욱 적합한 이론이라고 할 수 있다.

스튜어드십이론에 따르면 스튜어드로서 사회복지서비스를 제공하는 관료들은 모두 공공가치와 사회적 가치실현을 위해서 노력할 것이며 민간사회복지사 역시 사회적 가치를 성취하기 위한 가치 지향적 사명감을 가지고 있음으로 이러한 사명감이 직업정신으로서 사회복지실현을 통한 국민들의 삶의 질 개선이나 안정을 위한 기초적인 토대로서 작동할 것이다.

제4절 이해관계자이론

1. 이해관계자이론의 기본적 배경

이해관계자(stakeholder)이론은 사실상 조직적 전략과 윤리에 대한 조직 관리적 개념에 근거하여 발전한 이론이다(Freeman and Phillips, 2002). 즉, 조직은 모든 이해관계자들의 이익을 최대화하기 위해 노력한다는 전제와 조직관리자의 임무는 모든 이해관계자들의 이익이나 관심이 균형을 유지하도록 하고, 이를 위해 모든 이해관계자들을 지지하는 것이라고 할 수 있다. 따라서 이해관계자이론에서 관리적 과업의 일차적 목적은 조직목적성취에 영향을 줄 수 있는 일련의 관계를 유지하고, 관리하며, 그리고 균형을 이루도록 영향을 주는 것이다(Freeman and Phillips, 2002; Kochan and Rubinstein, 2000).

주인-대리인이론에서 주인과 대리인은 각자 자기이익을 최대화하기 위해 노력하는 개인주의적 특성을 지니고 있고 이러한 개인적 이익 최대화가 결국 주인과 대리인 사이에 발생할 수 있는 목적불일치를 가져다준다고 전제되지만 이해관계자이론은 모든 이해관계자들의 이익을 최대화하는 것에 관심을 가지고 있으면서도 그 목적을 실현하기 위해 이해관계자들의 관계적 특성과 균형 및 협력을 강조한다. 따라서 이해관계자이론은 기본적으로 원자론적 개인주의에 기초한다고 볼 수 있지만 개인주의적 특성의 한계를 극복하기 위한 공동협력을 강조한다는 특징이 있다. Buchholz와 Rosenthal(2005), 그리고 Wicks와 동료들(1994)은 이해관계자이론에서 개인주의적 한계를 넘어서, 이해관계자들 사이의 균형과 관계 나아가 사회와의 관계를 강조하였다.

이해관계자이론의 핵심적 과제는 누가 이해관계자인가를 규정하는 것이라고 할 수 있다. 학자들에 따라 이해관계자의 대상은 매우 다르게 해석되기도 한다. 이해관계자에 대한 논쟁은 크게 이해관계자를 넓게 보는(거시적 관점) 경향과 좁게 보는(미시적 관점) 경향으로 구분된다. Freeman(1984)은 이해관계자를 조직의 성과에 영향을 주거나 영향을 받는 모든 집단을 포함하는 개념으로 이해관계자를 매우 넓게 바라보는 거시적 관점을 가지고 있으며, Post(Post et al, 1996)와 Mitchell과 동료들(Mitchell et al, 1997) 그리고 Froman(1999) 등은 이해관계자의 조직에 미치는 영향력을 기준으로 이해관계자를 잠재적 이해관계자와 분명한 이해관계자로 구분하였다. 하지만 일반적으로 이해관계자는 조직의 목적, 정책, 실천활동, 결정 등에 영향을 주거나 받는 개인이나 집단으로 정의된다(Buchholz and Rosenthal, 2005; Carroll, 1996; Frederick, 1992). 일반적으로 이해관계자에 대해 학자들은 직원, 공급자, 이용자, 재정지원자, 지역사회를 최소한의 이해관계자로 보고 있다(Buchholz and Rosenthal, 2005).

이해관계자이론에 따르면 공공 및 사회복지서비스 전달과 직접적인 이해관계가 있는 사람 또는 집단은 정부, 비영리사회복지조직, 지역사회, 서비스수혜자(이용자), 보충적 서비스제공자 등이며 이들은 지역사회를 보다 건강하게 유지 보전한다는 공동의 비전이나 목적 또는 임무선언 등의 사회적 목적을 실현하기 위해 노력함으로 서비스제공에 있어 공동의 목적을 실현하기 위하여 상호조직을 파트너로 동등하게 대접한다는 특징이 있다. Niven(2008)은 조직성과개선을 위한 전략을 수립하는데 있어 이해관계자를 분석하는 것이 중요함을 강조하면서 비영리조직의 가능한 이해관계자집단으로 직원, client, 정부관료 및 경쟁기관이나 언론매체 등을 포함하였으며 일단 이해관계자가 확인되면 이들의 요구가 무엇인지를 확인하는 것이 중요함을 강조하였다. 아래의 그림은 비영리조직에게 영향을 주거나 영향을 받을 수 있는 가능한 이해관계자를 나타낸 것이다.

[그림 2-2] 이해관계자 집단의 예

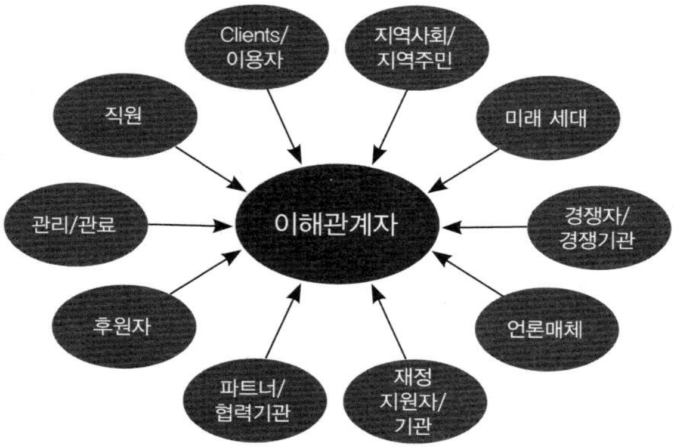

2. 이해관계자이론의 특성

Freeman과 Phillips(2002)에 따르면 이해관계자이론의 핵심은 조직의 성공이 조직목적 실현에 영향을 줄 수 있는 이용자, 직원, 지역사회, 재정지원자, 공급자 등과 같은 핵심집단과의 관계를 어떻게 잘 관리하는가에 전적으로 달려있다는 것이다. 이와 관련된 관리자의 과업은 모든 이해관련 집단의 지지나 지원활동을 유지하고, 그들의 이익이 최대가 될 수 있도록 균형을 이루도록 하는 것이다. 따라서 이해관계자이론을 민간조직과 정보조직 간의 상보관계에 적용하게 되면 사회서비스를 제공하여 지역주민들의 삶이나 지역사회를 보다 건강하게 유지 및 보전한다는 사회적 목적에 공감하는 정부를 포함하는 모든 이해관계자들은 이러한 목적이 실현될 수 있도록 하기 위하여 정부는 모든 이해관계자들의 상호 지지와 지원활동을 유지하여야 한다.

이해관계자분석에 있어 가장 중요한 것은 이해관계자 사이의 관계망을 확인하고 이해하는 것이다. 이해관계자 관계망은 조직을 둘러싼 환경(내적/외적)과의 조화를 유지하면서 변화를 추구한다. 또한 이해관계자 관계망은 열린 의사소통과 집단적 행동, 갈등 조정 및 결정수립을 통하여 조직의 역량을 강화하기 위해 노력한다. 이해관계자이론은 모든 이해관계자들이 자기 자신만의 이익을 추구 한다기보다 균형과 집합적 행동을 통한 이해관계자들 사이의 형평한 분배나 공평을 보다 강조한다고 Buchholz와 Rosenthal(2005)은 주장하였다. 그들은 또한 이해관계자의 행동이 상호 간의 보호관계를 기반으로 연대와 공유된 이해에 기초한다고 강조하였다. 따라서 이해관계이론은 과업행동에 있어 주인-대리인이론과 달리 통제나 감시 감독보다 상호발전과 성숙을 위한 협력과 조화 그리고 균형이 강조된다.

이해관계자이론의 주요 속성을 나타내면 아래와 같다.

[표 2-5] 이해관계자이론의 주요 속성

목적	상이한 관심을 가지고 있는 관계자들의 다양한 목적(또는 목표)을 추구
핵심과업	협동, 협력, 그리고 갈등해결이 주요 핵심 과업
성과	다양한 이해관계자들의 소명감을 유지하고 발전시키기 위한 공정한 분배
위기에 직면할 수 있는 집단	모든 이해관계자
이해관계자의 영향력	분명한 지위를 성취하는데 있어 충분한 힘과 정당성을 가지고 있는 한 사람 이상의 이해관계자

* 자료: Kochan and Rubinstein, 2000, p. 369에서 재수정

결국, 주인-대리인이론은 통제가 주요과업이고, 주인과 대리인 사이에 목적성취를 위한 계약 중심으로 대리인은 하나의 주인이 요구하는 요구가 실현되는 과업행동을 추구하지만, 이해관계자이론은 여러 이해관계자들과의 관계를 중심으로 다양한 그들의 요구나 필요를 해결하기 위해 공동으로 노력하고 협력하는 과업을 중요시한다. 또한 과업자체가 단순한 하나의 과업이 아니고 복잡한 과업을 성취할 수 있는 실천행동을 추진할 수 있는 장점을 가지고 있다.

3. 이해관계자이론의 한계

이해관계자이론은 특정 서비스와 관련하여 모든 이해관계자 집단을 파악하고 그들의 이익이나 관심이 실현되도록 노력하는 것을 강조한다. 특히, 이익실현을 위한 노력에서 관리자의 통제나 감시 보다는 집단들 사이의 협력과 협조를 통한 이익실현을 강조한다. 이해관계자이

론의 한계는 바로 모든 이해관계집단들을 만족시킬 수 있는 즉, 모든 관련집단들의 이익을 실현시킬 수 있도록 행동하는 것이 가능한 것인가라는 점에 근거한다. 모든 집단들에게 공평하고 형평한 분배를 통해 공동의 목적을 실현시키도록 한다는 것이 관리적 기법을 통해 실현된다는 것은 사실 현실적으로 어려운 측면이 있다. 어떤 집단은 어떤 집단보다 이해관계가 강하거나 약할 수 있으며, 또한 어떤 한 집단은 이해관련집단이기는 하지만 다른 모든 이해관련집단과 공동의 목적을 가지고 있지 않은 경우도 존재함으로 집단 간 갈등이 나타날 수도 있다.

4. 이해관계자이론과 사회복지전달체계

이해관계자이론에 따르면 사회복지서비스와 관련이 있는 모든 개인, 집단이나 조직들은 이해관계자이다. 지역주민, 서비스이용자와 그 가족, 재정지원자, 후원자, 조직구성원 등 사회복지서비스와 관련이 있는 모든 이해관계자들은 그들의 관심과 이익이 실현되고 최대화되는 관리방식을 선호하게 된다.

정부가 직접 사회복지서비스를 전달하는 경우 사회복지서비스를 기획하고 제공하는 책임자인 정부가 사회복지전달의 관리자로 역할을 수행하게 되며 이 경우 정부관료인 관리자는 서비스와 연관이 있는 가장 대표적인 이해집단인 국민, 서비스이용자의 이익과 관심을 파악하여 그들의 이익과 정부의 이익을 일치시키고 이익을 실현하기 위해 노력하여야 한다. 또한 그들의 이익과 정부관리자의 이익과 관심이 성취될 수 있도록 모든 이해관계자들을 지지하고 상호행동을 할 수 있는 관계 지향적 사회복지전달체계를 유지 발전시켜야 하다. 즉, 중앙정부와 지방정부간의 긴밀한 협력과 협조 그리고 정부관료와 서비스수혜자나 일반

국민들이 공동으로 원하는 또는 기대하는 것을 성취하기 위한 긴밀한 협조와 협력체계를 구축하는 것은 이해관계자들의 공동의 목적을 실현하기 위한 최선의 노력이 될 것이다.

제5절 공공선택이론

1. 공공선택이론의 기본적 배경

공공선택이론은 1940년대 경제학자인 Duncan Black에 의해 재조명되어 발전되었으며 특히, Buchanan이 1986년 노벨경제학상을 받은 이후 대중들로부터 폭넓은 관심을 얻었다고 알려져 있다(www.econlib.org/library/Enc/PublicChoiceTheory.html). 공공선택이론은 정치학의 경제학으로의 적용에 의해서 나타난 이론으로 비시장적 결정수립에 대한 경제학적 연구라고 정의할 수 있으며(Bovaird, 1996), 세금과 공공지출을 연구하는 학문분야로부터 발전된 경제학의 한 분파라고 할 수 있다. 공공선택이론의 기본원리는 시장에서의 인간행동에 대한 분석을 집단적 결정에서의 인간행동으로 적용하였다는 점에서 경제학과 같다고 볼 수 있다. 즉, 경제학자들은 인간의 동기를 설명하는데 있어, 시장에서 인간은 주로 자기이익실현에 의해서 동기를 부여받는다고 보았다. 즉, 소비자, 고용주, 고용인 누구든 간에 그들의 동기는 그들 자신의 이익실현에 있다고 본 것이다. 공공선택이론은 이러한 인간동기에 대한 경제학적인 기본 가정을 그대로 답습한다. 따라서 공공선택이론에서 인간은 경제적 인간이라고 정의된다. 여기서 경제적 인간이라는 것은 인간이 이기적이고,

이성적이며 자기만족을 최대화하는 인간이라는 것을 의미한다

Buchanan과 Tullock(1962)은 비록 사람들이 정치영역에서 다른 사람들의 관심이나 이익을 위해 행동하지만 그들이 투표자건, 관료이건, 정치가이건, 로비활동가이든 상관없이 그들의 주요한 동기는 자기이익 실현에 있다고 주장하였다. 따라서 공공선택이론은 정부관료들이나 선출된 정치인들이 대체적으로 자기이익을 최대화하려고 노력하는 자기중심적 사고에 빠져 있음을 강조한다. 예를 들어, 자신들의 경제적 혜택을 최대화하려는 노력의 일환으로 예산을 최대화하려고 노력한다고 강조한다. 또한 대중의 이익에 반하더라도 사람들은 자신들이 결정한 일을 수행하는데 이는 자신들이 무엇을 하는지에 대해서 이성적 동기부여를 가지고 있기 때문이라고 강조한다(Arrow, 1963; Becker, 1985).

공공선택이론을 주장하는 학자들에 따르면 투표자들은 정부가 효과적으로 잘 작동하고 있는지를 모니터하여야만 한다는 동기를 가지고 있지 않음으로 정부는 실패할 수밖에 없다고 강조한다. Downs(1957)에 따르면 투표자들은 대체적으로 정치적 이슈에 무지하며 이 무지함이 비이성적이라고 생각하지 않고, 또한 선거의 결과가 중요하다고 하더라도, 한 개인의 표가 선거결과를 결정하지 않는다고 생각하고 있다고 강조하였다.

하지만 공공선택이론가들은 공공영역과 달리 무지함이 민간영역에서는 거의 발생하지 않는다고 주장한다. 즉, 누군가 시장에서 차를 구입한다고 했을 때, 구입할 차에 대한 정보가 잘 공개되어 있는 차를 구입하는 것이 일반적이며 구매자가 선택하여 차를 구입하게 되면 그 선택이 잘된 선택이든 잘못된 선택이든 구매자가 전적으로 구입에 대한 책임을 지게 됨으로, 선택의 직접적 책임자는 구매자이지만, 선거에서 투표자는 결과에 대해 직접적 책임을 지지 않음으로 공공영역은 실패할 수밖에 없게 된다.

2. 공공선택이론의 특성

공공선택이론은 정치조직과 그들의 행동, 정치가와 시민들의 이성적 행동, 투표메커니즘, 공공재의 제공에 영향을 주는 정책결과, 정부에서 관료들의 역할 등을 이해하기 위해 경제적 원칙을 적용하였다(Hackler, 2003). Nesslein(2003)은 공공선택이론이 다음과 같은 점을 설명할 수 있음을 강조하였는데, 그것은 첫째, 정부공급은 민간공급보다 덜 효율적이라는 점, 둘째, 대부분 이익집단의 행동은 그들 구성원들만의 이익을 만족시키기 위해 이루어진다는 점, 셋째, 나라별로 상이한 정부 크기의 차이점을 설명할 수 있다는 점 등이다.

공공선택이론은 비시장적 결정수립에 대한 경제학적 연구이고 정치영역으로의 경제학의 적용임으로 투표자가 소비자로 그리고 정치가가 기업가로 이해될 수 있다. 즉, 투표자와 정치가는 모두 인간행동에 있어 경제적 동기를 부여받는다는 점이 강조된다. 이러한 측면에서 공공선택이론은 기본적으로 공공과 민간의 자원할당 속으로의 선택된 개입을 통하여 자신(소비자)의 이익을 최대화하는 것을 강조한다. 특히 공공선택이론에서는 소비자(투표자)의 선택권 강화가 소비자(투표자)의 만족을 가져다준다는 점이 강조된다.

공공선택이론은 시장의 실패보다는 정부의 실패를 강조한다. 따라서 공공조직이 얼마나 성공적으로 성과를 만들어 내는가 또는 얼마나 성공적으로 업무를 수행하는가에 대해서는 관심이 적을 수밖에 없다. 즉, 공공선택이론은 공공조직의 성과보다는 민간기업조직의 성과가 우수함을 증명하기 위하여 민긴조직과 공공조직 사이의 경제 우위를 비교하며, 공공조직을 민영화하는 논리적 결과로서 민간조직의 우수성을 강조하기도 한다. 따라서 개인주의적 선택권 강화와 민영화를 강조하는 대부분의 보수주의 경제학자들이 강조하는 강조점은 바로 공공선택이론에 근거한다고 할 수 있다. 즉, 민간조직이 공공조직보다 서비스 공급과 관리적 측면에서 우수하다는 점을 강조하며 공공부분의 민영화를 강조하게 된다. 공공선택이론이 강조하는 정부실패의 요인은 크게 5가지로 요약될 수 있으며 아래와 같다(지은구, 2012. 비영리조직 성과관리).

첫째, 정치적 순환에 따른 불안정(정치적 불안정)

둘째, 비효율성

셋째, 조종된 일정

넷째, 공공조직단위에서의 예산최대화

다섯째, 지대추구[05]와 이익집단들의 부를 전환하려는 노력

정부관료는 시민을 위한 봉사자로서 공공의 선과 이익을 위해 노력하여야 하지만 공공선택이론에 의하면 관료 역시 이성적 개인으로 개인적인 혜택을 추구하기 위한 정책을 펼치고 지지한다. 자기이익을 최대화하는 이익실현자로서 관료는 그들의 힘을 자기부서의 예산을 최대화하고 더 큰 부수입을 가져다주는데 사용한다. 또한 자기이익을 최대화하기 위해 경쟁 없는 조건이나 규정을 만들어 지대를 추구한다. 지대추구는 공공재의 제공에서 정부실패를 설명하는 요인이다. 즉, 필요한 것보다 더 많은 공공재를 제공하여 공공재를 경쟁 없이 제공함으로 공공재

---

05 지대추구(rent seeking)는 경제주체들이 자신의 이익을 위해 로비와 같은 비생산적인 활동에 자원을 낭비하는 것을 의미한다. 지대추구자는 자신에게 유리하게 하도록 정부정책을 수정하도록 로비를 하게 된다. 정부가 자른 사람들이 개입하지 못하도록 방벽을 쳐준다든지 또는 규정을 만들어 주게 되면 지대추구자는 경쟁이 없음으로 안정적으로 지대를 추구하게 된다. 공공선택이론가들은 지대추구행위가 정부자원의 낭비를 가져다주는 결정적 역할을 수행하는 것으로 보고 있다.

의 과잉이 발생하게 되고 이는 곧 정부예산의 낭비와 비효율성을 나타낸다.

위에서 볼 수 있듯이 공공선택이론은 정부의 실패가 정치적 실패나 관료적 실패에 의해서 나타나는 것으로 보고 있음으로 정치적, 관료적 정부실패요소를 제거하고 공공조직의 효율성을 강화하려는 노력의 일환으로 등장하였다고 볼 수 있다. 이를 위해 민간조직의 우월성을 입증하려는 노력의 일환으로 민간조직과 공공조직의 성과를 비교한다. 따라서 공공선택이론에 따르면 모든 정부개입은 실패할 것임으로 성과측정은 민간조직과의 성과비교에 다른 민간조직의 우수성을 더욱 강조하는 것이라고 할 수 있다.

결국, 공공선택이론은 공공조직의 분석을 통하여 공공조직의 효율성과 효과성을 개선하고 형평성을 증대하여 보다 나은 서비스가 차별 없이 모든 국민들에게 제공되도록 하는데 도움을 주는 이론이라기보다는 공공조직의 비효율성의 원인과 결과에 대한 분석을 통해 공공조직의 민영화 및 민간조직의 우수성을 설명하는 이론이라고 할 수 있다.

3. 공공선택이론의 한계

공공선택이론의 가장 큰 특성은 정치영역에 신고전파경제학이론을 접목하였다는 점이다.

따라서 공공선택이론은 인간을 경제적 인간으로 보는 주인-대리인이론의 인간행동에 대한 기본전제를 바탕으로 한다. 특히, 관료나 정치가들의 자기이익실현을 위한 욕구에 의해서 선택과 결정이 이루어짐으로 인하여 정부는 실패할 수밖에 없음을 강조하여 민간조직의 정부에 대한 상대적 우위를 주장하는 민영화논리에 중요한 이론적 토대를 제공해 주었다. 또한 공공선택이론은 정부가 효율성을 강화하기 위해서는 민간조직의 조직관리기법을 활용하는 것이 효과적임을 주장하여 성과측정 및 성과관리를 강조하는 신공공관리기법이 정부조직관리기법으로 적용되도록 하는데도 중요한 영향을 미쳤다.

하지만 공공선택이론은 모든 인간행동의 동기가 자기 자신의 이익을 추구하기 위해서 부여된다는 경제적 인간을 강조함으로써 인간행동의 복잡한 사회 심리적 측면을 부정하고 또한 인간행동의 동기가 자기실현과 공동의 이익을 실현하기 위해 부여될 수 있음을 부정하는 기본적 한계를 내포하고 있다. 모든 인간이 자기 자신만의 이익을 실현하기 위해 행동하는 것은 아니다. 특히 공공가치의 실현 즉, 정부가 제공하는 공공 및 사회복지서비스의 제공을 통해서 모든 국민들의 이익이 실현되도록 하기 위해 노력하는 정부관료들의 노력과 행동을 공공선택이론은 이해하고 해석할 수없는 기본적 한계를 내포하고 있다.

특히, 개인의 동기가 자기 이익의 최대화라는 공공선택이론의 전제에 따르면 모든 개개인들은 자신만 아는 이기적인 인간임으로 무임승차문제가 발생하게 된다. 즉, 자신이 기여하지 않고 다른 사람들이 기여한 행동에 대해서 혜택을 보려는 행동이 나타나게 되는 것이다. 자기 자신의 이익을 위해 행동하는 개인들은 공공재의 제공에 아무런 기여를 하지 않았어도 또는 집단 모두를 위한 행동에 아무런 기여를 하지 않았어도 그들의 노력이나 기여없이 다른 사람의 기여로 인해 자신들이 혜택을 벌 것이라고 기대하게 된다. 따라서 모든 집단의 구성원들이 이기적이라면 즉, 아무도 기여를 하지 않는다면 집합적 행동은 결코 일어자지 않게 된다(Nesslein, 2003). 이러한 기본 전제는 공공재제공의 필요성을 약화시켜 작은 정부를 지향하도록 하는데 영향을 주었다.

공공선택이론은 결국, 왜 정부가 공공서비스와 사회복지서비스를 공공재로 모든 국민들에게 더 많이 제공하는지를 설명하지 못하는 한계를 갖는다. 이런 측면에서 Ostroom(2000)의 연구는 우리에게 많은 시사점을 준다. Ostroom은 공공재에 대한 실험조사를 통해 다음과 같은 결론을 제시하였다.

첫째, 공공재실험에 참여한 참여자들은 공공재를 제공하기 위한 집합적 노력을 지지하기 위하여 그들에게 주어진 자원을 40%에서 60%까지 기여하였다.

둘째, 참여자들은 다른 사람이 협조적이라고 믿을 때, 그들은 더욱 협조적으로 행동하였다.

셋째, 실험조사 참여자는 개입이 좋다는 것을 아는 것과 함께, 더욱 집합적이 되었다.

넷째, 사람과 사람 사이의 대면 의사소통(face to face communication)은 협조를 증진시켰다.

다섯째, 얼마나 많이 집단구성원이 공공재 실험에 기여하는가는 상황적 요인(구성원사이의 의사소통, 기여거부자에 대한 제재 등)에 영향을 받았다.

위의 연구 결과를 바탕으로 Ostroom은 이성적 이기주의자를 강조하는 경제학이론에 대한 수정을 주장하였으며 집합적 행동을 하는 참여자들을 두 그룹으로 분류하였다. 첫 번째 참여자는 '조건적 협조자'로서 이들은 다른 사람들이 상호호혜적이라고 믿을 때 협조적 행동을 하는 사람이다. 두 번째 집단은 '자발적 응징자'로서 이들은 집단의 목적이나 공공재에 기여하지 않는 비기여자를 처벌하도록 용인된 제재를 수행하는 사람이다. Miller(1990) 역시 1960년대 미국 시민운동에 참여한 참가자들을 대상으로 한 조사에서 인간의 개인적 만족은 최소한 부분적으로도, 집단과의 관계에 대한 입장과 승인여부에 의존함을 주장하였다.

공공선택이론에서 강조되는 개인주의와 개인적 이익의 최대화라는 기본 전제는 사회복지영역에서 강조되는 연대, 집합주의 그리고 이타주의 등의 기본가치와도 상반된다. 공공선택이론에 따르면 사회복지는 선택적으로 이루어지는 것이 맞다. 즉, 개개인들이 추구하는 이익은 모두 상이함으로 개개인들의 이익을 최대화시켜주기 위해서는 그들의 이익 실현을 위한 서비스 역시 선택적으로 제공되어야 함으로 보편적 서비스제공의 필요성은 그만큼 줄어든다. 따라서 정부실패를 강조하는 공공선택이론가들에게 모든 국민들의 복지향상을 위한 서비스제공은 좋은 정부가 되기 위해서 버려야 하는 독이 된다.

4. 공공선택이론과 사회복지전달체계

공공선택이론과 주인-대리인이론은 공공사회복지전달체계에서 민간사회복지전달체계로 사회복지전달의 주체가 이전되는 것을 이론적으로 지지해준다. 공공선택이론에 따르면 공공재적 성격이 강한 사회복지의 제공은 정부로부터 전문적 지식과 기술 그리고 우수한 인력을 보유하고 있으면서 생산성이 높고 효율성이 뛰어난 민간조직으로 전이되어야 한다. 즉, 정부는 사회복지전달에 있어 전문성이 낮아 재정적 효율성이 떨어지며, 어떠한 정권이 등장하는가에 따라서도 많은 영향을 받아 정책이 수시로 수정되고, 정치가들이 전체 국민의 복지수준 향상이나 삶의 질 개선보다는 자신이 속한 지역구에서 자신들에게 영향을 주는 집단들에게 더 많은 복지예산을 분배하기 위해서 노력할 것이며, 관료들은 전체 사회복지수준 향상을 위한 예산작성보다는 자신이 속한 부서의 예산을 최대화하기 위해 노력할 것임으로 효율성이 높은 민간조직이 사회복지서비스를 전달하도록 사회복지서비스의 민영화를 적극적으로 추진할 것이다.

결국, 사회복지전달이 공공에서 민간으로 전이됨으로 사회복지전달의 책임 역시 공공에서 민간으로 함께 전이되어 국가의 사회복지에 대한 책임성이 약해짐으로 사회복지에 대한 국민들의 권리가 동시에 취약해지는 것이 공공선택이론에 영향을 받아 발전된 민영화방식의 허점이라고 할 수 있다. 정부는 대신해서 사회복지서비스를 제공하는 민간조직에 대한 통제권을 강화하기 위해 민간조직의 관리시스템을 전체적으로 모니터링 하여야 함으로 직접적 사회복지서비스를 전달하는데 필요하지 않은 감시감독에 대한 비용이 발생하게 되고 또한 주인-대리인이론에서 발생한 대리인문제로서 정보비대칭문제를 해결하여야 함으로 정보시스템 강화를 위한 비용을 추가로 부담하여야 하는 등 국민들의 세금이 국민들에게 직접적으로 혜택을 주지 않는 기회비용으로 사용되는 것을 묵인하게 된다.

제6절 네트워크이론[06]

1. 네트워크이론의 기본적 배경

일반적으로 네트워크는 행위자를 연결하는 관계를 의미하며 행위자란 구체적으로 사람이나 조직 및 시스템을 의미하고 관계란 상호행동을 의미한다. 특히, 네트워크는 협력의 한 유형으로서 각각의 조직들이

---

06 사회네트워크이론은 지은구. 2012. 제4장 6절을 참고하였음.

조직적 자율성을 유지하면서 공유된 자원을 가지고 어떤 서비스나 프로그램을 제공하기 위하여 함께 결합하는 협력시스템이라고 할 수 있다(지은구, 조성숙, 2010). 조직 관리적 측면에서 네트워크는 한 조직이 그 조직에게 도움을 줄 수 있는 다른 조직을 필요로 할 때 그리고 조직이 도움을 줄 수 있는 다른 조직을 필요로 할 때 발생하게 된다. 즉, 도움을 주거나 받기 위해 다른 조직을 필요로 할 때 네트워크는 필요하게 된다. 네트워크이론은 개인, 집단, 조직 나아가 지역사회 같은 사회적 실체들 사이의 관계의 구조를 설명 할 수 있다(Wasserman and Faust, 1994). 특히, 네트워크이론은 개인적 행동이나 태도 그리고 신념을 설명하는 것 대신 그들의 상호행동을 연구한다.

네트워크이론에 의하면 행위자들은 하나의 관계적 틀 안에서 행동함으로 그들의 행동을 이해하기 위해서는 그들이 위치해 있는 지역사회의 정황에 대해 이해하여야만 한다(Granovetter, 1985). 네트워크이론에서 사회적 관계를 보다 강조하면 사회네트워크이론이 된다. 사회네트워크는 하나 또는 하나 이상의 관계에 의해서 연결된 행위자들이나 성원들로 구성된 구조를 의미하고(Knoke and Yang, 2008), 목적을 성취하기 위하여 교환을 하고 상호 행동하는 사람, 집단, 조직, 또는 사회적 단위를 위한 사회적 배열이라고 할 수 있다(Hardcastle, Power, and Wenocur, 2004). 따라서 사회네트워크는 다른 사람과의 사회적 관계를 유지하고 건설하는 것을 포함하며 가족, 친구, 동료, 이웃 조직 등은 모두 사회네트워크를 구성하는 구성인자가 될 수 있다(지은구, 2012).

네트워크를 분석하는 목적은 행위자들이 존재해 있는 관계적 체계를 조사하는 것이며, 관계적 구조의 본질이 어떻게 행동에 영향을 주는지를 사정하기 위함이다. 따라서 사회네트워크이론의 일차적인 초점은 행위자들의 상호의존성과 네트워크 안에 있는 행위자들의 위치(position)가 어떻게 그들의 기회, 압박, 그리고 행동에 영향을 주는지에 있다고 할 수 있다(Wasserman, and Galaskiewicz, 1994).

네트워크는 위기 때 도움을 줄 수 있는 중요한 도구로서 기능을 하는 지원 또는 지지를 위한 환경자원의 역할을 수행하며 교환자원을 위한 상호원조체계로서도 작동한다. 네트워크는 교환을 위한 구조를 제공하기 때문에 사회적 지지체계라고 할 수 있다. 결국, 네트워크는 도움을 주고받기 위해 필요한 구조라고 정의할 수 있으며 개인, 집단의 영역을 뛰어넘어 조직과 조직사이의 교환을 위한 지지체계로서의 역할을 수행하게 된다. 결론적으로 네트워크이론이란 개인, 집단, 조직 나아가 지역사회 내에서 통합적이고 문제해결 중심적인 서비스를 제공하기 위해 상호간의 도움을 주고받는 것을 강조한다.

체계주의 이론을 적용하면 네트워크는 하나의 체계이다. 네트워크가 체계라는 특징 이외에 또 다른 네트워크를 설명하는 특징적인 용어는 사회적 자본이다. 즉, 네트워크이론이 서열이나 직접적 통제, 그리고 감독 보다는 상호간의 신뢰, 믿음, 공동의 가치를 강조하고 이러한 가치는 바로 사회적 자본의 구성요인이기 때문이다. Lin(2008, 2001)에 따르면 사회적 자본은 네트워크 안에 내재되어 있는 자원이다. 특히 사회적 자본이란 자원은 네트워크 안에서 동원되어지고 접근되어 질 수 있는 자원이라고 할 수 있다. 따라서 네트워크를 통해서 조직은 다른 조직의 자원을 빌리고 얻을 수 있다. 결국, 네트워크는 조직에게 내재된 자원의 활용과 내재된 자원으로의 접근을 위한 필수적인 조건이라고 할 수 있음으로 네트워크를 통해서 사회적 자본을 활용하고 사회적 자본을 교환하여 조직은 더욱 발전할 수 있게 된다(지은구, 2012). 아래의 표는 네트워크이론의 원칙과 가정을 설명한다.

[표 2-6] 네트워크이론의 원칙과 가정

원칙	가정
• 행동은 조직 내부의 내적 힘에 의해서 라기보다는 행동에 대한 구조적 압박이라는 측면으로 해석된다. • 분석은 네트워크에 참여한 조직사이의 관계에 집중되어 있다. • 핵심적인 고려사항은 네트워크에 참여한 다양한 행위자들의 관계유형이 어떻게 네트워크를 구성하는 조직에게 영향을 주는가이다. • 분석방법은 사회구조의 유형화된 본질을 직접적으로 다루는 것이다.	• 행위자들과 그들의 행동은 상호의존적인 단위로 보여 진다. • 행위자들 사이의 관계적 연결은 자원의 흐름을 이동시키는 채널이다. • 개별단위를 강조하는 네트워크모델은 네트워크구조의 환경을 개별적 행동에 대한 압박과 기회를 제공하는 것으로 바라보는 것이다. • 네트워크모델은 행위자들 사이의 관계의 유형(pattern)을 지속하는 것으로 구조(사회, 경제, 정치적 구조 등)를 개념적으로 설명한다.

* 자료: Rowley(1997). p. 893, 그림-1에서 재수정

2. 네트워크의 기능

Dosher(1977)에 따르면 네트워크의 주요기능은 첫째, 의사소통연계장치와 정보채널의 기능 둘째, 참여지지체계와 자원공유기능 셋째, 조정, 협력, 협의, 프로그램실현화, 능력건설, 훈련을 위한 수단의 기능 그리고 마지막으로 집합적 행동을 위한 수단의 기능 등 네 가지로 분류될 수 있다고 한다. 네트워크의 기능을 구체적으로 살펴보면 다음과 같다.

첫째, 자원의 교환을 위한 의사소통연계장치와 정보채널의 기능

둘째, 조직과 조직사이의 참여지지체계와 자원공유기능

셋째, 조직 간의 서비스 영역 조정, 협력, 협의, 프로그램실현, 조직 능력건설, 직원훈련을 위한 수단의 기능

넷째, 조직의 문제해결을 위한 실천 활동과 상호 원조 및 협력을 위한 지지체계기능

위에서 제시된 네트워크의 기능 중 지지체계로서의 기능은 네트워크가 하나의 조직으로서 공유된 목적을 성취하고 충족시키기 위한 교환에 개입하고 상호 행동하는 조직으로 구성된 하나의 체계라는 점에 기초한다. 따라서 체계로서 네트워크는 교환을 위해 조직의 자원을 연계시켜 주는 역할을 수행하게 된다. 결국, 네트워크는 체계주의관점에서 하나의 지지체계로서의 역할을 수행하고 사회교환이론측면에서 사회적 교환을 위한 도구로서 활용되고 조직간 통합을 위한 토대로서 이해된다. 네트워크의 이러한 기능들을 살펴보면 다음과 같다(지은구, 조성숙, 2010).

1) 지지체계 기능

네트워크로서 지지체계는 지역주민들을 위한 지원체계를 의미한다고 할 수 있다. 조직이나 집단에게 구체적으로 지원되는 지지는 일반적 지지와 구체적 지지로 나누어 질 수 있는데 일반적 지지는 소속감이나 수용 그리고 돌봄 등의 지지를 제공하는 것으로서 조직과 조직 간의 사회적 통합과 감정적 지지를 증진시키는 역할을 수행하는 것을 의미하고 구체적 지지는 존중이나 격려 그리고 구체적인 정보와 물질적 지원 등을 포함한다(Hardcatle, et al,. 2004).

2) 교환 체계 기능

교환이론에 따르면 네트워크는 조직과 조직 사이의 자원의 교환을 위해 존재하는 공간적 영역을 제공하게 되어 네트워크는 사회적 교환을 위한 도구로서의 역할을 수행하게 된다. 네트워크는 기본적으로 다른 조직과의 사회적 관계를 유지하고 건설하기 위해 필요한 도구로서

존재하기 때문에 교환을 위한 하나의 구조를 제공하게 된다. 따라서 협력체제라는 네트워크 안에 소속되어 있는 조직과 조직들 간의 인적 그리고 물적 자원의 교류를 통해 서비스의 중복을 막고 한정된 자원으로 최대의 조직효과성을 성취하는 것이 가능해진다.

3) 통합된 연합구조 기능

네트워크는 하나의 개인이나 집단 또는 조직이 제공하는 사회복지서비스나 재화를 가지고 다양한 욕구를 가진 성원이나 지역주민의 욕구를 해결할 수 없기 때문에 나타난 체계이다. 따라서 사회복지사나 조직들이 다양한 재화나 서비스를 제공하여 다양한 욕구에 있는 지역주민들에게 통합된 서비스가 제공될 수 있도록 하는 하나의 통합된 연합구조(또는 통합을 위한 토대)로서 네트워크는 기능하게 된다.

3. 네트워크이론의 특성

네트워크는 협력의 한 유형으로서 각각의 조직들이 조직적 자율성을 유지하면서 공유된 자원을 가지고 어떤 서비스나 프로그램을 제공하기 위하여 함께 결합하는 협력시스템이라고 할 수 있다. 일반적으로 네트워크는 행위자를 연결하는 관계를 의미하며 행위자란 구체적으로 사람이나 조직 및 시스템을 그리고 관계란 상호행동을 의미한다(배응환, 2001). 사회복지실천의 영역에서 네트워크는 일반적으로 한 사람이 자신에게 도움을 줄 수 있는 다른 사람을 필요로 할 때 그리고 자신이 도움을 줄 수 있는 다른 사람을 필요로 할 때 발생하게 된다. 즉, 도움을 주거나 받기 위해 다른 사람이나 조직을 필요로 할 때 네트워크는 필요하게 된다. 따라서 네트워크는 다른 사람과의 사회적 관계를 유지하고 건설하는 것을 포함하며 네트워크는 사회적 교환을 위한 구조를 제공하기 때문에 사회적 지지체계라고 할 수 있다. 결국, 네트워크는 도움을 주고받기 위해 필요한 사회적 구조라고 정의할 수 있으며 개인, 집단의 영역을 뛰어넘어 조직과 조직사이의 사회적 교환을 위한 사회적 지지체계로서의 역할을 수행하게 된다. 따라서 민과 관의 협력 네트워크란 민간부분의 개인, 집단, 조직과 관 영역의 개인, 집단, 조직이 통합적이고 문제해결 중심적인 (실천적)서비스를 제공하기 위해 상호간의 도움을 주고받는 사회적 교환체계이자 사회적 지지체계라고 할 수 있다(지은구, 조성숙, 2010).

네트워크로의 개입 또는 참여는 개인이나 조직에게 일시적인 자율성의 상실을 의미하기도 하지만 또한 네트워크를 유지하고 발전시키기 위해 필요한 자원의 투자를 의미하기도 한다(Hardcatle, et al, 2004). 예를 들어 네트워크에 참여하는 조직은 자율성의 상실을 보상할 수 있을 정도의 충분한 자원의 확보를 기대하게 된다. 네트워크가 유지되고 발전할 수 있는 조건으로 Galsaskiwicz과 Wasserman(1990) 그리고 Woodard와 Doreion(1994)은 다음과 같은 점을 강조하였다.

첫째, 조직은 그들의 목적을 성취하고 조직기능을 수행하기 위해서 다른 조직의 자원을 필요로 한다는 전제. 이러한 전제하에서 네트워크는 자원의 교환을 위해 시장과 같은 구조를 제공하게 된다.

둘째, 외부의 문제나 기회 또는 지시에 대응하기 위한 필요한 자원이 네트워크를 통해서만 획득되어 질 수 있기 때문에 조직은 다른 조직을 필요로 한다는 전제. 따라서 연결망은 자원모집을 위한 구조임과 동시에 기능적으로 그리고 정치적으로 조직의 영역을 조정하는 구조가 된다.

셋째, 서비스영역에 있어 비슷한 영역이나 중복된 영역을 공유하는 조직들은 경쟁과 갈등을 규제하여야 할 필요가 있다는 전제. 이를 위해 네트워크는 영역의 동의를 이끌어내기 위해 협상하고, 경쟁을 정치적으로 규제하며, 네트워크회원조직들의 영역을 정당화하고 그리고 네트워크조직들 사이의 갈등을 관리하기 위한 메커니즘과 구조를 제공한다.

네트워크는 공동의 의사결정을 강조함으로 협치가 실현되는 체계라고 볼 수 있다(지은구, 조성숙, 2010). 협치(governance)란 단순히 통치체계를 의미하는 단어가 아니라 인간의 사회적 행위 전반에 걸친 새로운 문제해결을 위한 인식체계라고 볼 수 있으며 일방적인 의사결정이 아닌 구성원들 간의 또는 조직과 조직 상호간의 네트워크를 강조하고 민간과 공공기관사이의 자원혼합을 위한 파트너십을 강조하며, 국가의 중앙통제적 권한보다는 탈 중앙화된 분절된 권한이 강조된다는 특징이 있다. 따라서 현대사회에 있어서 협치는 문제의 해결가능성을 높이는 사회적 조정을 위한 인식체계라고 볼 수 있다. 특히, 협치는 그동안에 이루어졌던 획일적이고 중앙 통제적이고 수직적인 정책결정을 극복하여 네트워크 중심의 수평적인 관계 하에서 다자간 의사가 최대한 존중되는 결정기구로서 인식되고 있다. 즉, Ross(1967)는 지방협치를 공공기관들 간의 관계뿐만 아니라 공공기관과 시민사회 사이의 상이한 관계를 발달시키는 지방수준의 새로운 집합적 의사결정방식이라고 정의하였는데 이는 결국, 협치가 일방성에서 탈피하여 지역에 존재하는 다양한 조직이나 구성원들을 포함하는 다자간 의사결정을 이끌어내는 체계라는 것을 의미한다.

네트워크는 위에서 지적한바와 같이 개인과 개인, 집단과 집단, 또는 조직과 조직이 통합적이고 문제해결 중심적인 서비스를 제공하기 위해 상호간의 실천적인 도움을 주고받는 사회적 교환체계이자 사회적 지지체계라고 할 수 있기 때문에 협치라는 인식체계를 실현시키기 위한 구체적인 체계 또는 구조로서 네트워크가 운영된다고 볼 수 있다.

4. 네트워크이론의 한계

네트워크이론의 가장 결정적인 한계는 네트워크에 소속되어 있는 행위자들 사이에 상호신뢰가 깨지는 경우에 나타난다. 네트워크이론은 상호간의 신뢰를 기본 전제로 한다. 따라서 상호간의 신뢰에 금이 가는 경우 네트워크는 붕괴될 수 있어 사회복지전달에 위협요소로 작동할 가능성이 있다. 네트워크에 포함되어 있는 한 조직이 다른 조직이나 집단이 자신들의 이익을 추구하는 행위를 수행한다고 굳게 믿게 되면 상호신뢰는 금이 가고 협력체제로서 네트워크는 설정된 목적을 성취하는데 어려움을 겪을 수 있다.

5. 네트워크이론과 사회복지전달체계

Le Grand(2002)에 따르면 네트워크는 사회복지전달을 위한 하나의 유형이다. 물론 국가가 사회복지전달을 기획하고 재정을 지원하지만 전달에 있어서 국가는 네트워크전달체계를 통해 의사 또는 정책을 결정하고 사회복지자원을 할당하며 지방조직과 네트워크를 구축하여 함께 사회복지전달을 책임지게 된다. 중앙정부와 지방정부가 협력하여 각 지역에 적합한 사회복지전달을 제공하기 위해 함께 노력하는 것은 사회복지전달의 사회적 책임 및 공공성을 확보하고 확대하는데 매우 시급한 과

제라고 할 수 있다. 광역시도 및 시군구는 협력하여 지역주민들의 욕구를 파악하여 각각의 상황에 맞는 서비스를 제공하는데 있어 중앙정부의 지원과 협력이 필요하며 또한 중앙정부도 국민전체의 사회복지수준의 향상을 위하여 지방정부의 정보와 자원을 절대적으로 필요로 한다. 공공사회복지전달체계의 가장 끝점에 위치한 주민(자치)센터의 사회문제해결을 위한 역량을 강화하는 것과 함께, 가장 필요한 것은 시군구와 중앙정부와의 긴밀한 업무협조 및 지원과 협력이라고 할 수 있다.

또한 민간조직과 정부조직이 사회복지서비스를 효과적으로 전달하기 위해 상호행동 및 상호협조를 기본으로 하는 네트워크를 중심으로 지역문제 해결을 위한 사회복지전달체계를 구축하는 것도 중요하다. 즉, 관 주도의 수직적이고 권위주의적인 의사결정 및 정책결정 그리고 실천영역에서의 일방주의적 서비스전달을 탈피하여 민간부분의 협력을 통한 통합적 사회복지전달과 다자간 결정수립을 이룩하고 민간부분의 개인, 집단, 조직과 공공영역의 개인, 집단, 조직이 통합적이고 문제해결 중심적인 사회복지서비스를 제공하기 위해 상호간의 도움을 주고받는 사회적 교환체계이자 사회적 지지체계로서 그리고 협치가 실현되는 도구로서 네트워크라는 실천적이고 구체적인 협력네트워크체계가 필요하다.

제7절 자원의존이론

1. 자원의존이론의 기본적 배경

자원의존이론은 조직이 생존하기 위해서는 자원을 필요로 한다고 전제한다. 자원의존이론은 생태이론이나 상황이론이 지나치게 환경요소(또는 환경의 능력)를 강조하는 환경결정주의시각을 지닌다고 비판함으로 상황이론이나 생태이론의 비판적 입장에 서있다고 할 수 있다. 즉, 조직이 환경의 힘에 무능력하거나 수동적이지 않음을 강조하며 환경적 제한점들을 극복하기 위해 역동적으로 움직이는 역동적 전략을 활용한다는 점이 전제된다(Jaffee, 2001). 자원의존이론의 가장 대표적인 학자는 Pfeffer와 Salancik(1978)이다. Pfeffer와 Salancik(1978)에 따르면, 자원의 획득은 조직이 반드시 그 자원을 통제하는 다른 조직과의 상호행동을 하여야 함을 의미하는 것이다. 만약 조직이 필요로 하는 자원을 통제하지 못한다면 자원획득은 문제가 발생하는 것이고 조직은 불확실성에 빠지게 된다. 따라서 조직은 필요한 자원을 위해 그 자원을 가지고 있는 다른 조직과 교환을 하여야 한다는 점이 강조된다(Eikenberry and Kluver, 2004; Jaffee, 2001).

자원의존이론의 기본 전제는 노동의 분업이다. 즉, 노동의 분업과 전문화는 많은 수의 조직의 증가를 가져왔으며 그들이 통제하여야 하는 다양한 자원의 유형들 또한 증가하게 하였지만 어떤 한 조직도 그들이 필요로 하는 자원을 완벽하게 소지하고 있지 못함으로 조직과 조직사이에 교환과 거래가 발생하게 된다. 즉, 한 조직이 업무를 수행하기 위하여 특정 자원에 의존하여야 하지만 그 특정 자원이 다른 조직에 의해서 통제될 수 있음으로 자원의존이론에서 조직의 중요한 목표는 자원할당을 조정하는 것이 된다. 따라서 교환과 조정은 자원의존이론의 중요한 작동원칙이라고 볼 수 있다. 환경에 대한 의존을 극복하기 위한 전략적 행동을 강조하고 교환과 조정을 통한 조직의 독립을 강조한 자원의존이론은 조직 간의 상호행동을 이해하는데 많은 영향을 주었다고 할 수 있다.

자원의존이론은 힘 의존이론(power dependence theory)의 영향을 받았다고 볼 수 있지만 힘 의존이론은 힘에 대한 종속적 관계에 대한 발전적 측면의 행동전략을 제시하지는 못한 반면 자원의존이론은 자원 부족을 교환과 조정 그리고 거래를 통해 극복할 수 있다는 행동전략을 제시하였다는 측면에서 차이점을 발견할 수 있다. 즉, 힘 의존이론이 자원의존을 통해서 조직들이 발전하고 나아가 전체 지역사회가 발전할 수 있지만 보조금이나 후원금 등에 대한 과도한 의존은 조직의 본래 수행능력을 제한하여 조직발전 나아가 사회발전에 부정적 영향을 미칠 수 있음으로 조직발전을 위해서 자원의존이론은 균형적인 힘을 위한 자원개발이 중요하다는 점과 힘의 균형적인 배분의 중요성을 강조하였다.

2. 자원의존이론의 특성

자원의존이론은 조직생존을 위해 자원은 결정적인 요소이며 조직을 둘러싼 환경적 불확실성을 줄이기 위해 필요한 자원을 획득하기 위하여 조직은 조직상호 간의 유대가 필요함을 강조하는 이론이다(Provan and Huang, 2006). 자원의존이론은 기본적으로 조직이 직면한 상황에 대한 수용을 강조한다는 측면에서 조직이론 중 상황이론에 영향을 받았다고 할 수 있지만 상황이론과는 달리 자원의존이론에서 강조하는 수용은 조직의 내적구조에서의 변화에 제한되는 것이 아니고 과업환경에서의 다른 조직과의 상호의존이나 조직의 외적 환경변화에 대한 수용을 포함한다(Pfeffer and Salancik, 1978; McKinley and Mone, 2003). Pfeffer와 Salancik(1978)은 자원이 조직생존을 위한 가장 결정적인 요소이고 조직은 다른 조직에 대한 의존이 증가하는 조직상호 간의 연계를 통해서 환경의 불확실성을 줄이고 자신들에게 필요한 자원을 얻을 수 있게 된다고 강조하였다. 즉, 자원의존이론에서는 조직을 둘러싼 환경이나 다른 조직과의 상호의존이라는 조직목적을 성취하기 위해 조직은 다른 조직과 동맹을 하거나 합병을 하기도 하고 의존하고 있는 다른 조직과 협력한다는 점이 강조된다(Thompson, 1967). 이런 점에서 본다면 자원의존이론은 네트워크이론의 전 단계 또는 네트워크이론으로 발전하기 위한 전 단계로 이해될 수 있다.

자원의존이론에서 자원은 자금과 같은 물질적 자원도 포함되지만 정보나 지식과 같은 비물질적인 자원도 모두 포함된다. 특히, 사회문제의 복잡화로 인해 나타나는 국민들의 복잡하고 다양한 욕구를 완벽하게 해결할 수 있는 단 하나의 조직은 존재하지 않으며 조직은 상호간의 지식과 정보 그리고 자원을 공유하고 활용함으로써 보다 응답적이고 효과적인 서비스전달에 기여할 수 있다는 이론적 토대를 자원동원이론은 제공해준다. Provan과 Huang(2006)에 따르면, 조직은 자금과 client와 같은 유형의 자원으로부터 정보, 평판, 영향력과 같은 무형의 자원들도 필요로 한다.

Pfeffer와 Salancik(1978)은 자원의존이론의 기본 원칙이 조직이 수행하여야 하는 과업환경에서 조직과 조직사이에 관계에 있음을 강조하였다. 그들에 따르면, 조직이 성취하려는 가장 중요한 조직목적은 다른 조직에 대한 의존으로부터 자율성을 보존하는 것이다. 그들은 조직 상호간의 의존에 대한 상이한 유형을 제시하였는데 첫 번째 유형은 공생적 상호의존유형이고 두 번째 유형은 기생적 상호의존이다. 공생적 상호의존은 산출의 처리나 투입의 획득에 의존하는 조직유형을 나타내고 기생적 상호의존은 경쟁적 상호행동에 의존하는 조직유형을 나타낸다. 공생적 상호의존은 다른 조직에 대한 자원 의존으로부터 독립적으로 자원을 소유하도록 하는 다른 조직과의 수직적 통합에 의해서 제거될 수 있으며, 기생적 상호의존은 경쟁조직을 제거하거나 불확실성을 누그러트리는 수평적 합병을 통해서 제거될 수 있다.

3. 자원의존이론의 한계

자원의존이론은 조직의 목적과 목표를 성취하기 위한 과업보다 조직의 정치적 측면을 너무 강조한다는 한계가 있다(Donaldson, 1995). 조직과 조직 사이에 교환과 조정은 조직이 수행하여야 하는 직접적 행동과는 거리가 있을 수 있으며 조직의 정치적 행동이 조직 환경에 절대적 영향을 준다는 것이 전제되면 조직성과는 전적으로 타 조직과의 정치적 행동에 의존할 수도 있게 된다. Donaldson(1995)은 조직의 목적은 주어진 과업을 성취하여 조직의 성과를 향상시키는 것에 있지 의존의 회피나 힘의 습득에 있지 않다고 자원의존이론을 비판하였다.

4. 자원의존이론과 사회복지전달체계

자원의존이론(resource dependency theory)은 시장제공모델 또는 사회복지영역에 왜 시장화가 등장하게 되었는지를 설명하는 유용한 이론이며 또한 협력모델이나 신뢰모델이 등장이유를 설명하는데도 유용하게 활용될 수 있다. 자원의존이론에 따르면 조직은 생존하기 위하여 자원을 필요로 한다. 이를 위해 조직은 필요한 자원을 가지고 있거나 통제하고 있는 다른 조직과 상호행동을 해야만 한다. 환경이 조직이 필요로 하는 자원을 생산하거나 가지고 있다고 한다면 당연히 조직은 또한 환경에 의존한다. Jaffee(2001)에 따르면 자원동원이론에서 조직은 환경과의 관계에서 무능력하거나 수동적으로 보이기보다는 환경적 구속들을 해결하기 위해 노력하는 친행동적 전략을 강조한다고 한다. 이러한 측면에서 보면 자원의존이론은 정부나 지역사회의 자금제공자에 의존하는 비영리조직을 이해하는데 많은 도움을 준다. 시장제공모델의 측면에서 보면, 비영리조직이 자금제공자와의 관계에 변화가 생긴다고 한다면 즉, 비영리조직을 둘러싼 환경이 시장화로 전환된다고 한다면 당연히 자원의존이론에 따라 비영리사회복지조직은 생존하기 위해 시장의 이익 즉, 자원을 획득하기 위해 상업적 수익창출과 같은 시장화전략을 행사하게 된다. 반대로, 협력모델의 측면에서 본다면, 공공부문이든 비영리부문이든 하나의 조직이 완벽하게 모든 시민들이 필요로 하는 자원을 제공하기 어려움으로 특정 서비스영역에서 다양한 지식과 경험을 소유하고 있는 조직이 가지고 있는 서비스와 서비스이용자들에 대한 정보는 효과적이고 응답적인 서비스전달에 있어 매우 중요하다. 시민들에 대한 정보와 서비스전달에 있어 필요한 자금이나 인력 등 각각의 조직들이 가지고 있는 자원을 상호간에 공유하여 필요한 서비스가 필요한 만큼 즉각적으로 제공되도록 하는 것은 바로 조직 간의 상호의존의 정도에 기초함으로 사회복지전달의 협력모델에 있어 자원의존이론은 매우 중요하다고 볼 수 있다.

Provan과 Huang(2006)은 상호의존이론을 적용하여, 비영리조직의 서비스전달에 영향을 주는 자원으로 자금이나 인력과 같은 물질적 자원 이외에 client의 욕구와 치료내용에 대한 지식이나 정보, 평판, 영향력 같은 비물질적 자원 협력의 중요성을 강조하였다. 즉, 인간봉사영역에서 협력에 기초한 비영리조직의 네트워크가 cient의 욕구와 치료에 대한 정보공유를 통해 서비스를 보다 응답적이고 효과적으로 제공될 수 있다. 또한 한 조직의 서비스와 관련된 좋은 평판은 그 조직과 상호관계에 있는 또는 네트워크에 있는 다른 조직의 평판에도 긍정적인 영향을 주어 자금모집, 자원봉사자모집 직원들의 직무안정성 등에 긍정적으로 작동하게 된다. Scott(2001)에 따르면 좋은 평판은 조직정당성을 향상시키는 힘이자 자원이다. 자원의존이론에 따르면 영향력 역시 협력을 강화시키는 자원이다. 네트워크에 함께 있는 다른 협력조직에 대한 영향력은 다른 조직으로부터 자금이나 client와 같은 다양한 물질적 자원에 대한 통제뿐만 아니라 지식에 대한 통제나 질에 대한 인지된 우수성과 같은 비물질적 자원을 유도해내는 강력한 힘이다. 즉, client들이 가지고 있는 다양한 욕구나 그들의 욕구를 해결하기 위한 중요한 서비스들을 어떻게 확보하는가 등에 관한 지식을 가지고 있는 조직은 결국, client를 효과적으로 돌보기 위한 지식을 필요로 하는 조직에 대해 영향력을 갖게 된다.

결국, 신뢰, 협력 그리고 네트워크가 강조되는 모델에서 상호조직이론은 조직들이 가지고 있는 자원이나 인력, client와 같은 물질적인 자원으로부터 정보, 평판, 영향력 같은 비물질적 자원에 대한 상호의존을 통해 보다 효과적이고 즉각적이며 문제해결적인 사회복지전달이 이루어지도록 하는데 도움을 준다.

제8절 소결

국가의 사회복지의 전달은 크게 정부가 직접 전달하는 경우와 민간조직이 정부를 대신하여 전달하는 경우로 나눌 수 있다. 특히 민간조직이 사회복지재화와 서비스의 전달을 책임지는 경우는 비영리조직중심전달과 시장을 통해 개인의 선택을 통해 전달하는 경우로 나누어진다. 시장을 통해 민간조직이 사회복지재화와 서비스를 전달하는 경우 이론적 측면에서 본다면 주인-대리인이론과 함께 공공선택이론을 통하여 사회복지전달의 논리를 이해할 수 있으며, 비영리조직이 서비스전달을 책임지는 경우나 국가가 직접 서비스를 전달하는 경우의 이론적 틀은 이해관계자이론, 스튜어드십이론 그리고 네트워크이론 등을 적용하여 사회복지전달의 논리를 분석하고 이해할 수 있다. 사회복지전달의 이론적 틀은 또한 사회복지전달모델의 설명을 위해 필요한데 이는 사회복지전달모델들이 모두 이론에 의해 영향을 받아 발전하였기 때문이다.

주인-대리인이론은 정부(주인)을 대신하여 대리인(비영리민간조직)이 계약을 통해 사회복지전달을 책임짐으로 사회복지전달의 직접적 역할을 수행하며, 주인은 재정적 지원을 통해 서비스전달의 간접적 역할을 수행한다. 민간조직에 대한 국가의 책임은 국가가 설정한 사회복지전달의 목적이 성취될 수 있도록 민간조직의 성과(performance)를 관리하는 관리시스템의 적용과 대리인의 목적과 주인의 목적이 상호 일치하고 대리인이 가진 정보가 적절히 공개되도록 지속적 통제하고 감독하는데 있다.

공공선택이론은 정부실패를 강조함으로 정부주도의 사회복지전달보다는 시장중심의 사회복지전달체계를 이해하고 설명하는데 도움을 준다. 이용자선택을 강조하는 시장화를 통한 사회복지전달이나 준시장을 통한 사회복지전달은 모두 기본적으로 효율성강화를 목적으로 하는 공공선택이론에 의해 영향을 받았다고 할 수 있다. 주인대리인이론과 공공선택이론은 모두 인간의 동기가 보상에 의해 영향을 받으며 인간행동의 목적은 자기이익의 최대화라는 신고전파경제학의 이론적 전제를 그대로 답습한다.

이해관계자이론은 사람과 사람 또는 집단과 집단 사이의 관계를 강조하는 이론적 특성을 지니고 있으며 조직이 설정한 목적성취를 위해 조직과 연관이 있는 모든 이해관계자들의 균형 및 협조를 강조한다. 따라서 이해관계자이론은 조직관리에 보다 적합한 이론이라고 할 수 있지만 나아가 정부나 민간조직의 사회복지전달을 이해하기 위한 기본적 틀을 제공한다. 즉, 정부가 사회복지전달을 책임지는 경우 정부는 사회복지전달과 관련이 있는 지역주민 등 모든 이해관계자의 특성을 이해하고 그들이 필요한 서비스를 제공하기 위해 노력한다. 또한 정부가 성취하려는 목적을 달성할 수 있도록 이해관계자들의 이익이나 관심을 조정하고 모두 공동으로 협력하여 목적을 성취하도록 유도하게 된다.

스튜어드십이론은 주인과 스튜어드의 관계에 대한 분석을 통해 사회복지전달을 이해한다는 점에서 주인-대리인이론과 그 특성이 비슷하다고 할 수 있지만 그 내용은 완전히 상반된 견해를 가지고 있다. 즉, 주인의 대리인인 스튜어드가 이타적 행동과 집합주의적 가치를 실현하기 위하여 노력함으로 주인은 스튜어드를 통제할 필요가 없으며 사명감을 가지고 조직목적을 실현하기 위해 노력함으로 보상이나 벌칙 등의 관리적 기법이 필요하지 않게 된다. 조직이나 구성원간의 신뢰를 강조함으로 사회적 자본 형성을 통한 사회복지전달이라는 특성을 가지고 있다.

자원에 대한 의존과 이를 극복하기 위해 협력을 강조하는 자원의존이론 그리고 상호신뢰를 넘어 상호공동 협력할 수 있는 사회적 단위로 네트워크를 이용하여 사회복지전달을 책임지는 네트워크이론은 정부조직들 사이에서 그리고 민간조직과 정부조직 사이에서 상호협력하여 사회복지전달을 책임지는 민-관 협력전달체계를 이해하는데 중요한 이론적 틀을 제공해준다. 아래의 표는 사회복지전달을 설명하는 이론들의 특성을 비교 분석한 것이다.

[표 2-7] 사회복지전달의 이론적 특성 비교

	주인-대리인 이론	공공선택이론	이해관계자 이론	스튜어드십 이론	네트워크이론
기본전제	자기이익 실현	자기이익 실현	이해관계자의 공동이익 실현	주인 이익 실현	행위자들의 공동이익 실현
가치	개인주의	개인주의	집합주의	집합주의	집합주의
사회복지 전달의 특성	대리인을 통한 사회복지 서비스전달	민영화를 통한 사회복지 전달	이해관계자들의 공동목적을 성취하기 위한 사회복지전달	공공 및 사회적가치의 실현을 위한 사회복지전달	행위자들의 공동목적을 성취하기 위한 사회복지 전달
기본 내용	대리인은 주인보다 효율적인 결과를 가져다주는 행위자로 효율성 강화를 위하여 주인은 계약을 통해 서비스를 대리인이 전달하도록 위임	공공부분의 사회복지전달비효율성을 극복하기 위해 시장을 통한 사회복지전달	사회복지제공과 관련이 있는 모든 이해관계자들의 공동이익실현을 위해 사회복지 전달	주인이 설정한 목적을 성취하기 위하여 스튜어드가 사회복지전달	네트워크에 소속된 모든 조직이나 집단의 공동목적이나 사회적 목적 실현 위해 사회복지전달
관리목표	통제	경쟁	조정	공유된 목적과 신뢰	신뢰
사회복지 서비스 전달주체	민간조직	민간조직	정부 및 민간 조직	정부 및 민간조직	정부 및 민간조직

제3장 사회복지전달모델

제1절 개관

제2절 공공제공모델

제3절 비영리제공모델

제4절 시장모델

제5절 준시장모델

제6절 혼합시장모델

제7절 신공공서비스모델

제8절 신뢰모델

제9절 참여모델

제10절 공동생산모델

제11절 음성모델

제12절 소결

제3장 사회복지전달모델

제1절 개관

어떤 정부도 사회복지의 전달에 있어 하나의 전달체계가 완벽하게 국민들이 원하는 모든 사회복지서비스를 전달하는 경우는 존재하지 않는다. 사회복지전달에 있어 국가적 책임이 가장 강하게 반영되어있는 스웨덴과 같은 복지선진국들도 정도의 차이는 있지만 대부분 복지전달체계는 복지혼합의 유형을 띠고 있다. 이번 장에서는 복지혼합을 통한 사회복지재화와 서비스를 전달하는 사회복지전달모델을 설명한다. 가족과 같은 비공식부분을 제외하고 현 자본주의 경제체제 하에서 국가가 전적으로 사회복지전달을 책임지는 경우는 존재하지 않지만 전통적 분류방식으로 보면 기본적으로 사회복지전달은 국가가 직접 제공하는 경우와 민영화방식의 도입으로 민간조직을 통해 전달하는 경우로 크게 양분될 수 있다. 특히, 신사회적 위협으로 인하여 사회복지에 대한 국민적 요구가 급격하게 증대되고 국가의 복지재정에 대한 압박이 가시화되면서 이에 대한 대책으로 보다 효과적이고 효율적인 사회복지전달체계에 대한 욕구 또한 증대되어 현 복지국가체제 하에서 사회복지의 전달은 정도의 차이는 있지만 대체적으로 공공과 민간이 함께 사회복지서비스전달을 책임지는 복지혼합의 시대로 접어들었다고 할 수 있다.

국가가 사회복지전달을 비영리민간조직으로 위임하는 경우나 또는 시장에 위임하는 경우 보다 직접 서비스를 제공하는 것이 바람직하다고 본다면 사회복지전달은 국가가 직접 제공하는 모델이 선호될 것이며 정부 독점공급보다는 민간조직을 통해서 사회복지가 전달되는 것이 보다 효과적이라고 생각한다면 국가는 사회복지전달에 비영리민간조직의 참여를 촉진할 것이고 공공조직이나 비영리조직보다 선택과 경쟁이 일어나는 시장을 통해서 사회복지가 전달되는 것이 효과적이라고 본다면 사회복지전달은 시장이나 준시장을 통해서 제공되는 것이 허락될 것이다. 또한 국민들의 참여나 신뢰를 바탕으로 민간조직과의 협력과 조정을 통해서 서비스가 제공되는 것이 보다 바람직하다고 한다면 국가는 공공과 시민 그리고 민간조직이 모두 참여하여 서비스를 제공하는 전달체계를 구축하기 위하여 노력할 것이다. 기본적으로 어떠한 방식이 서비스전달에 가장 효과적인 방안인가에 대한 판단은 사회복지전달의 가치와 목적이 무엇이고 가치를 실현하고 목적을 성취하기 위한 가장 효과적인 방안이 무엇인가에 대한 판단에 많은 부분 의존되어 있다.

국민들에게 기본적인 삶의 질이 보장될 수 있도록 하는 즉, 국민의 생존권을 보장하는 사회복지법의 이념은 국민이 최저한의 생활의 유지를 위하여 필요한 조건의 확보를 국가에 대하여 요구하는 권리로서 우리나라 사회보장법에는 국가가 "국민들의 건강하고 문화적인 최저생활의 보장"을 책임지도록 하는 것을 강조하고 있다. 따라서 모든 국민들이 건강하고 문화적인 생활을 유지하도록 하기 위하여 사회복지전달을 국가가 직접 제공하는 것이 가장 바람직하다고 한다면 당연히 사회복지는 국가가 직접 책임성을 가지고 사회복지서비스를 전달할 것이며 비영리민간조직이 직접 제공하는 것이 가장 바람직하다고 한다면 정부조직보다 민간비영리조직 중심의 사회복지전달체계가 작동할 것이고 만약 시장(준시장 포함)이 사회복지전달을 책임지는 것이 모든 국민들의 건강하고 문화적인 최저생활의 보장을 책임질 수 있다면 시장을 통해서 서비스가 제공되는 것이 용인될 수 있다.

일반적으로 사회복지의 실천이념은 첫째, 인간다운 생활보장 둘째, 사회복지의 증진 셋째, 자활 및 자립 넷째, 소득재분배 다섯째, 사회통합 그리고 수급권의 권리성과 국가 사회의 책임으로 지적됨으로(현외성, 2001) 결국, 사회복지전달의 목적은 모든 국민들이 건강하고 문화적인 생활을 유지하도록 하는 것이고 사회복지전달에 있어 반드시 사회복지실천 이념이 훼손되어서는 안 된다는 기본 원칙이 유지되어야 한다는 점이 강조될 수 있다. 사회복지전달모델들 중 어떤 모델이 가장 적합한 모델인가는 위의 원칙 적용여부에 의해서도 결정될 수 있다.

사회복지전달모델의 가장 전통적 방식으로는 정부가 직접 공공 및 사회복지서비스를 제공함을 강조하는 공공제공모델이 있다. 공공제공모델은 국가가 서비스를 기획, 생산하고 공급한다는 측면에서 사회복지에 대한 국가적 책임성과 사회복지서비스의 공공적 성격을 가장 잘 대변하는 제공방식이라고 할 수 있다. 하지만 정부의 실패로 인해 나타난 관료주의적 폐해는 결국 공공조직의 사회복지서비스제공에도 영향을 주어 공공조직보다 뛰어난 지식과 기술을 가지고 조직혁신과 효과성증대를 통해 서비스를 제공하는 민간조직을 대리인으로 하여 사회복지서비스가 제공되도록 하는 민영화모델로서 비영리제공모델의 발전을 가져다주었다. 하지만 비영리제공모델은 시민을 단순히 서비스를 제공받는 수동적인 대상자 또는 client로만 인식한다는 측면과 시민의 민간조직에 대한 종속으로 인한 힘의 비대칭관계에 의해 시민의 서비스에 대한 자기결정과 권리가 약화되고 단순히 수혜자로만 비춰지며 일부 비영리조직이 서비스영역을 독점하는 현상 등의 부작용이 나타났다.

공공제공모델에 대한 대칭점에서 미국과 영국을 중심으로 1980년대 보수주의 정권의 탄생과 함께 선택과 경쟁을 보다 강조하여 시장을 통한 사회복지서비스가 재정적 효율성을 가져다 줄 것이라는 기대에 의해 시장제공모델이 급속도로 확대되었다. 시장제공모델이 가져다주는 기관간의 지나친 경쟁으로 인한 폐해와 이용자차별과 정보비대칭문제 등을 극복하기 위해 시장제공모델에 대한 반기로 등장한 협력과 조정을 강조하는 신뢰모델은 비영리조직이 추구하는 사회적 목적을 실현하기 위해 공공부문과 민간부문 그리고 민간과 민간이 사회적 자본을 형성하여 신뢰와 믿음으로 협력하고 조정하여 서비스를 제공하는 것을 강조한다. 참여모델은 신뢰를 바탕으로 시민과 일선직원들의 적극적인 서비스생산으로의 참여를 강조한다는 점에서 그리고 신공공서비스모델은 국민을 단순한 대상자가 아닌 정부가 제공하는 서비스의 주인으로 그리고 공공조직을 서비스를 제공하는 봉사자로 위치하여 공공제공모델의 약점을 극복할 수 있는 모델로 평가되고 있다.

Le Grand는 시장모델의 선택과 경쟁을 영국건강서비스 영역에 도입하여 시장모델의 한계를 극복하면서 시민들의 선택권강화를 통해 서비스의 효과성이 증대될 수 있다는 준-시장모델을 주장하였지만 준-시장모델은 영국 이외의 국가에서는 큰 방향을 불러일으키지는 못하였다. 준-시장모델은 시장모델의 아류라고 할 수 있다. 시장제공모델의 장점과 신뢰모델의 장점을 통해 사회복지서비스전달의 새로운 방향을 제시한 모델은 공동생산모델이다. 공동생산모델은 제공자(공공 및 민간제공기관포함)와 시민이 사회복지서비스를 공동설계하고 공동제작하여 공급하는 시민참여방식을 통해 시민들의 선택권을 강화하면서 제공자와의 협력을 통해 자신에게 가장 적합한 서비스가 무엇인지를 확인하여 찾아가는 과정과 절차를 강조하는 모델이다. 사회복지전달체계로 활용되는 공공제공모델, 시장제공모델, 준-시장제공모델, 비영리제공모델, 신뢰모델, 참여모델 그리고 공동생산모델의 구체적인 내용과 특성에 대해서 살펴보기로 한다.

제2절 공공제공모델

1. 공공제공모델의 기본적 배경

공공제공모델은 국가가 직접 사회복지서비스를 기획하고 제공하는 모델로서 명령과 통제모델이라고도 불린다(Le Grand, 2002). 공공제공모델은 국가가 서비스를 생산하고 제공하는 가장 전통적인 서비스 전달모델이다. 즉, 국가의 공공행정을 통해서 서비스가 직접 공공기관을 통해 국민들에게 전달되는 방식이다. 지금까지 선진복지국가에서 활용하는 사회복지전달방식으로 가장 일반적으로 사용되는 모델이라고 할 수 있다. 공공제공모델에서 관리들은 시민들을 위한 서비스를 제공하고 설계하는 배타적 권한과 책임성을 가지고 있는 집단이다. 사회복지전달에 있어 공공제공모델은 공공부문 즉, 정부가 직접 공공 및 사회복지서비스를 기획하고 제공하는 경우를 설명하는 모델이다. 즉, 공공제공모델은 국가가 운영하는 기업이나 시설을 포함하여 정부부처를 통한 직접적 서비스제공을 나타낸다. 공공제공모델의 발전은 첫째, 서비스의 형평성강화라는 측면과 둘째, 시장실패에 대한 정부개입이라는 측면에 의해서 설명되어진다. 즉, 공공제공모델은 사회복지전달에 있어, 특히 서비스제공 및 혜택에 있어 국가가 직접 서비스를 전달하는 방식이 국민들에게 평등성을 보장할 수 있는 가장 공평한 전달체계라는 장점을 가지고 있는데 이는 실업 및 빈곤 등과 같은 전통적인 사회문제의 원인이 시장의 직접적인 실패요인에 의해 확대되었고 이에 대한 대처는 국가의 적극적 시장개입을 통한 사회정책의 시행에 있다는 케인즈경제학을 기본적 배경으로 한다.

형평성의 측면에서 보면, 공공제공모델은 국가가 시장을 통하지 않고 직접 개입하여 국민들에게 공공 및 사회복지서비스를 제공함으로 무엇보다도 서비스의 형평성을 강화할 수 있는 가장 효과적인 방안이다. 국가는 국민 전체의 사회복지증진을 위해 노력하여야 하고 모든 국민들이 인간적인 삶을 유지할 수 있도록 하여야 하는 책임이 있으며 이러한 사회적 목적을 실현하기 위해 노력하게 된다. 특히, 국가는 국민들이 동일한 욕구에 대해 동일한 서비스를 제공받고 있는지, 서비스를 제공받을 수 있는 기회는 동등하게 제공되고 있는지, 그리고 기본적인 삶이 유지될 수 있는 정도의 서비스가 국민들에게 제공되고 있는지를 끊임없이 확인하여 국민들이 형평한 서비스를 제공받을 수 있도록 노력하여야 한다. 중앙화된 공공행정을 통해 서비스를 필요로 하는 모든 국민들에게 공평한 결과를 가져다줄 수 있도록 하여 국가의 책임성을 강화할 수 있다는 것이 국가직접제공모델의 가장 큰 장점이라고 할 수 있다. 즉, 사회복지전달에 있어 형평성과 책임성 강화는 공공제공모델의 가장 큰 장점이라고 할 수 있다.

정부의 시장개입적 측면에서 보면, 시장에 대한 국가개입을 통하여 국가가 직접 서비스를 제공하는 것은 시장실패를 극복하기 위한 가장 효과적인 방안이라고 할 수 있다. 외부효과(특히 부정적 외부효과)와 국민들 사이의 정보불균형 그리고 시장독점이 가져다주는 수확체증 등은 시장이 가지고 있는 가장 강력한 실패요인이다. 국가가 직접 제공하는 서비스가 없으면 시장실패는 지속될 것이고 국민들은 지속적으로 시장에 의해서 소외되고 배제되어 사회복지향상을 통해 국민들의 삶의 질을 향상시키고 사회적 안정을 추구하고자 하는 국가의 사회적 통합노력은 불가능할 수 있음으로 국가는 사회적 목적 실현을 위한 구체적인 수단으로 공공재적 성격을 띠는 사회복지서비스를 규정과 규칙에 따라 직접 국민들에게 제공해야할 필요성이 제기되는 것이다. 결국, 사회적 목적을 실현하기 위하여 경쟁시장에 의존하지 않는 공공재적 성격의 사회복지 재화와 서비스를 국가가 직접 제공하는 것이 가장 효율적인 방안임으로 자원의 형평한 분배 및 시장실패를 극복하기 위해 국가가 직접 사회복지를 제공하는 공공제공모델이 필요하게 되었다고 할 수 있다.

하지만 공공제공모델은 중앙집중적 그리고 상명하달식의 서열적 방식과 법적 규제나 규칙을 통해 사회복지서비스가 제공된다는 측면에서 베버의 관료주의이론 등 고전관리이론이 가지고 있는 단점들을 내포하며, 관료가 자기이익 최대화를 실현하기 위해 자신이 속한 부처나 조직의 이익을 최우선으로 반영하는 선택 및 결정을 하여 x-비효율적이라는 한계점으로 인해 민영화를 강조하는 공공선택이론으로부터 정부실패의 주범으로 지목받기도 하였다.

2. 공공제공모델의 특성

정부가 직접 사회복지를 전달하는 공공제공모델에서 일반적으로 사회복지서비스는 중앙 집중화된 공공기관을 중심으로 제공되며 제공기관에게 이용자를 할당하는 것은 국가가 정한 다양한 규정이나 규칙에 따른다. 즉, 누구에게 얼마만큼의 자원이 할당될 것인가는 규정이나 규칙에 따라 이루어진다. 정부기관이나 정부부처는 서비스이용자나 자원을 위해 경쟁하지 않으며 예산은 주로 정부수준에 따라 할당된다(Le Grand, 2011). 공공제공모델에서 국가는 단일한 사회복지전달체계의 행정가 역할을 수행하며, 서비스제공자와 제공기관은 전문가로서 역할을 수행한다. 서비스를 제공받는 이용자는 서비스수혜자로서 특정 조건을 충족시키면 서비스를 제공받게 된다. 공공제공모델에서 국가가 공공기관을 통해 전적으로 서비스를 제작하고 공급함으로 서비스시장이 필요치 않으며 서비스는 공공기관을 통해 제공됨으로 제공기관은 서비스전달에 있어 독점적 지위를 갖게 된다. 따라서 공공제공모델은 사회복지서비스생산 및 공급에 있어 독점적 모델이라고 할 수 있다.

Sharp(1980)는 공공서비스전달을 비교하는데 있어 두 개의 영역을 가지고 비교하는 방식을 제안하였는데 첫 번째 영역은 제작자의 영역이고 두 번째 영역은 재화와 서비스를 소비하는 client나 시민 또는 이익집단 등의 영역이다. Sharp의 비교영역에 따르면 공공제공모델은 제작자와 시민의 영역이 중첩되지 않는 모델이다. 즉, 제작자는 국가이고 시민은 제작된 서비스를 소비하는 수혜자일 뿐이다.

[표 3-1] 공공제공모델에서 국가와 이용자의 역할

국가의 역할	client(국민)의 역할
• 서비스를 생산하고 공급하는 제작자	• 필요한 서비스를 제공받고 소비하는 수혜자

국가가 직접 사회복지전달을 책임지는 공공제공모델의 경우, 사회복지 생산과 공급의 전 책임은 국가에 있음으로 국가는 중앙 집중화된 권력을 중심으로 직접 사회복지서비스의 공공성을 확보하고 국민들의 복지권을 보장하는 보편적 서비스를 제공할 수 있으며 서비스제

공의 지속성과 안정성이 보장될 수 있다는 장점이 있다. 서비스를 필요로 하는 국민들은 국가가 제공하는 사회복지서비스를 통해 기본적 삶의 질을 보장받으면서 전체 사회의 복지는 증진된다. 사회복지서비스를 국가가 직접 제공하는 경우 나타날 수 있는 장점들은 다음과 같다.

첫째, 사회복지서비스 및 공공서비스의 국가적 책임성을 강화할 수 있다. 즉, 사회복지서비스의 사회적 책임에 대한 의식이 강조되어 국민들의 복지권이 강화될 수 있다.

둘째, 보편적인 서비스가 제공됨으로 서비스의 공공성이 강화되어 특정 계층에 대한 사회적 차별을 극복할 수 있다.

셋째, 국가가 직접 서비스를 생산 공급하므로 서비스전달에 있어 국민들의 접근성이 보장된다.

넷째, 국가가 서비스전달을 책임짐으로 서비스 제공의 안정성과 지속성이 보장된다.

또한 사회복지서비스를 국가가 직접 제공하는 경우 국민들의 입장에서 다음과 같은 장점들이 나타날 수 있다.

첫째, 국민들은 차별 없이 공평한 서비스를 제공받음으로 인해 사회복지서비스에 대한 접근성과 형평성을 보장받을 수 있다.

둘째, 국민들은 사회적 위험에 대한 국가책임성의 강화로 인하여 기본적 삶의 질을 보장받을 수 있어 예측 가능한 사회생활을 영위할 수 있다.

셋째, 국민들은 경쟁시장의 실패요인에 의해서 발생하는 차별과 배제를 극복할 수 있는 사회적 안전망을 제공받음으로 인해 건강하고 안정적인 생활을 유지할 수 있다.

위에서 지적된 바와 같이 사회복지전달을 국가가 직접 책임지는 경우, 국민들은 국가가 대부분의 사회적 위험에 직접 대처함으로 위험혐오로부터 자유로울 수 있으며, 시장이 가져다주는 차별과 배제에 국가가 적극적으로 대처함으로 경쟁시장이 가져다주는 위험으로부터 보호받을 수 있고, 국민들의 서비스접근성이 향상되며 그리고 서비스가 지속적이고 안정적으로 제공될 수 있다는 점 등이 큰 장점으로 지적될 수 있다. 사회복지를 국가가 직접 전달하는 공공제공모델의 특성을 분석하여 제시하면 다음과 같다.

[표 3-2] 공공제공모델의 특성

공공제공모델의 특성
1. 전액 국민의 세금으로 국가가 직접 재정총괄
2. 국가가 독점적으로 서비스를 제공하여 국민들의 서비스 선택권은 없음
3. 모든 국민들을 대상으로 서비스가 제공되는 서비스의 보편성으로 표적집단 이외의 국민들에게도 서비스가 제공되어 표적효율성은 낮으며 국민들이 자신들에게 적합한 제공기관이나 서비스를 직접 선택할 수 없음으로 할당효율성도 낮음
4. 국가 독점으로 기관 간 경쟁 없음
5. 사회적 연대, 형평성 그리고 집합적 가치 강조됨
6. 서비스전달의 효과성보다는 재정적 효율성과 제공된 서비스의 양이 중요
7. 국가기관의 독점적 지위로 인해 민간(자발적 조직)과의 협력 필요성은 적으며 거의 이루어지지 않음
8. 국가가 직접 제공함으로 직접적 서비스전달 이외에 들어가는 거래비용은 낮음
9. 결정능력의 여부에 상관없이 모든 국민이 대상자로 국민들의 자기결정권 실현 정도는 낮음

10. 국가의 통제 하에 국민들의 서비스에 대한 접근성은 비교적 높음

11. 서비스선택의 폭이 없고 사회문제 또는 상황에 대한 즉각적 대처능력과 유연성 적음

12. 서비스의 보편적 제공으로 국민들 사이에 도덕적 해이가 발생할 가능성 있음

13. 국가가 직접 서비스를 제공함으로 서비스 관리의 필요성은 적음. 서비스를 전달하는 조직의 서열체제로 인하여 관리는 주로 공공기관에 대한 감시와 통제 그리고 명령이 강조됨

14. 서비스이용자의 범위가 매우 넓고 대상자도 광범위하여 이들에 대한 관리는 체계적으로 이루어지기 어려움

15. 서비스이용자의 범위가 매우 넓고 대상자도 광범위하여 이들의 개별적 특성을 고려하는 것은 상대적으로 어려움

16. 서비스이용자들에 대한 국가적 차원에서의 개별적 사례관리를 시행하기 위해서는 (공무원)직원 수의 부족과 전문성의 결여를 극복하여야 함

17. 사회복지서비스의 성과관리는 가능하지만 이는 전적으로 국가의 관리능력과 의지에 달려있음

3. 공공제공모델과 사회복지전달

공공제공모델은 국가가 직접 국민들이 필요로 하는 사회복지서비스를 기획, 생산 공급하는 책임자로서의 역할이 강조되는 모델이다. 국민들은 단순하게 서비스의 혜택을 받는 이용자이면서 수혜자이다. 국가가 직접 사회복지전달을 책임짐으로 국가는 중앙 집중화된 권력을 중심으로 직접 사회복지서비스의 공공성을 확보하고 국민들의 복지권을 보장하는 보편적 서비스를 제공할 수 있으며 국가가 서비스를 책임짐으로 서비스제공의 지속성과 안정성이 보장된다는 측면에서 국민의 복

지권을 실현시키고 향상시킬 수 있는 가장 확실한 복지전달체계라고 할 수 있다.

사회복지서비스는 중앙 집중화된 공공기관을 중심으로 제공되며 제공기관에게 이용자를 할당하는 것은 국가가 정한 다양한 규정이나 규칙에 따라 이루어지며 서비스를 제공받는 이용자는 서비스수혜자로서 특정 조건이나 기준을 충족시키면 서비스를 제공받게 된다. 공공제공모델에서 국가가 공공기관을 통해 전적으로 서비스를 제작하고 공급함으로 서비스시장이 필요치 않으며 서비스는 공공기관을 통해 제공됨으로 제공기관은 서비스전달에 있어 독점적 지위를 갖게 된다.

사회복지전달에 있어 국가가 직접 서비스를 제공하는 공공제공모델의 강력한 반대자는 공공선택이론을 주장하는 정부실패론자들이라고 할 수 있다. 대부분 민영화를 찬성하는 공공선택이론가들은 정부관료가 자기이익을 추구하는 자기이익최대화의 실현에 의해 동기를 부여받음으로 정부가 사회복지서비스를 직접 전달하는 경우 관료들의 이익이 서비스를 제공받는 국민들의 이익에 우선하여, 국민들에게 필요한 서비스가 적재적소에 제공되기보다 관료들의 이익과 관심이 서비스의 전달에 우선적으로 고려될 수 있음으로 서비스전달의 비효율성과 비효과성을 가져올 수 있음을 강조한다.

하지만 스튜어드십이론에 의하면 정부의 사회복지전달을 책임지는 관료들이 스튜어드로서 자기이익보다는 전체 사회의 이익을 위해 그리고 국민들의 사회복지의 증진을 위해 행동을 하게 됨으로 국가가 직접 제공하는 공공제공모델이 사회복지서비스의 내용공공성을 확보하고 국민들을 배제하지 않는 보편적 내용의 사회복지서비스를 전달할 수 있는 가장 최적의 모델이 될 수 있다. 아래의 그림은 공공제공모델을 통한 사회복지서비스전달의 흐름을 나타낸 것이다. 공공제공모델은 중앙정부나 지방정부가 직접 서비스를 제공하는 경우도 있지만 국가가 직접 운영하는 공공기관(국공립어린이 집 등과 같은)을 통해서 서비스가 제공되는 경우도 있다. 기본적인 서비스생산 및 공급에 대한 기획은 정부가 주도하지만 서비스의 제공은 자치단체나 공공기관을 통해서 이루어진다.

[그림 3-1] 공공제공모델을 통한 사회복지서비스전달의 흐름

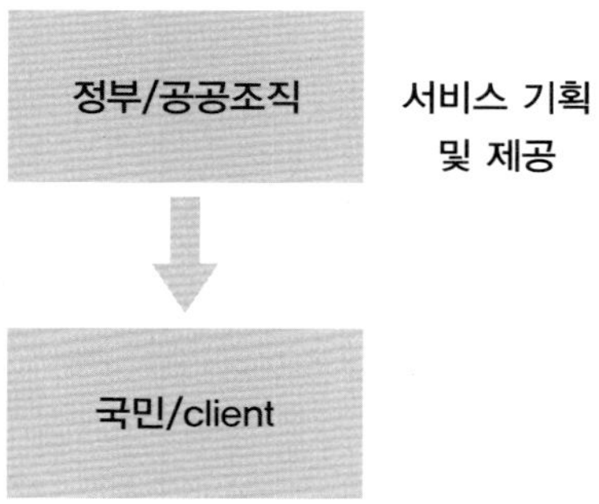

결국, 공공제공모델에서 사회복지 생산과 공급의 모든 책임은 국가에게 있으며 국가기관을 통해 직접적으로 서비스가 국민들에게 제공됨으로 표적효율성은 다른 제공모델에 비해 상대적으로 높은 반면 모든 국민들이 필요로 하는 개별적인 서비스보다는 기본적인 서비스나 표준적인 서비스 그리고 기초생활보장을 위한 서비스 등이 주로 공급됨으로 사회복지혜택의 할당효율성은 상대적으로 다른 제공모델에 비해서 낮다는 한계를 가진다.

[표 3-3] 공공제공모델 사회복지전달의 특징

사회복지서비스생산 및 공급의 특징	사회복지서비스전달체계 특징
- 전 국민을 대상으로 하는 보편적이고 표준적인 서비스에 적합 - 국민의 삶의 질 향상을 위해 반드시 제공되어야 하는 사회적 안전망의 기초생활보장서비스에 적합 - 표적효율성이 높지만 상대적으로 할당효율성은 낮음	- 상명하달식의 서열적 구조로 전달 - 법에 기초한 규정이나 규칙 강조

4. 공공제공모델의 한계

국가가 직접 서비스를 전달하는 공공제공모델을 Le Grand(2002)는 명령과 통제모델이라고 구분하였다. 이는 국가가 사회복지전달을 직접 제공하는 경우 나타날 수 있는 문제점으로 지적되는 x-비효율성과 할당효율성 그리고 서열주의로 인한 조직경직성 등이 국가의 중앙집중적인 관리체계인 명령과 통제에 의해서 나타나기 때문이다. 첫 번째 부류의 문제점 즉, x-비효율성은 국가가 직접 서비스를 제공하는 경우 국가가 운영하는 기관이나 정부부처를 통해서 사회복지서비스가 전달됨으로 즉, 서비스가 견제나 경쟁 없이 자신들만의 이익을 추구하는 관료들에 의해 독점적으로 제공되면서 나타나는 서비스 질 저하 문제와 과도한 행정비용을 설명해준다. 두 번째 부류의 문제점인 할당효율성은 국가독점으로 복지서비스에 대한 client나 국민들의 선택이 제한됨으로서 client나 국민들이 가지고 있는 구체적인 욕구나 문제에 적절하게 대응하지 못하여 client에게 가장 필요한 서비스가 효율적으로 할당되지 못함으로서 나타나는 문제를 의미한다. 조직경직성은 사회복지전달에 있어 관료적 특성으로 나타날 수 있는 서열주의, 폐쇄성, 상황

대처능력의 미비와 안전주의, 서비스의 효과성보다는 생산성이나 서비스산출량에 대한 집중 등의 문제를 포함한다.

결국, 국가가 서비스를 직접 전달하는 공공제공모델의 경우 국가조직을 통해 서비스가 경쟁 없이 독점적으로 제공됨으로 서비스전달에 있어 공공조직의 독점적 지위가 보장되어 서비스 질 향상을 위한 노력은 등한시 될 수 있다. 또한 보편적 서비스가 제공됨으로 개인들이 가지고 있는 개별적인 특성이 서비스에 반영되지 않음으로 개별적 욕구에 기초한 대인서비스(personal service)의 제공은 어렵다는 한계를 갖는다. 또한 상명하달식의 서열 중심으로 규정과 규칙에 의해 단계적으로 사회복지서비스가 전달됨으로 기획에서부터 직접 서비스제공까지 걸리는 시간이 상대적으로 길어 시간비용이 증대하여 시시각각 변하는 사회문제의 복잡성과 다양성에 대한 대책에서 민간조직에 비해 유연성이 상대적으로 낮을 수밖에 없는 한계점을 가지고 있다.

제3절 비영리제공모델

1. 비영리제공모델의 기본적 배경

비영리제공모델은 비영리중심의 민영화모델이라고 할 수 있다. 즉, 국가가 직접 사회복지전달을 책임지는 것이 아니라 민간영역의 비영리조직과 함께 서비스를 전달한다. 국가는 주인-대리인이론에 의거하여 대리인인 비영리조직에게 재정을 지원하며 서비스의 생산과 공급은 비영리조직이 책임지는 전달방법이 곧 비영리제공모델이다. 비영리제공모델의 등장은 정부실패론에 근거하며 가장 결정적인 등장요인은 바로 정부의 재정적 효율성을 강화한다는 측면이라고 할 수 있다. 따라서 공공제공모델이 가지고 있는 x-비효율성을 극복하기 위한 대안으로 비영리제공모델이 발전하였다고 할 수 있다.

비영리조직은 실질적으로 자본주의가 발전하기 전부터 자발적 조직으로 대부분의 국가에서 사회복지서비스전달에 있어 상당한 역할을 수행하여 왔으며 자본주의의 발전과 함께 법적 지위를 부여받은 비영리조직으로 발전하여 복지서비스를 과학적이고 체계적으로 제공하는데 많은 역할을 담당하여 왔다. 특히, 복지국가의 등장과 함께 비영리조직은 공공조직보다 앞서는 지식과 기술을 앞세워 매우 효과적인 서비스전달에 기여하여 왔다. 이러한 앞서있는 비영리조직의 지식과 기술 그리고 정보 등을 이용하여 정부조직이 가지고 있는 서열과 독점적 지위로 인해 나타나는 서비스전달의 비효율성 및 낮은 효과성을 극복 및 개선하고자 하는 것이 바로 비영리제공모델의 가장 주요한 등장배경이라고 할 수 있다.

2. 비영리제공모델의 특성

비영리제공모델은 넓게 보면 민영화모델에 포함된다고 할 수 있다. 민영화는 공공부분에서 민간부분으로 서비스공급의 책임을 전이시키는 것(Ascolil and Rancil, 2002) 또는 정부생산에서 민간생산으로 생산의 배열을 조정하는 것(Savas, 2000)이라고 간략하게 정의내릴 수 있으며, 민영화모델에는 영리중심의 민영화와 비영리중심의 민영화가 모두 포함된다(지은구, 2009). 기본적으로 민영화는 공공부분에 시장기제(market mechanism)가 도입되는 것을 의미하는데 일반적으로 민영화에 의해서 도입되는 시장기제는 이용자선택권, 경쟁, 공개입찰이나 계약을 포함하여 개인소유권과 이용료(user fee) 등이 언급된다(OECD, 2008). Savas(2000)는 민영화가 포함하는 요소로서 계약, 프랜차이즈, 보조금(grants), 바우처, 자유시장, 자발적 서비스, 셀프서비스 등을 지적하였다. 시장을 보다 강화하는 시장모델에서 시장중심의 민영화도구는 구체적으로 이용자선택권을 강화하는 바우처나 직접지불 등이 모두 포함되며 비영리중심의 민영화모델에서 민영화도구는 계약 등이 포함된다고 할 수 있다. 위와 같은 민영화의 요소나 시장기제는 크게 공급을 강조하는 요소나 수요를 강조하는 요소로 구분할 수 있다. 즉, 공급측면을 강조하는 시장기제는 공개입찰(tendering)이나 계약 등으로 구분할 수 있으며 수요측면을 강조하는 시장기제는 바우처, 보조금 등을 들 수 있다(OECD, 2008; 지은구 2009).

하지만 시장모델과는 달리 비영리제공모델에서는 선택과 경쟁 그리고 이용자들의 자유결정 등의 요소가 강조되지는 않는다. 이는 비영리제공모델이 앞에서 지적한바와 같이 제공기관 중심의 민영화모델이기 때문이다. 즉, 국민이 자유롭게 자신들이 필요로 하는 서비스를 시장을 통해서 선택하고 제공기관들 이용자들로부터 선택받기 위하여 경쟁하는 것이 아니라 국가가 서비스를 기획하고 재정을 책임지지만 비영리기관과의 계약을 통해서 서비스가 공급되도록 한다는 측면에서 이용자보다 제공기관이 중심이 되는 공급중심의 민영화모델이라고 할 수 있다. 결국, 비영리제공모델은 민영화모델 중 계약이라는 시장기제를 활용하여 사회복지서비스를 제공하는데 있어 국가를 대신하여 민간조직 특히 비영리조직이 서비스를 제공하는 모델을 의미하며 이용자보다는 제공기관을 중심으로 하는 제공기관중심민영화모델이라고 할 수 있다.

3. 비영리제공모델과 사회복지전달

비영리제공모델은 비영리조직이 국가와의 계약으로 사회복지서비스를 독점으로 공급한다. 계약은 정부(중앙정부와 지방정부를 모두 포함하여)와 비영리조직 간에 이루어지기 때문에 제공기관은 서비스공급자의 역할을 수행하고 사회복지의 생산과 공급에 대한 총괄 기획은 정부가 주도함으로 정부는 서비스생산자(또는 제작자)의 역할을 수행한다. 아래의 그림은 서비스전달의 흐름을 나타낸 것이다.

[그림 3-2] 사회복지전달의 흐름

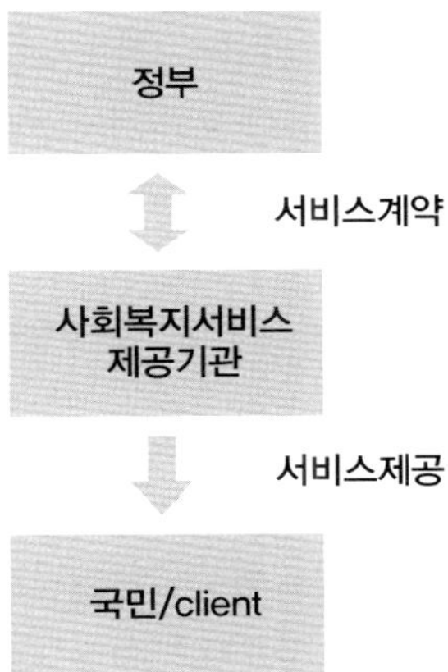

비영리제공모델에서 국민은 서비스를 이용하는 이용자이자 client이며 동시에 서비스대상자이다. 국민은 서비스 생산과 공급에 참여하는 참여자가 아니며 욕구사정의 당사자이자 욕구표출가의 역할을 수행한다. 아래의 표는 비영리제공모델에서 정부, 제공기관 그리고 국민의 역할을 나타낸 것이다.

[표 3-4] 비영리제공모델에서 국가, 제공기관 그리고 국민의 역할

국가의 역할	제공기관의 역할	국민의 역할
• 서비스생산자(제작자) 및 자금제공자 • 서비스 감독 및 통제자 • 서비스계약의 주체(주인)	• 서비스를 공급하는 공급자 • 서비스관리자 • 서비스계약의 객체(대리인) • 서비스제공의 주체	• 서비스를 제공받는 client, 이용자 및 수혜자 또는 대상자

비영리제공모델은 공공제공모델에 비해 전문적 지식과 기술 그리고 풍부한 지역정보를 가지고 있는 지역사회에 기반을 둔 비영리조직과의 계약을 통해 서비스가 제공됨으로 더욱 질 좋은 서비스가 제공될 수 있다는 장점을 지니며 서열적 조직구조를 가진 공공조직보다 수평적 의사소통구조와 유연한 조직구조를 가진 비영리조직이 서비스를 제공함으로 공공제공모델에 비해 사회적 위험에 보다 유연하게 대처할 수 있다는 장점을 가지고 있다. 하지만 계약에 근거한 서비스만이 제공됨으로 서비스계약을 벗어나는 서비스제공은 가능하지 않다는 측면에서 공공제공모델과 같은 한계를 지니는 전달모델이다. 아래는 비영리제공모델의 사회복지전달의 특징을 표로 제시한 것이다.

[표 3-5] 비영리제공모델의 사회복지전달 특징

사회복지생산 및 공급의 특징	사회복지서비스전달체계 특징
– 국가가 서비스재정을 제공기관이 공급을 주도함 – 공공제공모델에 비해 사회적 위험에 보다 적극적으로 대응할 수 있는 보다 유연한 서비스의 생산 및 공급 – 사회복지서비스이용자들에 대한 전문적 서비스 및 체계적 관리를 통한 서비스 공급	– 공공과 민간조직 간의 재정의 불균형 및 정보의 불균형으로 인한 서열적 구조로 서비스전달 – 계약에 기초한 규정에 따라 서비스 전달

4. 비영리제공모델의 한계

비영리제공모델의 가장 중심적인 한계는 바로 힘의 불균형이다. 힘의 불균형은 크게 재정의 불균형과 정보의 불균형으로 구분될 수 있다. 정보 불균형적 측면에서 보면, 계약의 당사자인 주인과 대리인은 모두 자기이익을 실현하기 위해 노력한다는 것이 주인-대리인이론의 핵심적 작동원리임으로 제공기관은 그들이 가지고 있는 모든 정보를 정부에게 공개하지 않는다든지 또는 정보를 조작하는 경우도 발생하게 된다. 정부는 전적으로 정보가 완전히 공개되고 있는지에 대한 지속적인 통제와 관리를 수행하여야 함으로 직접적 서비스전달비용 이외에 감독 및 통제를 위한 간접비용이 증가하게 된다. 재정의 불균형적 측면에서 본다면, 민간비영리조직이 제공하는 사회복지의 재정은 전적으로 정부와의 계약에 의해서 제공됨으로 비영리조직은 재정적 측면에서 정부조직에 완전히 의존되어 있어 정부의 요구에 전적으로 대응하여야 하는 의무와 책임을 가지게 된다.

정보의 불균형은 사회복지전달에 있어 이용자들에 대한 정보, 서비스 내용에 대한 정보, 서비스의 결과와 관련된 정보의 불충분한 공개 나아가 정보조작 등을 가져와 바람직한 사회복지전달의 내용을 왜곡할 수 있다. 정부재정에 대한 의존은 비영리조직이 자발적으로 서비스를 조정하고 수정하는데 제약으로 작동할 수 있으며 규정이나 규칙을 벗어나는 개입계획에 대해서는 어떠한 재정적 지원도 가능하지 않음으로 사회복지전달과 관련된 유연한 행동에 대한 제약을 가져다주는 요인으로도 작동할 수 있다. 또한 민간조직과의 계약과정에서 나타나는 거래비용의 증가는 불필요한 사회복지비용의 증가를 가져다주는 결과를 초래하기도 한다.

공공제공모델이 국가독점으로 서비스를 제공하는 것이 한계점으로 지적된 것과 같이 비영리제공모델도 계약을 획득한 비영리조직의 독점적 서비스 제공을 허락함으로 서비스제공기관의 자기이익실현을 위한 노력을 지속적으로 관리하여야 한다는 한계를 가지고 있다. 관리적 측면에서 보면, 비영리제공모델은 국가의 비영리기관에 대한 완전한 규제가 불가능함으로 비영리조직을 간접적으로 관리하기 위한 관리시스템의 개발 등의 비용을 수반하며 제공기관을 통한 서비스전달에 있어 통제와 보상을 강조하는 관리방안을 적극적으로 도입함으로 직접적 서비스와 관련 없는 간접적 관리감독 비용의 증가가 나타나게 된다. 비영리조직의 서비스독점은 국민을 단순한 서비스를 제공받는 client나 대상자로만 여겨 이용자들의 서비스선택에 대한 자기결정권의 실현은 이루어지지 않는다는 한계를 동시에 내포한다.

비영리제공모델은 Le Grand와 Robinson(1984)이 민영화의 유형을 구분하면서 민영화가 국가직접제공의 서비스가 축소한다는 점을 지적하였듯이 국가가 직접 제공하는 서비스를 계약을 통해서 민간비영리기관중심으로 서비스를 공급함으로 국가가 민간비영리조직에게 서비스 공급의 책임을 전가한다는 점에서 사회복지에 대한 국가의 공공성 축소를 의미한다는 비판 역시 한계로 지적된다.

마지막으로 지적될 수 있는 비영리중심의 서비스전달모델의 한계는 비영리조직의 목적불일치 현상이다. 역사적으로 비영리조직은 정부가 사회복지에 적극적으로 개입하기 이전부터 자발적 조직으로 발전하여 구빈 및 구제사업을 중심으로 정부의 지원없이 후원금이나 회비 등으로 국민들의 사회복지향상에 보조적인 역할을 수행하여 왔다. 이러한 비영리조직의 자원봉사활동은 민영화와 함께 정부와의 계약으로 사회복지를 전달하는데 있어 전문가의 활동으로 대체되어 비영리조직은 자원활동가들의 자발적 집단이 아닌 정부의 서비스를 대신하여 전달하는 전문가 집단으로 탈바꿈하면서부터 비영리조직의 중요 활동인 자원봉사활동은 점차 그 영역이 축소되어 가고 있다. 이러한 비영리조직의 변화는 결국 비영리조직에게 있어 정부와의 계약은 조직생존과 직결되는 결정적인 사항으로 변질되어 조직의 목적이 사업지속을 통한 안정과 발전인지 아니면 지역공동체주의 등과 같은 사회적 가치나 목적의 실현인지를 판단하기 어렵게 만드는 요소로 작동하고 있다.

제4절 시장모델

1. 시장모델의 기본적 배경

공공서비스의 시장을 통한 전달을 강조하는 가장 대표적인 학자는 E.S. Savas이다. 국민들이 필요로 하는 서비스를 제공하는데 있어서 시장을 강조하는 시장모델은 기본적으로 민영화(privatization)의 핵심적 내용이라고 할 수 있다. Savas(2000)는 민영화의 다양한 유형으로 계약, 판매권(franchise), 이용권(바우처), 민간에게 정부자산이나 조직을 임대하거나 파는 것, 서비스분할이나 탈규제 등을 제시하였으며 이 모든 유형의 특징은 바로 시장이 공공서비스를 국민들에게 제공하는 것을 허용하는 것이라고 강조하였다.

시장모델의 기본 아이디어는 공공제공모델이 가지고 있는 문제점들이 시장모델을 통해서 극복될 수 있다는 나름대로의 생각에 근거한다. 즉, 시장모델은 공공제공모델이 첫째, 서열과 규제 그리고 규정을 강조함으로 자원할당에 있어서 비효율적이며 둘째, 자기이익최대화를 추구하는 관료들에 의해 자신이 속한 조직을 중심으로 하는 관료적 독점현상이 발생하여 공공 및 사회복지서비스전달에 적합하지 않은 모델임을 강조한다. 특히, 공공 및 사회복지제공에 있어 시장모델의 확대 발전은 신공공관리(New Public Management)의 도입에 영향을 받았다(Pollitt, 1990; Hood, 1991; Massey, 1993; Peters, 1996). 따라서 민영화를 강조하는 공공행정은 바로 '신공공관리(New Public Management)'의 핵심적 특징이라고 할 수 있는데 이는 신공공관리의 주요 특징이 바로 공공정치 속으로 시장의 원리를 적용한 것에 있기 때문이다. 신공공관리에서 시장의 원리란 다음과 같다(Kaboolian, 1998).

첫째, 공공 및 사회복지서비스의 전달에서 효과성과 형평성에 덧붙여 효율성을 보다 강조한다.

둘째, 정치와 행정관계를 설명하기 위해 공공선택이론, 주인-대리인이론, 거래비용, 계약 등과 같은 경제적 용어 및 시장모델을 사용한다.

셋째, 경쟁, 성과계약, 이용자만족, 시장인센티브와 탈규제 등과 같은 개념을 관리에 적용한다.

정부관료들은 공공서비스(사회복지서비스를 포함하여)를 효율적이고 효과적으로 제공한다는 명목으로 민간조직과 계약을 하고 조직 간 경쟁을 강조하며 이용자의 선택권을 강조하기 위해 이용자에게 직접 자금을 지원하는 것을 강화하고 바우처 등을 도입하여 시장을 통하여 서비스가 교환되도록 하는 것이 바로 민영화를 강조하는 시장모델의 특징이라고 할 수 있다. 따라서 시장모델에서 사회복지서비스가 교환되도록 시장을 형성하는 것은 국가의 중요한 정책적 목적이며 시장을 통해서 제공기관의 이익이 실현되는 것을 보호하는 것 역시 정부의 주된 역할이 된다. 또한 관료들은 국가자산을 판매하고 정부소유의 기업을 매각하며, 공공혜택을 강화한다는 명목으로 시장에 대한 각종 규제를 제거하는 탈규제를 시도하게 된다. 결국, 정부실패를 강조하는 학자들이 주장한 공공서비스전달에 대한 국가독점은 더 이상 유효하지 않게 된다.

시장을 통한 사회복지전달을 강조하는 시장모델은 제공기관의 경쟁과 이용자의 선택권을 강조한다. 즉, 구매력을 가진 이용자들이 시장에서 선택권확보를 통해 자신에게 가장 적합한 선택을 구사하여 사회복지욕구를 해결하며, 사회복지전달의 책임은 비효율적인 정부로부터 뛰어난 지식과 기술력을 가진 민간에게 이양되며 이용자들은 민간조직이 제공하는 서비스를 선택함으로 조직들 간의 경쟁이 서비스의 품질을 향상시켜 정부의 민간조직관리에 대한 부담 및 관리필요성은 사라지게 된다. 즉, 사회복지전달의 관리는 시장을 통해서 자연적으로 이루어짐으로 국가는 사회복지전달의 관리에 필요한 인적 물적 자원을 줄일 수 있게 된다.

공공재적 성격을 가진 사회복지재화와 서비스가 시장을 통해 제공되어야 함이 강조되는 시장모델이 등장한 가장 결정적인 배경은 바로 사회복지재화와 서비스의 국가직접제공에 따른 재정지출증가에 대한 부담과 조직성과가 우수한 민간조직을 통해 서비스를 제공하게 함으로 공공조직의 비효율성을 극복하고 효과성을 강화하기 위한 대안적 성격이 강조되면서 부터이다. 특히 시장모델은 서비스의 구매를 전적으로 개인의 구매능력으로 제한한다는 측면에서 국가의 공공성 및 사회적 목적 실현을 위한 노력을 등한시하고 개인의 구매력을 강조한다는 특징을 가지고 있다. 즉, 개인의 복지는 개인이 책임져야 되는 것이고 개인의 복지증진은 곧, 총 사회의 복지를 증진시킨다는 공공선택이론 및 신고전파경제학이론이 시장모델의 이론적 틀이다.

2. 시장모델의 특성

1) 시장모델의 특성

사회복지전달에서 시장의 역할을 강조하는 시장모델은 시장을 통해서 서비스가 생산되고 공급되어야 함을 강조하는 모델이다. 특히 시장모델은 정부의 실패에 기초하여 대중의 이익은 자기이익을 최대화하려는 의지에 의해 실현됨을 강조하며 경쟁과 선택이 사회복지전달의 기본적 작동원칙임을 주장한다. 이러한 시장모델의 강조점들을 살펴보면 아래와 같다.

(1) 정부의 실패

시장의 실패는 시장을 통해서 자원의 균형적인 할당이 이루어지지 않을 때 발생한다. 자유경쟁시장이 실패하는 이유는 첫째, 시장이 성공하기 위해서는 다양한 수의 많은 시장이 존재하여야 하는데 시장의 수가 적다든지 둘째, 시장에서 생산자와 소비자가 경쟁적으로 활동하여야 하는데 비경쟁적인 독점이나 과점이 일어난다든지 셋째, 시장이 성공하기 위해서는 균형(예를 들어 균형가격)이 존재하여야 하는데 정보의 불균형 등으로 인해 균형이 존재하지 않게 되면 결국은 시장은 실패하게 된다고 할 수 있다(Ledyard, 1991). 또한 판매자와 구매자 이외에 제3자가 혜택과 비용을 떠안게 되어 외부효과가 나타나는 경우 그리고 교환의 장치인 시장 이외에서 재화와 서비스가 공급되는 경우 즉, 국가가 공공재를 제공하는 경우도 역시 시장실패의 요인을 설명한다. 즉, 과소공급이 발생할 수 있는 재화와 서비스가 균형적으로 할당되지 않음으로 국가가 재화와 서비스에 대해서 공급을 하게 되면 국민들이 균형적으로 소비를 할 수 있게 된다(지은구, 2010).

이러한 시장의 실패요인에도 불구하고 공공서비스를 시장에서 제공하는 것이 효율적이고 효과적이라는 공공서비스의 민영화를 강조하는 시장모델의 이론적 토대는 바로 정부실패론에 근거한다. 사회복지서비스를 포함하는 공공재의 출현과 공공재의 확대는 바로 시장실패를 설명하는 요인이었지만 공공재에 대한 국민수요증대와 국가독점제공에 따른 비효율성 및 비효과성 등은 국가에게 재정적 부담이 되어 공공 및 사회복지서비스전달에 대한 민영화를 주장하는 시장모델이 다시 등장하는 계기가 되었다. Savas(2000)는 정부서비스나 정부가 소유한 공기업의 서비스가 실패(즉, 정부의 실패)하는 이유를 다음과 같이 지적하였다.

첫째, 비효율성, 과다한 직원의 수, 낮은 생산성

둘째, 낮은 품질의 재화와 서비스

셋째, 정부의 지속적인 부채증가와 손실의 증가

넷째, 관리적 기법의 부재

다섯째, 대중에 대한 비응답성

여섯째, 시설과 장비의 유지능력 부족

일곱째, 필요한 자본투자를 위한 불충분한 자금

여덟째, 과도한 수직적 통합

아홉째, 낮은 마케팅능력과 시대에 뒤진 상품과 행동

열 번째, 다중하고 갈등적인 목적

열한 번째, 잘못 인도되거나 관련 없는 기관의 임무선언

열두 번째, 활용이 적고 성과가 낮은 자산

열세 번째, 불법적인 행동

열네 번째, 부패와 도난

위와 같은 요인들은 시장모델을 강조하는 학자들에게 공공 및 사회

복지서비스가 국가에 의해 직접 제공되는 경우에 동일하게 나타나게 됨으로 민영화를 통한 공공 및 사회복지서비스전달에 있어 시장모델을 강화하여야 한다는 논리적 근거를 제공하였다.

(2) 경쟁과 선택

시장모델의 가장 중심적인 논리는 바로 경쟁과 선택이다. 공공 및 사회복지서비스의 선택에 있어 이용자들은 여러 선택을 하게 된다. 이용자들의 선택 유형은 첫째, 제공기관의 선택(예를 들어 요양기관의 선택, where), 둘째, 제공인력의 선택(예를 들어 요양보호사의 선택, who), 셋째, 서비스의 선택(예를 들어 요양보호사가 제공하는 다양한 서비스의 선택, what), 넷째, 시간의 선택(예를 들어 약속시간의 선택, when) 그리고 마지막으로 의사소통의 방법이나 접근통로의 선택(예를 들어 대면을 통한 서비스나 전화를 통한 서비스의 선택, how)등으로 구성되어 있다(Le Grand, 2007). 따라서 이용자의 선택은 위의 모든 유형의 선택을 포함하는 것이라고 할 수 있다. 특히, 선택의 논리에 따르면, 선택한 것에 대한 책임은 선택한 사람에게 있음으로 선택은 신중하고 현명하게 이루어져야 하는데 시장모델은 기본적으로 국민들이 합리적임으로 자신이 무엇을 선택할 것 인지를 인식하며 선택한 것에 대해서는 자신이 책임질 수 있음을 강조하는 인간의 합리성을 시장모델의 기본적 토대로 한다.

사회복지전달에 있어 경쟁은 사회복지서비스를 제공하는 제공기관들 사이에 일어난다. 이용자들이 특정 제공기관이나 제공인력 또는 서비스를 이용하도록 동기 부여하는 것이 바로 경쟁의 논리이다. 경쟁은 오로지 한 제공기관만이 사람들이 원하는 서비스를 가지고 있는 독점적 서비스나 단일서비스와는 정반대의 경우로서 제공기관들은 자신들이 제공하는 서비스가 사람들로부터 선택받을 수 있도록 노력하여야 하며 사람들로부터 선택받지 못한 제공기관 또는 서비스는 경쟁시스템에 의해 시장으로부터 축출되는 과정을 겪는다. 따라서 더 많이 선택받기 위하여 제공기관들은 노력하여야 함으로 국가독점에서 나타나는 비효율성, 비효과성 그리고 비응답성의 문제점들은 경쟁을 통해 어느 정도 해소될 수 있음을 시장모델은 강조한다.

(3) 대중의 이익

Peters(1996)는 시장모델에서 대중이익은 중요한 개념임을 강조하였는데 그에 따르면 대중이익은 다음과 같은 요인으로 구성된다. 첫째, 공공 및 사회복지서비스가 얼마나 값싸게 전달될 수 있는가를 확인하는 것. 즉, 국가독점으로 서비스가 전달되는 공공제공모델은 서비스전달에 있어 전반적으로 비용이 많이 들어가고 비효율적임으로 비용을 줄이기 위해서는 다양한 서비스제공기관들이 서비스를 제공하도록 하는 것이 효율적임을 시장모델은 강조한다. 둘째, 책임성, 시장모델에서 책임성은 제공된 서비스의 양 즉, 산출을 측정하는 것을 강조하는 개념이다. 산출은 공공조직의 성과(performance)를 측정하는데 있어 효과적인 측정단위임으로 산출의 증가는 시장모델에서 책임성의 강화를 의미한다. 셋째, 시장모델에서 시민은 소비자나 세금지불자를 의미한다는 점. 즉, 대중의 이익이 공공서비스나 사회복지서비스를 시장을 통해서 자유로운 대안들 중에 선택권을 행사하여 실현할 수 있다는 측면에서 시민은 소비자로 인식된다. 또한 시민은 세금을 지불하는 납세자이고 기본적으로 납세자들은 세금증액을 원하지 않을 것임으로 국가의 복지재정은 시민의 세금부담을 최소화하는 선에서 이루어져야 함이 강조된다.

2) 시장모델의 성공조건

시장을 통한 사회복지전달이 성공적으로 수행되기 위한 기본 토대는 바로 경쟁시장이다. 시장모델이 성공하기 위한 경쟁시장의 조건들로는 다음과 같은 것들이 있다(Savas, 2000).

- 가격통제나 보조금이 없는 시장가격
- 자산소유에 대한 권리
- 경쟁기관들의 시장 진입장벽 철폐와 보호주의 철폐
- 동등한 법의 적용
- 원료판매 및 상품구매에서 정부우선주의 폐지
- 외국무역과 신용에 대한 접근에 있어 정부우선주의 폐지
- 시장에 기초한 이자율
- 직원들을 마음대로 해고하고 고용할 수 있는 자유
- 기업변화나 재구조화에 대한 자유
- 정치적 안정
- 인플레이션 통제 및 통화안정성

물론 위의 조건들이 완전히 성취되어야만 하는 것은 아니지만 정부는 시장을 통한 서비스제공의 효율성 및 효과성 그리고 응답성을 강화하기 위한 방안으로 위의 조건들을 충족하기 위해 노력하게 된다.

3. 시장모델과 사회복지전달

사회복지전달을 시장에 맡기는 즉, 사회복지생산과 공급을 전적으로 시장에 의존하는 시장모델의 등장은 정부의 실패와 공공제공모델의

한계에 대한 대응으로 등장하여 소비자주권을 강조하는 소비자주의의 강화에 영향을 받아 선택권 확보와 자기결정권 강화 등을 바탕으로 이용자들이 서비스제공에 대한 수동적 수혜자에서 서비스를 선택하고 결정하는 소비자로 인식되도록 하는 동기를 제공하였다. 시장모델에서 제공기관은 이익을 추구하고 소비자들에게 선택을 받기 위하여 상호 경쟁함으로 조직 간 경쟁이 곧 서비스의 내용과 질을 조절하도록 하는 조절기제의 역할을 담당한다. 결국, 시장제공모델의 핵심적 가치는 선택과 경쟁이 된다. 시장제공모델에서 국가는 자금제공자로서의 역할을 수행하며 서비스제작에 대한 책임은 전적으로 서비스를 제공하는 제공기관에게 있다. 아래의 표는 시장모델에서 국가, 제공기관 그리고 국민의 역할을 나타낸 것이다.

[표 3-6] 시장모델에서 국가, 제공기관 그리고 국민의 역할

국가의 역할	제공기관의 역할	국민의 역할
• 자금제공자 • 시장구축 및 유지 관리	• 서비스생산 및 공급을 하는 생산자 및 판매자 • 필요한 정보제공 • 품질관리	• 서비스를 소비하는 소비자 • 서비스를 선택하는 선택자

앞에서 지적된 시장모델의 한계를 포함하여 사회복지제공의 한 유형인 시장모델의 사회복지전달 특징을 종합적으로 정리하여 제시하면 아래와 같다.

[표 3-7] 시장모델 사회복지전달의 특징

사회복지서비스생산 및 공급의 특징	사회복지서비스전달체계 특징
• 사회복지생산과 공급의 결정은 수익창출 여부이다 • 서비스 이용자와 제공자의 관계는 신뢰와 믿음의 사회적 자본이 아닌 단순히 경제적 가치로 측정되는 서비스판매자와 서비스 구매자이다. • 보충적 서비스의 제공은 이용자의 조건이나 상태보다는 추가부담능력에 전적으로 의존한다. • 조직 간 경쟁은 조직생존의 필수법칙이다. • 서비스 생산 및 공급에서 시민참여는 불필요하며 전적으로 시장의 수요(demand)에 기초한다. • 조직의 성과(performance)는 가장 측정하기 쉬운 경제적 가치로 측정되며, 조직 성과관리의 일차적 목적은 효율성증진이 된다. • 서비스의 질적 양적 수준은 전적으로 client의 경제적 능력과 연관되어 제공된다.	• 조직의 최우선 가치는 수익창출이다 • 시민 또는 client는 사회복지서비스 이용 대가를 지불할 수 있는 소비자가 된다. • 수익창출에 도움이 되지 않는 조직 간 상호협력과 조정은 등한시되며 네트워크활동은 불필요한 조직활동이 된다. • 이용자들의 개별적 특성을 고려하는 사례관리는 수익을 창출하는 서비스로서 수입과 연관되어 제공되며 시간 제한적이다. • 서비스결과(outcome)에 대한 책임은 전적으로 서비스를 선택한 개인에게 있다.

4. 시장모델의 한계

시장모델은 탈중앙화된 사회복지전달과 소비자들의 자기결정권 실현이라는 측면 그리고 국가에게 서비스전달에 따른 거래비용을 거의 의무화하지 않는다는 점에서 장점을 가지고 있지만 사회복지전달에 있어 국가의 국민에 대한 공공성 및 책임성 약화라는 기본적인 한계점을 나타내기도 한다. Johnson(1990)은 복지혼합의 시대에 복지전달은 크게 시장부분, 정부부분, 비영리부분, 가족과 친구 등과 같은 비공식부분으로 구성되며 시장부분 즉, 시장모델은 다음과 같은 기본적인 한계점이 있음을 지적하였다.

첫째, 시장모델은 사회복지전달에 있어 통제의 문제점을 가지고 있다. 즉, 시장은 사회복지재화와 서비스의 양과 질을 규제하고 통제하는 것이 현실적으로 불가능하다는 점이다. 그에 따르면 시장은 본질적으로 이익창출을 위해 소비자를 착취하고 학대함으로 매우 강한 규제가 필요하지만 시장이 이익창출을 위한 행동을 정당화하고 또한 규제를 완벽하게 할 수 있는 방안을 고안하는 것도 어려우며 효과적인 관리방안을 고안하는 것이 비용부담문제를 야기함으로 시장을 통한 사회복지전달에 있어 양과 질의 규제는 전적으로 시장의 자기-규제적 특성에만 맡기게 되어 규제나 통제가 어렵다고 볼 수 있다.

둘째, 시장모델은 비영리조직과 비공식적 부분의 활동에 부정적인 영향을 준다는 점이다.[07] 영리조직들이 정부의 재정을 확보하기 위해 비영리조직들과 경쟁을 한다. 전체적인 재정지원 의 총량은 한정되어 있고 재정지원을 원하는 조직들의 수는 증가함으로 재정경쟁이 비영리조직의 활동에 경제적인 부담으로 작동하게 된다. 또한 조직 간 경쟁심화로 인하여 조직 간 협력과 조정이라는 비영리조직의 가치가 사라짐으로 시장모델은 비영리 및 비공식부분의 활동에 부정적인 영향을 미친다.

셋째, 시장모델은 국가재정에 대한 영리기업으로의 유입을 정당화함으로 국민의 세금이 영리기업의 이윤창출실현을 위한 재정원천의 역할을 한다는 점에서 비판을 받는다.

---

07 시장이 비영리조직에 미치는 부정적 영향에 대해서는 다음절에서 보다 구체적으로 살펴보기로 한다.

위와 같은 시장모델의 문제점 이외 시장모델은 사회복지재화와 서비스의 특성이 다름으로 나타나는 문제, 시장 자체가 가지고 있는 문제, 경쟁으로 인해 야기되는 문제 등이 지적되기도 한다. 이들 문제점들을 구체적으로 살펴보면 아래와 같다.

1) 사회복지서비스와 일반상품과의 차이에서 나타나는 한계

지은구(2010)에 따르면 사회복지서비스(공공재)와 일반서비스(사적재)의 가장 큰 차이점은 첫째, 사회복지서비스는 개인적 이윤만을 창출하기 위해 생산 및 공급되지 않는다는 것이고 일반서비스는 개인적 이윤을 창출한다는데 있으며 둘째, 사회복지서비스는 순수사적재와 달리 경쟁과 배제를 통해 소비의 불균형을 만들어내지 않는다는 점이다.

사회복지서비스는 국민들의 사회적 권리의 보장과 사회적 가치의 실현이라는 사회적 동기를 실현하기 위해 제공되지 개인적인 원함이나 이윤창출만의 동기를 실현하기 위해 제공되지는 않는다. 사회복지서비스가 이윤을 생성하는가 아니면 이윤을 생성하지 않는가는 그 생산의 주체가 어디인가에 의해서 결정된다. 즉 이윤을 추구하는 민간단체가 복지서비스의 생산과 분배를 책임지고 있다면 복지서비스는 상품으로서 시장경쟁체제 하에 놓여 있다는 것을 의미하고 이는 곧 복지서비스가 소비의 불균형을 만들 수 있는 사적재라는 것을 의미하며 복지상품은 일반 상품과 같은 시장체제 하에서 경쟁되어지고 배제되어진다는 측면에서 분석되어져야 한다. 하지만 사회복지서비스는 재화적 성격상 시장에서 나타나는 소비의 불균형에 의해 영향을 받은 사람들의 소비를 증진시켜 소비불균형을 예방 치료하기 위하여 제공되기 때문에 소비의 불균형으로 인하여 나타날 수 있는 국민들의 기본적 삶을 위협하는 위험요소들은 반드시 수정 보완되어야 한다.

국가나 이윤을 추구하지 않는 민간단체에 의해 사회복지서비스의 생산과 분배가 이루어진다면 복지서비스는 이윤을 추구하지 않는 가치재나 공공재의 특성을 갖는다. 복지서비스의 시장경쟁체제로의 편입은 곧 복지서비스를 통한 이윤창출이 인정되고 개인의 욕구에 따른 서비스의 충족이 아니라 개인의 경제적 능력에 따라 복지서비스가 선택되어지는 즉, 서비스를 위해 경쟁하고 배제한다는 의미에서 공공재적 성격을 갖는 사회복지서비스 본질의 전이(전환)를 의미한다. 즉, 사회복지서비스가 개인적 선택의 여부에 따라 개인적으로 취사가 가능해지는 상품으로서 시장에서 경쟁력을 생명으로 한다는 것을 의미하며 본인부담능력에 따라 이용자를 배제하며 가격의 높고 낮음에 따라 즉, 복지상품에 얼마를 지출하느냐에 따라 복지상품의 질과 양이 결정된다는 것을 의미한다. 이러한 현상은 배제와 경쟁을 강조하는 사적재의 교환이 주가 되는 자유경쟁시장에서 일어나는 보편적 현상으로서 소비의 양극화가 일어나는 주된 요인으로 작동한다.

결국, 사회복지서비스가 시장경제 하에 편입되는 경우에 있어 나타날 수 있는 장점은 첫째, 다양한 서비스가 출현하여 국민들의 선택의 폭을 넓히는 것과 둘째, 대량 생산이나 제공에 의해서 서비스가격이 낮아질 수 있다는 점이다. 하지만 이 경우 대량생산에 의한 서비스가격하락은 곧 복지서비스 질의 저하를 의미할 수 있다. 단순한 소비의 개인적 만족(individual utility)을 추구하는 일반 상품과는 달리 사회적 만족(social utility)을 추구하는 즉, 모든 인간의 공통적인 욕구를 다루는 그리고 인간의 본성 즉, 인간성(humanity)을 다루는 사회복지서비스 영역에서의 질 낮은 복지서비스의 제공은 곧 인간성 파멸의 사회적 동의를 인정하는 결과를 초래할 수 있다. 또한 다양한 상품의 출현으로 소비자의 선택의 폭이 확대된다는 점에 있어서도 다양한 상품의 개발과 출현이 시장을 통해서 이루어지는 경우 이윤을 바탕으로 하기 때문에 이윤이 확보되지 않는다면 어느 기관도 사회복지서비스시장에 뛰어들지 않을 것이기 때문에 이윤의 확보를 위해 복지서비스 가격의 조정은 필연적이며 결국 복지수요자의 빈익빈 부익부라는 사회문제가 확대 발전하게 되어 자본주의시장경제의 모순이 그대로 사회복지서비스시장에도 전이될 수 있다(지은구, 2006).

앞에서 살펴본 바와 같이 사회복지서비스는 가치재이며 공공재 즉 공공상품 또는 공공서비스의 속성을 가지고 있다. 사회복지서비스가 상품이라고 하는 것은 자본주의 경제체제 하에 시장에서 이루어지는 모든 거래는 상품거래라는 경제적 원리에 충실하게 따르는 것으로 이러한 관점에서 본다면 복지서비스는 분명히 상품이다. 하지만 복지상품은 시장에서 자발적인 교환을 통해 생산과 분배가 이루어지는 일반상품과 다른 국가개입이라는 조정양식을 필요로 한다는 점에서 일반상품과는 차이가 있다. 사회복지서비스의 생산과 분배는 기본적으로 국민의 욕구에 기반하며 복지국가의 규범적 정당성인 사회권, 분배적 정의, 사회적 연대 등과 같은 목적에 부합하는 사회적 가치의 실현을 추구한다는 점에서 단순히 제공자의 이윤을 추구하는 일반상품의 생산과 분배와는 다르다고 할 수 있다.

원칙적으로 사회복지서비스가 시장을 통해서 교환되기 위해서는 먼저 경쟁과 배제를 통해 소비의 불균형이 일어나면 안 된다는 것은 기본원칙이라고 할 수 있는데 경쟁과 배제를 통해 소비의 불균형(정보의 불균형과 이용자선별을 포함하는)이 일어나게 되면 그 서비스는 순수사적재이지 더 이상 사회적 가치를 실현하는 가치재가 아니기 때문이다. 순수사적재가 사회적 가치를 실현하기 위하여 제공된다고 한다면 순수사적재는 본래의 특성을 상실하게 되며 그 순간부터 비순수사적재로 전환된다. 사회적 가치나 목적을 실현하기 위하여 국가가 공급을 하고 서비스는 대리인(제공기관)을 통하여 제공하든 아니면 국민이 직접 서비스를 선택하여 이용하든 중요한 것은 사회복지서비스는 배제와 경쟁이 없는 순수공공재적 성격을 가지는 서비스부터 배제나 경쟁이 발생할 수 있는 비순수공공재나 비순수사적재의 유형으로 제공되는 가치재라는 점이다.

2) 시장 자체의 한계: 배제의 정치경제학

자유경쟁시장을 강조하는 경제학자들의 대부분은 배제보다 경쟁을 강조하는 경향이 있다. 효율성, 효과성 그리고 응답성 등 경쟁의 장점들이 주로 주장되지만 시장이 가지고 있는 가장 중요한 속성인 배제가 인간 및 사회환경에 미치는 악영향에 대해서는 언급을 주저한다.

시장의 특징은 단순히 재화와 서비스의 생산과 교환에만 관심이 있다는 점이다. 즉, 누가 생산하고 왜 생산하는지에 대한 해답은 생산할 수 있는 자원을 가지고 있는 사람이 자신들의 이윤창출을 목적으로 생산한다는 것이며 또한 누가 교환하는가는 교환을 할 수 있는 능력이 있는 사람이 교환에 참여하여 교환을 통해서 자신들의 만족이나 원함을 충족시킨다는 점이다 따라서 자유경쟁시장에서 교환의 참여자가 누구인가는 중요하지 않으며 '교환할 재화나 서비스 그리고 경제적 능력을 보유하고 있는가?' 만이 중요한 점이 된다.

시장이 다수 존재하지 않은 경우나 대체상품을 포함하여 재화나 서비스가 다수존재하지 않은 경우 경쟁은 발생하지 않으며 과점과 독점이 발생하고 교환가격은 균형가격을 상실하게 될 가능성이 매우 높다. 또 시장에 참여하는 교환 당사자(판매자와 구매자) 간에 생산적 그리고 경제적 부담능력이 차이가 난다면 시장의 배제적 특성으로 인하여 시장에서 배제되는 사람들이 많이 생겨나게 되고 이는 소비의 불균형을 일으키는 가장 큰 요인으로 작동하게 된다. 시장에 참여하는 이유가 단순히 개인적 만족의 충족이라면 배제와 경쟁으로 인한 손해를 개인적으로 감수할 수밖에 없게 된다.

사회복지서비스나 재화가 일반 순수사적재를 판매하고 구매하는 자유경쟁시장에서도 교환이 가능한가? 재화적 성격을 구분하는 배제와 경쟁이라는 두 기준을 엄격히 적용한다면 사회복지서비스가 자유경쟁시장에서 교환되면 배제와 경쟁이 동시에 발생할 수 있고 교환의 목적이 개인적 이윤의 창출에 기여하게 된다. 사회복지재화와 서비스를 생산하고 공급하는 가장 큰 이유는 개인적 이익 또는 만족에 있다고 볼 수 없다. 사회복지서비스는 앞에서 정의한 것과 같이 사회구성원들을 사회적 위험으로부터 예방, 치료하고 그들의 삶의 질을 보존한다는 사회적 가치의 실현 또는 사회적 목적을 성취하기 제공하는 공공재적 성격을 내포하고 있는 가치재이다. 따라서 사회복지서비스가 사적 이익을 창출하는 목적으로 자유경쟁시장에서 교환이 되는 경우에 발생할 수 있는 소비의 불균형을 극복하고 사회적 생산과 사회적 교환이 강조되는 재화와 서비스라고 한다면 사회복지서비스는 시장에서 교환이 가능한 재화라고 할 수 있지만 그 시장이 자유경쟁시장은 아니며 자유경쟁시장에서의 교환은 일어날 수 없음을 알 수 있다. 이는 사회복지서비스와 일반 상품과의 차이를 통해서도 이해될 수 있다.

3) 경쟁 자체의 문제

경쟁은 서비스의 질 하락을 유도할 수 있다는 점 역시 시장의 문제점으로 지적될 수 있다. 제공기관 간 경쟁이 일시적으로 또는 단기간에 품질이 좋은 서비스를 제공할 수 있지만 장기적으로는 서비스를 제공하는 제공기관에게 이익을 가져다주어야 한다는 자본의 논리에 의해서 품질은 곧 가격과 동일한 대접을 받게 된다. 즉 품질이 좋은 서비스는 당연히 가격이 높게 책정될 수밖에 없는 것이 시장의 논리이자 자본의 논리이다. 만약 시장에서 품질이 낮은 서비스와 품질이 높은 서비스가 같은 가격으로 교환된다면 당연히 품질이 높은 서비스를 이용자들이 선택할 것임으로 품질이 높은 서비스의 시장 점유율이 높아지게 된다. 시장점유율이 높아진 다는 것은 동일한 가격대의 품질이 낮은 서비스가 시장으로부터 즉, 이용자들로부터 배제된다는 것을 의미하고 이것은 품질이 높은 서비스의 시장 독점을 의미한다. 일단 서비스의 시장점유율이 높아지게 되면 제공기관은 당연히 그동안 지출되었던 비용을 보전받기 위하여 서비스의 품질을 다시 낮추는 서비스품질저하현상이 나타나게 된다. 이 경우 이미 이용자들은 그 서비스를 대체할 수 있는 다른 서비스가 시장으로부터 배제되어 있어 사용하는 서비스를 지속적으로 이용하게 되어 이용자들의 비용부담은 상승하게 된다.

또한 제공기관은 서비스품질향상을 위해 들어간 시장점유에 대한 비용을 보전받기 위한 한 방편으로 기관인력을 축소하는 인력감축을 강행하기도 하는데 인력감축은 곧 서비스 유지 및 관리에 문제점을 가져오게 하여 서비스의 품질은 저하하게 된다.

4) 시장제공모델이 비영리조직에 미치는 영향

시장제공모델은 사회복지의 생산과 공급이 전적으로 시장에 의해서 주도되는 사회복지전달유형이다. 시장에서 영리조직과 함께 비영리조직들도 그들이 제공하는 서비스가 선택받을 수 있도록 경쟁한다. 공공 및 사회복지서비스전달에 있어 시장제공모델은 기업가주의에 대한 강조와 자기이익실현 및 개인적 만족을 강조함으로 국가의 책임성이나 시민권, 공공이익을 위한 집합적 행동 등과는 양립할 수 없는 측면을 가지고 있다. 특히, 시장제공모델은 형평성이나 사회적 정의나 분배적 정의와 같은 민주주의적 가치와는 전적으로 양립하지 못하는 측면을 가지고 있다(Eikenberry and Kluver, 2004). Salamon(1997)은 시장제공모델이 비영리부문의 시장화를 가속화시킨다. 이 시장화는 Eikenberry와 Kluver(2004)에 따르면 비영리조직의 단기간 생존에 도움을 주지만 장기간 생존에는 부정적 요인으로 작동한다고 한다. 특히, 그들은 시장화가 비영리조직이 시민사회를 더욱 튼튼하게 구축하려는 노력에 부정적 영향을 가져다줌으로 인해 시민의식(citizenship)이나 민주주의에 해를 가져다준다고 강조하였다.

기본적으로 시장화는 비영리조직이 더욱 유연한 자원의 흐름을 갖도록 하고, 효율성의 증대와 client의 욕구해결 능력의 향상, 정당성의 증진 그리고 서비스에 대해 더 큰 책임성을 가져다 줄 수 있지만(Aspen Institute, 2001), 비영리조직의 지역사회에 대한 주요 공헌이나 기여에 대한 지불을 상쇄할 정도의 혜택을 가져다주는 것은 아니다. 특히, Eikenberry와 Kluver(2004)은 비영리조직의 본래적 기능 즉, 지역사회를 보다 건강하게 하고 지역사회를 보다 강하게 하는 역할이 시장화에 의해서 축소되고 있음을 강조하면서 비영리조직의 가치지도자, 서비스 제공자와 옹호자, 그리고 사회적 자본 형성가의 역할에 시장화가 부정적 영향을 미치고 있음을 주장하였다. 특히 그들은 비영리부문의 시장화가 가져다주는 경향으로 상업적 수익창출, 계약경쟁, 사회기업가주의 그리고 새로운 기증자의 영향력을 제시하였다. 이들의 구체적인 내용은 아래와 같다.

• 상업적 수익창출

정부로 부터의 예산지원축소와 전달체계의 변화는 비영리조직이 생존하기 위해 새로운 전달체계를 수용하고 이해하여야 함을 의미하는 것으로서 선택과 경쟁이 강조되는 시장에서 비영리조직은 생존을 위해 수익을 창출하여야만 생존할 수 있게 되었다.

• 계약경쟁

정부가 직접 보조금을 제공하기보다 비영리조직에 계약이나 바우처 등을 제공하는 변화는 사회복지서비스전달에 있어 성과측정과 경쟁에 대한 강조가 증대하였음을 나타내는 것이다.

• 사회기업가주의

시장제공모델은 비영리조직의 지도자들로 하여금 사회기업가주의를 통해 시장의 가치를 포용하도록 하고 있다. 사회기업가는 비영리조직의 미션을 간과하지 않으면서 시장의 힘에 주의를 기울이는 비영리조직의 총괄책임자를 의미한다. 비영리조직의 지도자의 기업가적 태도는 비영리조직이 첫째, 영리조직의 파트너이자 계약자가 되고, 둘째, 일반영리조직을 설립하는 설립자가 되며 그리고 셋째. 완전히 영리조직으로 전환하여 영리조직이 되는데 영향을 준다.

• 새로운 기증자의 영향력

신자선(new philanthropy)의 개념은 비영리조직에 기여하는 기증자의 생각을 변화시키고 있다. 과거 자선은 민간재단이나 개별적인 자선단체 중심으로 이루어졌지만 신자선은 전통적이지 않은 방식의 자선이나 자원봉사활동 그리고 집단 간의 협력 등을 보다 강조하며 개별적으로 이루어지는 경향이 있다. 특히 신자선의 시대에 기증자는 잠재성 있는 기업에 투자하는 것 같이 기증하기도 하며 그들 나름대로의 방식과 생각으로 다양한 기증을 하고 있다(Pozorsky, 2000). 새로운 기증자들은 자신들의 기부나 기증을 투자로 인식하며 투자에 대한 반환(ROI, Return of Investment), 투자에 대한 사회적 반환(SROI, Social Return of investment), 투자에 대한 재정적 반환(FROI, Finalcial Return of investment, 그리고 투자에 대한 감정적 반환(EROI, Emotinal Return of investment) 등을 원한다(Gingold, 2000).

하지만 상업적 수익창출이나 경쟁 그리고 기업가주의 새로운 기증자의 영향력 등은 비영리조직이 지역사회에서 수행하여야 하는 본래의 역할을 수행하는데 있어 부정적인 영향을 주는 것 또한 사실이다. Salamon(1997)은 비영리조직이 시민사회를 성숙시키는 방식을 크게 네 개의 역할로 제시하였는데 첫째는 가치인도자의 역할이며 둘째는 서비스제공자의 역할 셋째는 옹호자의 역할이고 마지막이 사회적 자본형성가의 역할이다. 비영리조직은 Salamon(1997)이 제시한 것과 마찬가지로 사회복지 제공에 있어 그동안 사회적 가치를 실현시키는 가치인도자로서 역할을 수행하여왔으며 지역주민과 서비스수혜자들을 지지 및 옹호하고 그들의 역량을 강화시키기 위하여 그에 맞는 적절한 서비스를 제공하여 왔으며 신뢰와 믿음 등 사회적 자본을 구축하기 위하여 노력하여왔다. 하지만 시장제공모델을 통해 사회복지영역에 시장화가 이루어지면서 형평성이나 사회적 정의나 분배적 정의와 같은 민주주의적 가치의 실현을 위해 노력해왔던 비영리조직의 역할이 위협받고 있다. 즉, 시장화의 토대인 시장을 통한 서비스의 전달이 이루어지면서 비영리조직의 본래적 역할이 위협받고 있다고 할 수 있다.

시장제공에 따른 사회복지영역의 시장화 나아가 상업화는 사회적 가치를 지향하는 비영리조직들에게 목적과 미션 그리고 임무선언과 조직행동이 상호 상반되는 목적불일치의 현상을 가져다주었으며 사회복지서비스제공의 일차적 우선순위가 사회취약계층의 욕구파악을 통한 즉각적 대응에서 부담능력의 여부 또는 지불능력의 여부가 되도록 하였고, 수입이 되지 않는 모든 지역사회활동의 축소 내지는 폐지 그리고 조직 간 상호행동보다는 생산성 향상을 위한 조직홍보 및 조직 성과관리에 더 많은 시간과 노력을 지출하도록 하였다. 상업적 수익창출, (계약)경쟁, 기업가주의 그리고 새로운 기증자의 영향력과 같은 시장화의 새로운 경향이 비영리사회복지조직의 중심 역할인 가치인도자, 서비스제공자와 옹호자, 사회적 자본 형성가의 역할에 어떠한 부정적 영향을 주었는지를 살펴보면 다음과 같다.

(1) 가치인도자의 역할에 대한 부정적 영향

비영리조직은 가치 지향적이다. 비영리조직은 사회적 가치를 추구하며 사회적 목적을 성취하기 위해 노력하는 사회적 단위이다. 비영리조직이 사회적 가치를 추구한다는 것은 바로 비영리조직의 가치지도자로서의 역할을 의미한다. Jeavons(1992)에 따르면 비영리조직은 추종자나 자금제공자에게 종교적, 도덕적, 철학적 그리고 사회적 가치를 제공하는 것이 일차적 존재의 목적이다. 즉, 비영리조직은 지역주민들 또는 시민들이 요구하는 특별한 사회적 기대에 직면해 있으며, 어떻게 시민들의 기대를 성취할 것인지가 중요한 조직목적이 된다. 일반영리조직과 달리 비영리조직은 공공의 이익을 대표하는 의무를 가지고 있기 때문에 무엇이 법적으로 타당한 것인지 그리고 무엇이 옳은 것인지를 고려해야만 한다(Hodgkin, 1993). 따라서 비영리조직은 영리조직과 파트너의 관계를 형성할 때나 기업의 생산품에 대한 보증을 하거나 판매를 할 때 항상 옳고 진실하다는 평판을 유지하여야 하는 것이 중요하다(Young, 2002; Pratt, 1997).

시장 확대방안을 수립하고 서비스개발에서 화폐가치를 강조하며, 이익창출을 위해 위험을 감수하고, 다른 기관과 경쟁체제를 구축하는 등의 일반영리기업들이 추진하는 전략들은 지역사회주민들의 참여의 의식을 고취시키고 제공하는 모든 서비스의 이해관계자들을 고려하여야 하는 가치인도자로서의 비영리조직과는 어울리지 않는 전략이라고 할 수 있다(Alexander and Weiner, 1998). 사실 비영리조직에 흐르는 내재적 가치는 조직임무선언에 담겨져 있다. 만약 비영리조직이 조직임무선언에 흐르는 가치에 맞지 않게 영리기업과 협력관계를 형성하고, 수익창출을 위해 노력하며, 비영리조직의 지도자들이 이윤을 만들기 위해 사회기업가주의의 행동양식에 맞게 활동할 때 비영리조직의 임무선언은 위협을 받게 될 것이다. 즉, 비영리조직에 관련이 있는 지역주민, 자원봉사자, client 및 가족, 기부금제공자, 회원, 정부관료 및 직원 등 모든 이해관계자들의 요구를 충족시키기 위해 노력하여야 하는 당위성을 내포하고 있는 조직임무선언을 유지 보존하기가 어려운 상황에 직면하게 될 것이다(Young, 2002).

영리를 추구하는 조직의 목적과 비영리조직의 임무선언 또는 목적이 일치한다는 것은 가능하지 않음으로 비영리조직이 영리를 추구하기 위해 시장에 참여하는 순간부터 비영리조직의 행동은 비영리조직이 설정한 목적이나 임무선언과는 일치하지 않는 목적불일치 현상이 만연하게 될 것이고 이는 모든 이해관계자들에게 가치혼란을 가져다줄 것이다. 이러한 가치혼란은 시장 친화적이고 사회기업가주의로 무장한 비영리조직이 이익을 창출하기 위한 행동을 시작하면서 불거질 것이며 결국 비영리조직은 임무선언의 수정이나 영리조직의 설립이나 영리조직으로의 전환 등 보다 적극적으로 시장개입 강화 방안을 모색하게 될 것이며 결국 비영리조직의 임무선언을 충실히 반영하는 조직의 활동은 이익을 창출하지 않는 비효율적인 활동으로 치부될 것이다.

비영리조직이 계약경쟁에 뛰어드는 경향 역시 비영리조직에게는 조직운영을 경쟁적이고 성과중심의 계약조건을 충족시키는 시장 중심 운영체제로 나아가도록 하는 역할을 한다. Ryan(1999)과 Bush(1992)에 따르면 계약경쟁은 비영리조직이 그들의 임무선언과 타협하고 자선적이고 개혁적인 정신을 경쟁만이 살길이라는 기업가정신으로 전환하도록 이끈다.

모든 조직이 화폐가치를 쫓는 행동을 추구한다면 지역사회의 건강과 안정을 책임지고 지역주민들의 삶의 안정과 공동의 번영과 복지를 추구하는 사회적 가치의 실현은 누구에 의해서 인도될 것인가?

(2) 서비스제공자와 옹호자의 역할에 대한 부정적 영향

Salamon(1997)은 비영리조직이 사회 경제적 문제를 해결하는 그리고 집합재적 서비스를 제공하는 최전선에 위치해 있다고 강조하였다. Salamon의 언급이 아니더라도 비영리조직은 수세기에 걸쳐 지역에 상관없이 사회문제에 대해 시민들이 주의를 갖도록 하는 중요한 역할을 수행해왔으며 다양한 사회서비스를 제공하여 사회문제 및 욕구를 해결하기 위해 노력하여 왔고 나아가 지역사회의 변화를 추진하는 첨병의 역할을 수행하여 왔다. 특히 비영리조직은 지역주민들의 권리를 대변하고 옹호하고 방어해주는 활동가의 역할을 수행하여왔다. 즉, 지역주민 개개인 나아가 지역사회의 역량을 강화시키기 위한 활동을 지속적으로 수행하여왔다.

하지만 비영리조직의 위와 같은 사회문제 및 욕구해결을 위한 서비스제공자와 옹호자의 역할은 시장화를 추구하는 환경에 의해서 도전받고 있다. 즉, 비영리조직이 상업적 수익창출을 위한 행동에 들어가면서 수익창출에 영향을 주지 않는 옹호활동은 바람직한 활동으로 인식되지 않고 있으며 빈민을 포함하는 사회소외계층을 위한 서비스제공보다는 서비스에 대한 대가를 지불할 수 있는 지불능력이 있는 사람들에 대한 개별화된 서비스제공으로 서비스대상이 이동하게 된다. 즉, 사회문제영향의 정도나 욕구수준의 정도가 아니라 지불능력의 정도가 서비스제공의 기준으로 자리 잡게 된다. 이와 관련하여 Rosenman, Scotchmer, 그리고 VanBenshoten(1999)는 상업적 이윤추구가 비영리조직이 서비스를 제공하기 어려운 client를 솎아내는 역할에 대한 강력한 동기를 부여하게 된다고 주장하였다. 또한 그들은 상업적 수익창출에 의존하는 비영리조직의 경우 추가적 비용을 유발하는 보충적 서비스를 제공하지 않을 것이며(즉, 추가적 비용이 추가적 이익을 제공해주지 않으면 어떤 보충적 서비스도 제공되지 않을 것이며), 지역 사

회전체에 대한 이슈보다는 개인적 이슈를 다루는 서비스제공에 집중할 것이라고 강조하였다. Alexander, Nank 그리고 Stivers(1999)의 연구에 따르면, 시장친화적인 비영리조직은 사회소외계층에 대한 서비스제공이나 옹호와 교육 그리고 조사와 같은 활동보다는 client의 개인적 수요를 해결하기 위한 서비스제공에 집중하는 경향이 높았다.

비영리조직 간 또는 비영리조직과 영리조직 간의 서비스제공을 둘러싼 계약경쟁은 서비스에 대한 조직의 집중을 약화시키는데 영향을 줄 수 있다. Alexander, Nank 그리고 Stivers(1999)는 정부가 민간조직과의 계약을 강조하는 것이 서비스제공 및 전달에 들어가야 하는 노력이나 비용이 결과(outcome)측정, 문서화, 자금조달과 같은 관리를 강조하는 노력이나 비용으로 전환되도록 조장한다고 비판하였다. 시장제공모델의 도구로 2007년 이후 도입된 우리나라의 전자바우처의 경우도 바우처카드관리를 위해 직접적 서비스와 관련이 없는 비용으로 1년에 2012년을 기준으로 약 300억원 이상을 지출하고 있다.

Alexander(1999)는 비영리조직이 직면한 계약환경이 비영리조직에게 지불될 수 있는 그리고 지불보증을 받을 수 있는 서비스와 결과가 측정될 수 있으며 문서화될 수 있는 서비스를 제공하도록 하고 또한 중병이나 만성적 욕구를 가지고 있는 사람들에 대한 서비스나 결과를 쉽게 측정할 수 없는 지역사회를 위한 서비스 제공에 대한 의지를 축소시킨다고 주장하였다. 또한 Adams와 Perlmutter(1991) 그리고 Ryan(1999)은 계약을 위한 경쟁이 지역사회를 위해 서비스를 지속적으로 제공하는 것을 적은 수익창출사업으로 비영리조직들이 인식하게끔 한다고 주장하였다.

계약을 위한 경쟁은 비영리조직의 지역주민을 위한 옹호활동에도 부정적인 영향을 준다. 즉, 지역주민을 위한 교육과 옹호를 위한 서비스에 들어가는 비용과 시간을 줄이도록 하는데 영향을 준다는 것을 의미한다. 옹호활동은 사회서비스를 제공하는 지역사회에 기반을 둔 모든 비영리조직의 지역사회개발을 위한 기본적 활동전략이다. 옹호활동을 통해서 비영리조직들은 지역주민들로부터 지원과 지지를 받고 또한 옹호활동을 통해서 지역주민들의 역량은 강화된다. 하지만 계약을 위한 경쟁으로 계약권을 확보하기위해 비영리조직들은 경쟁에 불티하게 작용하는 옹호를 위한 서비스를 축소하거나 폐지하는 경향이 증가하고 있다(Scloot, 2000).

사회기업가주의와 새로운 기증자의 영향력 역시 비영리조직으로 하여금 이익이 창출되지 않는 사업이나 서비스를 줄이도록 하고, 이익이 창출되는 새로운 영역으로 사업을 확장하도록 하는데 영향을 미치고 있다. 사회기업가센터(2002)에 따르면 시장이 필요로 하지 않는 프로그램은 더 이상 필요가 없음으로 폐지되어야 한다. 이는 비영리조직의 옹호나 지역사회변화를 위한 프로그램이 설자리가 점점 없어진다는 것을 의미하고 자금을 지원받을 수 있는 지불능력이 있는 이용자가 있는 사업이 더욱 증가한다는 것을 나타낸다.

(3) 사회적 자본형성가의 역할에 대한 부정적 영향

지금까지 비영리조직은 신뢰와 상호호혜를 기본으로 하는 사회적 자본을 형성하고 유지하는데 중요한 역할을 수행해 왔다. 특히, 정부조직이나 영리조직보다 비영리조직은 신뢰, 협력, 상호지지 등과 같은 사회적 규범을 창출하는 데 있어 더욱 효과적으로 활동하여 왔는데 (Backman and Smith, 2000) 이러한 사회적 규범은 모두 사회적 자본을 형성하는 구성요인이다. 비영리조직의 시장화를 위한 행동은 특히 두 영역에서 사회적 자본에 영향을 미치게 되는데 그 영역은 다음과 같다(Eikenberry and Kluver, 2004).

첫째, 시장화는 비영리조직이 전통적인 이해관계자들과 관계를 긴밀히 유지하여야 할 필요성을 적어지게 만든다(Backman and Smith, 2000). 과거 비영리조직의 생존전략은 지역주민, 자금제공자, 기부자, 서비스이용자, 자원봉사자, 회원, 그리고 다른 지역조직과 같은 이해관계자들과 긴밀한 관계를 유지하고 이들과 신뢰를 바탕으로 하는 네트워크를 구축하고 유지하는 능력에 의존하는 것이었다(Eikenberry and Kluver, 2004). 특히, 이들과 구축된 사회적 네트워크는 사회문제를 해결하고 집합적 행동을 추구하는데 있어 결정적인 지지 및 지원의 역할을 수행하였다. 하지만 비영리조직이 시장화를 추구함과 함께 상업적 이익과 기업가주의에 의존하면서 이익창출에 도움이 되지 않는 네트워크를 건설하여야 하는 필요성은 줄어들게 되고 이는 곧 시민의 조직결정 및 서비스과정에 대한 참여활동을 약화시키는데 영향을 주었다(Aspen Institute, 2001). 시장화의 추진으로 비영리조직에게 이해관계자이었던 기부자나 회원 등은 서비스 이용자나 소비자가 되었으며 조직은 이들과 네트워크를 구성하는 것으로부터 그들에게 더 많은 재화와 서비스를 판매하기 위한 기회를 창출하는 것에 더 중점을 두게 되었다(Eikenberry and Kluver, 2004). 정부계약권을 따기 위한 비영리조직과 영리조직들을 포함한 경쟁도 역시 비영리조직의 네트워크활동에 위협을 주는 요소로 작동하였다. 즉, 정부와의 경쟁은 협조적 네트워크를 구축하는 것보다도 비영리조직들이 영리조직을 포함하여 비영리조직들과도 경쟁하도록 하였으며 나아가 계약경쟁에 대한 관심증대는 자원봉사영역의 가치를 절하시키고 홍보나 마케팅과 같은 전문적 경쟁영역에 대한 관심을 집중시키도록 하였다(Alexander, Nank and Stivers, 1999; Ryan, 1999).

둘째, 시장화에 개입된 비영리조직들은 사회적 자본에 소비할 만한 자원 및 시간을 가지고 있지 않을뿐더러 있다고 해도 소비할 만한 필요성을 가지지 못한다. 정부계약을 위해 비영리 및 영리조직들과 경쟁하는 것이 심해지면 질수록 비영리조직들은 더욱 경쟁력있는 경쟁자가 되고 싶어하지 시민참여를 강화하는 노력은 등한시할 수밖에 없다. 본래 비영리조직은 사회서비스를 제공할 뿐만 아니라 사회를 보다 건강하게 만들기 위해 노력하는 것이 임무이지만 이러한 의무감은 경쟁에서 살아남아야 한다는 압박으로 인해 사라지게 되고 경쟁력을 강화하는 관리기법만이 주요한 조직관리기법으로 강조된다. Backman과 Smith(2000)는 비영리조직들에게 자원봉사프로그램이 비용효과적이지 못하다는 이유로 사라지고 있다고 비판하였으며 Adams와 Perlmutter(1991)는 비영리조직의 이사들이 지역주민이나 자원봉사자들에서 기업경영자나 관리책임자 등으로 교체되고 있다고 비판하였다.

시장모델에 따른 비영리조직의 시장화전략은 결국, 비영리조직이 견지하여야 하는 사회적 가치인도자, 서비스제공 및 옹호자 그리고 사회적 자본형성가로서의 역할에 부정적 영향을 주고 있음을 알 수 있다. 아래의 표는 시장모델에 따른 시장화가 비영리조직에 가져다주는 부정적 영향을 정리한 것이다.

[표 3-8] 비영리조직의 역할에 대한 시장모델의 부정적 영향

가치인도자로서의 역할	서비스제공자와 옹호자로서의 역할	사회적 자본 형성가로서의 역할
• 사회적 가치에 기초하는 목적과 미션이 사라진다. • 경쟁이 자선정신을 대체한다. • 조직의 미션은 성과에 기초한 계약과 일치되게 조정된다. • 사회적 기대와 조직목적의 상이성이 나타난다. • 이익이 창출되지 않으면 조직미션과 연관되는 행동이라도 수행하지 않는다.	• 빈민과 같은 사회취약계층을 돕는 것이 아니라 지불할 수 있는 사람을 돕는다. • 서비스를 제공하는데 있어 사회취약계층의 어려움들을 고려하지 않는다. • 추가비용이 창출되지 않는 서비스는 제공하지 않는다. • 지역욕구보다는 소비자의 수요를 강조한다. • 서비스전달의 비용에서 홍보와 관리에 대한 강조가 증대한다. • 측정될 수 있는 보상 가능한 서비스제공이 강조된다. • 지역사회를 위한 서비스에는 더 적게 지출한다. • 옹호(옹호활동이나 행동)가 지원되지 않는다. • 규모가 큰 서비스제공기관에 힘이 집중된다. • 이익이 되지 않는 서비스는 제거된다. • 오직 이익이 되는 시장으로만 진입한다. • 현 상태의 변화를 지지하지 않는다	• 전통적 이해관계자나 네트워크에 의존할 필요가 적어진다. • 시민의 참여가 사라진다. • 지역사회보다는 수입창출을 강조하는 이사들이 모집된다. • 조직상호주의적 네트워크활동이 위협받는다. • 자원봉사자들의 활동이 평가절하된다. • 사회적 자본을 보다 강화하는 것 대신에 최저선 만이 강조된다.

Eikenberry와 Kluver(2004)는 비영리조직의 시장화전략이 가져다주는 부정적인 영향을 이해하는 것이 비영리조직의 행정가에게 있어 매우 중요하다는 것을 강조하였는데 그들에 따르면 특히 아래와 같은 점들을 깊이 인식하고 이해하여야 한다.

첫째, 비록 시장화가 공공 및 비영리조직에게 각각 다르게 나타나지만, 사적시장가치에 대한 동화는 결국 두 조직에 부정

적 영향을 가져다 줄 것이라는 점을 비영리조직의 행정가는 인식하여야 한다. 먼저 공공조직에게 있어 소비자들의 개별적 이익을 만족시키는 것과 기업가주의에 대한 강조는 참여를 강조하는 민주적 시민정신과는 양립할 수 없으며, 공공이익 실현을 위한 집합적 행동이나 책임성에 대한 강조와도 양립할 수 없다(Box et al., 2001; DeLeon and Denhardt, 2000; Denhardt and Denhardt; 2000; Box, 1999; King and Stivers, 1998). 특히, 시장모델은 사회정의와 형평과 같은 민주주의적 이상이나 사회복지의 가치를 고려하지 않는다(Terry, 1998). 또한 비영리조직에게 있어 상업적 이익 창출이나 사회적 기업가주의, 계약, 경쟁 등과 같은 시장화 경향은 가치인도자, 서비스제공자 및 옹호자 사회적 자본형성가 등과 같은 비영리조직의 시민사회로부터의 역할을 포기하는 것과 같은 것이다.

둘째, 많은 공공학자들은 시민과 공공행정과의 협조적 관계가 합당하고 효과적인 공공행정을 위해 매우 필요하다고 믿는다(Denhardt and Denhardt; 2000; Box, 1998 King and Stivers, 1998; McSwitte, 1997; Stivers, 1994). 학자들은 특히, 시민들에게 공공정책이슈를 다루기 위해 필요한 기술이나 지식을 제공하고 열려있는 정책결정을 제공하는 것을 강조하여왔다(Box et al., 2001). 또한 비영리조직은 민주사회를 위한 학교나 실습소로 인식되어 왔는데 이러한 공공조직과 비영리조직의 역할이 시장모델에 의해 위협받고 있다(Alexander, Nank and Stivers, 1999)는 점 역시 비영리조직 행정가들은 깊이 인식하여야 한다.

셋째, 시장화의 영향과 민주주의 안에서 비영리조직의 역할을 이해하는 것 역시 비영리조직의 행정가에게 매우 중요하다. 비영리조직에게 있어 효율적이고 효과적인 서비스전달을 성취하는 것은 중요하지만 이에 못지않게 굳건한 민주사회를 유지하고 창조하는 것 역시 매우 중요하다. 따라서 비영리조직의 행정가는 그런 사회에 대한 기여행동의 능력을 비영리조직이 유지하고 키워나갈 수 있도록 노력하여야 한다. 특히, 조직 사이의 지나친 경쟁을 조장하는 것보다 비영리조직들 사이의 협력과 조정을 위한 노력을 지지하고 유지하도록 하기 위하여 노력하여야 한다. 협력과 조정은 비영리조직이 보유하여야 하는 강력한 특성이라고 할 수 있다. 비영리조직이 함께 노력하고 행동할 때 시민참여를 촉발시키고 서비스제공과 옹호에 집중할 수 있으며 그들만의 가치를 유지할 수 있으며 그들의 역량은 강화된다(Semel, 2001).

결국, 비영리조직에게 있어 시장화전략은 조직과 조직사이에 상호지원과 지지를 바탕으로 통합적이고 체계적인 서비스가 제공되는 것을 가로막게 되는데, 이러한 장벽의 가장 중심적인 가치는 바로 협력보다는 경쟁이 중요하다고 하는 시장의 가치라고 할 수 있다. 경쟁은 비영리조직 나아가 시장에서 서비스를 생산 및 공급하는 모든 조직에게 있어 조직생존에 직접적인 영향을 주는 가장 확실한 지표로 비추어지며 협력은 경쟁을 가로막는 또는 경쟁을 위해 불필요한 조직활동이 되어 조직이익창출을 위해 가장 강력하게 제거하여야 하는 표적활동이라고 간주된다.

제5절 준시장모델

1. 준시장모델의 기본적 배경

1) 준시장[08]의 개념

Le Grand(2002)는 사회복지서비스 전달의 대표적인 모형으로 준시장(Quasi-market)모델을 강조하였다. 준시장모델은 기본적으로 1990년대 영국의 학자들에 의해서 주장되고 사회복지전달의 한 유형으로 적용되었다. 준시장모델이 등장한 배경은 바로 영국건강서비스(National Health Service, NHS)의 재정증가에 대한 대응이었으며 건강서비스의 형평성을 개선하면서 효율성을 강화하는 한 방편으로 제시되었다. 영국의 건강서비스는 자본주의국가에서는 유일하게 전액 국민들의 세금으로 재정을 지원받는다. 따라서 보편적 서비스이며 모든 국민들이 재정부담 없이 원하는 서비스를 받을 수 있다. 하지만 국민건강서비스에 대한 재정지출의 증가와 서비스제공기관의 독점적인 서비스제공으로 인한 비효율성에 대한 대안으로 효율성을 보다 강화하는 준시장모델이 등장하였다고 볼 수 있다. 하지만 준시장모델은 시장모델의 한계로 지적되었던 서비스의 형평성을 등한시하지 않는다는 점에서 시장의 실패에 대한 대응 모델이라고 할 수 있다. Le Grand는 준시장모델이 경쟁과 선택을 강조함으로 형평성이 더욱 강화될 것이라고 주장하였다. 그는 중간계급이나 상층계급이 주로 이용하였던 의료시설을 하위계급들도 선택할 수 있고 의료서비스제공기관들이 더 많은 이용자를 확보하

---

08 준시장은 유사시장이라고 불린다.

기 위하여 경쟁을 함으로 하위계급이용자들의 요구에 대해 더 빠르게 응답할 수 있음으로 하층계급이 더 좋은 의료서비스를 제공받을 수 있어 형평성이 강화된다고 보았다(Cooper and Le Grand, 2010).

준시장모델은 시장이 가지고 있는 선택과 경쟁의 가치를 구현함으로 시장의 원리를 수용하였다는 측면에서 공공서비스전달의 시장화를 의미한다고 볼 수 있지만 시장모델과 다른 점은 준시장모델에서 구매능력을 위한 재정은 국가가 전액 부담하여 개인적 구매력은 공평하다는 점이 강조된다는 점이다. 하지만 시장이 갖는 정보비대칭, 이용자선별, 수확체증의 법칙에 따른 일부 기업의 독점적 지위 등 시장실패의 가장 핵심적인 요인들이 나타나지 않도록 규제하고 이용자들의 선택권을 강화하며 조직들 사이에 경쟁을 통해서 서비스가 향상될 수 있도록 한다는 측면에서 공공서비스 및 사회복지서비스전달의 한 모형으로 등장하였다. 하지만 준시장모델은 시장모델이 가지는 한계점인 이용자정보비대칭과 이용자선별 등과 같은 문제점을 극복하지 못하였고 준시장모델이 효율성을 가지고 왔다는 경험적 증거 역시 입증되지 못하였다는 비판 즉, 효율성과 형평성이 개선되었다는 경험적 근거를 제시하지 못하였다는 비판을 넘어서지는 못하였다.

2) 준시장의 등장배경[09]

1980년대 민영화이후 영국에서 준시장화가 일어난 영역은 의료, 교육, 지역돌봄(community care), 사회주택 등의 분야이며 준시장은 아니지만 시장유형기제(market type mechanism)의 도입에 따른 공공부분의 민영화는 대부분의 다른 유럽 지역에 많은 영향을 미쳤다고 할

---

09 윤영진 외(2007), p, 75-76의 내용을 참고하여 수정 보완하였음

수 있다. Glennerster와 Le Grand(1995)는 국가의 역할이 서비스제공자에서 서비스구매자로 전환하는데 결정적인 영향을 미친 민영화의 영향을 받은 준시장화가 전면적으로 도입될 수밖에 없었던 이유를 제시해주었다. 그들이 제시한 근거를 분석하여보면 다음과 같다.

첫째, 국가재정지출을 축소 내지는 감소하여야 한다는 측면. 1970년 후반과 1980년대 불어 닥친 경제적 위기는 증가하는 복지요구에 대한 해결을 찾는데 있어 어려움을 가져다 주었다. 즉, 꾸준히 증가하는 복지수요에 적절히 대응할 수 있을 정도의 경제적 성장이 유지되지 못한 점이 준시장도입의 중요한 원인이 되었다. 따라서 국가는 재정지출을 줄이기 위한 하나의 방책으로 준시장을 도입하게 되었다.

둘째, 정부의 규모를 줄여야 한다는 측면. 1980년대 대처나 레이건정부는 철저한 시장주의로 복지국가가 개인과 가족의 책임을 줄어들게 만드는 결정적 요인임을 강조하였다. 미국 학자인 Murray(1984)는 복지국가로 대표되는 큰 정부가 비효율적인 체제임을 주장하였으며 Savas(1982)같은 학자는 공공부분의 민영화를 강조하는 이론적 근거를 제시하였다. 이러한 주장은 대부분 보수주의 경제학자인 Friedman의 영향을 받은 것으로 정부의 행동이 커지면 커질수록 더 많은 사람들이 정부에 고용되고 이러한 큰 정부는 결국 정치적 자유에 위협이 된다는 점을 강조하여 영국에서는 대처 그리고 미국에서는 레이건이 정권을 잡는데 큰 영향력을 행사하게 된다. 이들 정권은 경쟁이 질과 경제 그리고 효율성과 정부프로그램을 향상시킬 것이라는 점을 강조하였으며 이는 결국 공공부분의 축소와 준시장화나 시장기제가 등장하는 배경이 되었다.

셋째, 작은 정부를 추진하여도 정부의 관료적 힘은 줄어들지 않을 것이라는 측면. Kramer(1990)에 따르면 준시장화로 인하여 자발적 조직(비영리조직)들은 정부의 재정에 더욱 의존하게 되었으며 이는 결국 국가의 확장을 의미하는 것이라는 점을 강조하였다. 이는 결국 국가의 힘이 줄어들지 않고 더욱 확대되는 결과를 초래하며 관료들이 준시장화나 민영화에 큰 반대를 하지 않는 요인으로 작동하였다.

넷째, 준시장의 도입으로 복지국가가 축소되지 않는다는 측면. 준시장화나 시장기제의 공공부분으로의 도입은 국가개입의 확대를 강조하는 좌파학자들에게 복지국가를 약화시킨다는 이유로 거부당하였다. 즉, 준시장화의 도입이 복지국가의 약화를 초래한다는 것이 준시장화를 반대하는 학자들의 대표적인 주장이었다. 하지만 영국을 포함하여 준시장과 같은 시장기제를 도입한 유럽 국가들에 있어 복지영역에서의 재정축소는 일어나지 않았으며 오히려 지출은 계속 증대하는 결과를 초래하였고 특히 영국의 경우 의료분야에서 환자들의 대기시간이 줄어들고, 소비자의 선택이 증대되었으며, 소비자의 욕구에 대해 즉각적인 응답이 이루어지는 효과적인 측면이 있음이 강조되었다. 이러한 증거는 결국 준시장이 복지국가를 축소시키지 않는다는 것을 강조하는 학자들의 이론적 근거가 되었다.

다섯째, 공공부분도 후기포디즘사회의 경제적 현상에 영향을 받을 수밖에 없다는 측면. 후기산업사회 또는 후기포디즘사회에 있어 경제적 배열은 공공서비스에도 영향을 미쳤다. 기업들은 자신들이 공장을 갖기보다는 하청이나 아웃소싱을 통하여 이윤을 추구하고 있으며 생산과정을 통제하고 관리하는 다양한 신기술이나 정보기술은 공공부분도 이러한 추세에 따를 것을 유도하였다. 공공부분에 도입된 신공공관리기법이 대표적인 예라고 할 수 있다. 결국 신공공관리나 성과관리체계 등의 도입은 결국 준시장화의 도입을 설명하는 한 근거가 된다. 이러한 후기포디즘사회의 경제적 제 현상들은 복지영역의 민영화의 한 도구인 계약을 통한 공급이 등장하고 민간을 규제하기 위한 성과관리가 강조되는 토대를 제공하였다.

여섯째, 소비자들의 더 많은 요구에 응답하여야 한다는 측면. 준시장화의 도입은 소비자들의 증대하는 욕구에 대한 해결책으로 제시되었다는 것을 의미 한다 .이는 사회서비스분야에서 국민들에 대한 응답성을 높이고 선택을 강화하는데 있어 경쟁을 도입하는 것이 효과적이라는 점에 기초한다.

일곱째, 준시장화가 도입되는데 결정적인 이유를 제공한 것이 정치적으로 정부가 사회서비스대상을 소외계층으로만 보지 않고 평균소득이상을 가진 중산층이상으로 확대하였다는 측면. 전통적 복지국가는 보편주의라는 가치를 실현시키는데 있어 정책의 초점을 주로 사회소외계층에 집중하였다. 하지만 준시장은 더 이상 소외계층만을 주된 서비스대상으로 삼지 않았는데 이는 중산층들이 복지국가의 확대에 있어 혜택을 받은 것이 별로 없으며 세금만 증액되고 있다는 불만이 정치적 행동으로 표출되어 이러한 블만을 잠재우기 위하여 사회서비스의 대상을 중간계급이나 소득중상위계급으로 이동하였다는 것을 의미한다. 중산층들은 대부분 선택을 할 수 있는 시간과 노력 그리고 자금이

> 허락되어 사회서비스의 준시장화에 부담을 가진 집단은 아니라고 할 수 있다. 결국, 소외계층에 대한 보편적 사회서비스의 확대만을 강조하는 경우 중산층으로부터 정치적인 지지를 잃게 될 수 있다는 점은 정부에게 있어 매우 큰 부담이며 이러한 부담은 결국 많은 재정지출을 하지 않고도 중산층에게 서비스를 제공할 수 있는 준시장이나 시장기제를 도입하는데 영향을 미쳤다. 더 이상 확대할 수 없는 제한된 재정범위 안에서 중산층에까지 사회서비스를 제공하기 위해서는 결국 소외계층을 버리고 중산층을 끌어안는 것이 신자유주의 정부의 선택이 된다.

위와 같은 준시장의 도입근거들을 살펴보면 준시장과 같은 시장기제의 도입은 복지국가발전에 있어 반드시 필요한 측면이 있다고 생각할 수도 있다. 하지만 준시장과 같은 시장기제의 도입은 첫째, 영국이나 유럽국가를 포함하는 복지선진국들과 같이 형평성에 대한 사회적 합의가 구축되어 있고 둘째, 이미 국가주도형복지공급체계가 수십 년에 걸쳐 운영되고 있으면서 사회복지의 거의 전 분야에서 국가주도형 공급체계가 형성되어 있고 셋째, 사회소외계층에 대한 보편적 서비스와 사회보험 등의 사회복지체제가 이미 구축되어 있으면서 넷째, 사회서비스의 대상을 확대하여 전 국민을 대상으로 하는 데 있어 국가의 재정적 책임은 유지되며 재정지출은 계속 확대되는 경우로 한정된다고 할 수 있다. 하지만 위와 같은 도입조건 하에서 준시장모델을 도입한 영국과 같은 경우, 준시장은 도입에 대한 필요성에도 불구하고 사회복지전달의 효율성과 형평성을 개선하는데 큰 효과를 나타내지 않고 오히려 정보불균형과 이용자 선별 그리고 불완전 경쟁 등의 실패요인으로 인하여 그 실효성이 사라지게 되었다. 이는 준시장모델 작동을 위한 전제조건이 부족한 상태에서 준시장모델을 도입한 결과라고 해석할 수 있다.

2. 준시장모델의 특성

준시장모델은 시장모델의 중심 가치인 경쟁과 선택을 통해 복지서비스가 제공되도록 함으로 시장모델의 사회복지영역으로의 확대라고 볼 수 있다. 즉, 국가직접제공모델에서는 중앙집중적 관료시스템에 의해 국가가 직접 사회복지서비스를 생산하고 할당하고 분배하였지만 시장중심적인 변화를 통하여 국가는 자금제공자의 역할만 수행하고 시장이 서비스를 할당하고 분배하는 역할을 수행하게 된다. 자금제공자의 역할측면에서 본다면, 기존과는 달리, 자금이 제공기관에게 계약을 통해 제공되기도 하고 바우처 등을 통하여 국민들에게 직접 제공되는 자금지원방식의 변화가 준시장모델의 주요 핵심적인 변화라고 할 수 있다. 즉, 사회복지전달체계에 있어 준시장모델은 국가가 사회복지를 기획하지만 서비스의 생산자와 공급자로의 역할을 포기하고 자금제공자의 역할을 수행하여 다양한 민간기관들이 서로 경쟁하면서 국가가 제공하는 자금을 확보하도록 고취시키기 위해 노력하게 된다. 결국, 국가가 독점적으로 서비스를 제공하는 제공자의 역할을 포기하여 민간기관들이 경쟁하여 서비스를 제공하도록 함으로 시장이 형성되어 경쟁이라는 시장모델의 특징적 요소가 강조되지만 전통적인 시장모델과는 달리 준시장모델이라고 부르는 이유는 다음과 같은 수요와 공급 측면에서의 차이점에 기인한다(Le Grand, 1991).

공급측면에서 보면, 시장모델에서 서비스제공자나 기업들 사이에는 자신의 이익을 최대화하기 위한 경쟁이 있다. 따라서 모든 독립적인 기업이나 제공자들은 소비자를 확보하기 위해 경쟁을 하여야 한다. 따라서 시장에서 서비스의 공급은 이윤을 창출해내는 정도, 이윤창출을 목적으로 하는 제공기관들의 수 그리고 소비자의 수요 등에 의존하지만 준시장모델에서 사회복지재화와 서비스를 제공하는 제공기관들은 모두 이익실현만을 목적으로 하는 기관들이 아니기 때문에, 또한 개인에 의해 사적으로 소유된 기관들도 아니기 때문에 이익만을 추구하며 서비스를 공급하지는 않는다는 차이점이 있다. 즉, 정부와 서비스계약을 위해 경쟁하는 비영리조직의 경우 조직의 목적이 이익최대화에 있지 않으며 사회적 목적 실현을 우선적 가치로 간주함으로 서비스의 공급은 전적으로 시장에만 의존하지 않는다.

[표 3-9] 수요와 공급측면에서 시장모델과 준시장모델의 차이점

	공급	수요
시장모델	모든 기업이나 기관들은 자신들의 이익을 최대화하기 위해 노력함으로 이윤을 창출 정도, 이윤창출을 목적으로 하는 제공기관들의 수 그리고 소비자의 수요 등이 공급을 결정한다.	– 서비스의 수요는 전적으로 시장을 통해서 결정되며 수요가 있는 서비스에 대한 선택은 전적으로 소비자들에 의해서 결정된다. – 개인적 구매력이 수요를 결정한다.
준시장모델	모든 제공기관들이 이익을 최대화하기 위해 경쟁을 하는 것은 아니다. 상이한 조직가치가 존재한다. 즉, 민간비영리조직이 정부를 대신하여 서비스를 공급하고 다른 기관과 경쟁을 할 수 있지만 이는 이익만을 추구하기 위한 행동은 아니라고 할 수 있다. – 국가의 재정 능력이 국민의 서비스공급을 결정한다.	– 국가의 재정 능력이 국민의 서비스수요를 결정한다.

수요측면에서 보면, 시장모델에서 소비자의 구매력은 화폐가치로 표현되지만 준시장모델에서는 소비자의 구매력이 화폐가치로만 표현되는 것이 아니라 지정된 예산의 유형이나 특정한 서비스만 구매할 수 있는 정부가 지급 보증하는 바우처 등으로 표현된다. 결국, 시장에서 수요는 소비자의 개인적 구매력으로 표현되지만 준시장에서 사회복지에 대한 국민들의 수요 및 공급은 사회복지재정을 책임지는 국가의 재정력에 크게 의존하게 된다. 위의 표는 수요와 공급측면에서 시장모델과 준시장모델의 차이점을 나타낸 것이다.

Le Grand(1991)는 준시장모델이 x-비효율성과 할당효율성(allocative efficiency) 문제를 극복할 수 있는 서비스전달방식임을 강조하였다. 이는 국가직접제공모델이 가지고 있는 관료적 속성으로 지적되는 x-비효율성문제와 할당효율성을 개선하는데 준시장모델이 적합하다는 것을 의미하는 것이다. 국가가 직접 공공 및 사회복지서비스를 제공하는 경우 과도한 행정비용이 수반되며 국민의 세금으로 관료들이 그들만의 이익을 추구하고 국가독점으로 복지서비스에 대한 client나 국민들의 선택은 제한되고 나아가 client나 국민들이 가지고 있는 구체적인 욕구나 문제에 적절하게 대응하지 못하는 x-비효율성과 할당효율성의 문제가 나타나게 되는데 이러한 문제는 곧 준시장화를 통하여 개선될 수 있음을 의미한다. 결국 준시장화는 보수주의 경제학자들에게는 x-비효율성문제를 개선할 수 있는 대안으로 그리고 Le Grand 같은 사회정책학자들에게는 복지서비스의 할당효율성을 개선할 수 있는 대안으로 인식되어 발전하였다고 할 수 있다.

3. 준시장작동의 전제조건

준시장화는 공공부분의 형평성을 잃지 않으면서 자유경쟁시장의 효율성을 얻기 위한 공공부분의 제도적 구조라고 할 수 있다(지은구, 2009). 전통적으로 효율과 형평은 상이한 경제적 그리고 사회적 가치를 의미하며 효율성은 시장을 통해서 그리고 형평성은 국가의 개입을 통해서 이루어지는 것으로 알려져 왔다. 이러한 전통적인 견해는 시장이 형평성을 파괴하기 때문에 국가가 개입하여 형평성을 유지한다는 복지국가의 이념적 틀이라고 할 수 있다. 사회복지의 준시장화라는 정책적 고려에 의해서 부분적으로 수정되었으며 수정의 가장 큰 부분은 바로 형평성이라는 사회적 가치 또는 목적을 유지하면서 경제적 효율성을 담보하는 것이 가능하며 이러한 가능성의 토대는 바로 준시장이라는 영역을 통해서 가능하다는 점의 강조였다(지은구, 2009).

Le Grand과 Bartlett 등은 건강보호(healthcare)의 제공(provision)과 구매(purchasing)를 분리하는 이분화를 강조하였으며 이러한 이분화는 바로 준시장화를 의미하는 것이었다. 영국 건강보호영역에서의 준시장화는 병원들로 하여금 더 많은 환자를 확보하고 정부재정보조금을 더 많이 확보하기 위하여 더 낮은 비용의 서비스를 구매자에게 제공함으로 경제적 효율성이 증대되었다고 하는 경험적 근거를 제공하였다. 영국건강보호의 재정은 국민의 세금이 원천이었으며 국민들은 무료로 서비스를 제공받는다는 점은 준시장이 도입되기 이전과 이후가 같으며 차이점은 준시장을 통해서 병원들은 더 많은 이용자를 확보하여야 국가의 재정보조금을 더 많이 지원받을 수 있다는 점이었다. 즉, 국민들의 건강에 대한 형평성은 유지되면서 병원들은 보조금을 위해 경쟁을 하는 시장의 기제인 경쟁이 도입되었다. 1997년 노동당은 건강보호영역의 준시장화를 더욱 확대하였는데 이는 건강보호영역에서 준시장화가 의료에 대한 국민들의 형평성은 유지하면서 효율성을 확보하는데 어느 정도 긍정적인 영향력을 가져다주었다는 평가에 기인한다. 하지만 영국의 준시장화는 이용자선별의 문제(cream-skimming)를 가져다주었는데 이는 더 좋은 서비스를 제공하는 병원 등의 기관에 더 많은 이용자들이 몰리게 되고 이 경우 병원들은 이용자들을 선별하여 서비스를 제공하게 된다는 것을 의미하였다. 영국의 준시장화는 이용자선별이라는 문제 외에도 서비스를 제공하는 기관이 다양하지 않은 경우 경쟁이 나타나지 않아 경제적 효율성의 효과는 없다는 점 그리고 행정 및 관리운영비의 증가를 가져다주어 이 역시 경제적 효율성에 반하는 효과를 가져다주었다는 점 등의 문제점이 나타났다.[10]

준시장이 가장 활성화되어 있는 국가는 전 세계적으로 영국이라고 할 수 있다. 미국이나 다른 유럽국가들은 준시장모델이라기 보다는 영리를 추구하는 기업의 사회서비스영역으로의 참여를 인정하는 시장모델이라고 볼 수 있다. 시장모델에서는 사회적 가치가 중요하지 않으며 시장의 가치인 이윤추구가 중요하다. 반면 준시장화는 시장기제인 경쟁과 선택을 강조하지만 이러한 시장기제의 도입이 형평성이라는 사회적 가치를 실현한다는 측면에서 모든 재정을 국가가 책임지고 개인적 구매력은 실현되지 않는다는 점에서 엄밀히 구분된다고 할 수 있다.

준시장의 도입은 도입을 위한 전제조건성립여부와 밀접한 연관이 있다. Le Grand와 Bartlett(1993)은 준시장화가 건강보호영역에서 형평성을 강화시킬 수 있음을 강조하였으며 준시장화가 성공적으로 운용되기 위한 조건으로 다음과 같은 점들을 강조하였다.

10 http://en.wikipedia.org/wiki/Quasi_market.

첫째, 기관들이 경쟁을 할 수 있을 정도의 수와 질이 담보되어야 하며 정부가 적절하게 생산과 재정을 규제하고 소비자가 시장에 참여할 수 있는 시장구조가 필요하다.

둘째, 정보의 비대칭성이 없어야 한다.

셋째, 거래비용이 기존의 정부공급비용보다 낮아야 한다.

넷째, 소비자들에 대한 선별이 일어나지 않아야 한다.

이들이 지적한 조건을 포함하여 준시장화가 복지국가의 사회복지영역에서 성공하기 위해서는 반드시 다음과 같은 전제조건이 필수적이라고 할 수 있다(윤영진 외, 2009).

첫째, 준시장화의 목적이 사회적 목적의 실현에 부합하는가?

둘째, 서비스혜택에 있어 형평성이 개선되는가?

셋째, 경쟁을 할 수 있을 정도의 기관과 다양한 서비스들이 존재하는가?

넷째, 서비스의 생산과 공급의 전 과정에 대한 국가의 통제와 관리가 가능한가?

다섯째, 이용자들에게 정보비대칭문제가 발생하는가?

여섯째, 이용자에 대한 선별이 일어나는가?

일곱째, 준시장화가 복지재정을 축소시키는 것은 아닌가?

여덟째, 국가가 복지서비스 재정을 전액 책임지고 있는가?

결국 영국의 준시장 실패의 예에서와 같이 준시장화를 통하여 사회복지서비스제공에 따른 효율성과 형평성이 강화되도록 하기 위해서는 위와 같은 전제조건의 확립은 필연적이라고 할 수 있다. 하지만 준시장모델은 정보불균형문제와 이용자선별 그리고 제공기관의 독점과 과점 등과 같은 준시장실패요인이 완전히 사라지지는 않음으로 이를 극복하기 위한 새로운 전달모델의 등장을 가져다주었다.

4. 사회복지전달과 준시장[11]

사회복지서비스가 준시장에서 교환된다는 것은 시장의 가치인 경쟁과 선택을 통해 서비스전달의 효율성과 서비스 이용의 형평성을 강화한다는 정책적 목적의 실현을 강조한다는 것을 의미한다. 특히 개인적 선택과 개인적 책임 그리고 서비스경쟁과 배제가 특징인 자유경쟁시장보다는 공공부분의 형평성을 잃지 않으면서 자유경쟁시장의 효율성을 얻기 위한 공공부분의 제도적 구조인 준시장에서 교환이 이루어지는 것이 사회복지서비스 제공의 목적에 더욱 부합한다고 볼 수 있다. 공공부문의 형평성을 유지한다는 것은 사회복지서비스라는 재화를 제공하여서 국민들 간의 상대적 불평등을 조성하거나 사회적 양극화를 조장하지 않고 국민의 사회적 권리를 보장하고 사회적 연대감이나 분배적 정의를 증진시킨다는 측면을 강조하는 것이다.

구매자가 개인적 부담능력으로 소비를 하고 소비한 것에 대해 개인이 전적으로 책임지며 판매자가 자신들의 이윤만을 창출하는 것을 목적으로 하는 자유경쟁시장은 공공적 가치를 실현하기 위한 공공서비스나 사회복지서비스의 교환 장소로는 부적합하다고 볼 수 있다. 사회복지서비스가 비순수사적재로의 성격을 강하게 내포하여 복지외부효과를 만들어 내고 사회적 목적으로 제공되고 국가재정이 투입된다는

---

11 일반적으로 준시장과 내부시장이 같은 의미로도 사용되지만 본 연구에서는 사회복지서비스 영역에서의 내부시장은 준시장으로 통일하여 부르도록 한다.

사실이 자유경쟁시장에서의 사회복지서비스교환의 불가능성을 지적하는 것이라고 할 수 있다.

준시장은 자유경쟁시장과는 달리 개인의 구매능력이 시장을 통해서 실현되는 것이 아니라 국가가 재정을 전액 부담함으로 동일한 구매력을 가진 국민들이 시장을 통해서 선호하는 서비스를 선택하도록 하면 제공기관들 사이에 경쟁이 발생하게 되고 이는 곧 서비스 품질을 향상시킬 수 있다는 점을 강조한다. 따라서 논리적으로 보면 준시장에서 이용자들의 서비스 선택권의 강화가 실현되고 국가의 직접적인 제공기관이나 서비스에 대한 통제나 관리가 아닌 간접적인 방식으로 조직들 간의 자발적 경쟁으로 인한 품질향상이 발생하는 것이 사회복지전달에 있어 가장 큰 특징이라고 할 수 있다. 사회복지서비스의 교환이 일어날 수 있는 자유경쟁시장과 준시장의 성격을 구분하면 아래와 같다.

[표 3-10] 자유경쟁시장과 준시장에서 사회복지서비스의 교환

	자유경쟁시장	준시장
재정	개인	국가
가치	효율	형평과 효율
시장작동원리	경쟁과 배제	선택과 경쟁
목적	사적 이익추구	개인의 이익실현과 사회적 목적의 실현
사회복지재화의 성격	순수사적재	비순수사적재 또는 비순수공공재
생산	시장, 개인 및 (영리)기관	국가 및 기관(비영리와 영리), 개인
공급	영리기관	비영리기관과 영리기관

시장에서 개인은 교환을 위해 지불능력을 가지고 있어야 한다. 자유경쟁시장에서 지불능력은 소득이나 저축, 자산 등과 같은 개인적 요소에 의해서 이루어지지만 준시장에서 지불능력은 국가의 재정지원으로 이루어진다. 자유경쟁시장의 가치는 기본적으로 경쟁과 배제이며 준시장의 가치는 형평과 효율을 동시에 추구하는 것이고 재화의 성격을 구분하면 자유경쟁시장에서는 순수사적재가 주로 교환되고 준시장에서는 비순수공공재를 포함하여 비순수사적재가 교환된다. 일반시장 즉, 자유경쟁시장에서 교환되는 사적재가 준시장에서 교환되면 순수사적재의 성격은 비순수사적재로 전환하게 된다[12]. 사회복지서비스의 생산은 자유경쟁시장에서 수요와 공급에 의한 시장법칙에 근거하지단 주로 개인적 필요에 의해서 만들어지거나 아니면 생산자의 이윤창출동기에 의해서 이루어지는 것이 일반적이다. 하지만 준시장에서 사회복지서비스의 생산은 국민들의 욕구를 기반으로 국가의 필요에 의해서 만들어질 수 있으며 서비스를 더 많이 공급하기 위한 기관들의 노력에 의해서도 가능하다. 따라서 생산은 개인, 국가 그리고 기관에 의해서 동시에 이루어진다고 볼 수 있다.

Le Grand(1991), Goodin과 Le Grand(1987), Brameley, Le Grand 그리고 Low(1990)등은 국가가 직접서비스를 제공하는 공공제공모델의 복지전달체계가 가난한 사람들이나 소외계층에 있는 사람들의 특정한 욕구나 문제를 해결하는 것이 아니라 복지시스템을 가장 잘 조종할 수 있는 교육을 받은 그리고 자신들의 생각을 정확하게 표현할 수 있는 중간계층의 사람들에게 적합하게 설계되어 있어 비효율적일 뿐만 아니라 형평하지 못하다고 비판하였다. Le Grand는 특히, 준시장화를

12 사회복지서비스의 성격에 대한 구체적인 내용은 지은구, 김은정(2010) "사회복지서비스의 성격과 이용자재정지원"(나눔의 집)을 참조하길 바람.

통해 제공자 사이에서 발생하는 경쟁이 자원의 경제적 활용을 개선할 것이며 할당효율성 역시 개선할 것이라고 생각하였다. 즉, 국가가 직접 운영하는 기관들 사이에는 경쟁도 없고 이익실현의 동기도 없지만 준시장화를 통해 기관 간 경쟁을 통한 서비스제공으로 서비스전달비용이 줄어들게 되어 효율성이 강화되며, 특정한 욕구에 있는 사람들에게 선택권을 주어 국민들이 자신들에게 적합한 제공기관이나 서비스를 선택할 수 있도록 함으로 그들의 복지자원에 대한 할당효율성이 강화된다는 것을 의미한다.

준시장모델에서 사회복지서비스전달의 흐름을 그림으로 나타내면 아래와 같다.

[그림 3-3] 준시장모델에 따른 사회복지서비스전달

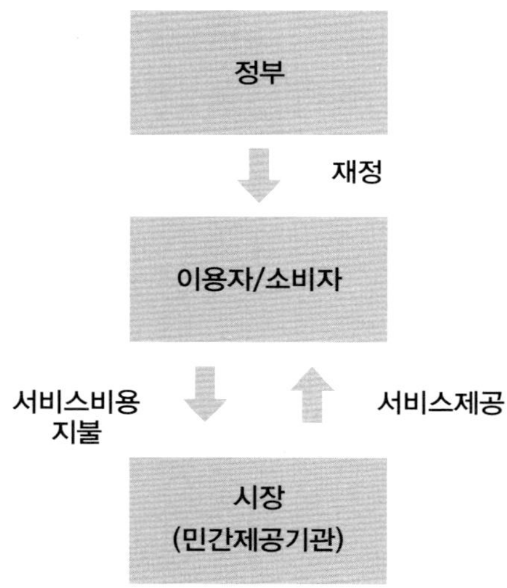

준시장은 사회적 목적을 실현하는 비영리기관들이 경쟁과 선택이라

는 시장의 원리를 통하여 정부보조금과 이용자들을 확보할 수 있도록 하는 시스템을 의미한다(지은구, 2012b). 준시장에서 이용자들은 비용 지불 없이 무료로 서비스를 제공받는다. 제공기관은 서비스를 제공하여 바우처 또는 제3자 지불방식을 통하여 정부로부터 전액 재정을 보전받는다. 따라서 이용자들에게 특정 제공자가 할당되어 반드시 그 기관에서 서비스를 받는 것이 아니라 이용자들은 제공기관을 선택할 수 있다. 제공기관은 비영리기관뿐만 아니라 영리기관도 포함된다(Le Grand, 2002; 지은구, 2009). 준시장과 시장의 차이점은 결국 준시장에서 이용자들이 서비스를 무상으로 이용함으로 비용지불을 하지 않는다는 것이라고 할 수 있다. 결국, 개인비용부담대신에 국가가 비용을 대신 지불하며 제공기관들이 서비스를 독점 공급하는 것이 아니라 이용자가 선택함으로 경쟁이 유발된다(Le Grand and Bartlett, 1993; Le Grand, 2011).

준시장모델은 효율과 형평의 거래에 의해서 나타난 대표적인 서비스 전달모형으로 인지할 수 있다. 이는, 준시장모델이 한편으로 선택과 경쟁의 가치를 인정하지만 또 다른 한편으로는 준시장에서 정부가 공공서비스를 제공하여 전체 사회복지의 향상이라는 사회적 목적을 실현하는 이타주의와 공공이익을 최대의 가치로 인정한다는 점에서 확인할 수 있다. Le Grand(2002)는 계약에 기초하는 주인-대리인모델에서와 같이, 주인인 정부와 대리인인 제공기관이 각자 자기이익을 최대화하기 위해 노력하는 데 대리인인 제공기관 입장에서는 경쟁을 통하여 정부로부터 더 많은 재정을 지원받을 수 있고 주인인 정부의 입장에서는 기본적으로 공공의 이익과 사회적 목적 실현(그동안 이루어졌던 저소득층의 의료선택권과 접근성 제한이 향상되고 이용자선별이 사라진다는 측면)을 추구하는 것이 가능하기 때문에 준시장모델이 효율성과 형평성을 모두 강화하는 모델이라고 강조하였다.

Cooper와 Le Grand(2010)는 이용자들에게 의료기관을 선택할 수 있도록 하는 선택과 제공기관들이 이용자들을 확보하기 위한 경쟁이 영국 국민건강보험서비스(National Health Service)의 형평성을 강화시킬 수 있다고 강조하였다. 즉, 그들은 선택과 경쟁이 경제적 효율성을 강화하려는 보수주의자의 전략이라기보다는 형평성을 강화하는 도구가 될 수 있음을 강조하였다. 그들에 따르면 형평성의 강화는 첫째, 그 동안 중간계급이나 상층계급이 주로 이용하였던 의료시설을 하위계급들도 선택할 수 있도록 하여 그들이 더 좋은 의료서비스를 제공받을 수 있으며 둘째, 의료서비스제공기관들이 더 많은 이용자를 확보하기 위하여 경쟁을 함으로 하위계급이용자들의 요구에 대해 더 빠르게 응답할 수 있음으로 의료형평성이 선택과 경쟁으로 더욱 확대된다는 것이다. 결국, 정치적 그리고 경제적 능력이 있는 사람들이 주로 선점하였던 의료서비스가 대중들의 선택권 강화로 더욱 손쉽게 이용가능하게 되고 제공기관들이 경쟁을 통하여 대중들의 요구에 더욱 빠르게 대응하다는 점에서 선택과 경쟁이 우파의 전유물로만 더 이상 자리매김하지 않는다고 그들은 보았던 것이다(지은구, 2012b).

결국, 선택과 경쟁이 실현되는 준시장이 공공서비스 또는 사회복지서비스 제공의 장이 된다. 준시장화는 동일한 서비스를 제공할 수 있는 조직이 한 영역에 다수 포진하고 있어 경쟁이 유발될 수 있는 조건과 국가가 재정을 이용자들에 전액 지원함으로서 이용자를 제공자가 선별할 수 없는 제도적 장치를 통해 실현된다. 따라서 시장의 가치인 경쟁과 이용자선택권을 통하여 효율적이고 효과적인 서비스제공이 이루어지며 나아가 국가가 이용자들에게 본인부담금이나 추가부담금을 요구하지 않고 재정을 전액 보장함으로 이용자를 제공자가 선별할 수 없는 제도적 장치를 통해 형평성에 기인하는 교환체계가 준시장이라고 규정할 수 있다. 준시장은 효율성을 유지하면서 형평성을 강화하는 것을 목적으로 사회서비스와 재화가 교환되는 사회적 도구이다. 따라서 이용자선별이나 정보비대칭, 수확체증의 법칙 등 시장에서 나타나는 시장실패요인들이 나타나지 않도록 하는 것이 준시장화 성공의 핵심적인 과제라고 할 수 있다(지은구, 2012b).

준시장모델에서 국민들은 서비스를 선택하는 소비자이며 제공기관은 서비스를 생산하고 공급하는 생산자 및 공급자로 역할하게 되고 국가는 서비스를 총괄 기획하지만 서비스를 생산하고 공급하는 역할을 시장에 위임하고 서비스제공에 대한 관리와 시장에 대한 규제 및 통제를 수행하며 자금을 제공하는 자금제공자의 역할을 수행하게 된다. 아래의 표는 준시장모델에서 국가, 제공기관 그리고 국민의 역할을 나타낸 것이다.

[표 3-11] 준시장모델에서 국가, 제공기관 그리고 국민의 역할

국가의 역할	제공기관의 역할	국민의 역할
• 서비스 자금제공자 • 서비스기획가 • 서비스 감독자 및 시장 규제자	• 서비스를 생산하는 생산자 및 공급하는 공급자 • 서비스관리자	• 서비스를 소비하는 소비자 또는 이용자 • 서비스 선택자

5. 사회복지전달과 준시장의 특성[13]

1) 선택권과 준시장

이용자가 시장에서 선택권을 행사하여 자신이 선호하는 서비스를 선

13 이하 내용은 지은구 외(2010). "사회복지서비스특성과 이용자재정지원".나눔의 집. pp132-136의 내용을 수정 보완하였음.

택하게 되면 이용자주권 즉, 소비자주권은 실현되는 것이고 나아가 사회복지서비스영역에 시장이 형성된다. 시장을 통해서 자신이 가장 선호하는 적합한 서비스를 선택할 수 있기 때문에 시장은 이용자들의 욕구가 충족되는 교환의 장이 된다. 하지만 순수사적재가 교환되는 일반시장과는 달리 사회복지서비스라는 상품은 비순수사적재로서 공적목적으로 서비스가 제공되고 복지외부효과를 창출하는 가치재적 성격을 가지고 있어 완전히 경쟁적이지도 않으며 완전히 배제적이지도 않은 상품이 준시장을 통해서 교환이 이루어진다. 사회복지서비스 준시장은 경쟁과 선택권확보가 중심 작동원칙임으로 공공부문에서 재정이 공급되어 서비스를 제공하는 비영리기관 뿐만 아니라 영리민간기관도 참여하는 것을 배제하지 않는다.

하지만 준시장에서 교환되는 상품으로서의 사회복지서비스는 국가가 특정 사회적 목적의 실현을 위하여 제공되는 재정을 통하여 생산되는 서비스이고 서비스자체가 복지외부효과와 공적 목적 실현이라는 비순수사적재이면서 가치재적 성격을 가지게 되어 서비스교환에 있어 국가의 준시장에 대한 개입정도는 일반시장에 대한 개입정도에 비해 더욱 강해야 한다.

국가와 준시장의 각기 역할이 다르다. 수요적 측면에서 국가는 국민들의 서비스수요를 파악하여 어떤 서비스가 얼마만큼 필요할 것인지를 서비스제공 이전에 파악하여야 서비스의 효과성과 효율성을 높일 수 있으며 준시장은 국민들의 수요에 맞는 서비스를 적시에 적당하게 제공하여야 한다. 공급적 측면에서 국가는 국민들이 가지고 있는 서비스에 대한 욕구를 충족시킬 수 있을 정도의 서비스 양을 공급하여야 하며 이를 위해 충분한 재정을 확보하고 있어야 서비스과소공급에 따른 국민들 간의 상대적 불균형 및 불평등을 제거하고 형평성과 연대성의 가치를 보전할 수 있다. 준시장은 국민들의 다양한 욕구에 맞추어

서비스를 제공하여야 시장에서의 생존이 가능하기 때문에 욕구를 충족시킬 수 있는 서비스의 개발과 제공을 책임져야 하며 과소공급에 따른 시장실패를 극복할 수 있다. 따라서 준시장에 참여한 제공기관들이 꾸준히 개별적이고 다양한 서비스를 공급하지 않는다면 준시장은 실패할 수밖에 없게 되는데 이는 국민들의 선호가 왜곡됨으로 선택권이 실현되지 않기 때문이라고 할 수 있다.

Le Grand(2007)는 공공서비스에서 이용자들의 선택은 다섯 영역(어디서, 누가, 무엇을, 어떻게, 언제)에서 발생한다고 보았다. 그에 따르면 다섯 영역은 첫째 제공기관의 선택, 둘째, 제공인력(전문인력)의 선택, 셋째, 서비스선택, 넷째, 시간선택 그리고 마지막으로 의사소통의 방법 선택 등이다. 제공기관의 선택은 서비스를 제공하는 다양한 기관 중에서 이루어지며 제공인력에 대한 선택 역시 서비스를 제공하는 전문인력(예를 들어 요양보호사)에 대한 선택을 의미하고, 서비스에 대한 선택은 제공되는 서비스 중에서 가장 적합한 서비스의 선택을 그리고 시간은 서비스를 제공받는 시간약속의 선택을 의미하고 마지막으로 의사소통의 선택은 대면(face to face), 전화나 편지 또는 이메일 등의 의사소통 방법의 선택을 의미한다. Le Grand는 공공서비스의 선택은 위의 다섯 영역에서의 선택을 포함하여야 한다고 주장하였다. 따라서 준시장이 서비스를 이용하는 국민들의 선택권을 확대하였다고 한다면 위의 영역에서의 선택 여부를 확인하는 것이 준시장 작동여부를 결정짓는 매우 중요한 요인이 될 수 있다.

2) 사회복지전달에 있어 준시장의 전제조건

사회복지서비스가 준시장을 통해서 제공되고 국민들은 다양한 서비스와 제공기관을 준시장을 통해서 선택할 수 있다면 국민들의 선택권 확대효과는 그만큼 향상된다고 할 수 있으며 비용적 측면에서 시장을 통해 이용자들을 확보하기 위한 적당한 경쟁이 제공기관이나 서비스의 품질을 향상시킬 수 있어 비용효율성은 향상될 수 있다. 이러한 점에서 준시장을 통하여 서비스를 제공하는 경우 다양한 수의 제공기관과 서비스는 성공적 운영을 위한 필수조건이 된다. 만약 선택할 수 있는 다양한 수의 제공기관이나 서비스가 존재하지 않는다면 이용자들의 선택권확대는 불가능하며 주어진 서비스만을 제공받게 되어 준시장의 주된 장점은 사라지게 된다.

일반적으로 사회복지서비스영역은 다른 산업부분과는 달리 단기간에 이익을 창출한다든지 많은 이익을 꾸준히 창출하는 산업분야라고 볼 수 없다. 사회복지서비스의 대상은 일차적으로 소외계층이다. 2000년 이후 복지서비스가 일반대중들에게까지 보편화되어 제공되고 있다하더라도 특정 분야를 제외하고는 이용자가 급속하게 늘어날 수 있는 분야라고 보기 어렵다. 이용자의 소비가 어느 정도 예측될 수 있으며 소비능력도 제한적이고 국가의 공급량도 정해져 있어 이익만을 창출하는 일반기업이 사회복지서비스분야에 진출하는 것은 상대적으로 어렵다고 할 수 있다. 또한 경쟁기반이 취약함으로 거대자본을 가진 기관의 서비스독점은 일반시장에서보다 훨씬 용이할 수 있다. 이는 독점이나 과점 등과 같은 불완전 경쟁이 존재할 수 있음을 의미하는 것이다.

따라서 국가가 준시장모델을 통해서 서비스를 제공하려고 한다면 다수의 제공기관이 서비스를 제공할 수 있도록 하는 물적 제도적 기반을 마련해주어야 한다. 제공기관이 부족하다면 기관설립을 적극적으로 지원하여야하며 최소한의 이익이 보장될 수 있도록 관리 운영비도 지원되어야 준시장이 작동할 수 있다. 국민들의 선택권확대효과의 실현은 국가가 직접서비스를 제공하는 기관과 비영리기관 그리고 민간이익기관 등으로 구성되어 있는 사회복지서비스시장에서 자신의 선호와 이익에 부합하는 즉, 자신에게 가장 적합한 제공기관과 서비스를 국민들이 직접 선택할 수 있도록 하는 실질적인 선택권확대가 실현되어야 한다. 결국, 사회복지서비스 준시장이 국민들의 자기결정권실현과 비용효과성을 확대하는 방향으로 작동되기 위해서는 국가에 의한 관리는 필수적인 조건이라고 할 수 있다.

3) 준시장의 생산과 소비

생산적 측면에서 본다면 국가는 준시장에서 서비스를 직접 생산하는 주체가 아니고 서비스의 생산을 보조하는 보조적 역할을 수행하므로 단순히 생산적 시각으로 서비스를 얼마나 생산할 것이지를 고려하는 것이 아니라 어떤 서비스가 왜 필요한지 그리고 서비스에 기본적인 내용들이 잘 채워져 있는지 등과 같은 서비스의 내용과 서비스가 불만 없이 잘 제공되고 있고 표준적인 서비스의 질이 담보되어 있는지 등과 같은 서비스의 제공과정과 내용 및 품질을 보다 엄밀히 사정하여야 한다. 준시장은 생산적 측면에서 단순히 생산된 상품을 교환하는 교환의 역할만을 수행할 가능성이 높음으로 생산이나 교환만을 중요시할 것이 아니라 누가 왜 교환에 참여하는지 등을 파악하려는 노력이 필요하다고 할 수 있다.

소비적 측면에서 국가는 국민들 간의 서비스에 대한 소비가 경제적 부담능력이나 부적절한 기준 등에 따라 불균형이 일어나지 않도록 적절한 관리나 규제를 하여야 하며 국민들에게 나타날 수 있는 이용자 선별(차별)을 사전에 차단할 수 있는 법적 제도적 틀을 공고히 하여야 한다. 소비불균형과 이용자선별은 서비스가 준시장을 통해서 나타나는 경우 시장과 마찬가지로 사회복지서비스에 대한 시민의 보편적 권리와 사회적 연대성 그리고 분배적 정의 등의 복지국가의 규범적 정당성이 훼손될 가능성이 있으므로 소비불균형이 일어나지 않도록 국가는 모든 서비스와 제공기관에 대한 정보를 철저히 공개하도록 하여야 하며, 경제적 부담 없이 필요한 서비스를 제공받을 수 있도록 하여 소비불균형을 줄이는데 있어 국가적 책임을 강화하여야 한다. 특히, 본인부담금과 추가부담은 서비스형평성문제를 일으켜 상대적 불평등을 심화시키고 사회적 연대에 심각한 해를 미칠 수 있는 요인임으로 서비스 이용자들의 경제적 부담능력과 서비스의 필요정도를 서비스개시 이전에 심사숙고하여야 한다.

특히, 이용자들이 해결하고자 하는 문제나 병의 경중에 따라, 살고 있는 지리적 위치에 따라, 또는 인종이나 문화적 차이에 따라, 가지고 있는 경제적 능력에 따라, 그리고 제공하는 노동의 부담비중에 따라 이용자들이 차별받지 않도록 강력한 규제지침을 마련하고 관리를 하여야 한다. 사회복지시비스는 준시장에서 교환이 된다고 하더라도 서비스자체의 가치재적 특성으로 순수사적재와는 다른 성격을 가지고 있다. 따라서 소비적 측면에서 시장은 서비스단가의 부담으로 인하여 이용자들 간에 소비의 불균형이나 과소소비가 일어나지 않도록 하여야 한다. 사회복지서비스전달에 있어 국가와 준시장의 역할을 정리하면 아래의 표와 같다.

[표 3-12] 국가와 준시장의 역할

	국가의 역할	준시장의 역할
수요	국민의 사회복지서비스수요파악	국민의 수요에 맞는 서비스개발
공급	서비스제공의 적절성을 위한 충분한 재정확보 및 지원(공급탄력성확보)	– 과소공급이 일어나지 않고 이용자들의 욕구를 해결할 수 있는 다양한 서비스의 제공 – 선택오류가 발생하지 않도록 불완전 경쟁요소 제거

생산	국가는 간접생산: 사회복지서비스의 생산에 있어 국가가 직접적인 서비스를 생산하는 것이 아님 – 표준화된 서비스가 생산되는지 여부와 적절한 품질이 보장되는 서비스가 생산되는 가에 대한 관리 및 감독 – 서비스의 과소생산과 서비스의 질이 떨어지는 부적절한 생산을 막기 위해 기관의 무분별한 시장진입에 대한 규제마련	– 생산된 서비스와 교환의 주체들 사이의 관계 파악 – 과소생산과 서비스 질 개선을 위한 협력과 조정
소비	– 정보 불균형을 포함한 소비불균형에 대한 규제 및 관리(본인부담금 및 추가부담에 대한 규제 등) – 이용자선택오류 및 이용자선별을 방지하기 위한 기관규제 및 관리	과소소비가 일어나지 않도록 하는 서비스적정가격설정

* 자료: 지은구 외. 2010. p137 표 4-3에서 재인용

준시장모델 하에서 국가는 서비스를 필요로 하는 이용자들의 지불능력을 책임지게 된다. 개개인들은 서비스를 선택하는 선택권을 가지게 됨으로 선택에 대한 자유와 자기결정권이 실현되는 장점을 가지고 있다. 하지만 국가 재정이 곧 서비스의 공급량을 결정함으로 서비스에 대한 국민들의 욕구가 실현되지 않는 과소공급이 발생할 가능성이 있으며, 국가가 준시장을 규제하지 않을 경우 이용자선별이나 정보비대칭 그리고 수확체증의 법칙에 따른 서비스독점 및 과점 등과 같은 준시장의 실패가 발생할 수 있다. 아래의 표는 준시장모델에서의 사회복지전달의 특징을 나타낸 것이다.

[표 3-13] 준시장모델 사회복지전달의 특징

사회복지서비스생산 및 공급의 특징	사회복지서비스전달체계 특징
• 사회복지생산과 공급의 결정은 국가재정에 달려있다. • 서비스 이용자와 제공자의 관계는 서비스 판매자와 서비스구매자의 관계와 같다. • 조직 간 경쟁은 조직생존의 필수법칙이다. • 국가의 재정부담으로 서비스 과소공급이 발생할 수 있다. • 조직은 소비자로부터 선택받기 위해 경쟁하며 경쟁은 서비스의 질을 결정한다.	• 서비스는 공공, 비영리를 포함한 영리조직이 형성한 시장을 통해서 서비스가 전달된다. • 개인의 구매력은 개인에게 지불되는 국가재정지불능력을 의미한다. • 서비스에 대한 개인적 선택권이 강화되고 자기결정권이 실현된다.

6. 준시장모델의 한계

준시장화모델은 공공부분의 형평성을 잃지 않으면서 또는 강화하면서 자유경쟁시장의 효율성을 통해 재정적 효율성을 얻기 위한 공공 및 사회복지서비스전달모형이라고 할 수 있으며 이러한 특성이 바로 준시장모델의 기본적인 문제점으로도 지적될 수 있다. 즉, 효율성이 개선되지 않는다든지 또는 형평성이 악화되면 결국 준시장화모델은 그 존재기반을 상실하게 된다. 공공 및 사회복지서비스전달에 있어 형평성과 효율성이 동시에 개선된다는 것은 모든 정부가 선호하는 정책방향이지만 현실적으로 형평성과 효율성을 동시에 개선, 향상한다는 것은 불가능할 수 있다. 사회복지서비스는 성격상 국가재정으로 공급이 이루어지고 특정 사회적 위험을 예방 치료하고 국민들의 삶의 질을 유지 개선한다는 사회적 목적을 가지는 가치재이므로 국가가 단순히 공급을 하고 공급과정과 소비에 대한 책임을 이용자에게 떠넘길 수만은 없는 서비스영역이다. 따라서 이용의 책임을 개인에게 전가하는 시장모델이나 준시장모델은 기본적으로 서비스전달의 한계를 가지고 있는 모델이라고 할 수 있다.

논리적으로 보면 준시장영역은 민간비영리조직이나 영리조직의 진입을 모두 허용함으로 공공의 이익이나 사회적 목적 실현을 정부가 강조할 수 있고 민간비영리조직도 사회적 목적 실현에 동조할 수 있지만 이윤을 추구하는 영리조직이 정부의 재정을 단지 이윤 창출적 측면에서만 바라본다면 수확체증의 법칙으로 인하여 소수의 거대 영리조직이 서비스영역을 독점하고 결국 이용자를 선별하는 현상이 발생할 수 있다. 또한 준시장은 이용자들이 서비스를 무상으로 이용함으로 비용지불을 하지 않고 국가가 재정을 지불하는 것이 특징이므로 이용자가 서비스를 이용하는 데 있어 비용을 지불하게 되면 준시장의 기본 원칙은 무너지게 된다. 즉, 서비스제공인력(예를 들어 의사), 서비스내용이나 서비스제공기관을 선택하고 선택하는 것에 대해 자기부담금을 지출하도록 한다든지 추가적인 서비스를 이용자부담으로 인정하는 행위 등은 모두 이용자비용부담을 통해 이익을 창출하는 행동으로 형평성을 저해하고 준시장이 작동하지 않도록 하는 가장 강력한 부정적인 요소라고 할 수 있다.

준시장모델의 전제는 준시장에서 서비스를 구매하는 구매자의 구매력이 모두 동등하다는 것이다. Le Grand(1993, 2002, 2007)가 강조하였던 바와 같이 준시장에서 상품이나 서비스에 대한 지불은 전액 국가에 의해서 이루어지며 국가는 바우처나 현금지원 등의 수단으로 준시장에서 구매자들에게 지불능력을 제공한다. 따라서 개인적인 재원으로 상품과 서비스가 구입되지 않으며 개인적인 구매력의 차이로 서비스의 양이나 질이 결정되지 않는다는 것이 준시장과 시장의 가장 큰 차이점이라고 할 수 있다. 하지만 준시장에서 서비스를 제공하는 제공기관이 공공기관이나 비영리기관뿐만 아니라 영리기관을 포함하고 있다는 사실이 준시장의 평등한 구매력을 통한 선택과 경쟁의 원칙이 작동하지 않을 수 있다는 점을 나타내 준다. 영리조직의 시장개입으로 평등한 구매력이 실현되지 않을 것이라는 점은 제공기관과 이용자사이의 정보불균형 그리고 제공기관의 이용자선별과 같은 사실에 기인한다.

정부실패와 시장실패가 준시장을 불러온 가장 결정적인 요인이지만 시장실패가 정부성공을 의미하지 않는 것과 같이 시장실패가 곧 준시장 성공을 의미하지는 않는다. 즉, 준시장을 통해서 이용자들의 선택권이 완전히 실현되는 것이 아니며 경쟁이 조직 간의 협력과 조정의 가치보다 중요한 가치로 자리 잡을 수 있다는 전제도 비현실적이다. 준시장모델이 성공하기 위해서는 사회복지서비스를 제공하는 제공기관이 경쟁이 가능하도록 많아야 하며 제공기관에 대한 국민들의 접근이 공평하게 보장되어야 하고 국민들의 선택은 필요한 정보의 공개에 기초하여야 하고 국민들의 선호가 왜곡되지 않아야 가능하다. Kahkonen(2004)은 준시장모델의 실패이유가 역선택과 긍정적 외부효과에 따른 불완전경쟁과 정보불균형에 있음을 주장하였으며 Lowery(1998)는 준시장모델의 실패가 첫째, 준시장 형성의 실패 둘째, 선호오류 즉, 잘못된 선호에 의한 실패 셋째, 대체선호에 의한 실패에 기인한다고 주장하였다. 준시장 형성의 실패는 준시장에 독과점으로 불완전 경쟁이 일어나는 것을 의미하며 선호오류의 실패는 국민들이 정보불균형으로 잘못된 선택을 하기 때문에 나타나는 실패를 의미하고 대체선호실패는 사적재화가 공공재화를 대체하지 못하는 경우 나타나는 실패를 의미한다. 즉, 준시장모델에서는 시장이 열려있음으로 서비스를 제공하는 기관이 다수 존재하는데 공공기관에서 제공하는 재화와 서비스가 민간기관을 통해 대체되지 못하는 경우 국민들은 다시 공공재를 선호하게 되므로 준시장모델은 실패할 수밖에 없음을 의미한다. 준시장모델의 실패요인 즉, 한계점들을 구체적으로 살펴보면 다음과 같다.

1) 정보불균형

정보불균형은 제공기관이 이용자나 이용자가족 나아가 국민들에게 그들이 알기를 희망하는 정확한 정보를 제공하지 않음으로써 발생하게 된다. 일반적으로 이용자들은 제공기관이 제공하는 서비스에 대한 구체적인 내용 나아가 진행되어온 서비스제공에 따른 이용자들의 상태의 변화나 미래 서비스제공과 관련된 내용, 제공기관이 제공하는 서비스의 품질과 이에 대한 이용자들의 만족여부 등 제공기관이 제공하는 서비스에 대한 정확한 정보를 원한다. 특히, 제공기관이나 서비스에 대한 선택은 이러한 정확한 정보를 바탕으로 이루어져야 선택오류가 발생하지 않고 선택을 통한 기관들의 경쟁으로 더 효과적이고 향상된 서비스가 제공될 수 있다.

일반적으로 시장에서 판매자가 구매자보다 상품정보에 대해 더 많은 사실을 알고 있으며 판매자들은 자신의 이익을 위해 구매자에게 구매자들이 원하는 상품에 대한 정확한 정보를 제공하지 않음으로 판매자에 비해 구매자는 정보비대칭에 놓여 있다고 할 수 있다(지은구, 2005). 판매자와 구매자 사이에 정보비대칭이 발생하는 가장 결정적인 이유는 바로 판매자가 상품에 대한 대부분의 정보를 독점하고 있고 이러한 상품에 대한 정확한 정보가 공개되는 경우 판매자에게 불이익을 가져다 줄 수 있기 때문이다. 즉, 상품판매에 따른 이익이 줄어들게 되므로 이윤창출을 위해서 판매자는 상품의 완전한 정보에 대한 공개를 거부하게 되는데 일반적으로 시장에서는 이러한 정보비대칭이 사라지지 않고 있으며 정보비대칭은 시장실패의 중요한 요인이다. 정보불균형의 폐해는 제공기관이 이용자들이 필요로 하는 정보를 제공하기를 회피하거나 부정확한 정보를 제공하고 심지어 왜곡된 정보를 제공함으로서 나타나게 된다.

판매자와 구매자 사이에 정보불균형은 준시장에서도 역시 발생하여 준시장실패의 중요 요인이 되고 있다. Lowery(1998)는 이미 지적한 바와 같이 정보불균형이 서비스를 선택하는 이용자들의 선택에 부정적인 영향을 미쳐 선택오류가 일어나도록 하므로 준시장이 강조하는 소비자선택권이 실현되지 않는 즉, 소비자주권이 실현되지 않음으로 준시장의 실패를 가져다준다고 강조하고 있다. 그에 따르면 정보불균형에 따른 선택오류는 첫째, 이용자의 선호를 실현할 수 있을 정도의 정보가 완전히 공개되지 않음으로 나타나게 된다. 즉, 부족한 정보는 이용자들이 서비스를 선택하는데 있어 선택오류가 발생하도록 하는 가장 중요한 요소이다. 준시장은 영리기관도 서비스를 제공하는 제공기관으로 진입하는 것을 허용함으로 정보불균형에 따른 선택오류를 완전히 제거할 수 없는 한계를 가진다. 정보불균형에 따른 선택오류의 두 번째 이유는 제공기관이나 서비스의 선택이 직접적 비용 이외에 거래 비용 등 간접적인 거래비용을 가져오기 때문에 나타나게 된다. 즉, 이용자가 어떤 기관이 더 많은 이익을 자신에게 가져올 것이라 생각하여 그 기관을 선택하였지만 다른 기관에 비해 더 많은 비용부담을 초래하게 된다면 이는 정보불균형에 따른 선택오류가 나타나도록 하는 요인이 된다. 정보불균형에 따른 선택오류의 세 번째 이유는 바로 정보조작이다. 이용자들의 선택에 영향을 미치는 정보의 조작은 광고 등과 같은 마케팅을 통해 나타나기도 한다. 정보불균형에 따른 선택오류의 네 번째 이유는 외부효과에 의해 나타난다. 외부효과는 시장실패의 한 요인이며 동시에 준시장실패의 한 요인을 형성한다. 준시장에서 외부효과는 한 개인의 서비스소비가 다른 사람에게 영향을 주어 나타나게 된다. 즉, 긍정적 외부효과 또는 복지외부효과에 의해서 나타나게 된다. 집 담벽에 장미를 심어 장미가 만개하면 주인 이외에도 그 집을 지나가는 사람들이 장미 때문에 즐겁게 된다면 지나가는 사람은 비용 지불 없이 주인과 같은 장미효과를 가지게 된다. 외부효과가 존재한다면 시장이 자기 비용으로 어떤 서비스를 선택한 사람의 복지만을 증진시키는 것이 아니라 비용을 지출하지 않은 다른 사람의 복지도 증진시키므로 비용지불한 사람의 선택은 오류가 발생하게 된다.

2) 제공기관의 이용자선별

제공기관의 이용자선별은 첫째, 제공기관이 더 높은 구매력을 가지고 있는 이용자들을 선별함으로 둘째, 제공기관이 같은 구매력을 가진 이용자들 중 높은 노동강도와 시간을 필요로 하는 이용자들을 회피하므로 나타나게 된다. 제공기관이 더 높은 구매력을 가지고 있는 이용자들을 선별한다는 것은 준시장이 영리기업의 시장진입에 대한 철저한 진입장벽을 가지고 있지 않다는 사실에 기인한다. 영리기업이 서비스나 상품을 판매하는 유일한 목적은 이윤창출에 있다. 준시장에서 구매자들이 균등한 구매력을 가지고 있다 해도 정부가 지불을 대신하는 서비스 이외에 개인적 구매능력이 있는 구매자들은 영리기업들의 마케팅대상 일 순위가 될 수 있고 영리기업들은 이들을 대상으로 추가 서비스나 선택적 서비스를 개발하여 상품판매에 나설 수 있다. 일정기간 동안 정부가 재정 지불하는 기본 서비스의 질을 다른 기관이 제공하는 서비스보다 월등히 높게 하여 대량으로 제공하게 되면 구매자들은 높은 질이 보장되는 서비스를 선택하고 자본력이 취약한 많은 제공기관은 경쟁으로부터 도태될 것이며 최후까지 살아남은 제공기관은 서비스의 독점적 지위를 누리게 될 것이다. 서비스의 독점적 지위가 형성되면 기본서비스의 질이 하락하게 되고 개인적 구매력을 가지고 있는 구매자들은 영리독점기업이 개발한 더 높은 질을 가진 서비스를 추가적으로 선택하여 추가부담이 발생하게 된다. 따라서 구매능력에 따른 이용자선별현상이 준시장에서도 발생하게 된다.

제공기관이 같은 구매력을 가진 이용자들 중 높은 노동강도와 시간을 필요로 하는 이용자들을 회피하는 현상이 발생하여 실질적으로 서비스가 필요한 국민들의 이용권이 박탈당하는 경우가 발생할 수 있다는 점 역시 준시장모델로 인해 발생하는 이용자선별의 한계점이라고 지적될 수 있다. 즉, 모든 국민들이 필요로 하는 서비스를 형평하게 받을 수 있는 서비스혜택의 형평성이 무너지고 사회적 불평등이 심화된다는 것을 의미하는 것이다. 이는 곧 이용자가 제공기관을 선택할 수 있지만 역으로 제공기관도 이용자를 선택할 수 있음으로 인해 나타나는 문제점이기도 하다. 예를 들어 준시장모델에서 재가요양기관들은 노쇠하고 자제가 안되는 노인보다는 상대적으로 사리 판단할 수 있고 손이 덜 가는 노인들을 선호할 것이므로 제공기관의 입장에서 같은 이익을 가져다준다면 보다 손쉬운 이용자를 확보하는 것이 조직 부담을 덜어주어 효율성을 강화시킬 수 있는 방안이므로 이용자선별이 제공기관을 통해서 현실화된다. 이러한 제공기관으로부터의 이용자선별현상은 시장모델에서 나타나는 현상이지만 영리조직이 제공기관의 한 축을 담당하는 준시장모델에서도 동일하게 나타날 수 있다.

3) 불완전 경쟁

시장실패요인으로 지적된 불완전 경쟁이 준시장실패의 중요한 요인으로 지적되고 있다. 준시장에서 이용자들의 선택권이 실현되기 위해서는 서비스를 제공하는 기관들 사이의 경쟁은 필연적이다. 서비스가 특정기관이나 집단들에 독점 또는 과점되어 있으면 당연히 경쟁은 실현되지 않으며 이용자들의 소비자주권은 실현될 수 없다. 준시장에서는 이용자들이 선택할 수 있는 다양한 서비스와 재화가 있어야 이용자들의 선택권은 실현될 수 있다. 개인들이 갖는 선호는 매우 다양하고 이 선호는 다양한 서비스와 재화의 제공을 통해서만 이루어진다. 또한 이용자들은 품질이 담보되어 있는 또는 품질이 뛰어난 서비스를 선택하려는 경향이 있고 품질은 제공기관들 사이에 경쟁을 통해서 개선될 수 있으므로 경쟁은 이용자들의 다양한 요구를 충족시키고 서비스의 품질을 향상시키는 기본적인 역할을 수행한다. 따라서 선택권을 제한하는 독점이나 과점현상은 준시장이 실패할 수밖에 없는 중요한 요인이 된다.

4) 대체상품이나 서비스의 부족

대체상품이나 서비스의 부족도 준시장이 실패하는 주요한 요인이다. 준시장이 정부실패 즉, 공공제공모델의 한계인 효율성을 강화하고 시장모델이 갖는 한계인 형평성을 강화할 수 있다는 측면에서 등장하였으므로 준시장에서 여러 제공기관들이 제공하는 서비스가 국가가 직접 제공하는 서비스를 대체하여야 하는 것은 당연하다. 하지만 민간이 제공하는 서비스가 국가가 직접 서비스를 제공하는 것과 수준에 있어서 별 차이가 없다고 한다면 또는 수준이하라고 한다면 대체서비스를 선호하는 이용자들의 선호는 사라지게 되고 이전에 제공받았던 서비스를 선호하고 선택하는 현상이 다시 나타나게 되어 준시장은 실패하게 된다. 즉, 국가의 서비스를 대체할 수 있는 다양한 서비스가 존재하지 않는다면 준시장은 실패할 수밖에 없게 된다.

제6절 혼합시장모델

1. 혼합시장모델의 배경

혼합시장모델(mixed market model)은 시장모델의 또 다른 변종모델이다. 즉, 시장모델은 모든 재정이 개인의 구매능력에 의존하여 사회복지재화와 서비스의 생산과 소비가 이루어지지만 혼합시장모델은 완전한 개인의 부담능력으로 사회복지의 선택권이 실현되는 시장모델과는 달리 국가의 재정적 부담으로 인한 재정지원금과 개인의 경제적 부담능력의 수준이 서비스의 양과 질을 결정하는 대표적인 복지혼합시대를 대변하는 사회복지전달모델이라고 할 수 있다. 혼합시장모델과 준시장의 차이점은 준시장에서 서비스재정은 전적으로 국가부담이므로 개인의 경제적 능력이 서비스의 선택에 어떠한 영향력도 행사하지 않지만 혼합시장모델에서는 개인의 경제적 부담능력이 일정정도 서비스선택에 영향을 준다는 점이다.

혼합시장모델의 등장은 시장모델과 준시장모델이 모두 현실적으로 민영화에 따른 사회복지전달체계를 완벽하게 설명하지 못한다는 한계에 의해서 등장하였다. 우리나라와 마찬가지로 외국의 복지국가들도 대부분 사회복지전달은 공공조직과 민간비영리 그리고 민간영리조직이 시장을 형성하여 사회복지서비스를 제공하고 있으며 재정적 측면에서도 국가가 사회복지의 재정을 부담함과 동시에 개인의 경제력 또한 사회복지서비스 선택에 영향을 주는 경우가 존재하고 있는 것이 현실이다[14]. 우리나라의 경우, 노인장기요양보험 또는 지역사회서비스사업(예를 들어 노인장기요양서비스, 노인돌보미사업, 장애인활동보조사업, 산모신생아 돌보미사업 그리고 가사간병서비스 사업 등) 등의 경우, 대부분 공공조직과 민간조직이 사회서비스시장을 형성하여 서비스를 제공하고 있으며 국가가 이용자들에게 서비스를 선택할 수 있는 재정을 지원함과 동시에 이와 별도로 본인부담금이나 추가부담금이 발생하고 본인부

14 복지혼합시장의 구체적인 내용은 제4장 사회복지전달체계분석 제3절의 (표) 유럽국가들의 사회서비스공공과 민간의 공급주체별 구성비율을 참조할 것.

담금과 추가발생금은 전액 본인의 경제적 능력으로 충당하여야 서비스가 제공된다. 즉, 이용자가 서비스를 소비하기 위해서는 자신의 경제력 일부를 지출하여야 서비스의 소비가 가능한 모델이 혼합시장모델이다.

2. 혼합시장모델의 특징

혼합시장모델은 국가 재정의 일부와 개인의 경제력 즉, 구매능력 또는 부담능력이 함께 사회복지재정을 부담하며 서비스는 공공조직을 포함하여 민간조직이 포함되는 정부에 의해 형성된 시장을 통해서 전달되는 모델이다. 즉, 국가가 전적으로 재정을 보장하는 준시장모델이나 공공제공모델 또는 비영리제공모델과는 달리 혼합시장모델은 국가재정과 개인적 구매력이 사회복지재화와 서비스의 양과 질을 결정한다. 국가재정과 개인의 경제적 부담능력이 사회복지재정을 구성한다는 특징 이외에 혼합시장모델은 정부조직, 비영리조직 그리고 민간영리조직이 사회복지 또는 사회서비스시장을 구성하여 서비스를 제공한다는 특징이 있다. 시장에서는 조직 간 경쟁이 인정되며 개인적 부담능력이 있는 국민들은 선택권을 행사하여 자신에게 적합한 서비스를 선택할 수 있다.

혼합시장모델에서 서비스의 양과 질은 전적으로 소비자들의 욕구나 수요에 의존하지 않는데 이는 국가가 사회복지재화와 서비스의 전달을 생산 및 공급하는 주체적인 역할을 그리고 시장은 보조적인 역할을 담당함으로 서비스의 양은 기본적으로 국가재정의 능력에 의존하고 개인의 선택권을 실현하기 위한 개인의 경제적 능력이 서비스를 제공하는 기관들의 서비스 양이나 질을 조정하도록 하는 보조적인 역할을 동시에 수행하기 때문이다.

3. 혼합시장모델과 사회복지전달

혼합시장모델에서 사회복지서비스생산 및 공급의 가장 중요한 특징으로 지적될 수 있는 것은 첫째, 사회복지의 생산과 공급의 책임이 전적으로 시장에 맡겨지는 것이 아니고 일차적으로 국가에게 있고 시장은 생산과 공급에 있어 부차적인 역할만을 담당한다는 점이다. 둘째, 사회복지서비스를 공급함에 있어 민간조직이 참여하는 시장에 공공조직이 참여하여 서비스를 공급함으로 공공조직이 전적으로 공급을 책임지는 것으로부터 자유롭다는 점 역시 혼합시장모델 사회복지전달의 특징이다. 셋째, 시장은 정부의 재정이 허락하는 범위에서 사회복지생산과 공급의 양을 결정 하지만 전적으로 정부의 재정으로만 서비스가 생산 공급되는 것은 아니고 이용자의 본인부담금 역시 서비스 생산과 공급을 부차적으로 결정하는 요소가 된다는 점은 준시장모델과는 다른 혼합시장모델의 사회복지전달의 특징이라고 할 수 있다. 마지막으로 공공조직을 포함하여 민간 비영리 및 영리조직이 함께 시장을 형성하여 사회복지서비스를 제공한다는 점은 또한 기관 간 경쟁이 작동한다는 것을 의미하므로 공공조직보다는 민간조직들에게 있어 직접적 서비스비용과는 거리가 있는 관리 및 거래비용의 증액이 필수적으로 발생한다는 점 역시 혼합시장모델의 사회복지전달에 있어 특징이라고 할 수 있다.

[표 3-14] 혼합시장모델 사회복지전달의 특징

사회복지서비스생산 및 공급의 특징	사회복지서비스전달체계 특징
• 국가의 재정지원정도와 개인의 경제적 수준에 따라 서비스의 양이 결정된다. • 사회복지생산과 공급의 결정은 국가재정에 달려있으며 국가는 사회복지생산 및 공급의 총책임자 역할을 담당한다. • 공공조직과 민간조직 간의 경쟁이 사회복지공급을 주도한다. • 서비스과소공급문제는 공공조직을 포함하여 구성된 시장을 통해서 해결함을 원칙으로 함으로 정부보다는 시장에 대한 책임이 강화된다.	• 사회복지시장은 복합시장으로 정부조직을 포함한 모든 민간조직이 결합한 형태이다. • 국가는 재정을 책임지며 국가 그리고 민간조직으로 구성된 시장이 서비스 공급을 책임진다. • 개인의 구매력은 개인의 경제적 능력과 함께 개인에게 지불되는 국가재정 지불능력을 의미한다.

혼합시장모델에서 국가의 주된 역할을 자금제공자와 서비스공급자 역할이라고 할 수 있으며 제공기관은 공급자의 역할만이 강조되고 국민들은 서비스를 선택하는 소비자와 서비스를 이용하는 이용자의 역할이 강조된다. 아래의 표는 혼합시장모델에서 국가, 제공기관 그리고 국민의 역할을 나타낸다.

[표 3-15] 혼합시장모델에서 국가, 제공기관 그리고 국민의 역할

국가의 역할	제공기관의 역할	국민의 역할
서비스자금제공자 서비스공급자	서비스공급자	서비스 선택자, 소비자 및 이용자

4. 혼합시장모델의 한계

혼합시장모델을 통하여 사회복지전달이 이루어지는 경우 나타날 수 있는 한계로 지적될 수 있는 것으로는 첫째, 조직 간의 목적갈등에 따른 역할 갈등 둘째, 시장작동으로 인한 협력과 조정의 가치 상실, 셋째, 정보비대칭 넷째, 서비스과소공급 등이 지적될 수 있다.

혼합시장모델은 정부조직, 영리 및 비영리조직을 포함하여 서비스를 제공하는 조직들이 혼합적으로 구성되어 있는 사회복지시장에서, 영리조직은 분명한 서비스제공의 목적이 이윤창출이지만 정부조직이나 비영리조직의 경우 서비스제공의 목적이 공공가치의 실현이나 사회적 목적이나 가치의 실현 여부에 달려 있어 상이한 목적 성취를 위해 노력하는 모델이다. 성취하여야 할 목적이 상이하다는 사실은 사회복지영역에서 조직 간의 협력과 조정의 필요성을 반감시킬 것이고 자원의 효과적이고 효율적 사용을 억제하여 통합적인 사례관리와 통합적인 서비스의 제공을 불가능하게 하는 요인이 된다. 결국, 서비스를 제공하는 목적이 상이한 조직들이 공동으로 시장을 형성한다는 혼합시장모델의 특징은 사회복지전달에 있어서도 이용자 또는 대상자들에게 시장에서 조직의 대응이 상이할 수 있다는 것을 나타내는 것이라고 할 수 있다. 예를 들어 더 많은 이용자를 확보하기 위에서 조직간 경쟁과 정보미공개 또는 정보조작, 서비스 영역의 독과점을 발생시키는 수확체증의 법칙은 혼합시장에서도 여전히 중요한 시장작동원칙이다. 또한, 혼합시장모델에서 서비스가 일부 시장을 통해서 소비됨으로 소비의 원천인 이용자가 부담하는 비용은 정부지원금과 개인의 경제력을 통해서 이루어져 이용자 차별이 발생할 가능성이 준시장모델에 비해 높다고 할 수 있다.

앞에서 지적한 사회복지서비스를 공급함에 있어 민간조직이 참여하는 시장에 공공조직이 참여하여 서비스를 공급하므로 공공조직이 전적으로 사회복지서비스의 공급을 책임지는 것으로부터 자유롭다는 점 역시 혼합시장모델의 한계점이라고 지적할 수 있다. 이는 곧 정부의 사회복지전달의 책임성 약화를 의미하는 것이기도 하다. 정부는 서비스공급을 확대하기 위해서 민간조직의 시장진입을 허용하지만 정부가 서비스를 책임지고 제공하는 것이 아님으로 서비스가 민간조직의 참여를 유도하지 못하는 경우는 서비스 과소공급이 발생할 가능성이 높다는 점 역시 혼합시장모델 사회복지전달의 특징이다. 즉, 민간조직들이 서비스시장에 참여하지 못하는 경우(예를 들어 이윤이 발생하지 않아 공급을 꺼리는 경우) 특정 서비스를 필요로 하는 국민들에게는 서비스과소공급문제가 발생하게 된다.

제7절 신공공서비스모델

1. 신공공서비스모델의 배경

공공제공모델의 한계에 대한 대안으로 등장한 신공공서비스(new public service)모델은 사회복지재화와 서비스를 포함한 공공재의 전달에 대한 새로운 토대를 제공해준다. 신공공서비스는 2000년대 새로이 도입된 개념으로 Denhardt와 Denhardt(2000)에 의해서 처음 제시되었다. 특히, 신공공서비스는 1990년대 이후 등장한 신공공관리(new public management)에 대한 반기로 발전하였다.

신공공서비스의 기본 전제는 정부가 시민에게 소속되어 있음으로 공공행정은 공공정책의 실행과 공공조직을 관리하는데 있어 시민의 역량을 강화시키고 시민들을 위해 봉사하는 책임성을 강화시켜야 한다는 것이다. 어찌 보면 당연한 전제이지만 그동안 정부의 정책실행이 시민의 입장이 아니라 관료의 입장을 대변하는 방식으로 기획되고 전달되었다는 자성이 반영되었다고 할 수 있다. 즉, 공공제공모델이 중앙 집중 및 관료적 특성을 유지한 채 서열과 규정 및 규칙을 통해 사회복지서비스를 전달하므로 나타나는 x-비효율성을 극복하기 위해서는 관료 중심으로 서비스가 기획되고 전달되는 방식으로부터 탈피하여 시민을 적극적 참여자로 인식하여 시민을 중심으로 공공서비스가 제공되어야 함을 강조한다.

공공서비스는 정부가 제공하는 서비스로서 사회복지서비스 역시 정부가 제공하는 공공서비스적 성격을 내포하고 있으므로 사회복지서비스의 전달 역시 공공서비스의 영향을 받아 시민의 입장에서 기획되고 전달되어야 한다는 것이 핵심적 전제라고 할 수 있다. King과 Strivers(1998)은 정부가 시민과 지역사회 사이의 연계를 촉진시키고 지지하고 창조하여야 하는 중요하고 결정적인 역할을 수행하여야 함을 지적하였다. King과 Strivers의 견해는 결국 신공공서비스가 시민을 공공행정의 중심으로 올려놓고 시민참여를 통한 공공행정을 실행함을 의미하는 것이다. 신공공서비스는 이론적으로 민주적 시민참여이론(democratic citizenship theory)에 기초한다. 즉, 시민을 소비자, 투표자, client로 보는 것이 아니라 시민 그 자체로 바라보며 공유된 권위 그리고 통제의 축소와 신뢰와 협력의 구축을 강조한다. King과 Strivers(1998)는 공공행정가들이 시민신뢰를 증가시키기 위해 응답성을 더욱 강화하여야 한다고 지적하였다. 공공서비스는 또한 공동체의식과 시민사회를 강조하여 정부가 공동체를 건설하고 지원할 수 있도록 노력하여야 함을 강조한다(Denhardt and Denharrdt, 2000). 이는 공동체의 관심이라는 맥락에서 시민 개개인들은 그들의 관심을 해결하기 위해 노력하는 것을 의미한다.

2. 신공공서비스의 원칙

Denhardt와 Denhardt(2000)가 제시한 신공공서비스의 원칙은 크게 일곱 개로서 아래와 같다.

1) 조종이 아닌 봉사

관료들의 증가하는 중요한 역할은 새로운 방향으로 사회가 나아가도록 조종하고 통제하는 것이라기보다는 시민들이 그들의 공유된 관심을 해결하고 분명히 할 수 있도록 돕는 것에 있다. Nilissen과 동료들(1999)에 따르면 과거 정부는 사회를 조종하는 역할을 주로 수행하였지만 현대사회의 복잡성은 정부의 그러한 역할이 적절하지 않을 뿐만 아니라 가능하지도 않다. 현재 사회를 새로운 방향이나 구조로 이끄는 정부의 정책이나 프로그램들은 수많은 집단과 사회의 상호행동이며 상이한 의견과 관심의 혼합의 결과라고 할 수 있다. 따라서 사회를 인도하는 정책은 다양한 집단과 다양한 이해를 포함하는 상호행동의 결과라고 할 수 있다. 특히, 정책결정은 더 이상 관료들의 전유물이 아니다. 정부의 일차적인 역할은 정책결정을 하는 것이 아니라 지역사회가 직면해 있는 문제에 대한 해결책을 찾는 것에 있다. 기존의 공공서비스를 제공하는 관료들은 할 수 있는 것과 할 수 없는 것을 구분하여 제시하였지만 신공공서비스를 제공하는 관료들은 할 수 있고 없고의 문제를 떠나 시민들이 원하는 것을 제공하기 위하여 무엇을 어떻게 하여야 하는지, 가능하도록 하기 위해서는 무엇을 하여야 하는지 그리고 가능하도록 하기 위해 같이 행동할 수 있는 것이 무엇이 있는지 등을 생각한다.

2) 부산물이 아닌 목적으로서의 공공의 이익

공공이익은 서비스를 제공하다가 성취되는 단순한 부산물이 아니며 서비스제공의 목적임으로 공공서비스를 제공하는 행정가들은 공공이익의 집합적이고 공유된 개념을 건설하기 위해 노력하여야 한다. 특히, 공공이익은 개인적 선택이나 자기이익실현을 통해서는 성취될 수 없으며 공유된 책임성이나 공유된 관심의 창출에 의해서 얻어질 수 있음을 명확히 하여야 한다. 신공공서비스는 정치가나 지명된 관료가 아닌 사회에 의해서 만들어진 비전을 성취하는 과정을 요구하고 중요시한다. 정부는 국민들이 가지고 있는 문제를 해결하기 위해 노력하며 해결책은 공공의 이익에 부합하도록 설계되어진다. 또한 국민들이 가지고 있는 문제해결을 위한 해결책은 정의와 형평의 가치에 부합하여야 한다.

3) 전략적사고와 민주적 행동

국민들의 욕구를 해결하기 위해 제공되는 신공공서비스의 정책과 프로그램은 집합적 노력과 협조 과정을 통해 효과적이고 응답적으로 성취될 수 있다. 특히, 집합적 비전을 깨닫기 위한 다음 단계는 성취하려는 목적을 향한 구체적인 행동단계를 개발하고 역할과 책임성을 명확히 하는 것이다. 특히, 정치가, 시민, 지도자, 관료 등 모든 이해관계자들은 참여와 협력 그리고 공동체 창출의 기회를 만들기 위해 함께 노력하여야 한다. 이를 위해서는 시민참여를 강화시키고 고양시킬 수 있는 정치적 지도력이 필요하고, 지역공동체 건설을 위해 개인과 집단을 지원하여야 한다. 정부가 공동체를 직접 건설하는 것은 어렵지만, 정치적 지도력을 가진 정부가 시민들이 공동체를 건설하도록 지원하는 것은 가능하다. 정부는 시민들이 접근가능하도록 항상 열려있어야 하며 시민의 요구에 응답적이어야 한다. 즉, 정부가 시민들에게 응답적이지 않고 시민에게 닫혀있고 접근을 허용하지 않으면 공동체건설은 불가능하다. 정부는 시민의 욕구를 해결하기 위해 존재하는 것이다.

4) 서비스중심으로서 시민

공공이익은 개인적 이익의 합으로부터 오는 것이 아니라 공유된 가치에 관한 대화로부터 온다. 따라서 관료들은 소비자의 수요(demand)에 응답하는 것이 아니라 시민들 사이에서 신뢰와 협력관계를 구축하기 위해 노력하여야 한다. 신공공서비스는 정부와 시민사이의 관계가 기업과 소비자사이의 관계와 같지 않음을 강조하는데 이는 정부가 제공하는 서비스는 모든 국민들을 대상으로 폭넓고 광범위한 서비스를 제공하는 것이지 특정 수요에 있는 서비스만을 제공하는 것이 아니기 때문이다. 또한 서비스제공을 통해 소비자의 욕망이나 갈망을 충족시키는 것보다 서비스가 형평하고 공평하게 제공되는 것을 보다 더 강조한다. 정부가 서비스를 전달하는 목적은 소비자의 단기적 욕망을 해결하고 이기심에 대응하기 위해서라기보다는 지역사회에서 발생하는 사회문제에 대한 대응이나 보다 좋은 지역사회를 건설하기 위함임으로 보다 장기적인 시간과 노력을 필요로 하는 서비스의 제공 역시 중요하다. 결국 정부는 소비자가 아닌 시민의 욕구와 관심에 반드시 응답하여야 함으로 정부는 시민의 목소리에 주의를 가지고 있어야 한다.

5) 복잡한 책임성

관료들은 시민의 이익, 지역사회가치, 전문가적 기준, 정치적 규범, 법 등에 기초해서 행동하여야 한다. 시장에서 개인의 수요를 충족시키는 서비스 하나를 제공하는 것으로 책임성을 다하는 것이 아니라 정부는 공공 및 사회서비스 관련 시민의 이익을 중심으로 사회적 가치를 실현하기 위하여 노력하여야 하며 전문가적 식견을 활용하여 서비스를 제공하고 법에 근거하여 시민들이 필요로 하는 서비스를 제공하여야 할 책임성이 있다. 일반적으로 기존의 공공행정에서 행정가들은 대중의 의견이나 정치가들에 대한 책임성을 강조하였으며 신공공행정에서 행정가들은 기업가주의에 영향을 받아 효율성, 비용효과성, 시장에 대한 반응 등의 측면에서 책임감을 제시하여왔다. 하지만 책임성은 과거의 공공행정이나 신공공행정에서 강조하는 것보다 훨씬 복잡하다. 즉, 시민들은 그들의 욕구나 기대 등과 관련하여 관료들에게 영향을 주고 싶어 하며 관료들 역시 시민의 기대에 부응하도록 행동하기를 원한다. 신공공서비스에서 책임성은 바로 시민의 기대에 부응하기 위한 방법으로 강조된다. 신공공서비스는 책임성이 복잡하기 때문에 관료들은 복잡한 가치갈등을 겪게 될 수 있음을 인정하며 무언가 결정을 하기 전에는 시민들과 대화하고, 결정은 시민의 역량이 강화되는 선에서 그리고 시민이 참여하는 선에서 함께 이루어지도록 하는 것을 강조한다.

6) 생산성이 아닌 사람중심의 가치

공공조직이 비영리조직 등과 함께 구성되어 있는 네트워크는 모든 국민들에 대한 존중을 바탕으로 공유된 지도력과 협력의 과정을 통하여 성공적으로 운영될 수 있다. 신공공서비스는 특히 생산성중심의 관리가 아닌 사람을 통한 관리를 강조한다. 즉, 인간행동을 통제하는 관리는 장기적 측면에서 보면 성공할 수 없으며 조직구성원의 이익이나 가치가 조직의 산출보다 더욱 강조되는 관리가 중요하다는 것을 의미한다. 만약 관료들이 시민을 존중한다면 시민들은 당연히 공공행정을 수행하는 관료들을 존중할 것이다. Denhardt(1993), Perry와 Wise(1990) 그리고 Vinzant(1998)에 따르면 공공행정가들은 시장에 참여하는 참여자가 아니며 관료적 업무를 보장하고 지원하는 단순한 고용인도 아니고 시민들을 동기부여시키고 시민들의 어려움을 함께 해결하는 동반자이다. 신공공서비스가 강조하는 시민과 함께하는 공유된 지도력, 협력, 역량강화는 하나의 조직규범이다. 즉, 공유된 지도력은 조직과 지역사회가 나아가려는 가치, 이상, 그리고 동기 실현을 위한 원동력으로서 상호존

중과 감사, 수용 그리고 지지로 구성되어 있다.

7) 기업가주의가 아닌 공공이익실현

공공이익은 기업가정신으로 무장한 관료들이 자신들이 기획하고 결정한대로 국가의 재정을 지출한다고 실현된다기보다는 지역주민 즉, 시민과 공공행정가 즉 관료들이 함께 일할 때 더욱 쉽게 실현될 수 있다. 이는 사회복지서비스의 제공을 통한 지역주민의 삶 개선이나 향상 역시 기업가주의로 무장한 관료들에 의해서만 실현될 수 없음을 의미한다. 신공공행정에서 관료는 기업가 그리고 주민은 소비자의 역할이 강조된다. 즉, 신공공행정에서 관료들은 기업을 운영하는 기업가같이 생각하고 행동하도록 강요되는데 이는 공공서비스의 제공을 통해서 성취하려는 목적을 더욱 좁은 관점으로 보게 할 수 있다. 즉, 기업가같이 기회를 잡고, 위험을 감수하며, 소비자들을 만족시키고 생산성을 향상시키는 것이 공공의 이익 실현 및 공공 및 사회복지서비스전달의 목적이 될 수 없다. 정부가 제공하는 공공 및 사회복지서비스, 프로그램과 자원들은 관료들 것도 아니고 그들에게 속해있지도 않음으로 관료들은 공공자원의 스튜어드, 공공조직의 보호자, 민주적 의사소통과 시민의식의 촉진자, 지역사회개입의 촉매자, 거리의 지도자 같은 행동으로 시민들에게 봉사하여야 함을 인식하여야 한다(Kass, 1990; Terry, 1995; Chapin an Denhardt, 1995; King and Stivers, 1998; Box, 1998; Denhardt and Gray, 1998; Lappe and DuBois, 1994; Vinzant and Crothers, 1998). 위와 같은 행동은 효율성과 이익을 추구하는 기업가의 행동과는 상당한 거리가 있는 것으로 공공서비스는 공공행정가를 공유된 힘의 소유자, 시민과 함께 일하는 사람, 문제해결 중개자의 역할이 중요함을 의미하는 것이다. 기업가가 아닌 공공행정가의 올바른 역할은 아래와 같다.

첫째, 공공행정가는 시민에게 봉사하는 사람으로 그들이 속해있는 조직의 자원을 인식하고 관리할 수 있어야 할 뿐만 아니라 지역사회 및 지역주민들에게 개입하면서 필요한 다른 유용한 자원과 지원을 인식하고 연계할 수 있어야 한다.

둘째, 공공행정가는 위기에 처했을 때 기업가가 위험에 처했을 때 기업가정신으로 모든 실패의 책임을 그들이 지고 결정을 하는 것과 달리 위험이나 기회에 대한 대처에 있어서 혼자가 아닌 지역주민들과 함께 신뢰와 협력을 바탕으로 하는 공유된 책임의식으로 모든 결정을 수립한다.

3. 신공공관리와 신공공서비스

신공공서비스모델은 신공공관리에 대한 대안으로 등장하였음으로 신공공관리의 특성과 한계에 대해서 살펴보기로 한다.

신공공관리(new public management, NPM)는 1990년대 공공조직의 관리혁신을 대표하는 새로운 방식으로 빠르게 보급되었다. 신공공관리는 기본적으로 공공관리에 대한 시장메커니즘의 활용으로 대표되어진다. 즉, 시민을 소비자로 인식하여 공공기관과 소비자사이의 관계가 시장에서 발생하는 거래를 중심으로 자기이익실현이라는 토대에 기초함이 강조된다(Denhardt and Denharrdt, 2000). 특히, 결과를 성취하기 위한 혁신적 방식을 찾거나 정부에 의해서 제공되는 서비스를 민영화하는 방식 등을 통해 공공조직을 관리한다. 신공공관리를 추진하는 관료들은 관료기구를 재구조화하기 위해 노력하였으며 주로 높은 성과와 책임성을 강조하였다. Osborne과 Gaebelr(1992)는 기존의 공공조직이 관료주의화 되어 있고, 거대하며 중앙으로 집중화되어 생산성이 낮고 효율성이 떨어진다고 보았으며 이를 극복하기 위해서는 신공공관리를 추진하는 공공행정가는 공공기업가가 되어야 함을 주장하였다. 특히 그들은 통제의 서열화와 규칙과 규정, 그리고 중앙화된 관료화가 정부조직을 더 이상 잘 운영되지 못하도록 방해한다고 주장하였다. 기존의 공공행정이 가지고 있는 특징을 정리하면 아래와 같다 (Denhardt and Denharrdt, 2000; 2003).

첫째, 정부는 서비스를 직접 제공한다. 최상의 조직구조는 중앙화된 관료주의다.

둘째, 공공정책과 행정은 단일한 하나의 정치적으로 한정된 목표를 강조하는 정책들을 실행하고 설계하는 것에 관심이 있다.

셋째, 공공행정가는 정책수립과 협치를 위한 역할을 수행하는 것 아니라 설정된 정책목표의 효율적인 실행에 대한 책임이 있다.

넷째, 서비스전달은 선출된 관리에 책임을 다하는 행정가들에 의해 수행되며 작업에 있어 그들의 재량권은 제한된다.

다섯째, 행정가들은 시민이 아니라 대체적으로 선거에 의해서 선출된 정치가들에게 책임을 다한다.

여섯째, 공공프로그램은 서열적 공적조직을 통해 그리고 상층조직으로부터 통제를 실행하는 관리자에 의해 행정 및 관리된다.

일곱째, 공공행정의 중요한 가치는 효율성과 합리성이다.

여덟째, 공공조직은 폐쇄된 체계임으로 시민의 참여는 가능한 제한된다.

아홉째, 공공행정가의 업무는 Gulick(1937)이 제시한 POSDCORB[15] 이다.

Kaboolian(1998)은 정부조직 내에서 경쟁같은 시장배열을 강조하였으며, 공공조직의 독점에 따른 비효율성을 약화시키기 위해 성과급여와 벌칙을 활용하여야 함을 강조하였다. 신공공관리가 시장과 소비자의 관점으로 정부를 바라보는 것은 이론적으로 정부조직의 비효율성과 자기이익실현을 강조하는 공공선택이론에 영향을 받은 것이다(Kamensky, 1996). 즉, 신공공관리는 과학적 관리나 질-중심관리 같은 영리조직의 관리기술을 도입한 것에서 나아가 시장의 가치를 도입하였다고 할 수 있다.

Hudson과 Lowe(2004)는 신공공관리가 전통적 관료적 방식 즉, 기존의 공공서비스 방식에 대한 비판으로 1980년대 등장하였음을 강조하였다. Pollitt 와 Bouckaert,(2000) 그리고 Kettl(2000) 등은 신공공관리의 주요 특징 요소를 다음과 같이 제시하였다.

첫째, 성과측정과 감독

둘째, 관리의 사적부문 스타일 강조

셋째, 산출통제에 대한 강조

넷째, 전통적 전문가에 대한 불신

위의 신공공관리 주요특징에서 지적되는 바와 같이 신공공관리는 관

---

15 POSDCORB는 기획(planning), 조직화(organizing), 인사(staffing), 지도(directing), 조정(co-ordinating), 보고(reporting), 예산(budgeting)의 알파벳 첫 자이다.

료들에 대한 불신을 기본으로 공공조직에 영리조직의 경영방식을 도입하는 것으로서 특히 산출과 성과를 수량화하는 성과측정과 관리를 핵심으로 한다. 즉, 신공공관리는 영리기업의 경영방식을 도입하는 것이 뼈대임으로 기업같이 정부가 운영될 수 있도록 하기 위해 효율성과 생산성 향상을 개선하기 위한 성과측정 및 성과관리를 강조하고 주로 변화를 가져다주는 결과(outcome)보다는 산출을 강조하며, 전문가나 전문적 영역의 조직에 대한 불신을 바탕으로 조직통제를 강화하는 관리방식을 강조한다는 특징이 있다. 하지만 시장철학과 효율성을 관리의 중심으로 하는 신공공관리가 조직 특히 공공조직이나 비영리조직에게 개선된 성과를 가져다주었는가에 대해서는 학자마다 이견이 있으며 경험적으로도 입증되지 못하는 것으로 나타났다(Hudson and Lowe, 2004). 특히, 신공공관리의 시장가치가 신뢰를 바탕으로 하는 협력과 조정 그리고 형평과 정의와 시민참여 등과 같은 민주적 가치를 손상시킨다는 측면에서 많은 비판을 받고 있다(Denhardt and Denharrdt, 2000).

아래의 표는 기존의 공공서비스와 신공공서비스 그리고 신공공관리의 특성을 비교한 것이다.

[표 3-16] 신공공서비스와 공공서비스 그리고 신공공관리의 비교

	공공서비스	신공공관리	신공공서비스
중심용어	관료주의, 서열, 통제	경쟁, 효율성	협력, 참여, 신뢰
이론적 기초	관료주의이론	공공선택이론	민주적 시민참여이론, 스튜어드십이론
인간행동에 관한 관점	행정적 인간	경제적 인간, 경제적 합리성추구, 자기이익실현 추구	정치적, 경제적 조직적 합리성

공공이익에 대한 개념	법에 의해 표현되고 정의됨	공공이익은 개인적 이익의 총합	공유된 가치에 관한 대화의 결과
누구에게 응답하여야 하는가?	client 그리고 선거구민	소비자	시민
정부의 역할	노젓기(목표에 집중된 정책을 설계하고 실행한다)	조종하기(시장의 촉매제로 역할한다)	봉사하기(공유된 가치를 만들기 위해 다양한 집단과 시민들 사이에서 이익을 조정하고 협상한다)
정책목표성취 위한 메커니즘	공공기관을 통해 프로그램을 행정한다.	영리 및 비영리 조직을 통해 정책목표를 성취하기 위해 보상체계 구축한다.	욕구를 해결하기 위해 공공과 민간기관과의 협력을 구축한다
책임성	서열 중심-행정가가 책임이 있다	시장중심-자기이익 중심으로 소비자가 갈망하는 결과를 만든다.	관료는 시민의 이익, 전문적 기준이나 표준, 정치적 규범, 지역사회가치 법 등에 의존
행정적 재량	승인된, 제한된 재량	기업가적 목적성취를 위한 폭넓은 재량	필요에 의한 재량
조직구조	상명하달식 관료주의조직	탈중앙화된 공공조직	공유된 지도력을 가진 협조적 구조
관료들의 행동전제	현금지불과 혜택, 시민서비스보호	기업가 정신, 정부의 크기를 줄이려는 이념적 욕망	공공서비스, 사회에 기여하려는 욕망

* 자료: Denhardt와 Denharrdt(2000), p. 554 표-1에서 재수정

4. 신공공서비스모델과 사회복지전달

공공선택이론에 영향을 받아 인간행동의 원인이 자기이익최대화라는 측면과 시장기제 강화에 따른 신공공관리모델의 문제점을 지적하면서 등장한 신공공서비스모델은 국가제공의 비용을 줄이는 효율성 측면보다는 스튜어드십이론에 기초하여 집합주의, 협력과 신뢰의 가치 그리고 시민참여, 민주주의, 복지권리 등을 강조한다. 즉, 신공공서비스모델은 선택과 경쟁이라는 시장요소를 강조하는 신공공관리모델에 대응하여 국민을 공공 및 사회복지서비스제공의 단순한 소비자나 이용자로 보지 않고 참여를 강조하면서 서비스제공의 한 주체로 인정하고 시민의 권리란 측면을 강조한다.

Denhardt와 Denhardt(2000, 2003, 2008)는 서열과 중앙집중식 감독과 통제가 강조되는 낡은 유형의 기존 공공서비스와 이를 극복하기 위해 개인적 선택과 효율성 성취를 위해 시장의 힘을 빌리며 보상과 벌칙이라는 영리기업의 관리방식을 접합하려는 시도인 신공공관리 그리고 신공공관리에 대한 비판적 대안으로 신뢰와 협력을 강조하면서 등장한 신공공서비스를 분석하면서 신공공서비스모델이 가장 이상적으로 공공 및 사회복지서비스를 제공할 수 있는 최적의 모델임을 강조하였다. 그들에 따르면 시민은 소비자가 아니고 정부를 소유한 소유자이다. 또한 인간의 행동은 자기이익을 추구한다기보다 가치, 신념, 그리고 다른 사람들에 대한 관심에 기초한다. 즉, 그들에 따르면 국민들은 소비자나 이용자 또는 client라기보다는 민주주의 사회의 시민이다(Denhardt and Denhardt, 2003, 2008). 결국, 공공서비스모델은 시민참여와 대화를 통해 공유된 이익과 가치를 추구하며, 공공의 목적을 성취하기 위해 그리고 국민들에게 봉사하려는 갈망에 의해 동기가 부여되는 시민권의 확대를 강조하는 공공 및 사회복지서비스전달모델이라고 할 수 있다.

[표 3-17] 신공공서비스모델 사회복지전달의 특징

사회복지서비스생산 및 공급의 특징	사회복지서비스전달체계 특징
– 사회복지서비스 전달과정으로의 시민 참여	– 국민(시민)은 사회복지서비스의 이용자나 소비자가 아닌 정부가 제공하는 서비스의 주인

신공공서비스모델은 공공제공모델의 서열적이고 중앙 집중적이면서 국가독점적인 전달체제에 대한 대안으로 그리고 공공제공모델에서 제공되는 사회복지서비스가 획일적이고 국민들의 개별적 욕구에 대한 서비스제공이 불가능하다는 단점을 극복하기 위한 대안으로서 국가가 사회복지서비스를 시민과 함께 공동생산하고 시민은 서비스의 단순한 사용자나 서비스수혜자가 아닌 서비스제작에 직접 참여하는 참여자로서의 역할을 강조하는 모델로서 국가와 국민의 역할을 아래와 같이 나타난다.

[표 3-18] 신공공서비스모델에서 국가와 국민의 역할

국가의 역할	국민의 역할
• 사회복지서비스의 공동제작자 및 참여자 • 서비스봉사자	• 서비스 생산에 참여하는 참여자이자 서비스를 제공받는 시민

5. 신공공서비스모델의 한계

신공공서비스제공모델의 가장 큰 한계는 협력과 신뢰를 구축하기 위한 구체적인 내용이 지적되지 않는다는 점이다. 사회적 자본인 신뢰와 공유된 가치를 통하여 협력체계를 구축하기 위해서는 이를 위한 구체적인 틀이 필요하다. 또한 신공공서비스모델은 신공공관리와는 달리 효율성이나 생산성 보다는 시민의 권리와 형평성을 보다 강조하는 전달모델이라고 할 수 있지만 현실적으로 재정지출의 한계를 극복하기 위해서는 서비스의 효과적 측면을 어떻게 관리하고 성취할 것인가도 매우 중요하다는 측면에서 공공 및 사회복지서비스의 효과성을 지속적으로 강화할 수 있는 관리적 방안의 제시가 필요하다.

신공공서비스모델은 관료들이 사회적 가치를 가지고 있으며 집합주의적 사고를 가지고 국민을 위해 봉사하고, 그리고 지속적으로 스스로 자기반성하는 집단이라고 전제한다. 이러한 관료들에 대한 기본 전제가 공공정책이론이나 정부실패를 강조하는 학자들의 견해와 가장 대칭적인 시각이기는 하지만 관료들이 국가를 위해 일하는 집사의 역할을 포기하고 자신들의 이익만을 추구하는 경우를 완전히 배제할 수 없다는 측면에서 공공서비스제공의 실질적인 책임을 가지고 있는 관료 및 행정가들에 대한 책임성강화의 구체적인 방안 역시 필요하다고 볼 수 있다.

사회복지전달에 있어 시민의식을 강조하고 국민이 서비스의 주인이라는 점을 통해 주인인 국민들이 사회복지전달에 참여하여야 한다는 당위성을 강조한다는 측면에서 협력이나 신뢰를 강조하는 모델보다는 시민참여의 구체성을 가지고 있지만 사회복지전달과정으로 시민이 어떻게 참여하는가 또는 참여를 위한 구조는 무엇인가에 대한 실천대안제시가 부족하다는 점 역시 신공공서비스모델의 제한점이라고 볼 수 있다.

제8절 신뢰모델

1. 신뢰모델의 기본적 배경

1) 신뢰모델의 배경

신뢰모델은 공공제공모델과 시장모델에 대한 대안으로 등장하였던 준시장 모델의 한계를 극복하기 위해 등장한 서비스전달모형이라고 할 수 있다. 즉, 국가가 직접 서비스를 전달하는 공공제공모델은 공공성 강화와 서비스의 지속성과 안정성은 유지되고 확대된다는 장점이 있지만 서열적이고 중앙집중식 전달로 인하여 모든 국민들의 개별적 욕구에 대한 대응에는 부적합하다는 단점과 공공선택이론이 강조하는바와 같이 x-비효율성과 할당효율성의 문제를 극복하지 못하는 한계를 가지고 있다면 시장모델과 준시장모델은 기본적으로 경쟁과 선택이라는 시장작동원리가 배제와 차별을 가져다줌으로 인간가치를 강조하는 사회복지영역에 적합하지 않고 사회복지영역에서 협력과 조정이라는 가치를 붕괴시킨다는 한계를 극복하기 위한 대안으로 사회적 자본의 형성을 통한 신뢰구축을 강조하는 신뢰모델이 등장하였다고 할 수 있다. 신뢰는 파트너십과 네트워크 그리고 협력관계구축을 위한 기본적 토대임으로 신뢰모델은 협력, 파트너십, 그리고 네트워크가 강조되는 모든 서비스전달모델에 기본적 틀을 제공한다고 할 수 있다(Le Grand, 2007; Alexander, 2009).

특히, 신뢰모델은 공공조직 뿐만 아니라 비영리조직을 통한 서비스전달의 중요성도 함께 강조하는데 이는 서비스의 효율적 전달 및 효과성개선을 위한 구체적인 방법으로 비영리조직과 공공조직 간의 신뢰를 바탕으로 하는 혼합형 서비스전달을 의미한다. 따라서 신뢰모델은 복지혼합의 시대에 사회복지서비스전달의 한 유형으로 등장한 신공공서비스모델이나 참여모델이 작동하기 위한 기본원칙을 제공한다. 즉, 시장모델이나 준시장모델은 모두 사회복지서비스전달에 있어 경쟁을 강조하지만 국가는 경쟁 때문에 나타나는 두 모델이 가지는 실패요인을 제거하기 위해 민간조직과의 파트너십과 협력에 초점을 맞추어야 하고 파트너십과 협력은 기본적으로 신뢰를 바탕으로 하여야 성공적으로 작동할 수 있기 때문이다(Boyne, 1998a; Caiden and Sundaram, 2004; Entwistle and Martin, 2005; Warner and Bel, 2008; Hefetz and Warner, 2008). 결국, 신뢰는 경쟁의 시대에서 협력의 시대로 서비스전달의 유형이 전환되는데 있어 기본적 틀을 제공한다고 볼 수 있다.

신뢰모델은 협력모델 또는 네트워크모델이라고도 불린다. 협력모델이 학자들에 따라 신뢰모델이나 네트워크모델로 불리는 이유는 신뢰, 협력, 네트워크 모두가 사회적 자본을 구성하는 중요한 구성요소라고 할 수 있기 때문이다. 신뢰모델은 공공과 민간의 협력을 통한 사회복지 및 공공서비스전달을 강조한다는 점에서 공공제공모델의 새로운 흐름으로 제시되었던 Denhardt와 Denhartdt(2000; 2007)의 신공공서비스모델에 영향을 주었다고 볼 수 있다. 신뢰모델은 특히, 신뢰를 강조하고 공공부문을 포함하여 민간 기관과의 협력을 통한 지역사회발전을 추구하다는 측면에서 신뢰를 바탕으로 국민들의 참여를 강조하는 신공공서비스모델과는 차이가 있다.

Le Grand(2002)는 신뢰모델에 앞서 네트워크모델을 사회복지전달을 위한 모델로 제시한 후 네트워크모델의 한계를 극복하는 새로운 모델로서 신뢰모델을 사회복지전달의 새로운 모델로 소개하였다. 따라서 신뢰모델을 이해하기 위해서는 먼저 네트워크모델을 이해하는 것이 우선이다. 네트워크와 마찬가지로 파트너십도 협력관계를 증진시키는 도구라고 할 수 있고 파트너십 역시 신뢰를 기본으로 한다. 신뢰는 사회적 자본을 구성하는 중요 요소임으로 사회적 자본 역시 신뢰모델을 이해하는데 있어 중요한 이론적 틀을 제공해준다.

2) 신뢰모델과 네트워크

네트워크모델은 자격있는 전문가 또는 조직(민간 또는 정부조직을 포함하여)이 상호 신뢰 하에 네트워크를 구축하여 사회복지서비스를 전달하고 할당하는 사회복지전달모델로서 정부가 독점하는 조직에서 명령이나 통제적 방식을 통하여 서열적 방식으로 서비스가 전달되거나 자기 자신에게 이익이 되는 교환(시장적 교환)을 통해 사회복지를 전달하는 것보다 사회적 관계를 통해서 서비스가 전달됨이 강조된다(Le Grand, 2002). 네트워크모델을 통한 사회복지전달을 설명하면서 Le Grand(1997, 2002)는 네트워크모델에서 주인과 대리인이 모두 사회복지전달에 있어 기사(knight)의 역할을 수행한다고 설명한다. 기사는 스튜어드십이론에서 스튜어드와 비슷한 개념으로 이타적 행동을 통해 조직 전체 또는 사회 전체의 사회복지향상을 위해 노력하는 사람이며, 사회복지전달에서 기사는 효율적이고 공평한 서비스를 제공하는 사람이다. 네트워크모델에서 주인과 대리인은 그들의 이익을 위해 서로 교환하지 않으며 주인은 대리인이 원하는 자원을 할당하고 제공해준다. 한편 공공선택이론이나 주인-대리인이론에서 의미하는 자기 자신의 이익만을 추구하는 이기적 인간을 Le Grand는 악당(knave)으로 묘사하였다. 네트워크모델과 신뢰모델의 차이점은 신뢰모델이 네트워크모델보다 광의의 개념을 포함하는 모델이라고 할 수 있는데, 이는 네트워크에서 함께 일을 하든 하지 않든에 상관없이 모든 상황에서 조직이나 조직구성원들이 상호 간에 신뢰에 의존하여 행동을 하는 것이 전제되기 때문이다.

3) 신뢰모델과 사회적 자본

신뢰모델에서 신뢰는 앞에서 지적한 바와 같이 사회적 자본을 구성하는 중요 구성요소이다. Putnam(2000)은 사회적 자본을 모든 사회적 연계의 집합적인 가치이고 서로 서로 무엇을 하기 위해서 이 연계로부터 일어나려는 경향이라고 정의하였으며 사회적 자본을 구성하는 요소로 신뢰와 협동을 강조하였다. 특히 그는 사회적 자본을 두 가지 유형으로 구분하였는데 첫 번째 유형의 사회적 자본은 이미 알고 있는 사람들을 더욱 가깝게 하도록 하는 결합자본이고 또 다른 하나의 유형은 잘 알지 못하는 사람을 함께 하도록 하는 연결(또는 교량)자본이다. 이러한 결합자본과 연결자본을 구성하는 요소로 네트워크가 강조되고 있다. 따라서 사람들이나 조직 간의 신뢰라는 사회적 자본을 통해서 사람들이나 조직들을 결합하고 교량역할을 하는 네트워크가 사회복지전달을 통해 지역주민의 역량이 강화되고 발전될 수 있도록 하는 하나의 토대를 형성하게 된다(지은구, 조성숙 2009).

4) 신뢰모델과 파트너십

파트너십이 작동하기 위한 전제는 바로 신뢰형성이다. 신뢰가 전제된 상황에서 파트너십은 서비스전달에 있어 매우 효과적인 서비스전달도구가 될 수 있다. 파트너십은 협력이 실현되는 도구이고 협력은 신뢰를 바탕으로 함으로 신뢰, 협력 그리고 파트너십은 상호간에 강력한 관계가 있다. 파트너십이라는 협력관계를 구축함으로서 조직 간의 교환에서 갈등은 줄어들게 되고 협상은 보다 손쉽게 진행될 수 있다.

2. 신뢰모델의 특성

1) 신뢰모델과 상호의존이론

신뢰모델은 위에서 설명한 바와 같이 조직과 조직 간의 즉, 상호조직 간의 신뢰를 바탕으로 하는 협력과 조정을 통해 사회복지서비스를 전달하는 시스템을 의미한다. 여기서 조직이란 공공조직과 민간조직을 모두 포함한다. 특히, 신뢰모델은 비영리조직과 정부와의 신뢰구축을 강조한다. 신뢰는 사회적 자본을 구성하는 구성요인임으로 사회적 자본은 신뢰모델을 지지하는 중요한 개념이라고 할 수 있다. 신뢰모델은 정부의 실패는 신뢰구축의 실패이고 시민에 대한 책임성 실현의 실패라고 전제한다. 즉, 정부의 실패는 시장모델의 등장이나 시장모델의 맥락에서가 아니고 시민에 대한 책임성과 신뢰관계를 구축하지 못한 협치의 실패 때문이라고 Alexander와 Nank(2009)는 지적하였다. 특히, 신뢰모델은 협치의 실패를 극복하기 위한 주도적 역할에 있어 비영리조직의 역할에 주목한다. 협치의 실패 상황에서, 신뢰구축을 위해 비영리조직이 다리의 역할을 수행하여야 한다는 점이 강조된다.

상호의존이론은 신뢰모델을 설명하는 대표적인 이론이다. 상호의존이론에 따르면 정부와 비영리조직 간의 관계의 역동성을 이해하는 기본틀은 정부와 비영리조직이 지속적이고 공생적인 협력관계에 빠져있다는 점이다(Salamon and Anheier, 1998; Steinberg and Young, 1998). 비영리조직은 수십 년에 걸쳐 정부를 대신하여 사회복지서비스를 제공하여 왔으며, 비영리조직은 역사적으로 공공부문을 위해 일종의 연구조사 및 실천행동을 위한 두 손의 역할을 주도적으로 제공하여 왔다(Walden, 2006). 비영리조직은 지역사회에 대한 이해와 기반을 바탕으로 해서 사회문제에 대한 조직화된 대응과 해결책 제시를 위해 노력하여왔다는 것은 부인할 수 없는 주지의 사실이다. 결국, 정부와 비영리조직은 상호의존하면서 지역사회의 번영을 위해 함께 노력하여야 하는 공동운명체라는 점을 신뢰모델은 강조한다.

2) 사회적 자본과 신뢰, 네트워크 그리고 파트너십

사회적 자본은 네트워크 안에 소속되어 있는 개인이나 조직을 통해서 자원을 획득하는 개인이나 조직의 능력이라고 이해할 수 있다(Putnam, 1993, 1995; Portes and Sensenbrenner, 1993; Powell, 1990; Coleman, 1990). 따라서 유용하지 않은 자원을 확보하여 네트워크에 참여하는 참여자들에게 제공하기 위하여 사회적 관계나 제도적 관계가 강조되며 특히, 사회적 자본을 고양시키기 위해 조직 간의 관계 안에서 상호신뢰, 상호호혜, 그리고 동질성의 공유 등의 역할이 강조된다.

Putnam(1993)은 사회적 동질성을 확장시키고 집합적 행동의 딜레마를 해결하기 위해 상호성을 사회적 자본의 구성요소로 강조하였다. 상호성이 강조되는 사회적 자본은 따라서 상호의존, 제휴가 강조되며 상호의존과 제휴 그리고 상호성이 구현되는 실체로서 네트워크의 역동성이 강조된다. Powell(1990)은 시장도 아니고 서열(Hierarchy)도 아닌 네트워크를 강조하였다. 그에 따르면 자원할당의 새로운 체계로서 네트워크에서는 교환이, 시장을 통한 교환도 아니고 행정적 통제나 서열도 아닌, 상호지지적인 행동에 의해서 이루어진다. 네트워크관계의 기본가정은 한 조직이 다른 조직에 의해서 통제되는 자원에 종속되어 있지만, 이득이 자원의 공동출자에 의해서 얻어진다는 것이다(Powell, 1990), 이런 측면에서 네트워크에 참여하는 조직들은 다른 조직의 비용으로 그들 자신들의 이익을 추구하는 권리를 버리게 된다. 따라서 Powell이나 Putnam 등 사회적 자본을 강조하는 학자들의 사회적 자본개념을 확대해보면, 사회복지서비스를 포함한 공공재의 할당은 정부나 시장을 통해서 제공되는 것이 아니고 신뢰를 바탕으로 구축된 조직

상호간의 협력과 조정을 기본으로 하는 네트워크를 통해서 제공되는 것이 바람직한 방식이 된다.

협력을 위한 하나의 구체적 방법이자 도구로 파트너십을 중요시하였던 Alexander와 Nank(2009)에 따르면 신뢰는 또한 조직과 조직 사이에 동반자 관계인 파트너십에도 중요한 영향을 미친다. 일반적으로 상호조직의 협력을 위한 파트너십(동반자관계)이 성공하기 위한 중요한 요인으로 학자들은 상호의존에 대한 인식, 정보교환을 증진시키는 의사소통의 행동, 파트너십 안정성에 영향을 미치는 지도력, 공유된 목적을 향한 소명감, 함께 문제를 해결하는 갈등해결메커니즘 등을 지적하였지만 이보다 더욱 중요한 요인으로 신뢰를 지적하여 신뢰가 협력관계구축의 가장 중요한 열쇠의 역할을 함을 지적하였다(Seppanen et al., 2007; Van Slyke, 2007; Bryson et, al., 2006; Lewicki et al., 1998; Mohr and Spekman, 1994). 많은 학자들은 정부조직과 비영리조직 간의 신뢰가 조직 상호간에 안정적 협력을 구축하는데 있어 매우 중요한 전제조건이며(Bryson, Crosby, and Stone, 2006; Lewicki, McAllister, and Bies, 1998; Seppanen, Blomqvist, and Sundqvist, 2007; Van Slyke, 2007), 비영리조직의 측면에서, 신뢰는 조직생존을 위한 중요한 토대(Alexander and Nank, 2009)라고 지적하였다. 또한 Alexander와 Nank(2009)는 신뢰와 불신이 조직 간의 협력효과성에 있어 결정적인 요소임을 (즉, 신뢰가 높으면 협력효과성은 높아지고 불신이 높으면 협력효과성은 낮아지는) 조직비영리조직과 정부조직 간의 신뢰와 불신에 대한 조사를 통해 입증하였다.

신뢰는 파트너십을 유지하는 중요한 구성요소이고 사회적 관계의 본질이자 토대이다(Alexander and Nank, 2009). 신뢰는 조직상호간 파트너십을 긍정적으로 이끄는데 이는 신뢰가 생산성과 결과를 증진시키고 권위의 위임 그리고 재량권과 자율성을 부여하며, 거래비용을 낮추고, 정보공유, 의사소통 그리고 갈등해결을 개선시키며, 공식적 계약에 대한 의존과 스트레스를 줄이고 문제해결을 향상시키며 유연성을 증가시키기 때문이다(Van Slyke, 2007; Lewicki et al., 1998; Zald and McC20t9), 1997; Carnevale, 1995; Mohr and Spekman, 1994; Williamson, 1993; Golembiewski and McConkie, 1975). 신뢰를 불러일으키는 행동으로는 대화로의 참여, 공동의 의사결정, 공동의 경험, 상호행동의 반복된 유형, 형평과 공평의 유지, 사전정보교환, 그리고 협력자의 요구를 수용하려는 의지 등을 들 수 있다(Das and Teng, 1998; Carnevale, 1995; Korsgaard, Schweiger, and Sapienza, 1995; Macneil, 1980).

신뢰는 갑자기 생기는 것이라고 할 수 없다. 파트너십에 있는 조직행동가들에게 있어 신뢰는 함께 협력해서 일하는 과정에 그리고 수년에 거쳐 진행되는 상호행동의 형태 속에서 만들어 진다. 공공조직과 민간협력기관사이의 초기 접촉에서 명확하게 협력의 목적이나 파트너십의 역할과 같은 과업의 경계를 정하게 되지만 더욱 자세한 협력의 내용은 협력의 당사자인 조직들이 이념적 교감(문제에 대한 인식과 그것을 해결하기 위한 수단 등과 관련된)과 영역교감(domain consensus, 조직의 역할과 관련된 동의)을 숙고하면서 수년간에 걸쳐 만들어 진다. 즉, 조직 간에 발생하는 신뢰는 기본적으로 조직들이 처음 만나 협력에 대한 필요성에 동의하고 협력의 목적이나 협력의 역할에 대한 상호간의 의견일치 과정을 거쳐 수년간의 협력활동 즉, 이념적 교감과 동의교감 활동을 통해서 확립된다.

한편 Das와 Teng(1998)은 조직 상호간 파트너십에 있어 신뢰는 점차적으로 형성되지만 상대적으로 빠르게 잃을 수 있음을 지적하였다. 이는 신뢰가 일정정도의 행동을 바탕으로 시간을 거쳐 구축되지만 또 다른 한편으로 신뢰는 한순간의 실수나 오해의 행동으로 쉽게 사라질 수 있음을 의미하는 것이라고 할 수 있다. 신뢰의 반대용어로 사용되는 불신을 비영리조직 그리고 공공조직 간의 조직상호 간 행동에 적용하여 조직책임성의 실패로 Barber(1983)는 정의하였으며 다른 조직이 나를 위해 최선을 다하지 않을 것이라는 기대와 지속적으로 능력있는 그리고 책임있는 행동을 하지 않을 것이라는 기대에 의해서 나타난다고 지적하였다. 한편, Weisbrod(1978)는 불신에서 신뢰로의 전환은 파트너(조직)에 대한 부정적인 기대가 긍정적인 기대로 변하는 것을 나타낸다고 지적하였다.

3) 신공공서비스모델과 신뢰모델

신공공서비스는 지역사회의 욕구와 가치에 부응하는 서비스를 개발하고 사회문제를 해결하는데 공공행정가들이 지역사회주민과의 협력작업에서 중심에 서는 것을 강조하였다. 특히, 비영리조직과의 협력작업이 공공서비스 및 사회복지서비스전달을 위한 실천행동에 있어 매우 중요한 토대임을 제시하였다. 따라서 협력을 강조하는 신공공서비스와 신뢰모델은 협력이 신뢰를 바탕으로 형성되는 것임으로 밀접한 연관이 있다고 할 수 있다(Denhardt and Denhartdt, 2007; King et al., 1998).

Alexander와 Nank(2009)는 인간봉사영역에서 공공조직과 비영리조직 사이의 협력파트너십에 대한 10년 간의 종단적 연구를 통해 다음과 같은 결과를 제시하였다. 첫째, 비영리조직과 공공조직의 파트너십은 서비스 영역을 확장시키는 기회를 가져다주었으며 둘째, 공공과 비영리민간기관의 협력은 소외집단에 대한 민주적 책임성을 확장시켜 공공기관의 협치 능력을 확대시켰고 마지막으로 협력파트너십은 신공공서비스 실천행동을 위한 실험실로서 기능하도록 하였다는 점이다. 결국, 이들의 연구는 신뢰를 바탕으로 하는 협력파트너십이 인간봉사영역에서 제공되는 신공공서비스모델의 실천적 토대임을 강조하는 것이라고 할 수 있다.

신공공서비스제공모델에서 설명한 바와 같이 신공공서비스는 시민을 소비자, 투표자, client로 보는 것이 아니라 시민 그 자체로 바라보며 공유된 권위 그리고 통제의 축소와 신뢰와 협력구축을 강조하고 공동체의식과 시민사회를 강조하며 정부가 공공서비스제공을 통하여 공동체를 건설하고 지원할 수 있도록 노력하여야 함을 강조한다. 물론 신공공서비스모델이 시민참여를 보다 강조한다는 특징이 있지만, 신뢰와 협력관계구축을 통한 공공서비스제공이 신공공서비스제공모델의 주요 내용이라고 할 수 있음으로 신뢰를 기초로 하는 협력파트너십은 신공공서비스제공의 핵심적 요소와 일정부문 일치하는 경향이 있다. 신뢰모델에서 공공기관의 협력파트너인 비영리민간조직들은 시민 최대의 이익실현을 위해 행동할 수 있는 역량이 부족한 공공조직들을 지역공동체 속으로 인도하는 가교역할을 수행한다. 또한 신뢰모델에서 협력파트너들은 파트너십을 통해 공공기관에게 보다 긴밀한 지역사회에 대한 지식과 정보, 특정 인구집단에 가장 효과적으로 접근하는 방법 그리고 지역사회의 가치에 부합하도록 하는 능력을 제공하게 된다(Alexander and Nank, 2009).

이러한 신뢰모델에 근거한 공공조직과 민간조직들 사이의 협력행동은 단순한 사회복지서비스전달을 뛰어넘어 소외된 집단에 대한 민주적 책임성을 창출하고 고지된 결정(informed decision)을 이끌고 공유된 결정(shared decision)을 수행하는 상호행동과정을 의미하게 된다.

3. 신뢰모델과 사회복지전달

사회적 자본을 확충시키기 위한 방안으로 Fukuyama(1999)는 국가가 사회복지재화와 서비스를 효과적으로 제공하는 것이 중요함을 강조하였다. 사회적 자본을 구성하는 신뢰와 신뢰를 바탕으로 하는 네트워크 또는 협력파트너십은 모두 사회적 자본을 강화하는 요소이며 사회적 자본을 강화하기 위해서는 신뢰를 바탕으로 하는 또는 네트워크를 바탕으로 하는 자원의 할당이 중요하다고 할 수 있다. Powell은 앞에서 지적한바와 같이 네트워크를 통한 자원할당을 강조하였는데 이는 네트워크가 사회복지재화와 서비스를 할당하는 하나의 할당배열임을 의미하는 것이다. 네트워크모델은 Le Grand가 제시한바와 같이 사회복지전달의 한 방안이며 보다 확대된 형태가 네트워크모델에 기초한 신뢰모델이다. 신뢰모델을 통해서 공공조직은 민간비영리조직과 협력체제를 구축하여 사회복지재화와 서비스를 할당하고 배분하여 지역사회주민들이 보다 안전하고 건강하게 그들의 삶을 유지하도록 노력하게 된다.

신뢰모델을 통한 사회복지전달의 핵심논리는 바로 공공조직이 비영리조직의 능력에 의존해서 협력하여 사회복지전달을 주도한다는 것이다. Nathan(1996)은 정부로부터 자금을 지원받아 생기가 넘치는 공공 및 사회복지서비스를 제공하는 비영리조직의 지속적인 성장을 "비영리화운동(nonprofitization movement)"이라고 불렀다. "비영리화운동"은 공공조직이 시민들에게 보다 효과적인 서비스를 제공하기 위하여 "비영리조직의 능력과 건강성"에 의존하는 것이라고 할 수 있는데 이러한 "비영리화운동"은 정부조직과 민간비영리조직의 협력을 통한 사회복지전달을 강조하는 신뢰모델의 기본적 토대라고 할 수 있다. 신뢰모델을 통한 사회복지전달의 흐름을 그림으로 나타내면 아래와 같다.

[그림 3-4] 신뢰모델을 통한 사회복지전달의 흐름

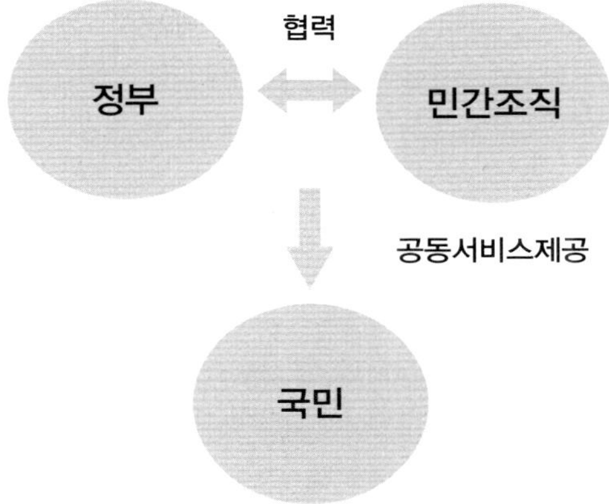

신뢰모델은 사회복지전달에 있어 공공제공모델이 가지고 있는 단점 즉, 서비스의 전문성 및 효과성 부족에 대처하기 위해 비영리조직의 정보와 지식 그리고 기술 등의 전문성을 활용할 수 있다는 장점을 가지고 있다. 또한 비영리조직을 단순한 대리인이 아닌 공동으로 서비스를 생산 및 공급하는 협력파트너로 인식함으로 감독과 통제 등으로 증가하는 거래비용을 축소시킬 수 있다는 장점을 가진다. 특히, 조직 간의 신뢰를 바탕으로 서비스가 전달됨으로 지역사회 전체의 신뢰 및 공유된 이해 등의 사회적 자본의 형성에 도움을 주어 전체 지역사회에 이타주의 및 공동체주의가 확대되도록 하는데 도움을 준다. 아래의 표는 신뢰모델에서의 사회복지전달의 특징을 나타낸다.

[표 3-19] 신뢰모델 사회복지전달의 특징

사회복지서비스생산 및 공급의 특징	사회복지서비스전달체계 특징
– 공공조직과 민간조직이 협력파트너십과 민관협력네트워크 구축을 통해 사회복지서비스의 생산 및 공급을 주도함 – 서비스 전문성의 개선과 위험에 대한 유연한 대처가 가능함	– 국가와 비영리조직은 서비스의 전달에 공동으로 책임을 지는 협력파트너 – 믿음과 신뢰 구축 등 사회적 자본형성

신뢰모델에서 국가와 민간 서비스 제공기관 사이에는 신뢰를 바탕으로 하는 협력관계가 형성되어 국민들에게 필요한 서비스가 제공된다는 점에서 주인과 대리인사이에 있었던 정부와 비영리조직 사이의 종속적 그리고 서열적 관계가 사라지게 되고 조직 간에는 협력파트너십이나 협력 네트워크 같은 기구가 서비스를 제공하게 된다. 국민은 서비스에 직접 참여하지는 않지만 보다 효과적이며 문제해결적인 서비스의 제공을 기대할 수 있다. 아래의 표는 신뢰모델에서 국가, 제공기관 그리고 국민의 역할을 나타낸 것이다.

[표 3-20] 신뢰모델에서 국가, 제공기관 그리고 국민의 역할

국가의 역할	제공기관의 역할	국민의 역할
• 서비스 자금제공자 • 서비스를 생산하는 생산자 및 공급하는 공급자 • 협력파트너	• 서비스를 생산하는 생산자 및 공급하는 공급자 • 협력파트너	• 서비스 수혜자

4. 신뢰모델의 한계

신뢰모델의 가장 문제점은 크게 세 가지로 요약될 수 있는데 첫 번째 문제점은 신뢰를 형성하기 위해 들어가는 시간과 노력비용이 크다는 점이고 두 번째 문제점은 신뢰모델을 통해서 얻을 수 있는 수량화(예를 들어 화폐가치)되어 나타날 수 있는 성과(performance)가 낮을 수 있다는 점이다. 사회복지를 전달하는 전달주체들 사이에 상호협력을 위한 신뢰 나아가 신뢰를 바탕으로 네트워크나 파트너십을 구축하여 서비스를 전달한다는 것은 단기간의 노력이나 한 조직이나 한 사람만의 노력으로는 불가능하며 조직 상호간의 이해와 조정을 필요로 하는 장기간의 노력과 시간을 필요로 한다. 또한 신뢰를 구축하였다는 것과 신뢰를 통해 사회복지전달의 성과가 개선 나아가 증대되었다는 것은(물론 성과를 어떻게 정의하는가에 따라 다르게 이해될 수 있지만), 사회복지전달의 성과가 손쉽게 측정가능하지 않을 수 있음으로 과업이나 눈앞에 쉽게 보이는 성과를 통해 사회복지전달의 효율성이나 효과성 또는 형평성의 개선을 확인하고 싶어 하는 관계자들에게는 효과적인 사회복지전달모델로 비쳐지지 않을 수 있다. 즉, 신뢰모델은 가시적인 단기간 내의 성과를 강조하는 서비스전달모델이라기 보다는 사회적 자본을 형성하여 장기적으로 사회복지서비스가 전달되는 것을 강조한다는 측면이 있다. 특히 신뢰모델을 통해 사회복지를 전달하는 경우 나타날 수 있는 마지막 문제점은 신뢰모델이 구체적인 서비스전달의 내용이나 전달의 방법을 제시한다기보다 신뢰를 바탕으로 하여 협력네트워크와 협력파트너십을 통한 사회복지전달을 강조한다는 점에서 사회복지전달의 내용구체성이 부족하다는 점이다.

제9절 참여모델

1. 참여모델의 기본적 배경

시장모델과 가장 대칭점에 서 있는 공공 및 사회복지전달체계모델이 Peters(1996)가 구분한 참여(participatory)모델이다. 참여모델은 공공 및 사회복지서비스 전달의 효과성 및 효율성을 증가시키기 위한 도구로서 선택과 경쟁을 강조하는 시장이 아닌 역량강화, 공동체, client에 의한 자기관리 등을 강조한다. 큰 틀에서 본다면 참여모델은 신뢰모델과 신공공서비스모델과 비슷한 범주에 들어갈 수 있다. 또한 공동생산모델도 국민들의 서비스생산과 공급으로의 참여를 기본적으로 강조하는 모델임으로 참여모델에 영향을 받은 모델이라고 할 수 있다. 특히 참여모델은 신공공서비스모델의 등장에 지대한 영향을 미쳤다고 할 수 있다. 신뢰모델은 신뢰나 공유된 비전과 같은 사회적 자본의 요소를 강조한다는 특징이 있지만 참여모델은 시장메커니즘에 대항하여 정부에 정치적이며 민주적이고 집합적 메커니즘을 위한 대안으로 정치적 이념으로 참여를 강조한다는 특징이 있다. 즉, 신뢰모델이 시장과 준시장의 실패요인을 신뢰를 통한 협력체제구축을 통해서 극복할 수 있다고 보는 반면 참여모델은 시장모델이나 준시장모델의 실패보다는 공공제공모델의 실패가 시민들의 참여를 통해 극복될 수 있음을 강조함으로 공공제공모델에 대한 대안으로 등장하였다고 볼 수 있다.

따라서 참여모델은 기본적으로 서열과 상명하달 등으로 표현되는 전통적인 관료구조가 좋은 정부를 가로막는 장애물이라고 보며 공공 및 사회복지서비스를 전달하는 새로운 방식으로 주민의 개입 또는 참여를 강조한다. 특히 참여모델은 기본적으로 서열과 상명하달

스타일의 전통적 관리가 직원들의 업무에 대한 개입을 제한하며 개입의 결여는 결국, 조직에 대한 직원들의 사명감을 떨어트리고 그들을 조직으로부터 소외되도록 한다고 전제한다. 참여모델은 관료화(bureaucratization)가 서열조직구조상 국민들에게 필요한 프로그램과 서비스를 제작하고 생산하는 것이 제한적임을 강조한다. 특히, 참여모델은 관료주의에서 강조되는 서열중심의 규정이나 규칙을 강조하는 조직관리가 정부 및 관리의 효과성을 떨어트리는 장애물임을 강조하면서 조직 상층지도부보다는 client와 낮은 직급에 있는 직원들의 역할에 주목한다. 결국, 참여모델은 시장모델에 대한 대안으로 국가가 서비스를 제작하는 것을 강조하지만 공공조직 만이 서비스를 생산하고 공급하는 경우 나타날 수 있는 한계 즉, 공공제공모델의 관료주의적 한계를 극복하기 위해서는 국민들의 참여가 필요함을 강조한다.

2. 참여모델의 특징

참여모델은 관료주의적 특징으로 나타나는 공공서비스전달의 비효율성과 비효과성을 극복하는데 있어 민영화 또는 시장화 즉, 선택과 경쟁이라는 시장메커니즘보다 시민과 조직구성원들의 역량강화를 통한 참여를 강조한다는 특징이 있다. 즉, 참여모델은 국민들의 참여는 결국 직접적으로 국민 개개인들에게 혜택이 되는 서비스가 국민들에게 직접 생산되고 제공될 수 있음을 강조한다. 참여모델의 전제는 client와 낮은 직급의 직원들이 공공 및 사회복지서비스가 가지고 있는 실제 내용과 특성 그리고 정보에 대해 가장 가깝게 있음으로 사회복지재화와 서비스의 생산에 직접 참여하여야 한다는 것이다. 따라서 참여모델에서는 정부정책결정에서 배제되어 있는 client와 낮은 직급의 직원들을 결정과정에 참여시킴으로서 정부는 국민들이 더욱 필요로 하는 서비스를 효과적으로 제공할 수 있음이 강조된다. 참여모델에서 참여는 정부의 국민 통치과정에서 서열과 기술주의를 최소화하는 것을 의미한다(Fischer, 1990; Meynaud, 1975). 결국 참여모델의 특징은 상명하달식 그리고 서열식 관리 및 의사소통 그리고 규정이나 규칙 등을 강조하는 관료주의적 특성이 효과적인 공공서비스전달의 가장 큰 제거요소로 규정하고 이를 극복하기 위한 방안으로 하위 상달식 그리고 국민(또는 client)과 국민들과 가장 가까이 있는 낮은 직급의 공공조직 구성원들의 역량강화를 통한 참여를 보장함으로써 공공서비스가 국민들의 요구를 가장 밀접하게 반영하여 전달할 수 있음을 강조한다.

공공의 이익은 정부정책과 관리로의 최대한의 개입을 요구하도록 시민, client 그리고 정부기관관료들을 동기부여시킴으로서 실현될 수 있음을 강조하는 참여모델에서 시민, client 그리고 관료들(주로 낮은 직급의 관료)의 개입은 다음과 같은 방안으로 실현될 수 있음이 강조된다.

첫째, 시민과 직원들은 정부에 의해서 그들이 적절히 대접받지 못한다고 믿을 때 그리고 정부조직이 적절히 작동하고 있지 않았다고 생각할 때 불만을 토로 할 권리를 가지고 있다.

둘째, 효과적인 참여는 공공조직의 관료들이 독자적인 결정을 할 능력이 고양되었을 때 발생하는 것이다. 따라서 낮은 지위의 관료들이 스스로 독자적인 결정을 할 수 있는 역량을 강화하도록 하는 것이 효과적인 참여를 위해 매우 중요하다.

셋째, 결정수립을 위한 향상된 참여라는 맥락에서 보면, 대중의 결정은 정책결정에 영향을 미치는 대중들의 열려있는 일상적인 대화과정을 통해서 이루어진다. 즉, 정부에게 그들이 원하는 것을 말하도록 시민의 권리를 향상시키는 것으로부터 대중의 이익은 실현되는 것임으로 대중들의 열린 대화는 개입의 방안으로 매우 중요하다고 할 수 있다.

넷째, 개입의 네 번째 방안은 시민들이 개입에 참여하는 것을 유도하기 위해서 서비스전달에 있어 또는 정책에 있어 많은 선택을 할 수 있도록 하는 것이다. 즉, 정부가 제공하는 서비스나 프로그램에 대하여 국민들이 선택을 할 수 있도록 더 많은 서비스나 프로그램을 제공하여 프로그램에 대한 직접적 통제권을 갖도록 하는 것이 시민들의 개입을 강화하는 방안이 될 수 있다.

Peters(1996)은 참여모델의 특징으로 첫째, 참여관리, 둘째, 낮은 수준의 관료주의(street level bureaucracy), 셋째, 논의하는 민주주의 넷째, 공동체주의를 제시하였다.

1) 참여관리

공공부문 업무비효율성의 가장 주요한 원인인 서열을 없애기 위해 학자들에 의해서 제시된 것이 관리에 있어 직원들의 참여를 강조하는 참여관리이다(Perry, 1994; Garvey, 1993). Golembiewski(1995)는 공공행정을 위한 가장 중요한 도전은 공공조직의 client와 직원들 사이에 존재하는 상이성이나 다양성을 관리하는 것인데, 전통적인 공공관리구조는 이러한 도전을 가져오는데 있어 방해물에 지나지 않음을 강조하였다. 또한 Sillman(1991)은 직원들과 client의 인간적 가치를 파괴하지 않고 공공서비스를 전달하는 것이 중요함을 강조하였는데 그는 기존의 전통적 서열중심의 관료정치가 직원과 client의 인간적 가치를 파괴하는 것으로 바라보았다. 물론, 조직에서 인간의 가치를 강조하는 것은 인간관계이론 이후 대표적인 논리로 자리 잡았지만 참여관리는 조직관리에서 인간가치를 강조하는데서 나아가 직원들의 개입과 직무확장이 조직의 효율성과 효과성개선에 지대한 영향을 준다는 점을 강조한다. 즉, 인간가치에 대한 강조로 직원들이 자신들의 직무에 있어서 더 많은 통제권을 갖는 것이 조직에서 더 중대한 혜택을 제공한다는 것이다(Romzek, 1990). 결국, 직원들이 조직에 더욱 많이 개입하고 결정과정으로의 개입을 통해 더욱 역량이 강화되어 조직은 더욱 생산적이 된다는 것을 의미한다. 따라서 참여관리는 참여를 통해 역량이 강화된 직원들이 직무를 더 열심히 수행하고 관리에 대한 아이디어를 공유하며 그들의 client를 더욱 인간적으로 보살핌으로 client들은 더욱 잘 대접받게 된다. 따라서 조직관리에 대한 직원들의 참여는 직원과 client의 역량을 강화하는 가장 중요한 관리방법이라고 할 수 있다.

관리이론의 대부분의 이론들은 노동의 분업을 하나의 중요한 조직관리의 토대라고 생각한다. 특히, 관료주의이론을 포함하여 고전관리이론은 대부분 노동의 분업과 이에 따른 조직서열 구조를 중요시하는 경향이 있다. 즉, 조직 구성원들은 서열과 노동의 분업으로 그들의 과업이 배열됨으로 주로 의사소통은 상명하달식으로 이루어진다. 조직을 구성하는 요인으로 지적되는 것이 노동의 분업이고 노동의 분업이 고전관리이론 이후에 조직의 관리를 설명하는 가장 기초적이면서 핵심적인 개념이지만, 노동의 분업은 팀작업을 강조하는 조직관리이론에 의해서 그 중요성이 일정부분 줄어들었다. 팀 작업은 사실 인간관계이론 등과 같은 관리이론에 의해서 지지된다고 할 수 있지만 팀작업을 가장 중요한 조직 관리의 한 부분으로 인정한 것은 질중심관리(TQM)이론[16]이다. TQM이론과 참여관리의 연결은 다음과 같은 두 부분에 의해서 나타난다.

---

16 이하 TQM이론으로 통일함

첫째, 조직의 모든 구성원들은 질에 대해 소명감을 가지고 있어야 한다.

둘째, 조직구성원들은 그들을 서로 연계시키지 않는 노동의 분업과 서열적 관계를 벗어나 하나의 팀으로 함께 작업하여야 한다.

질을 강조하는 참여관리는 또한 협력을 강조한다. 즉, 공공 및 사회복지서비스전달에서의 질은 단순히 관료들이 서비스를 전달하는 것에 있는 것이 아니라 서비스 생산 및 전달에 있어서의 협력에 의존한다(Walsh, 1991). 결국, TQM이론은 상명하달식이 아닌 다양한 방향의 의사소통과 협력 및 참여를 통해 공공 및 사회복지서비스가 전달되어야 함을 강조하는 참여관리의 핵심적 테마가 되었다.

2) 낮은 수준의 관료주의

서비스전달에 있어 참여를 강조하는 참여모델의 주요 특징 중 하나가 바로 낮은 직위에 있는 직원들이 효과적 서비스의 전달에 있어 중요한 기능을 한다는 것을 강조한다는 점이다(Lipsky, 1980; Pottas, 1979). 낮은 수준의 관료주의는 따라서 client 또는 주민과 가장 가까이 있는 낮은 직급의 직원들에 대한 강조와 clint의 조직 관리로의 참여를 강조한다는 것을 의미한다. Peters(1996)는 탈관료화가 바로 client를 공공행정체계 안으로 들어오도록 하여 참여의 중요한 축으로 인정하는 것이라는 점을 분명히 하였다. 낮은 직급의 관료들은 사회복지전담공무원, 경찰, 시군구, 읍면동 창구전담 공무원 등으로 이들은 주민 또는 client와 매일 매일의 생활에서 대면관계를 유지하는데 주민들은 이들과의 대면관계를 통해 즉, 이들과의 만남을 통해 생긴 인상이나 인식 등으로 정부를 평가하게 됨으로 낮은 직급의 관료들은 가장 낮은 단계에서 국민들이 경험하는 실제로서 정부를 대표한다고 할 수 있다. 따라서 clinet와 대면하는 낮은 직급의 관료들의 역량을 강화하고 client의 참여를 강화하여 관료들과 client 또는 주민 상호간의 행동이 변화에 긍정적으로 기능하도록 하는 것이 참여관리에 있어 중요한 과제가 된다.

3) 논의하는 민주주의

서비스전달에 있어 대중 참여를 강조하는 학자들은 협조적인 민주주의(Hirst, 1990), 강건한 민주주의(Barber, 1984), 논의하는 민주주의(Dryzek, 1990), 등과 같은 개념을 강조하였다. 참여에 대한 또 다른 표현으로 이해할 수 있는 이러한 개념들의 기본 전제는 어떠한 관료들도 정책결정을 위하여 모든 필요한 정보를 다 가지고 있지 않으며 또는 정확한 정보를 가지고 있지 않다는 것이다(Majone, 1989). 따라서 대중의 개입으로부터 벗어난 즉, 대중의 입장이 반영되어 있지 않은 정책결정은 정책실수를 가져다 줄 수 있다는 점이 대중과의 논의가 반드시 필요한 논의하는 민주주의의 등장배경이 된다. 민간조직이건 공공조직이건 어떤 한 조직도 다양하고 복잡화된 현대의 문제를 해결하는데 필요한 모든 정보와 지식을 가지고 있지는 못함으로 열린 체계 즉, 개방적 참여관리가 정책실수를 줄이는 가장 강력한 도구가 될 수 있다(Kooiman, 1993; Peters, 1996). 따라서 관료들과 주민들이 함께 무엇이 수행되어야 하고 어떻게 수행되어야 하는지를 같이 생각하고 논의하는 것이 공공기관이 제공하는 서비스의 효과성을 개선하는데 매우 유용한 방안이 된다.

4) 공동체주의

공동체주의(communitarianism)는 공공서비스전달에 있어 참여모델을 설명하는 중요한 요소이다(Etzioni, 1993; pragenes, 1990). 공동체주의의 기본가정은 시장모델에서 강조하는 개인주의가 공공서비스를 잘못된 방향으로 인도한다는 신념이다. 공동체주의는 개인의 힘이나 개인적 이득보다는 지역주민에 대한 국가정책의 영향력을 고려하며 어떻게 지역주민이 공공서비스의 생산에 직접적으로 개입되어 있는가를 밝히는 것을 강조한다. 공동체주의는 공공서비스전달에 있어 관료사회의 중요성을 부정하는 대신에 정부가 보다 나은 수행을 하기 위한 방안으로 시민개입과 공동생산을 위한 수단을 찾는 것을 강조한다(Koven, 1992a). 즉, 공동체주의는 관료화가 일정부분 필요하지만 관료사회가 움직이도록 하기 위해서는 시민들의 개입이 더 큰 역할을 담당한다고 바라본다(Racine, 1995). 일반적으로 공동체주의는 현대사회가 가지고 있는 문제를 해결하는 방안으로 공공부문보다는 비영리조직을 의미하는 제3부문의 성장을 강조한다는 측면이 있지만 정부의 개혁도 비영리부문을 성장하도록 하는데 영향력을 행사할 수 있다는 점에서 중요하다고 할 수 있다.

3. 참여모델과 사회복지전달

참여모델은 공공조직의 서열 조직구조상 국민들에게 필요한 프로그램과 서비스를 제작하고 생산하는 것이 제한적이며 나아가 서열중심의 규정이나 규칙을 강조하는 조직관리가 정부가 제공하는 공공서비스의 효과성을 떨어트리는 장애물임을 강조하면서 조직 상층지도부보다는 client와 낮은 직급에 있는 직원들의 역할에 주목한다. 특히, 공공조직의 사회복지전달에 있어 공공조직 만이 서비스를 생산하고 공급하는 경우 나타날 수 있는 한계 즉, 국가 직접제공모델이 갖는 관료적 특성의 한계를 극복하기 위해서는 사회복지서비스의 생산과 공급에서 국민들의 참여가 필요함을 강조한다. 즉, 국민이 필요로 하는 욕구는 전적으로 국민들로부터 확인되는 것이며 이는 국민들과 가장 가깝게 위치해 있는 낮은 직급의 직원들이 국민들과 함께 확인하고 사정하여 문제를 해결하는 구체적인 참여 전략으로 개입전략을 설정하는 것을 필요로 한다는 것을 의미하는 것이다. 결국, 사회복지서비스의 생산과 공급을 책임지는 국가의 사회복지전달은 전적으로 국민들의 입장에서 그리고 국민들과 가장 가까이 위치해 있는 조직구성원들의 사회복지서비스의 생산과 공급으로의 참여에 의해서 가능함으로 욕구에 있는 또는 소외되어 있는 국민들과 그들을 직접적으로 책임지는 낮은 직급의 직원들에 대한 역량강화전략이 참여모델에 있어 사회복지전달의 주요한 전략이 된다. 아래의 표는 참여모델 사회복지전달의 특징을 나타낸 것이다.

[표 3-21] 참여모델의 사회복지전달 특징

사회복지생산 및 공급의 특징	사회복지서비스전달체계 특징
– 사회복지서비스의 생산과 공급은 국민들의 입장에서 그리고 국민들과 가장 가까이 위치해 있는 조직구성원들을 통해서 결정된다. – 국민이 직접 필요한 서비스를 생산하고 제공하는데 참여한다.	– 국민들과 가장 가깝게 있는 직원들의 참여관리를 통해 서비스가 전달된다. – 서비스를 공동으로 생산하는 공동체주의를 지향한다.

참여모델은 공공조직의 한계를 극복하기 위한 작동원칙으로 국민들의 참여를 강조한다는 특징이 있다. 국가는 서비스를 전달하는데 있어 국민들과 가장 가깝게 위치해 있는 낮은 직급의 조직구성원과 국민들의 입장이 고려되는 국민들과 함께 생산되는 서비스를 전달하기 위해 공동 노력한다. 따라서 국가는 서비스를 국민들과 함께 공동으로 생산하는 공동생산자이며 국민들은 서비스생산에 적극적으로 참여하는 참

여자의 역할을 수행한다.

[표 3-22] 참여모델에서 국가와 국민의 역할

국가의 역할	국민의 역할
• 국민들과 공동으로 서비스를 생산하는 공동생산자 • 다양한 방향의 의사소통구조 확립과 서비스의 질중심관리를 주도하는 서비스전달의 관리자	• 서비스생산과 공급에 참여하는 참여자

4. 참여모델의 한계

참여모델은 국가가 독점으로 서비스를 전달하는 경우 나타날 수 있는 문제에 대한 대안으로 시장메커니즘보다는 주민 및 공공조직 직원들의 참여를 강조한다는 측면에서 서열 중심의 국가직접제공모델이 갖는 한계로서 지적되는 공공서비스전달의 효과성이나 효율성개선을 위한 보다 진일보한 서비스전달모델이라고 평가할 수 있다. 하지만 참여모델은 국민들을 어떻게 역량강화하여 서비스의 생산과 공급에 참여할 수 있도록 할 것인가 그리고 낮은 직위의 직원들이 국민들과 함께 공동으로 서비스를 생산 공급하기 위한 구체적인 기제는 무엇인가 그리고 직원들과 국민들이 함께 의사를 결정할 수 있도록 하는 구체적인 방안은 무엇인가 등과 같은 보다 실천적인 측면에서의 세밀한 공공 및 사회복지서비스의 전달과 관련된 내용이 부족하다는 한계를 가지고 있다.

제10절 공동생산모델

1. 공동생산모델의 기본적 배경

보편주의를 지향하는 사회민주주의 국가가 강조하는 것과 같이 사회복지재화와 서비스는 국가를 통하여 생산되고 제공되는 것이 정당한 것인가 아니면 선택주의를 지향하는 신자유주의국가와 같이 시장을 통해서 제공되는 것이 정당한 것인가? 위에 질문은 모든 복지국가에서 사회복지재화와 서비스의 제공에 대한 가장 핵심적인 논쟁영역이라고 할 수 있다. 사회복지재화와 서비스의 생산과 공급에 대한 공동생산모델은 국가도 아니고 비영리제공기관도 아니며 시장도 아닌 시민이 복지서비스의 제공에 대해 단순하게 수동적 client나 소비자의 자세를 취하는 것이 아니라 복지서비스의 생산에 참여하는 능동적인 역할을 수행함을 강조한다(Pestoff, 2006). 따라서 공동생산모델에 따르면 시민들은 단순히 사회복지서비스를 제공받는 수동적 입장에 있는 것이 아니라 서비스를 생산하고 공급하는 과정에 참여하는 주체적인 역할을 담당하게 된다. 따라서 공동생산모델은 사회복지서비스이용자가 단순히 사회복지서비스생산의 객체가 아닌 주체로 자리매김하는 것을 강조하는 모델이라고 할 수 있다(Hunter and Ritchie, 2007).

공동생산모델은 참여모델에 영향을 받아 발전된 사회복지전달모델이라고 할 수 있다. 즉, 서비스의 전달에 있어 국민이 추상적인 참여의 수준에 머물러 있는 것이 아니라 국민이 직접 사회복지서비스를 공동생산하는 공동생산자의 역할을 수행한다. 하지만 참여모델이 사회복지전달에 있어 시장모델의 반대쪽에 서있는 것과는 달리 공동생산모델은 시장메커니즘에 대한 반대라기보다는 사회복지의 생산은 정부와 전문가 그리고 국민이 공동으로 수행함으로 시장의 역할은 상대적으로 중요시 않게 된다는 특징이 있다. 특히, 공동생산모델에서는 정부와 전문가 그리고 국민이 공동으로 어떠한 사회복지서비스가 필요한지를 결정하지만 필요한 서비스는 국가를 통해서 또는 비영리조직이나 시장을 통해서도 제공될 수 있다는 점이 강조된다.

공동생산모델은 공공서비스가 국가도 아니고 시장도 아닌 시민개입과 공동생산에 의해서 제공되어야 한다는 1980년대 미국의 공공행정학자들의 주장에 의해서 처음 제기되었으며(Parks, at al., 1999), 사회복지영역으로 도입된 것은 유럽의 아동보육서비스에 대한 부모의 개입으로부터 시작되었다고 알려져 있다. 특히 1990년대 재정적 어려움에 직면한 유럽복지국가들은 사회복지서비스제공의 현 수준을 유지하기 위한 방안으로 공동생산을 주목하였다(Pestoff, 2006). 이용자에게 직접 현금을 제공하여 필요한 서비스를 직접 구매 수 있도록 하는 영국의 직접지불제도나 개인예산제도는 모두 공동생산모델에 영향을 받은 재정지불방식이라고 할 수 있다.

사회복지영역에서 공동생산모델이 등장한 가장 근원적인 배경은 바로 그동안 인간봉사영역 또는 사회복지영역에서 서비스를 제공받는 인간 자체보다는 제공되는 서비스에 보다 많은 관심을 쏟고 있고, 서비스 자체에 대한 지나친 관심은 결국 사람들의 욕구가 제대로 해결되지 않고 심지어 그들의 문제가 더욱 악화되는 경우가 발생하고 있으며 나아가 서비스를 제공받는 사람들에 대한 격리, 낙인, 의존이 심화되고 있다는 점에 대한 인식이었다(Hunter and Ritchie, 2007). 인간중심이 아닌 서비스중심의 해결책은 자원의 부적절한 사용을 가져오기도 하며 서비스가 필요로 하는 사람들에 대한 서비스 과소공급이 등의 문제를 동시에 유발시키기도 한다. 따라서 공동생산모델은 서비스가 중심이 아닌 인간중심으로 문제해결의 실마리를 찾는 서비스생산과 공급방식모델이라고 할 수 있다.

공동생산모델에서는 특히, 서비스를 제공받는 이용자와 서비스를 제공하는 제공자와의 협력관계(partnership)가 강조된다. 제공자에는 서비스를 직접 제공하는 인력과 제공기관이 포함된다. 공동생산모델은 서비스를 제공받는 이용자가 직접 서비스생산에 참여하고 제공자와 협력을 강조한다는 측면에서 사회복지실천이론 중 격려와 자극을 강조하는 역량강화이론, 네트워크이론, 힘-의존이론 그리고 이해관계자이론 등이 영향을 주었다고 할 수 있다.

Percy(1984)에 따르면 공동생산은 소비자와 제작자가 같은 재화와 서비스를 생산하기 위한 노력을 취할 때 나타난다. 따라서 협력은 공동생산모델의 핵심 주제라고 할 수 있다. 협력이 공동생산모델에서 중요한 이유로 Hunter와 Ritchie(2007)는 협력이 이미 지역사회를 발전시키기 위한 전략이자 협치(government)의 도구이기 때문이라고 강조하였다. 매일 매일의 삶속에서 도움을 필요로 하는 이용자들은 제공자와 협력을 통해 이해관계자 중의 한 명으로 서비스자원의 배분과정에 참여하게 된다. 또한 공동생산을 통해 이용자들은 사회복지서비스를 포함하여 공공서비스의 결정에 참여하는 기회를 갖게 되는데 이러한 참여의 기회확대는 사회복지서비스에 대한 이용자 나아가 시민들의 만족도를 향상시키는 역할을 한다.

공동생산은 특히 인간봉사영역에 뿌리 깊게 배어있는 의존과 종속으로부터 벗어나 이용자가 직접 사회복지서비스의 설계와 전달에 참여할 수 있도록 하는 기술을 필요로 한다. Hunter와 Ritchie(2007)는 공동생산모델에 영향을 미친 배경을 서비스전달의 재설계, 더 높은 기준과 더 강한 모니터링, 다양성과 평등성 전략 그리고 이용자역량강화로 구분하여 설명하고 있다. 서비스전달의 재설계는 기관을 정렬하고 합병하여 거래비용을 줄이는 것과 생산성을 증가시키기 위한 노력, 새로운 기술과 서비스절차를 도입하는 것, 민간기관과 서비스를 계약하는 것 그리고 전문가가 폭넓은 과업을 수행할 수 있도록 업무경계를 줄이는 것 등을 포함한다. 더 높은 기준과 더 강한 모니터링은 서비스기준을 보다 명확히 하고, 투명성을 강화하며, 서비스제공자가 더욱 책임감을 갖고 성과를 개선할 수 있도록 노력하는 행동들이 포함된다. 다양성과 평등성 전략은 나이, 인종, 성(gender), 성적취향 이나 장애를 가진 사람들이 가장 불이익을 받는 집단임으로 이들에 대해 보다 평등하고, 응답적인 그리고 이들을 모두 포함할 수 있는 포함적인 서비스가 제공되며 이들에 대한 태도가 변화하여 서비스에 대한 편향이 사라지도록 하는 것을 의미한다.

그리고 마지막으로 이용자역량강화는 서비스를 제공받는 이용자들이 그들이 진정으로 원하는 또는 필요로 하는 것과 그들이 실제로 제공받는 서비스 사이의 불일치의 원인이 바로 그들이 필요로 하는 것을 얻을 수 있는 힘이 충분하지 않기 때문임을 강조한다. 이를 극복하기 위해서는 첫째, 사람들이 유용한 것이 무엇인지를 알 수 있도록 정보공개를 보장하고, 둘째, 서비스이용자들이 비용을 지불하는 소비자로 취급받을 수 있도록 그들에게 공적자금을 직접 제공하며, 셋째, 사람들이 서비스를 잘 제공받을 수 있도록 돕는 중개인을 두고, 셋째, 서비스를 이용하는 과정에서 사람들의 목소리가 강화할 수 있도록 독립적 옹호를 고취시키는 것이 중요하다. 따라서 이용자 역량강화을 강조하는 공동생산모델은 바로 소비자주권 또는 소비자주의모델(consumerist model)에 영향을 받았음을 알 수 있다.

소비자주의모델은 전통적 사회복지서비스전달방식에 대한 분명한 하나의 도전임에 틀림없다. 기존의 서비스전달방식은 국가가 직접서비스를 제공하든지 아니면 민간기관이 국가와의 계약을 통해 서비스를 대신 전달하는 방식이다. 이 경우 전문가는 이용자가 가지고 있는 문제를 정의하는데 책임이 있을 뿐만 아니라 해결책을 처방하고 시행하게 된다. 또한 전문가에게는 자원할당의 힘이 주어짐으로 서비스이용자들은 전문가(서비스제공자)에게 의존하는 현상이 발생하게 된다. 기존의 제공자방식에서 제공자나 제공기관은 서비스가 제공받는 사람들에게 적합한지에 상관없이 서비스를 받을 자격기준이 되면 서비스를 제공할 수 있지만 소비자주의모델에서는 서비스를 제공받는 사람들에 대한 보다 면밀한 주의를 필요로 한다.

개별화는 공동생산모델의 또 다른 중심 개념이다. 인간이 모두 성격과 생김새가 다른 것과 같이 동일한 문제를 가지고 있는 사람들도 제각각 서로 다른 상황과 환경에 놓여 있으므로 개별화된 서비스를 제공받아야 한다. 따라서 개별화의 측면에서 서비스이용자는 서비스의 공동설계자이고 공동관리자이다.

2. 공동생산모델의 특성

소비자주의모델에서 국가는 자금제공자와 시장형성자의 역할만을 수행하게 되며 제공기관은 서비스공급을 위해 경쟁하는 경쟁자가 되고 서비스이용자는 자유로운 그리고 고지된 쇼핑객이 되는 것과 마찬가지로 소비자주의에 영향을 받은 공동생산모델에서 국가의 중요한 역할은 전문가와 문제를 가지고 있는 client 또는 이용자 사이에 생산적 협력관계가 만들어 질 수 있는 조건을 만들어 주는 것이 된다. 협력관계하에서, 전문가와 문제를 가지고 있는 client는 같이 문제를 확인하고 문제를 해결할 수 있는 해결책을 구하게 된다. 결국, 공동생산모델은 기존의 서비스제공방식의 틀을 바꾸어 협력하여 공동으로 문제를 해결하는 새로운 접근방안을 제시하는 모델이라고 할 수 있다(Leadbetter,

2004; Dowson, 1991). 국가와 제공자 그리고 이용자(시민)의 역할을 구분하여 제시하면 아래의 표와 같다.

[표 3-23] 공동생산모델에서 국가와 제공자 그리고 국민의 역할

국가의 역할	제공기관의 역할	국민의 역할
• 자금제공 • 시장구축 • 전문가와 이용자 간의 생산적 협력관계를 위한 제도 및 시스템 구축	• 서비스생산 및 공급을 위한 경쟁체제 구축 • 필요한 정보제공 • 품질관리 • 이용자의 문제 확인 및 필요한 서비스 선택과 제공과정 및 절차 협의를 위한 공동설계자와 공동제작자	• 자신의 문제인식 및 해결책을 찾는 공동설계자와 공동생산자 • 서비스 선택자 • 서비스 이용자 • 시민

공동생산모델이 소비자주의에 영향을 받았지만 공동생산에 참여하는 시민과 소비자의 역할의 상이성을 이해하는 것 역시 중요하다. 즉, 소비자주의에서 소비자는 단순히 상품을 소비하는 주체이지만 공동생산모델에서 시민은 단순히 서비스를 소비하는 소비자가 아니고 서비스의 제작에 참여하는 주체이다. 따라서 소비자주권보다 시민권이 보다 강조되는 것이 공동생산모델이라고 할 수 있다(Pestoff, 2006; Alford, 2002). 공동생산모델에서 시민은 물론 소비자이기도 하지만 사회복지서비스전달에서 더 이상 수동적인 소비자가 아니다. 즉, 시민은 세금을 지불하는 납부자이고 그들의 정치적 권리를 행사하는 투표자이기도 하지만 나아가 그들이 필요로 하는 사회복지서비스를 요구하고 공동 제작하는 능동적인 참여자이다(Alford, 2002). 결국, 시민의 참여는 사회복지전달에 있어 공동생산모델을 설명하는 가장 중요한 개념이라고 할 수 있다.

신공공관리와 관료주의적 관리에 대한 대안으로 Peters(1996)가 제시

한 서비스제공모델 중 참여모델(participatory model)은 공동생산모델의 영향을 받았다고 볼 수 있다. Peters에 따르면 시민의 참여를 강조하는 참여국가는 시민과 제공기관의 일선 직원이 함께 사회복지서비스나 이와 관련된 제도나 정책을 선택한다. 참여모델에서 시민은 더 많은 선택권을 가지며 공공서비스나 사회복지서비스제공자에 대한 직접적 통제권을 행사하게 되는데 시민의 참여는 곧 공동생산모델에서 시민(또는 소비자)이 서비스의 공동설계와 공동제작으로 참여하는 것으로 확대되었다.

공동생산의 개념을 제시하였던 Sharp(1980)는 두 개의 비교영역으로 공공서비스영역을 구분하였는데 첫 번째 영역은 생산자의 영역이고 다른 영역은 서비스와 재화를 소비하는 client, 시민 또는 이익집단 영역이다. Sharp의 영역개념으로 분류하면 공동생산모델은 시민이 생산자로 참여하기 때문에 생산자와 시민의 영역이 중첩되는 모델이다. 위의 표에서 보는바와 같이 공동생산모델은 공공서비스(사회복지서비스를 포함하여)의 제공에 시민과 제공기관(제공자포함)이 함께 기여하는 행동의 혼합모형을 의미한다고 볼 수 있다(Pestoff, 2006). 제공기관은 서비스제공의 전문가 또는 전문가집단으로 그리고 시민은 자신이 제공받는 서비스의 질과 양을 향상시키기 위해 자발적 노력을 하는 개인 또는 집단이다(Ostrom, 1999; Parks at al., 1999; Brudney and England, 1983). 결국 제공기관과 시민들의 자발적 노력을 강조하는 공동생산은 서비스의 질과 양을 개선시키는데 중요한 수단임을 공동생산모델을 주장하는 학자들은 강조한다(Pestoff, 2006).

공동생산모델은 client라는 용어가 수동적 의미를 내포하며 그들이 행동을 받아야 함을 나타내기 때문에 이 용어와 대비하여 시민(또는 이용자 나아가 소비자)이라는 용어를 선호하는데 이는 시민이 client와 비교하여 사회복지서비스를 포함한 공공서비스를 제작하는 능동적인 역할을 포함하고 있기 때문이다. 특히, 복지국가의 발전에서 시민의 능동적인 역할을 강조하는 Ostrom(1999)은 어떤 시장도 정부가 제공하는 공공재 없이는 생존하기 힘들고 어떤 정부도 시민의 참여 없이는 형평하고 효율적인 서비스를 제작하기 어렵다는 점을 강조하여 시민의 공동생산으로의 참여를 주장하였다.

공동생산모델은 위기개입이나 단기적 치료나 개입을 필요로 하는 경우보다 장기적 지원을 요구하는 상황에 보다 적합한 방법이라고 할 수 있다. 즉, 자신에게 적합한 방식을 찾아 개별화된 개입을 필요로 하는 경우, 다양한 사람들과 제공기관이 함께 일하여야 하는 경우, 이용자들에 필요한 것이 계속 변할 것 같은 경우, 서비스가 이용자들의 삶의 질에 중요한 영향을 줄 것 같은 경우 등에는 공동생산모델이 적합한 서비스전달방식일 수 있다(Hunter and Ritchie, 2007). 결국, 공동생산모델의 가장 큰 장점은 이용자가 공공생산과 공동제작을 수행함으로 서비스의 수용성(acceptability)을 증진시킬 수 있다는 점과 자신에게 수용성이 높은 적합한 서비스가 제공됨으로 서비스의 효과성이 개선될 수 있다는 점이라고 할 수 있다.

다음의 표는 공동생산모델이 작동하기에 필요한 규칙 및 조건을 제시한 것이다.

[표 3-24] 공동생산모델의 작동규칙 및 작동조건

작동규칙	작동조건
서비스를 필요로 하는 사람들은 자신이 가지고 있는 문제를 확인할 뿐만 아니라 해결책을 시행하고 발전시키는데 개입된다.	• 사람들은 제각각 상황을 달리 이해하고 해석하며, 상이한 가치를 가지고 있고 문제해결책에 대해 상이한 투자를 한다는 사실을 인지하여야 한다. • 하나의 해결책을 추구하기보다는 행동에 대해 공유된 사명감을 공고히 하는 목적을 추구하여야 한다

이해관계자 사이에 어려움이나 의견불일치가 공개적으로 논의된다.	• 전문가(사회복지사나 돌봄인력)이나 제공기관의 관심과 서비스이용자들의 관심이 동일하지 않음을 인지하여야 한다. • 사례기록을 작성하면서 이용자들을 바라보며 무엇인가를 이야기하는 것이 서비스를 제공받는 사람들보다 전문인력의 관심이라는 점을 인지하여야 한다.
임상적 또는 서비스뿐만 아니라 사람들의 삶의 질도 중요시한다.	• 서비스의 역할에 관한 겸손과 제공되는 서비스에 대한 한계와 품질에 대한 정직한 인식이 필요하다.
사람을 좋아하고 잘 아는 사람이 개입한다.	• 사회적 관계망 안의 한 부분으로 사람을 바라보고 전문가의 기여만큼이나 친구나 가족의 기여도 많다는 인식이 필요하다.
힘의 차이(이용자와 제공자사이의)를 줄이기 위한 전략으로 평범한 언어와 업무조건을 활용한다.	• 사람들이 힘을 소유하고 힘의 간격을 늘리기 위해 노력한다는 점을 인식하여야 한다.
보다 폭넓은 지역사회자원을 개입시킨다.	• 안에 있는 것을 바라보는 것만큼 밖에 있는 것을 바라보아야 한다.
결손보다는 능력과 재능에 초점을 둔다	• 모든 사람이 사회에 무엇인가를 기여할 수 있다는 믿음을 가지고 있어야 한다.

* 자료: Hunter and Ritchie, 2007. p, 17 표-1에서 재수정

위의 표에서 나타난 바와 같이 공동생산모델에서 서비스를 생산 및 공급하기 위해서 전문가에게는 필요한 기술은 이용자의 상황에 대해 다양한 시각과 행동을 가지고 접근할 수 있는 능력과 열린 대화와 열린 작업분위기라고 할 수 있다. 특히 전문가는 조정, 신뢰건설, 협상, 자원개발, 상황에 대한 해석과 갈등관리 등의 기술이 필요하다. 무엇보다도 공동생산모델을 적용하는 경우 공동생산과 전달을 책임지는 전문가와 이용자는 불확실성, 애매 모호성, 도전, 스트레스, 불안정 등에

노출될 가능성이 크다(Hunter and Ritchie, 2007).

3. 공동생산모델과 사회복지전달

공동생산모델은 복지혼합의 시대에 적합한 사회복지서비스전달모델 중 하나라고 할 수 있다. 즉, 국가, 민간조직 그리고 시장이 적절하게 혼합되어 서비스를 전달하는 경우 공동생산모델은 이들과의 협력관계를 강조하면서 서비스가 전달될 수 있도록 한다는데 그 특징이 있다. 즉, 정부조직이나 민간조직 또는 영리조직이 모두 서비스의 생산과 공급에 공동으로 참여할 수 있다는 특징이 있다. 공동생산모델은 소비자주의를 강조하지만 시장에서 강조하는 단순한 상품의 소비자를 강조한다기보다 시민의 권리를 보다 강조한다는 측면이 있으며 모든 국민들을 개별화된 국민으로 바라본다는 특징 있다. 따라서 사회복지전달에서 국민들은 자신들에게 필요한 사회복지서비스를 스스로 결정하고 생산할 수 있는 참여자이면서 동시에 개별화된 인간이고, 협력가이면서 소비자, 시민, 참여자 등의 역할을 수행한다. 또한 공동생산모델은 제공기관이 공공조직이든 민간조직이든 공동생산에 참여함으로 시민의 권리가 보장됨과 함께 제공기관과의 협력과 조정을 통한 서비스생산 및 제공이 가능한 모델이다.

공동생산모델은 서비스가 중심이 아닌 인간중심으로 문제해결의 실마리를 찾는 서비스생산과 공급방식모델이라고 할 수 있음으로 사람들의 욕구가 정확하게 사정되고 필요한 만큼의 서비스가 제공될 수 있도록 한다는 측면에서 과소공급이나 자원의 부적절한 사용 등과 같은 문제를 해결하여 공급의 효율성과 효과성이 강화될 수 있다. 특히, 공동생산모델은 사회복지서비스를 제공받는 이용자와 서비스를 제공하는 제공자와의 협력관계를 통하여 서비스가 전달됨으로 서비스를 필요로 하는 국민들의 개별화된 욕구의 실현가능성이 매우 높은 즉, 표적효율성과 서비스내용효율성이 매우 높은 전달모델이라고 할 수 있다. 국민과 제공자(공공조직 또는 민간조직의 직원)의 직접적 서비스 전달에 있어서 공동참여는 서비스를 필요로 하는 국민들의 사회복지서비스 수용성을 더욱 높여 개별화된 국민들의 복지서비스 체감도를 향상시킬 수 있는 실천적인 방안이 될 수 있다. 서비스를 이용하는 서비스생산에 국민들이 직접 참여함으로 자기결정권이 실현되며 공동으로 서비스를 선택할 수 있음으로 선택권의 실현도 기대할 수 있다는 장점이 있다. 특히, 사회복지서비스를 생산하고 공급하는데 있어 이용자의 개인적 자원 및 지역사회에서 활용할 수 있는 모든 자원을 활용하도록 유도함으로 자원활용의 효율성을 높일 수 있는 전달모델이라고 할 수 있다. 아래의 표는 공동생산모델 사회복지전달의 특징을 정리한 것이다.

[표 3-25] : 공동생산모델의 사회복지전달 특징

사회복지생산 및 공급의 특징	사회복지서비스전달체계 특징
- 사회복지서비스의 생산 및 공급은 전적으로 제공기관과 이용자 사이에 협력과 조정을 통해서 이루어진다. - 서비스의 생산은 전적으로 국민들의 욕구사정에 기초함으로 개별화된 서비스가 생산 및 공급된다. - 제공기관과 이용자가 협력과 조정을 통하여 서비스를 제작함으로 사회적 위험에 보다 적극적으로 대응할 수 있는 보다 유연한 서비스의 생산 및 공급이 가능하다. - 개별화된 서비스이용자들에 대한 전문적이고 체계적 관리는 서비스생산 및 공급에 있어 필수적 요소이다. - 사회복지서비스를 생산하는데 있어 지역자원을 보다 효율적이고 효과적으로 활용할 수 있다.	- 국가, 민간조직 그리고 국민이 공동으로 사회복지서비스를 전달한다.

4. 공동생산모델의 한계

공동생산모델은 시민참여를 증진시켜 공동생산과 공동제작으로 인해 서비스 수용성이 개선되고 서비스의 효과성이 증진될 수 있다는 장점이 있지만 다음과 같은 한계점을 동시에 가지고 있다.

첫째, 공동생산모델은 자조(self-help)개념의 발전된 또는 또 다른 유형의 자조라고 할 수 있다. 자조는 개인적 능력건설과 역량강화를 통해 이루어질 수 있는 사회복지실천의 역량강화모델에서 주로 강조되는 용어이다. 자기 자신이 스스로 능력을 건설하고 장점과 단점 등을 파악하여 역량을 강화할 수 있는 가능한 모든 자원을 활용할 수 있는 사람들에게 자조는 매우 유용함으로 이를 기반으로 하면 공동생산모델에 적합하다고 할 수 있지만 반대로 스스로 능력을 건설할 수 있는 조건이나 상황이 허락되어 있지 않은 사람들에게 스스로 문제를 해결할 수 있도록 자원을 활용하도록 한다는 것은 문제해결의 책임을 개인에게 돌리고 결과에 대해서도 개인이 책임지도록 함으로 공동생산모델은 개인의 책임을 강조하는 방임적 사회복지서비스제공모델이 될 수 있다.

둘째, 자신에게 필요한 서비스가 무엇인지를 인식할 수 없는 인지능력이 낮은 이용자들은 공동생산모델을 통해 서비스를 제공받는 것이 불가능하다.

셋째, 서비스이용자가 서비스생산과 공급의 결정에 참여하여 자신에게 적합한 서비스를 선택하는 것보다 국가가 판단하였을 때 서비스이용자의 개인적 속성 상 서비스가 반드시 강제적으로 그리고 지속적이면서 안정적으로 제공되어야 하는 경우 공동생산모델을 적용하는 것은 적합하지 않다.

넷째, 서비스를 제공받아야 하는 사람에 대한 전문가의 시각과 이용자의 시각이 다를 수 있다. 특히, 전문가가 판단하였을 때 공동협력관계를 구축하는 것이 불가능하다고 판단되고, 이용자가 선택권을 행사할 수 없는 경우는 공동생산모델보다는 서비스제작과 제공을 국가나 민간기관이 책임지는 공공제공모델이나 민간제공모델이 더욱 적합할 수 있다.

다섯째, 단기적인 개입이나 위기개입 등 급속한 서비스가 필요한 경우 장기적 관계를 통한 문제해결을 강조하는 공동생산모델은 적용할 수 없다.

여섯째, 공동생산모델은 반드시 특정 서비스가 필요한 사람이 서비스를 개인적 이유로 제공받지 않을 수 있음으로 표적효과성이 떨어진다.

일곱째, 공동생산모델은서비스 제공받을 때까지의 시간과 노력비용 등 거래비용이 매우 높다.

여덟째, 공동생산모델은 국가가 시장을 형성하고 협력관계가 가능한 조건을 구축하는 등 인프라구축을 위해 들어가는 비용이 높은 반면 서비스진행 절차에 대한 감시 감독이 불가능하여 서비스생산과 제공과 관련 국가책임성의 약화라는 비난을 불러올 수 있다.

제11절 음성모델

1. 음성모델이란?

음성모델(Voice model)을 사회복지전달의 한 유형으로 제시한 학자는 Le Grand(2007)이다. 따라서 음성모델을 사회복지전달의 한 유형으로 보편화된 것으로 보는 것에는 한계가 있을 수 있다. 그는 상향식으로 서비스가 전달되는 모델로 음성모델을 분류하였다. 그에 따르면 음성모델은 지역주민 또는 서비스이용자나 소비자가 서비스를 제공하는 제공자와의 직접적인 의사소통을 통해서 서비스를 전달받는 것을 강조하는 모델이다. 따라서 이용자들은 서비스의 불편이나 만족사항을 적극적으로 제공자에게 표현하는 것이 강조된다. 제공자와의 소통은 회의와 같은 공식적 또는 전화통화와 같은 비공식적 방법을 통해 이루어지며 제공자 당사자와의 직접적인 소통을 하는 경우와 제공자 당사자는 아니지만 제공자와 관련이 있는 사람과 간접적으로 소통을 하는 경우가 다 포함될 수 있다. 또한 옴부즈맨제도나 불편 불만을 제기하는 공식적인 절차(소송과 같은) 등을 거쳐 소통을 시도할 수 있고 개인적으로나 집단적으로 소통을 개진할 수도 있다(Le Grand, 2007).

음성모델은 Hirchman(1970)이 주장하였던 음성(voice)과 떠남(exit) 전략에 기초함으로 이 두 전략을 이해하는 것이 중요하다.

2. 음성(voice)과 떠남(exit)전략

음성모델은 앞에서 지적한 바와 같이 Hirchman(1970)이 주장하였던 음성(voice)과 떠남(exit) 전략에 기초한다. Hirchman은 조직(국가 또는 어떤 유형의 인간집단을 포함)이 구성원들에게 혜택이나 또는 서비스 질을 축소하게 되면 구성원들은 조직과의 관계에서 조직을 떠나든지 또는 조직에게 의사소통을 통하여 불만이나 개선사항 또는 변화를 위한 제안서 등을 제시할 수 있게 되는데 이러한 행동전략이 바로 음성과 떠남 전략이다. 예를 들어 국가가 국민들에게 정치적 압박을 하게 되면 국민들은 이민을 가든지 또는 대항을 하게 되며, 고용주가 고용인들의 노동조건을 악화시키면 고용인들은 직장을 그만 두든지 또는 상황의 개선을 위한 고려사항을 고용인들에게 표시할 수 있다. 따라서 음성전략은 음성을 통해 주어진 상황의 개선과 향상을 유도하는 국가와 국민들 사이에 또는 고용주와 고용인 사이의 상호행동을 강조하는 전략이라고 할 수 있다.

또한 음성과 떠남은 경제학과 정치학 사이의 통합을 나타내기도 한다. 이는 음성이 대항의 순간에 나타나는 자연적인 정치적 행동이며, 떠남은 아담스미스의 보이지 않는 손과 같이 구매자와 판매자가 자유로이 시장에서 관계를 유지하기도 하고 파괴하기도 하는 경제적 행동이기 때문이다(Sethi, 2010). 음성과 떠남의 기본적 기능은 첫째, 영향력이나 탈출의 수단을 제공하는 것에 의해서 조직구성원들의 불만족을 경감시키려는 것이며 둘째, 성과에 대한 피드백을 제공하여 조직효율성을 향상시키는 것이다(Keeley and Graham, 1991). 보다 나은 조직이나 서비스를 향한 변화를 위해서는 떠남보다는 음성이 보다 중요한 전략이 되는데 이는 떠남이 단순히 조직을 떠나면 되지만 음성은 변화를 위해 의사소통을 강화하는 것을 의미하기 때문이다. 아래의 그림은 음성과 떠남의 관계를 나타낸다.

[그림 3-5] 음성과 떠남

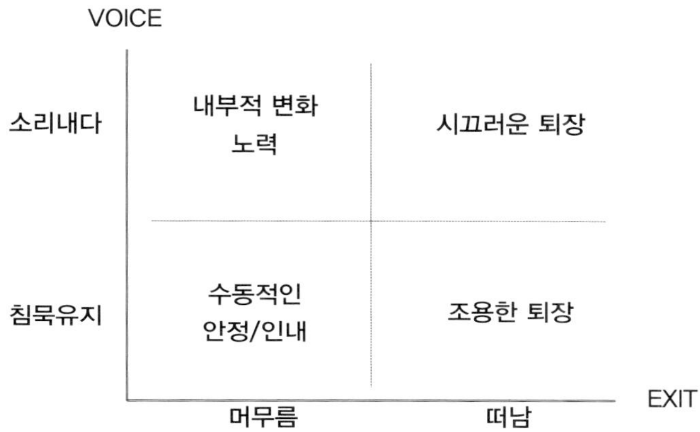

* 자료: Keeley와 Graham, 1991. p, 350 그림-1에서 재인용

음성전략은 국민들 또는 서비스를 제공받는 이용자들이 제공기관과 직접적 의사소통을 통해 그들이 원하는 서비스를 제공받을 수 있도록 한다는 점에서 제공기관보다는 이용자를 보다 강조하는 모델이라고 할 수 있다. 즉, 이용자들은 서비스를 제공받은 후 그들의 만족이나 불만족 등과 관련된 사항을 직접 제공기관에 의사표시하고 제공기관은 이용자들의 요구사항을 서비스에 반영할 수 있게 된다.

3. 음성전략의 특성

음성전략은 의사소통의 개선과 상호행동을 통해 변화를 시도하기 위한 노력으로 이해될 수 있다. 즉, 불만족스러운 상황이나 조직으로부터 도망가는 것이 아니라 변화를 시도하는 것을 강조한다. 또한 음성전략은 자신에게 별 이득이 되지 않거나 불리하다고 떠나는 것이 아니라 지속적으로 변화를 위해 노력을 함으로 개인의 이익보다는 조직 나아가 지역사회의 이익을 대변하고 조직이나 지역사회가 무엇을 필요로 하는지 등 조직과 지역사회의 욕구에 보다 근접한 서비스를 제공할 수 있도록 한다. 즉, 음성전략이 떠남전략과는 달리 조직이나 지역사회가 필요로 하는 것에 관심을 기울일 수 있다는 점이다. 이런 측면에서 음성전략은 시장이나 준시장모델에서 강조되는 개인주의적 사고와는 달리 집합주의적 사고에 기초한다고 할 수 있다.

Hirchman(1970)도 음성전략의 중요성을 강조하였다. 그에 따르면 교육의 질이 떨어지는 공립학교에서 교육의 질을 중요시하는 학부모들은 상대적으로 교육비용을 중요시하지 않음으로 자녀들을 사립학교로 전학시킬 수 있지만, 비용을 중요시하는 학부모들은 교육의 질을 중요시하지 않음으로 교육 질이 떨어지는 것에 주목하지 않는다. 이 경우 결국 공립학교에는 교육 질을 중요시하는 학부모들은 모두 학교를 떠나게 됨으로 공립학교 시스템은 붕괴될 수 있음으로 전학을 금지하기 위하여 국가는 모든 학교를 평준화하는 교육의 독점적 시스템을 구축하는 것이 필요하게 된다. 하지만 부모들이 지속적으로 교육의 질을 향상시키도록 요구한다면 교육의 질은 모든 공립학교에서 독적점 방안이 필요 없이 개선될 수 있게 된다. 즉, 국가가 제공하는 사회복지서비스가 불만족스럽다고 해서 비용부담이 없는 국민들이 모두 국가의 서비스를 대신해 시장에서 원하는 서비스를 구입하다면 국가의 사회복지서비스는 오직 서비스구입에 부담을 느끼는 사회빈곤층에게만 제공되고 그들에게 제공되는 서비스는 매우 질이 낮은 서비스로만 제한되어 사회적 양극화와 빈부격차에 따른 낙인화는 가속화되어 사회통합은 불가능하게 될 수 있음으로 서비스를 필요로 하는 모든 국민들은 국가가 제공하는 사회복지서비스에 대해 지속적으로 변화가 가능하도록 음성을 확대하여야 할 것이다.

4. 음성전략의 한계

음성전략은 다음과 같은 한계점들을 내포하고 있다.

첫째, 다수의 음성이 소수의 음성을 무시할 수 있다. 내용이나 중요성과는 상관없이 많은 사람들의 음성을 중요시하여 반영하고 소수의 음성은 무시하게 되면 전체적인 사회복지향상은 이루어지 않을 수 있다.

둘째, 개인의 조직이나 국가에 대한 변화요구(음성)는 음성을 위한 시간과 노력, 에너지 그리고 사명감 등이 있어야 가능할 수 있다. 시간이 없고 음성을 낼 수 있는 능력이나 여유가 없는 개인들은 음성을 내어 그들의 욕구를 표현하기보다는 간단하게 조직이나 서비스를 떠나는 것(Exit)이 보다 간편할 수 있다.

5. 음성모델과 사회복지전달[17]

국가직접제공이나 시장과 준시장을 통한 사회복지전달은 이용자들의 욕구나 견해가 고려될 수 있는 방안이 제한되어 있지만 음성모델은 이용자들의 욕구나 요구사항 등이 사전 또는 사후에 얼마든지 고려될 수 있다는 점에서 사회복지전달에 있어 매우 중요한 전략적 속성을 가지고 있다. 시장과 준시장에서 이용자들은 교환하기 위해 구매력을 가

---

17 음성모델은 사회복지전달을 위한 모델이라기보다는 사회복지확충을 위한 하나의 전략으로 보는 시각도 존재한다.

지고 있어야 하며 교환은 구매능력에 한하여 이루어지는 것이 특징이고 국가직접제공의 경우는 국가가 결정한 기준과 규정이나 규칙에 따라 이용자들의 욕구에 상관없이 서비스가 제공되지만 음성모델은 이용자들의 욕구에 따라 서비스가 전달될 수 있다는 장점을 가진다.

사회복지전달에 있어 음성모델은 다음과 같은 장점을 가지고 있다. 첫째, 음성모델은 무엇보다도 국민들이 그들이 인지한 욕구나 필요로 하는 것을 고려하고 주의를 기울일 수 있다. 정부를 포함한 서비스제공기관에게 무엇이 잘못되었는지 그리고 무엇을 개선하여야 하는지 등 서비스와 관련된 정보를 제공한다는 측면에서 제공기관의 입장에서는 서비스를 개선할 수 있는 충분한 정보를 제공받을 수 있게 된다.

사회복지서비스를 전달하는데 있어 시장모델이나 준시장모델은 시민들의 소비자주권을 강조한다. 이는 소비자로서 시민은 그들의 이익을 실현하기 위해 소비자주권의 실현 및 개선은 음성전략을 사용함으로 실현됨을 의미하는 것이다. 하지만 소비자의 이익을 강조하는 시장모델의 음성전략은 국가의 책임성과 민주주의와 시민의식개선 그리고 더불어 사는 지역공동체형성을 위한 민주주의적 책임성을 개선하는 시민음성모델과는 대비된다(Warner and Hefetz, 2002). 사회복지전달의 개선 그리고 사회복지전달의 개선을 통한 복지권의 실현과 확장은 시장모델이 강조하는 소비자주권의 실현보다는 민주주의적 책임성 강화를 통해 실현된다고 보았을 때 복지권확대를 위한 시민들의 음성은 매우 중요한 복지실천을 위한 전략이라고 할 수 있다. 효율성은 시장모델을 통해서 강화될 수 있지만 시장은 사회적 가치보다는 이윤창출의 가치를 우선시함으로 시장모델에 의해서 소외받고 배제되는 국민들을 위한 공공 및 사회복지서비스 전달에 있어 국가의 책임성강화는 Savas(2000)가 강조하는 것과 같이 국민들의 선택과 자유를 통한 소비자주권강화를 위한 소비자음성모델에 의해서 아니라 집합적 복지와 민주주의를 향한 시민음성모델에 의해서 실현된다. 즉, 시민음성모델이 보다 형평한 서비스전달을 통한 민주적 복지국가 건설에 더욱 필요하다는 것을 의미한다. 결국, 소비자가 강조되는 시장은 개인적 이익실현의 논리가 강조되지만 시민의 소리가 강조되는 논리는 지역주민 모두의 복지가 개선되는 집단적 번영을 나타낸다. 소비자는 시장에서 가격을 통해 이익을 실현하지만 민주사회에서 시민은 지역사회를 보다 건강하게 건설하려는 욕구의 실현을 통해 이익을 실현한다.

6. 음성모델의 장점 및 단점

음성모델을 통해 사회복지서비스를 전달하는 경우 나타날 수 있는 가장 큰 장점은 위에서도 잠시 언급하였지만 이용자의 욕구와 원하는 것이 직접적으로 제공자에게 전달되어 보다 이용자 중심의 서비스 전달이 용이하도록 한다는 점이다. 특히, 음성모델은 개인의 결정권을 실현할 수 있는 하나의 도구로서 작동할 수 있다는 점 역시 장점으로 지적될 수 있다. 음성모델을 통해서 이용자들은 정부나 비영리 조직 등에 의해서 그동안 이루어져 왔던 서비스결정권에 대한 권리를 일정정도 확보할 수 있다. 예를 들어 이용자가족이나 이용자들은 그들에게 보다 질 좋은 서비스를 제공하도록 도움을 줄 수 있는 시의원이나 국회의원을 선출하는데 영향을 미칠 수 있고 그들이 선호하는 의원들이 선출되는 경우 그들은 더 나은 서비스 환경을 기대할 수 있게 되고, 실제로 더 나은 서비스가 제공될 수 있다(Le Grand, 2007).

음성모델을 통해 사회복지서비스를 전달하는 경우 나타날 수 있는 가장 큰 단점은 다수의 목소리(음성)가 소수의 목소리를 대변하지 않는 경우 나타나게 된다. 다수의 의견이 소수의 의견을 고려하고 숙고

한다면 문제가 되지 않지만 다수의 의견이 소수의 의견을 무시하고 고려하지 않는 경우 소수는 다수의 의견에서 배제되고 소외되는 현상이 발생 할 수 있다. 음성모델의 또 다른 문제점은 음성모델이 개개인들에게 많은 비용을 초래할 가능성이 있다는 점이다. 이용자나 이용자가족이 서비스에 대한 불만을 제기하는 경우 불만처리과정이라는 적절한 절차에 의해서 불만이 처리됨으로 많은 시간비용이 초래될 수 있으며 만약 법률적인 소송으로까지 나아가는 경우 이용자들은 소송과 관련된 각종 비용을 부담하여야 하며 제공기관이나 제공자와 적대적 관계로 발전하기도 한다.

음성모델이 지니고 있는 마지막 문제점은 이용자들이 자신의 욕구나 원하는 것을 직접 제공자에게 전달하여 자신들에게 적절하고 적합한 서비스전달이 이루어지도록 하기 위해서는 서비스에 대해서 많이 알고 있어야 한다는 것이다. 즉, 서비스에 대해 상당한 지식과 이해를 가지고 있어야만 무엇이 잘못된 것이고 어떤 것이 올바른 것인지를 알 수 있음으로 이에 대한 목소리를 내는 것이 가능해진다. 또한 모든 이용자가 제공되는 서비스에 대한 모든 정보를 가지고 이에 대한 문제점들에 시정을 요구할 수 있는 것은 아니다. 어떤 이용자는 개인의 노력으로 서비스에 대한 정보를 가지고 있는 것이 가능해 목소리를 높일 수 있지만 어떤 이용자는 개인적 노력을 쏟는 것이 불가능하여 서비스에 대해 많은 정보를 가지고 있지 않다면 제공자에게 목소리를 내는 것이 현실적으로 어렵게 된다. 예를 들어 개인적으로 정보획득을 위해 노력 시간을 쏟을 수 있는 이용자와 그렇지 못한 이용자들에게 있어 음성모델은 달리 작동할 수 있으며 중위소득의 이용자들이 하위소득의 이용자들보다 통상적으로 서비스정보를 확보하는데 있어 더 많은 시간노력을 쏟을 수 있음으로 하위소득의 이용자들에게 있어 음성모델 역시 달리 작동할 수 있다.

음성모델을 사용하는데 있어 고려하여야 하는 또 다른 점은 음성모델이 이용자들의 욕구나 원하는 것을 직접 제공자에게 전달하여 자신들에게 적절하고 적합한 서비스전달이 이루어지도록 하는데 효과적인 모델이지만 제공자가 독점적으로 서비스를 제공하는 경우 제공자는 이용자들의 목소리를 무시 할 수 있다는 점이다. 즉, 제공기관이나 서비스를 선택할 수 없는 독점적인 지위를 제공자가 가지고 있는 경우 이용자들의 목소리는 제공자에게 영향을 주지 않게 된다.(Le Grand, 2007).

제12절 소결

복지혼합의 시대에 가장 적합한 사회복지전달모델은 무엇인가를 고민하기에 앞서 사회복지전달모델들 각각의 특징을 비교 분석하는 것은 매우 중요한 작업이다. 사회복지전달의 모형은 전적으로 특정 국가가 지향하는 사회적 가치에 많은 영향을 받는다. 모든 사회복지전달모형은 등장배경 즉, 등장의 필요성이 다르며 각기 나름대로의 정당한 근거에 의해서 발전되어 왔다. 전적으로 모든 사회복지서비스의 생산과 공급을 책임지는 복지국가는 존재하지 않으며 정도의 차이는 있지만 대부분의 복지국가에서 사회복지전달은 국가와 민간부분이 함께 공동으로 수행하는 영역이다. 시장의 실패는 복지국가의 발전을 가져다주었으며 복지국가의 발전의 시기에는 대부분 공공제공모델이 사회복지전달의 주된 모델이었다. 하지만 정부의 실패 이후 시장모델은 민영화라는 이름으로 확대되기 시작하였으며 시기적으로는 1980년부터 2000년대까지 활발하게 작동하였다. 시장모델과 준시장모델의 등장으로 정부의 재정지불방식에도 상당한 변화가 일어나 직접지불, 수당, 바우처나 계약과 같은 시장기제가 도입되었으며 계약은 비영리제공모델을 통한 서비스전달에 중심적인 도구로 작동하였다.

시장모델이 가진 소비자차별이나 이윤창출을 위한 과도한 경쟁 그리고 이에 따른 인간적 관계의 등한시와 협력과 조정과 같은 사회적 가치 실종등과 같은 한계는 시장모델이 사회복지전달에 적합한 전달모델인가에 대한 회의를 가져와 이에 대응하기 위해 형평성을 보다 강화하는 준시장모델, 혼합시장모델 그리고 공동생산모델 등과 같은 새로운 모델의 등장을 가져왔다. 공동생산모델은 이용자들에 대한 관리의 중요성을 더욱 강화하는 모델로서 개별적 서비스의 제공을 위해 민간과 정부 그리고 국민이 함께 서비스를 공동 생산한다는 특징이 있다. 시장모델의 쇠퇴는 또 다른 한편으로 시장모델을 완전히 배격하고 공공제공모델이 갖는 한계를 극복하기 위해 제시된 신공공서비스모델이나 참여모델 그리고 신뢰모델 등의 발전을 가져다주었다.

신공공서비스모델이나 참여모델 그리고 신뢰모델 등은 모두 국가의 사회복지전달의 책임성을 강화함과 동시에 서비스의 생산에 국민들의 참여를 강조한다는 특징이 있다. 공공제공모델의 서열적 그리고 중앙통제적 서비스전달에 따른 비효율성과 효과성저하 등의 문제를 극복하기 위해, 신뢰모델은 사회적 자본을 구성하는 요소인 신뢰를 구축하는 것을 강조하며 공공조직과 민간조직과의 파트너십과 협력네트워크를 구축하여 서비스를 전달하는 것을 강조하는 신공공서비스모델은 시장 중심적 관리기법에 대한 비판으로 등장하였으며 서비스전달에 있어 신뢰모델과 같이 신뢰를 기본으로 협력, 참여를 강조하며, 스튜어드십이론에 근거하여 관료를 스튜어드(모든 어려운 일도 자신의 일처럼 돌보는 청지기나 집사와 같은)로 인식하여 국민에게 봉사하는 역할을 보다 강조한다는 특징이 있다. 참여모델 국민들의 서비스전달로의 참여를 강조하고 참여가 공공조직과 시민의 서비스공동생산을 가능하게 함을 제시한다.

음성모델은 사회복지확충을 위한 전략으로도 이해됨으로 음성모델을 제외한 사회복지전달모델들의 특성을 비교하여 제시하면 아래의 표와 같다.

[표 3-26] 공공제공모델, 비영리제공모델, 시장모델 그리고 준시장모델 그리고 혼합시장모델의 특성 비교

	공공제공 모델	비영리제공 모델	시장모델	준시장모델	혼합시장 모델
등장 배경	시장실패	효과성 및 전문성에 대한 요구	정부실패	효율성과 형평성의 개선 요구	효율성 개선
가치	책임성과 공공성	전문성	선택과 경쟁	선택과 경쟁	선택과 경쟁
제공	공공조직	비영리조직	영리조직	공공조직, 민간(영리와 비영리포함) 조직	공공조직, 민간(영리와 비영리포함)조직
재정	국가	국가	개인	국가	국가/개인
규제	국가	국가	시장/개인	시장에 참여한 조직/개인	국가/시장
작동 원리	국가독점	비영리제공 기관독점	시장독점	준시장독점	혼합시장
생산/ 공급	국가 독점의 서비스 생산 및 공급	국가와 민간비영리조간의 계약에 의한 서비스생산 및 공급	시장을 통한 서비스의 생산 및 공급	국가의 서비스기획 및 시장의 서비스 생산 및 공급	국가는 서비스생산과 공급의 총책임자이며 시장은 보조적 책임자
국민	서비스 수혜자	client, 서비스 대상자	소비자	소비자	이용자/ 소비자

[표 3-27] 신뢰모델, 신공공서비스모델, 참여모델 그리고 공동생산모델의 특성 비교

	신뢰모델	신공공서비스모델	참여모델	공동생산모델
등장 배경	시장 및 준시장 모델의 대안	공공제공모델의 대안	공공제공모델과 시장모델의 대안	복지혼합전달 시대의 대안
가치	신뢰	협력	참여	자유/선택
제공	공공 및 민간비영리조직	공공조직/시민	시민/일선 직원	공공 및 영리를 포함한 민간조직
재정	국가	국가	국가	국가
규제	국가	국가	국가	국가/시장
작동 원리	조직 간 신뢰 및 협력체제구축	시민과 공공조직의 협력	시민의 참여	관료, 민간제공기관의 제공자 그리고 시민의 공동참여
생산/ 공급	협력체제를 통한 생산 및 공급	시민과 공공조직이 함께 생산 및 공급	국민이 직접 서비스 생산 및 공급	국가와 제공기관 그리고 이용자의 공동 생산 및 공급
국민	협력파트너	시민	참여자	공동생산자

사회복지전달에 있어 시장모델의 가장 결정적인 실패원인은 정보비대칭과 조직들의 도덕적 해이, 이용자차별과 수확체증의 법칙에 따른 서비스독점 및 과점에 따른 불완전 경쟁이다. 효율성과 형평성을 모두 강조하였던 준시장모델 역시 국민들에게 개별적 서비스가 제공될 수 있는 가능성을 보여주었지만 이용자차별과 정보비대칭 그리고 자기결정권미실현 등의 이유로 실패하였고 다만 수당, 계약, 바우처 등과 같은 시장기제는 아직 여러 모델에서도 재정지불수단으로 활용되고 있

다. 혼합시장모델 역시 국가의 공공서비스 책임성 약화, 서비스과소공급문제와 이용자차별 그리고 정보비대칭과 같은 시장모델이 갖는 기본적 한계를 극복하는데 한계가 있는 것으로 나타나고 있다. 시장모델은 실패하였지만 시장모델에서 활용되고 있는 시장기제의 활용은 효율성 강화나 효과성 개선 등의 이유로 지금도 여전히 서비스교환을 위한 지불수단으로 활용되고 있다.

공동생산모델은 직접지불이나 개인예산제도 등과 같은 시장기제를 활용함과 동시에 제공기관과 정부 그리고 서비스이용자가 직접 서비스를 기획하는 시장모델과 신뢰 및 참여모델의 요소가 혼합된 대표적인 모델이다. 비영리제공모델 역시 비영리제공모델이 갖는 한계, 즉, 서비스독점 및 기관의 도덕적 해이, 국민을 수동적으로 바라보는 인식과 자기결정권의 미실현 등을 극복하기 위한 대안으로 민관파트너십과 네트워크를 활용하는 신뢰모델을 발전시켰지만 또 다른 측면에서 시장주의자들은 성과계약이나 총량계약, 경쟁 입찰 등과 같은 시장기제의 확대 적용을 강조하였다.

이론은 전적으로 모델과 연관이 있다는 것은 주지의 사실이다. 사회복지전달을 설명하는 이론 역시 사회복지전달모델과 깊은 연관을 가지고 있다. 예를 들어 주인-대리인이론과 공공선택이론은 시장모델, 준시장모델 그리고 혼합시장모델의 작동원리를 이해하는데 도움을 주며 이해관계자이론은 신공공서비스모델과 공동생산모델의 원리를 이해하는데 도움을 준다. 아래의 표는 이론과 모델의 관계를 나타내준다.

[표 3-28] 사회복지전달을 설명하는 이론과 전달체계모델과의 관계

	주인-대리인 이론	공공선택이론	이해관계자 이론	스튜어드십 이론	네트워크이론
사회복지전달체계모델	시장모델/준시장모델/혼합시장 모델	시장모델/준시장모델/혼합시장 모델	신공공서비스모델/공동생산모델	신뢰모델/참여모델	신뢰모델/참여모델/공동생산 모델

본 장에서는 복지국가의 사회복지전달체계를 이해하기 위한 전달모델들과 사회복지전달을 활성화시키기 위한 전략으로서 음성전략의 기본적 내용에 대해서 살펴보았다. 특히, 어떠한 사회복지전달모델을 선택할 것인가를 이해하기 위하여 사회복지전달의 원리 및 원칙을 설명해주는 제 이론들과 이론에 입각하여 현존하는 다양한 모델 등에 대해서 살펴보았다. 각각의 모델들은 국민의 역할, 민간조직의 역할 그리고 국민의 역할에 있어 상이한 입장을 가지고 있으며 사회복지전달에 있어서도 상이한 특징들을 가지고 있다.

특정 국가의 사회복지전달체계를 이해하기 위해서는 먼저 그 국가의 사회, 정치 경제적 토대와 사회정책 발달의 역사 그리고 인구통계적 특성 등이 모두 고려되어야 한다는 것이 기본적 전제조건이다. 하지만 사회복지전달체계의 특성을 이해하기 위해 위의 조건들을 고려하여야 하는 것은 사실이지만 이보다도 더욱 중요한 점은 국민들의 기본적 사회욕구를 해결하고 궁극적으로 복지생활을 개선하여 건강한 복지사회를 구축하기 위해서는 특정 국가가 담보하려고 하는 사회적 가치와 지향하는 사회적 목적에 대한 합의가 무엇보다도 중요하다는 사실이다. 모든 국민들이 모두 건강하고 편리한 기본적 생활을 영위할 수 있도록 하기 위해 그리고 모든 국민들이 시민의 권리를 보장받으면서 복지국가의 가치가 유지 보전되도록 하기 위해서는 특히 사회복지전달

체계가 매우 중요한 역할을 담당한다. 기존의 사회복지전달체계가 국민들이 권리를 보장할 수 없고 기본적인 삶의 유지 보전하는 것이 어렵다고 한다면 당연히 보다 문제해결적으로 사회복지전달체계를 수정 또는 개선하는 것은 필연적이다.

국가가 유지하고 있는 사회복지전달체계를 수정 또는 개선하기 위해서는 기본적으로 다음과 같은 질문에 대한 대답을 찾는 것이 중요하다고 보여 진다. 그 질문들은 아래와 같다. 첫째, 서비스선택이냐 서비스조정이냐, 둘째, 조직간 경쟁이냐 상호행동과 협력이냐, 셋째, 획일화된 보편적 서비스냐 개별적 서비스냐, 넷째, 공공부분의 책임성 강화냐 유지냐 공공부분의 책임성 소멸이냐, 다섯째, 국민이 시민인가 소비자인가, 여섯째, 단순한 서비스제공이냐 사회정의 등과 같은 사회적 가치에 대한 국민의 동질감 구축이냐, 일곱째, 책임성을 위임하느냐 책임성을 분담하느냐 여덟째, 이윤추구를 통한 조직의 효율성개선이냐 서비스의 질 개선이냐, 아홉째, 비영리조직의 중심 행동이 자원봉사활동(volunteering)이냐 자원봉사활동이 주변적 활동으로 머무르느냐 등이다.

위와 같은 질문에 대한 대답은 본 장에서 제시한 사회복지전달모델들의 내용을 구성하는 기본 축으로 작동한다. 예를 들어 국민들의 자유의지와 자유결정권 강화 나아가 소비자주권을 강조한다면 당연히 공공제공모델보다 시장모델들이 바람직한 모델이 될 수 있지만 국가의 책임성 강화와 모든 국민들에게 보편적 사회복지서비스를 제공한다는 기본 원칙이 강조된다면 당연히 시장모델은 바람직한 사회복지전달체계라고 볼 수 없다. 또한 민간조직과 공공조직 간의 협력과 조정을 통해 통합적이고 효과적인 서비스를 제공하기 원한다면 당연히 시장모델보다는 협력과 조정이 강조되는 참여모델이나 신뢰모델이 선호될 것이며 국민, 민간조직의 직원 그리고 공공조직의 관리들이 함께 국민들의 개별적 욕구를 해결하기 위해 서비스제공을 위한 자원개발되는 협력을 강조한다면 공동생산모델이 더욱 적합한 모델이 될 수 있다. 또한 서비스의 전문성을 강화하여 보다 효과적인 서비스를 제공하기 위해서는 비영리제공모델이나 신뢰모델이 선호될 것이다. 위에서 제시된 모델들은 모두 개별적으로 완벽한 하나의 전달모델로 자리 잡았다고 보기는 어려운데 이는 모든 모델들이 한계점들을 내포하고 있기 때문이다. 따라서 국민들의 개별적 욕구를 가장 효과적인 방안으로 해결할 수 있는 그리고 그 사회가 지향하는 사회적 목적과 가치를 대변할 수 있는 전달모델을 찾는 다각적 노력이 필요하다. 복지국가가 지향하는 사회적 가치는 개인주의나 분열, 경쟁, 사회적 배제나 소외 등이 아님으로 지나친 경쟁이나 개인주의심화, 사회적 배제의 확대 등으로 심화 확대되는 사회적 분열을 치유하는 사회 통합적이고, 협력과 연대를 통해 개별적 욕구가 해결되며, 더불어 함께 잘 살 수 있도록 집합주의와 형평의 가치실현을 구축할 수 있는 사회복지전달체계의 구축을 위해 각 모델들이 갖는 특징에 대한 숙고는 중요한 과업임에 틀림없다.

제4장 사회복지전달체계 분석

제4장 사회복지전달체계 분석

제1절 개관

국가가 사회복지재화와 서비스를 어떠한 방식으로 할당하는가? 또는 전달하는가를 이해하는 것은 특정 국가의 사회복지전달체계를 이해하는데 있어 가장 중요한 핵심적인 사안이다. 우리는 자선과 박애주의에 기초한 자발적 조직이나 친구나 가족 그리고 이웃 등과 같은 비공식적 부분이 자신들이 비축한 자금이나 인적 자원을 동원하여 자선적 활동을 통해 주변의 사회소외계층을 지원하는 자선 구빈의 시대에서 국가가 적극적으로 사회문제에 영향을 받은 국민들을 대상으로 보편적인 서비스를 제공하는 국가복지의 시대를 지나 이제는 국가와 민간영역이 함께 사회복지재화와 서비스를 전달하는 복지혼합의 시대에 살고 있다. 특정 국가의 사회복지전달의 메커니즘을 이해하기 위해서는 특정 국가의 인구통계요인, 정치 경제적 요인, 해결하여야 하는 주요 사회문제요인 등 그 국가를 둘러싼 복잡한 내적, 환경적 요인과 함께 사회복지전달을 책임지고 있는 국가의 사회복지전달에 있어서의 역할부담 정도를 분석하는 것이 매우 중요하다.

Gilbert와 Terrel(2005)은 서비스전달체계를 설계하기 위해 반드시 선택하기 위해 반드시 고려하여야 하는 7개의 질문사항들을 제시하였는데 그것들은 아래와 같다.

첫째, 행정적으로 중앙집중화되어 있는가 아니면 탈중앙화되어 있는가?

둘째, 서비스가 두개 이상 제공되는가 아니면 하나의 서비스간 제공되는가?

셋째, 하나의 조직에 의해서 서비스가 제공되는가 아니면 여러 조직이 서비스를 제공하는가?

넷째, 조정을 위한 노력이 있는가 아니면 의사소통을 하지 않는가?

다섯째, 전문가에게 의존하는가 아니면 준전문가나 소비자에 의존하는가?

여섯째, 서비스이용자에게 권한을 위임하는가 아니면 권한이 전문가에게 집중되어 있는가?

여덟째, 공공행정가인가 아니면 민간계약자인가?

위의 Gilbert와 Terrel가 제시한 서비스전달체계를 설계하는데 있어서 반드시 고려하여야 하는 사항들은 서비스전달체계분석을 위한 분석요소를 설정하는데 도움을 줄 수 있다. 예를 들어 서비스이용자에게 권한이 위임되는가에 대한 질문사항은 결정권이나 선택권에 대한 분석기준으로 활용할 수 있으며 공공행정가인가 민간계약자인가에 대한 설계기준은 정부가 서비스를 규제하는가아니면 규제 민간에 의해서 이루어지는가를 구분하는 기준이 될 수 있다. 하지만 위의 기준들을 서비스전달체계를 설계하는 데 있어 숙고하여야 하는 질문요소로 활용하는 것은 가능할지라도 서비스전달체계 자체를 분석하는 분석요소로 활용하기에 한계가 있다.

본 장에서는 국가의 사회복지전달체계를 분석하기 위해 적합한 분석요소를 찾기 위해 선행연구를 통해 이미 학자들에 의해 제시된 서비스전달체계를 분석할 수 있는 모델을 비교 분석할 것이며 이를 근거로 사회복지전달체계분석을 위한 주요 분석요소 즉, 분석기준을 찾아 제시할 것이다.

제2절 사회복지전달체계분석의 틀

1. 사회복지전달체계와 사회복지전달체계분석을 위한 기준

경제체계가 자원의 할당을 규정하는 양식이라고 정의할 수 있음으로 사회복지전달체계는 사회복지재화와 서비스의 할당을 규정하는 양식이나 방법이다. 즉, 사회복지전달체계를 사회복지경제학적으로 해석하면 사회복지전달체계는 사회복지재화와 서비스를 할당하는 메커니즘 또는 사회복지재화와 서비스를 할당하는 사회적 단위나 조정양식이라고 할 수 있다. 국가는 국민들에게 위협이 되는 사회적 위험을 예방하고 제거하기 위하여 국민들이 필요로 하는 사회복지재화와 서비스를 생산하고 분배하여야 할 책임을 가지고 있다. 국민들의 사회복지향상은 사회복지재화와 서비스의 생산 및 분배를 통해서 실현됨으로 사회복지재화와 서비스를 누가, 어떻게 생산하고 분배하는지는 특정 국가의 사회복지전달체계를 구성하는 중요한 요인이 될 수 있다. 또한 사회복지가 사회구성원들의 번영을 위해 사회적 책임 하에 사회구성원들이 기본적으로 필요로 하는 욕구를 충족시키는 조직화된 행동체계(지은구, 2006)이고 사회복지의 중요 기능이 사회적 차별과 배제를 조정하는 것(지은구, 2003)이라고 한다면 이러한 기능 역시, 사회복지재화와 서비스의 할당을 규정하는 사회복지전달체계를 통해서 달성된다고 할 수 있다. 결국, 사회복지전달체계가 사회복지재화와 서비스의 할당을 규정하는 규정양식이라고 한다면 사회복지전달체계는 사회구성원들이 기본적으로 필요로 하는 욕구를 충족시키는 사회복지재화와 서비스를 국가의 책임 하에 생산하고 분배하는 사회적 체계나 총체적 활동이라고 규정지을 수 있다.

한 국가의 사회복지재화와 서비스를 생산하고 분배하는 사회적 체계나 총체적 활동을 설명하는 사회복지전달체계는 특정 국가의 상황에 따라 매우 다르게 나타날 수 있다. 따라서 사회복지전달체계의 특징을 분석하기 위해서는 분석을 위한 기준이 필요하다. 사회복지전달의 틀을 분석하기 위해 그동안 제시되었던 틀은 재정, 제공, 규제를 중심으로 하는 분석 틀 또는 생산, 제공(또는 공급), 소비의 입장에서 국가, 민간 그리고 나아가 국민의 역할을 구분하는 분석 틀 등 이다. 사회복지전달체계를 분석하기 위한 기준들은 다양하게 제시되고 있는데 가장 대표적인 기준이 Besley와 Savas 그리고 Ranci 등이 제시한 기준 등이 있다. 이들이 제시한 분석기준의 내용을 살펴보면 아래와 같다.

2. Le Grand와 Robinson의 분석기준

Le Grand와 Robinson(1984)이 제시한 분석기준은 국가주도의 서비스에서 민영화가 이루어지기 시작한 1980년대 초에 등장한 가장 오래된 분석기준이라고 할 수 있다. 이들은 민영화분석을 위한 핵심 분석요인으로 제공, 보조(subsidy) 그리고 규제(regulation)를 제시하였다. Le Grand와 Robinson은 특히 이 세 요인을 활용하여 민영화(privatization)의 정도를 분석할 수 있을 것임을 주장하였음으로 이 요인을 적용하면 사회복지서비스전달체계의 성격을 분석할 수 있는 모델로 활용하는 것이 가능하게 된다. 제공, 보조금 그리고 규제를 활용하여 이들은 민영화가 첫째, 국가가 서비스의 국가 직접 제공을 줄임으로써 둘째, 국가가 재화나 서비스에 대해 보조금을 줄임으로써 셋째, 국가가 서비스에 대한 규제를 줄임으로서 나타나는 세 유형이 있음을 제시하였다.

국가는 직접 또는 국가가 설립한 공기관을 통하여 재화와 서비스를 제공할 수 있으며 공공기금을 활용하여 특정 재화나 서비스(또는 상품)에 대하여 보조금을 제공할 수 있다. 만약 국가가 특정 재화에 대해 재화의 상품가격만큼 보조금을 전액 지급한다고 한다면 그 재화는 국민들에게 비용 부담 없이 무료로 제공될 것이다. 또한 국가는 특정 상품의 양이나 질 그리고 가격을 규제할 수 있다. 이들 세 요인을 조합하면 아래와 같은 서비스전달의 유형이 나타난다.

첫째, 국가는 보조금 지급 없이 특정 서비스에 대해 국가가 직접 제공하며 국가가 직접 서비스의 양과 질을 규제한다.

둘째, 국가는 서비스를 직접 제공하지만 재정에 있어 서비스에 대해 보조금을 지불한다. 따라서 소비자들은 보조금의 정도에 따라 자기부담의 수준이 결정될 수 있다. 국가는 직접 서비스에 대한 규제를 행사할 수 있다.

셋째, 민간이 국가로부터의 보조금 없이 직접 서비스를 제공하고 서비스에 대한 규제를 행사한다.

넷째, 서비스는 민간이 직접 제공하고 국가는 보조금을 지급한다. 국가의 규제는 보조금지불금에 대해 이루어진다. 서비스의 양과 질에 대한 규제는 민간에게 위임된다.

3. Savas의 사회복지전달체계분석기준

민영화주의자인 Savas는 Le Grand와 Robinson 그리고 아래에서 제시되는 Besely와는 다르게 공공서비스전달에 있어 국가의 역할을 생산(production), 소비(consumption) 그리고 제공(provision)의 기준을 적용하여 분석한다는 특징이 있다. 따라서 그의 분석기준인 생산, 소비 그리고 제공은 공공재와 가치재적 성격을 가지고 있는 사회복지재화와 서비스의 전달을 분석하는 또는 민영화를 분석하는 기준으로 활용할 수 있다. Savas(2000)는 특히, 제공, 생산 그리고 소비의 주체를 구분하며 서비스전달의 참여자를 서비스생산자(producer), 서비스소비자(consumer) 그리고 서비스제공자(provider)[18]로 구분하였다. 즉, 생산과 소비를 강조하는 시장의 원리를 받아들여 서비스를 생산하는 사람, 서비스를 제공하는 사람 그리고 마지막으로 생산과 공급의 직접적 대상자인 서비스를 소비하는 사람으로 구분하였다. 생산자는 작업을 직접적으로 수행하는 사람이나 서비스를 소비자에게 전달하는 사람을 나타낸다. 생산자는 정부조직이 될 수 있으며, 시민들로 구성된 자발적 협의회, 민간영리조직, 비영리조직 또는 소비자 그 자신이 될 수도 있

18 Savas(2000)는 공급자(provider)를 조정자(또는 배열자, arranger)와 같은 의미로도 사용하였지만 본서에서는 공급자로 통일하여 부르기로 한다.

다. 정부는 국민들을 위해 국민의료비스를 생산하며, 자발적으로 조직된 학교폭력예방협의회는 학교폭력예방서비스를 생산할 수 있고 정부조직과의 계약 하에 비영리조직은 주민복지향상과 관련된 서비스를 생산하기도 한다. 또한 아름다운가게와 같은 절약가게에 자신이 쓰지 않는 의류를 가지고 온 사람은 자신이 절약가게에서 판매되는 상품의 생산자이면서 동시에 상품을 구입할 수 있는 소비자가 될 수 있다.

제공자는 소비자에게 생산자를 지정하거나 반대로 생산자에게 소비자를 지정하는 사람이다. 또한 공급자는 소비자에게 서비스를 제공하는 생산자를 선택하는 사람이다. 일반적으로 제공자는 정부조직이 된다. 또한 제공자는 소비자가 거주하고 있는 거주지의 공공조직일 수 있다. 예를 들어 국민기초생활보장의 생계보호서비스는 중앙정부가 생산자이지만 제공자는 수급자가 살고 있는 읍면동 주민센터가 된다. 자발적 시민협의회나 비영리조직은 생산자와 동시에 서비스를 직접 주민들에게 제공하는 제공자가 될 수 있다. 또한 서비스 소비자 그 자신은 생산자를 선택할 수 있음으로 제공자가 될 수 있다. 소비자는 서비스를 직접 소비하는 당사자로서 일반 국민이나 client 또는 대상자로 표현될 수 있다.

위와 같은 역할을 강조한다면 국가는 공공 및 사회복지서비스 전달에 있어 생산자, 제공자의 역할을 동시에 수행할 수도 있으며 생산자의 역할만을 수행할 수도 있다. 이는 전적으로 서비스공급의 유형 또는 Savas의 표현에 따르자면 민영화의 정도에 따라 다르게 나타날 수 있다. 결국, Savas의 서비스전달에 있어 참여자의 역할구분은 시장모델이나 준시장모델의 서비스전달체계에 있어서의 참여자 역할구분을 의미한다고 볼 수 있으며 신공공행정에 의해 공공부문에 대한 기업가주의가 확산되면서 국민, 서비스대상자 등의 용어에서 소비자라는 용어를 통해 소비자의 개인적 선택권확대와 자기이익최대화가 강조되었다고 볼 수 있다.

4. Ranci의 사회복지전달체계분석기준

Ranci(2002)는 사회서비스(특히 사회보호) 전달을 규정하는 기본적 요소로 재정(funding)과 제공(provision)을 강조하였다. 그는 국가의 사회서비스재정부담 정도가 60%를 넘는가? 그리고 사회서비스제공에 있어 비영리부분이 50%를 넘는가를 기준으로 즉, 재정부담의 정도와 서비스제공분담의 정도를 통해 복지국가를 보충모델, 비영리중심모델, 국가중심모델 그리고 시장중심모델로 유형화하였다. 그는 이 모델을 적용하여 아래와 같이 유럽국가들의 사회서비스전달유형을 제시하였다.

[표 4-1] 사회서비스공급의 유형(Ranci 모델)

사회서비스전달에 있어 비영리부분의 서비스제공 분담의 정도	국가 재정부담 정도	
	60% 이상	60% 이하
지배적(50% 이상)	보충적 모델 (독일)	비영리중심모델 (이탈리아, 스페인: 장애인서비스의 경우, 영국: 아동서비스의 경우, 프랑스: 아동서비스의 경우
보충적 (50% 이하)	국가중심모델 (노르웨이, 프랑스: 재가서비스의 경우)	시장중심모델 (영국: 재가서비스의 경우), 스페인(재가서비스의 경우)

5. Besley의 사회복지전달체계분석기준

Besley(2002)는 사회복지재화와 서비스의 전달에 있어 재정(finance), 제공(provision), 규제(regulation)의 세 요인을 이용하여 국가의 역할을 분석하였다. Besley의 세 기준은 Le Grand와 Robinson(1984)이 국가의 사회 경제적 활동을 구분하는 기준으로 제시하였던 제공, 보조금(subsidy) 그리고 규제에 영향을 받아 조정된 것이라고 할 수 있다. Le Grand와 Robinson은 국가가 재정을 보조하여 특정 상품에 대한 가격을 낮출 수 있음으로 국민들은 낮은 가격으로 상품을 구입하게 된다는 측면에서 국가의 중요활동품에 보조금을 기준으로 제시하였다. 또한 국가는 상품의 제공을 규제하고 상품의 양과 가격을 규제하는 역할을 수행함을 강조하였다. 여기서 상품은 국가가 제공하는 모든 상품으로 사회복지재화와 서비스도 포함된다. 특히, 그들은 국가의 역할을 설명하는 이 세 기준을 이용하여 민영화를 비판하였는데 그들에 따르면 민영화는 첫째, 국가 제공의 축소를 가져다 줄 것이며 둘째, 민영화는 국고보조금의 축소를 가져올 것이고 마지막으로 민영화는 국가규제의 축소를 가져다 줄 것이라고 주장하였다.

Besely에 따르면, 재정에 있어 국가는 공적자금을 활용하여 국민을 대신하여 서비스비용을 지불할 수 있으며 서비스를 이용하는 개인이 직접 이용료를 지불하고 서비스를 제공받을 수도 있다. 제공에 있어 공공사회복지서비스전달체계는 국가가 직접 서비스를 제공하는 것을 그리고 민간사회복지서비스전달체계는 국가가 민간과의 계약을 통하여 민간이 서비스를 국가 대신 제공하는 경우나 시장을 통해서 서비스가 제공되는 경우를 나타낸다. 그리고 규제는 국가가 서비스재정이나 제공을 규제하는 정도를 분석하는 것이다. 따라서 Besley의 틀에 따르면 사회복지전달은 재정을 책임지는 자금제공자(funder), 서비스를 제공하는 제공자

(provider) 그리고 서비스재정과 제공을 규제하는 규제자(regulator)의 역할로 구분되어 분석될 수 있다. 각각의 역할은 아래와 같다.

- 자금제공자: 국가의 자금제공자역할은 서비스전달에 필요한 자금을 세금에서 지불할 것인지 아니면 이용자가 직접 이용료를 지불하도록 할 것인지 등을 결정하는 역할을 의미한다.
- 서비스공급자: 국가의 공급자 역할은 국가가 직접 서비스를 공급하는가 아니면 민간조직을 통해서 서비스가 공급되도록 하는가? 등을 결정하는 역할을 의미한다.
- 규제자: 국가의 규제자의 역할은 서비스공급 주체인 민간조직과 공공조직 그리고 자금을 규제하는 역할을 나타낸다.

6. Burchardt, Propper 그리고 Hills(1999)의 민-관 전달체계 분석 기준

Hills(2004)는 자신의 저서인 "Inequality and the State"에서 민과 관의 사회복지전달체계를 설명하는 기준을 제시하였다. Hills의 민-관 전달체계모델은 정확히 얘기하면 1999년 Burchardt 그리고 Propper와 함께 저술한 그들의 책 “Public Welfare and Public Policy"에서 제시한 모델로서 재정, 제공 그리고 결정(decision)을 전달체계를 구분하는 기준으로 하였다는 점에서 기존의 기준들과는 상이점을 내포하고 있다. 그들이 제시한 민관전달체계모델의 기준을 설명하면 아래와 같다.

[표 4-2] 전달체계의 제공, 재정 그리고 결정의 내용

제공(provision)	재정(finance)	결정(decision)
제공은 공공이나 민간부분의 서비스제공자를 의미한다.	재정은 공공부분이 서비스지불액을 세금을 통해서 직접 지불하는가 아니면 비간접적인 방식으로 급여(benefit)나 또는 세금 헤택(tax relief)을 통해서 지불하는가를 의미한다.	결정은 개개인들이 그들 자신들을 위해 서비스의 양이나 제공자를 선택할 수 있는가 또는 국가에 의해서 결정이 일어지는가를 나타낸다.

* 자료: Hills, 2004. p, 141

Burchardt, Propper 그리고 Hills(1999)는 위의 세 기준을 적용하여 8개의 가능한 민-관 서비스전달의 유형을 제시하였는데(그림 참조) 그 유형들은 아래와 같다.

[그림 4-1] Burchardt, Propper 그리고 Hills의 전달체계구분

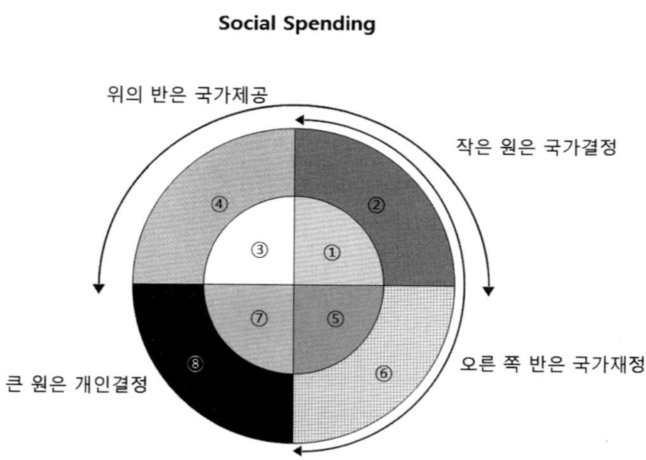

*자료: Hills, 2004. p. 142 그림6-9에서 재인용

- 1유형: 제1유형은 순수 공공모델로서 국가가 서비스제공, 재정 그리고 결정을 주도한다.
- 2유형: 제2유형은 공공으로 서비스가 제공되고 재정 역시 공공기금으로 이루어지나 서비스를 사용할지 어떨지를 개인이 결정하는 모델이다.
- 3유형: 제3유형은 서비스가 공공을 통해서 즉, 국가에 의해서 제공되고 결정도 국가에 의해서 이루어지나 재정은 개인(서비스이용료)에 의해서 이루어지는 모델이다.
- 4유형: 제4유형은 서비스가 국가에 의해서 제공되나 재정은 개인이 그리고 결정도 개인이 하는 모델이다.
- 5유형: 제5유형은 서비스 재정이 공공기금으로 국가에 의해서 이루어지나 민간제공자가 서비스를 제공하고 결정도 민간제공자가 수행한다. 가장 대표적인 예는 계약을 통한 비영리조직의 서비스제공이다.
- 6유형: 제6유형은 재정은 공적으로 이루어지나 개인의 결정에 의해 민간제공자로부터 서비스를 제공받는다. 가장 대표적인 예는 우리나라의 바우처사업이 해당된다.
- 7유형: 제7유형은 사적으로 재정이 충당되고 사적으로 서비스가 제공되지만 서비스에 대한 결정은 국가가 수행하는 모델이다.
- 8유형: 제8유형은 순수 민간서비스제공, 민간재정 그리고 민간(또는 개인)의 결정으로 서비스가 이루어지는 경우로 순수민간모델이라고 할 수 있다.

위의 1, 2, 3, 4 유형은 모두 국가에 의해서 서비스가 제공된다는 특징이 있으며 5, 6, 7, 8 유형은 모두 서비스가 사적으로 민간에 의해서 제공된다는 특징이 있다. 위의 유형을 적용하여 보면 우리나라의 사회복지서비스는 제1유형, 제5유형 그리고 제6유형이 대표적이라고 할 수 있다. 이들이 제시한 요인 중 결정은 곧 서비스나 제공자에 대한 선택권을 누가가지고 있는가? 즉, 선택권을 의미하는 것이라고 해석할 수 있다.

제3절 사회복지전달체계 분석을 위한 기준

1. 사회복지전달체계 분석틀: 분석기준 종합비교

위에서 제시된 사회복지전달을 분석하는 분석기준들을 살펴보면 일반적으로 재정과 제공이 중요 기준이 될 수 있음을 알 수 있다. 하지만 민영화주의자인 Savas는 재정보다 누가 생산하고 누가 소비하는가를 중심으로 하여 생산과 소비를 분석기준으로 활용하였고 Le Grand와 Robinson 그리고 Besley는 누가 무엇을 규제하는가를 강조하여 규제를 또 다른 분석기준으로 제시하였는데 이는 사회복지전달의 관리적 측면을 보다 강조하는 기준이라고 볼 수 있다. 즉, 규제를 강조한다면 관리와 통제라는 공공제공모델의 분석기준을 그리고 생산과 소비를 강조한다면 시장모델의 분석기준을 강화하는 것이라고 볼 수 있다. 앞에서 제시된 학자들의 분석기준은 아래의 표와 같다.

[표 4-3] 학자별 사회복지서비스전달을 분석하기 위한 분석요소(기준)

Le Grand와 Robinson의 분석기준(1984)	Besley의 기준 (2002)	Savas의 기준 (2000)	Ranci의 기준 (2002)	Burchardt, Propper 그리고 Hills의 기준(1999)
재정 보조금 규제	재정 제공 규제	생산 소비 제공	재정: 국가재정부담의 정도 제공: 비영리 공급의 정도	제공 재정 결정

Le Grand와 Robinson이 제시한 분석 요소인 재정, 보조금 그리고 규제는 재정과 보조금이 중복적 성격을 띠고 있음으로 크게 보면 재정과 규제로 구분한 것이라고 할 수 있다. Savas는 생산과 소비를 강조하였는데, 이 두 요소는 영리조직 중심의 민영화된 전달체계의 성격을 분석하는 중요기준으로는 적용가능하다는 장점이 있지만 사회복지전달에 있어 공공조직과 민간비영리조직의 전달체계의 성격을 분석하는데는 한계를 가지고 있다. 또한 Ranci가 제시한 재정과 제공의 요소는 사회복지전달의 관리적 속성을 분석하는 요소가 제시되어 있지 못함으로 이 역시 사회복지전달체계의 성격을 분석하는 요소로는 부족한 면이 있다. Burchardt, Propper 그리고 Hills(1999)가 제시한 분석요소 중 결정은 누가 서비스제공을 결정하는 것인가에 대한 응답으로 이해될 수 있는데 이는 곧 제공이나 재정에 대한 분석요소에서 다루어질 수 있는 내용이라는 점에서 한계가 있다.

재정과 제공 그리고 규제를 중요 분석 요소로 제시한 Besley모델은 사회복지의 재정적 측면과 제공측면 그리고 전달체계에 대한 관리적 측면을 모두 중요시하는 기준으로 볼 수 있다. 재정이 없으면 사회복지는 기획되고 제공될 수 없음으로 재정은 중요 사회복지전달성격을 분석하는 요소이며, 누가 제공하는가? 즉, 제공주체에 대한 분석 역시 사회복지전달의 성격을 결정짓는 중요 요소라고 할 수 있다. 사회복지전달에 대한 국가의 규제 정도 즉, 서비스전달체계 전반에 대한 규제 역시 사회복지전달체계의 성격을 결정지을 수 있는 중요 속성이라는 측면에서 사회복지전달의 성격을 분석하는 주요한 요소라고 볼 수 있다. Besley는 규제를 정의하는데 있어 "국가의 재정과 제공에 대한 규제의 정도"를 규제의 기준으로 제시하였는데 이는 규제가 재정을 누가 규제하는가? 그리고 제공을 누가 규제하는가? 에 대한 분석을 강조하는 것임으로 전달체계의 관리적 속성을 구체적으로 분석하는 요소로는 부족한 면이 있다. 규제를 관리적 측면으로 해석하면 서비스가 전달되는 총량을 누가 규제하는가? 그리고 서비스의 품질에 대한 규제의 주체는 누구인가 등이 포함되고 분석되어 져야 한다. 즉, 복지혼합의 시대에 서비스 양에 대한 규제는 정부, 민간조직, 그리고 시장 등을 통해서 동시에 발생할 수 있으며 서비스품질에 대한 규제 역시 정부, 민간조직 그리고 시장을 통해서 동시에 발생할 수 있음으로 서비스 양과 질에 대한 규제의 정도를 서비스제공 주체별로 분석하는 것은 의미가 있다. 따라서 본 연구에서는 Besley가 제시한 분석요소 특히, 규제에 대한 정의를 수정하여 재정, 제공 그리고 규제를 중심으로 사회복지전달체계를 분석하는 분석요소로 적용하도록 한다.

본 연구에서 재정은 국가의 재정지원 정도를 분석하는 요소로 사회복지전달에 있어 국가의 재정 부담정도를 통한 국가와 민간조직 간의 역할을 분석하는 중요 기준이다. 제공은 사회복지재화와 서비스의 제공 주체를 구분하는 요소로써 누가 서비스를 제공하는지를 통해 국가와 민간조직 간의 역할을 분석한다. 마지막으로 규제는 사회복지재화와 서비스전달에 있어 서비스 양과 질에 대한 규제의 정도를 분석하는 요소로 규제의 내용을 통해 국가와 민간의 역할을 비교 분석한다.

2. 재정, 제공 그리고 규제에 대한 조작적 정의

복지혼합의 시대에 사회복지의 재화와 서비스를 할당하고 전달하는데 있어 완전한 공공제공모델도 존재하지 않고 시장모델도 존재하지 않는다는 것을 전제하다면 제공, 재정 또는 생산과 소비만을 분석기준으로 삼아 사회복지재화와 서비스전달을 분석하는 것은 한계가 있다. 특정 국가의 사회복지전달의 유형을 분석하기 위해서는 누가 재정을 부담하는지, 누가 서비스를 제공하는지 그리고 사회복지재화와 서비스의 양과 질에 대한 규제는 누구에 의해서 어떻게 이루어지는지를 중심으로 분석하는 것이 옳다. 본 연구에서 설정한 사회복지전달체계의 성격을 분석하는 기준인 재정과 제공 그리고 규제는 다음과 같은 내용을 포함한다.

[표 4-4] 재정, 제공 그리고 규제의 내용(본 연구의 틀)

재정	제공	규제
– 국가의 재정 지원정도 – 민간조직의 재정 부담정도 – 국민(이용자의 재정 부담 정도)	– 국가독점제공 – 비영리독점제공 – 국가와 비영리혼합제공 – 국가와 민간조직(비영리와 영리조직모두 포함) 그리고 이용자혼합제공 – 시장독점제공	– 사회복지재화와 서비스의 양과 질어 대한 규제 – 규제의 주체(누가 규제하는가?) – 규제절차, 내용, 결과 등

재정은 "사회복지재화와 서비스의 기획에서부터 생산 및 제공에 들어가는 경제적 부담의 정도"를 나타내는 기준으로 누가 사회복지전달의 비용을 책임지는가를 기준으로 국가가 사회복지재정을 전적으로 책임지는 경우와 개인이 사회복지부담을 책임지는 경우 등으로 구분될 수

있고 이는 사회복지전달의 민영화 정도를 이해하는데 중요한 기준으로 작동할 수 있다.

제공은 "사회복지재화와 서비스의 제공주체"를 의미하며 서비스 기획의 주체가 누구인지를 분석하는 기준이다. 사회복지재화와 서비스 제공은 전적으로 국가에 의해서 이루어질 수 있으며 완전히 시장에 맡겨서 진행되는 경우도 있고 국민이 자신에게 적합한 서비스를 직접 제공하는데 참여할 수도 있다.

규제는 "사회복지재화와 서비스의 양과 질에 대한 관리와 감독의 정도"를 의미하며 누가 규제하는가? 공공조직인가 민간조직인가 아니면 시장인가 그리고 규제의 절차나 규제내용 그리고 결과 등을 분석하는 것을 의미한다.

사회복지전달에 있어 공공과 민간의 관계를 설명하는 기준으로 본 연구가 제시한 재정, 제공, 그리고 규제를 중심으로 시장모델, 공공제공모델, 참여모델 등 사회복지전달모델들을 비교 분석하는 것은 각각의 모델들이 가지고 있는 특성과 한계를 이해하는데 도움을 줄 수 있다.

제4절 재정

1. 복지국가와 사회복지재정의 논리

복지국가의 사회복지재정지출을 정치경제학적 입장에서 설명해주는 가장 대표적인 이론은 O'Connor(1973)이론이다. O'Connor는 자본주의 국가는 '축적과 정당성'이라는 기능을 수행하며 국가지출은 자본주의 국가의 두 기능인 사회적 자본(social capital)과 사회적 경비(social expenses)와 상호 연관이 있음을 주장하였다. 그에 따르면, 사회적 자본을 위한 지출은 사적자본의 축적을 위해 필요한 지출을 의미하며 사회적 경비는 국가의 정당화기능을 충족시키는 사회적 조화를 유지하기 위해 필요한 서비스 등에 대한 지출을 의미한다. 따라서 모든 사회복지시스템에 대한 지출이 곧 사회적 경비가 된다. 결국, 국가는 재정지출을 통해 사회복지서비스를 제공하는데 이 사회복지서비스에 대한 지출인 사회적 경비는 자본주의 국가의 축적과 정당화를 위해 사용되는 지출임을 O'Connor는 강조하였다. 따라서 사회복지전달을 위한 사회적 경비는 복지국가의 정당화를 위해서 그리고 자본주의 축적구조를 유지하기 위해서 필요한 사회적 지출임을 의미한다고 할 수 있다. 결국, 자본주의가 지속적으로 발전하면서 복지국가의 틀을 유지하기 위한 사회적 경비는 증대될 수밖에 없으며 증대되는 사회적 경비는 또한 축적을 정당화하기 위한 하나의 수단으로도 작동한다. 따라서 자본주의가 발전하면서 동시에 축적의 유지에 필요한 사회적 경비로서 사회복지비는 증대되지만, 사회복지비의 증대는 축적의 정당성을 확보하는 수준에서만 이루어짐으로 국민들의 필요한 욕구를 해결하는 적절성수준에서 사회복지재정이 확대된다고 보기는 어렵다.

사회복지재정지출의 축소를 강조하는 가장 대표적인 이론은 Baumol 효과이론 또는 Baumol의 비용병(Baumol's cost disease)이론이다. Baumol의 비용병(Baumol's cost disease)이론은 복지국가의 재정지출확대에 대한 부정적인 측면을 강조하는 이론이다. 본래 Baumol효과는 음악예술분야에서 생산성이 증대하지 않는다는 것을 강조한 이론으로서 William J. Baumol과 William G. Bowen이 1966년 출간된 "Preforming arts: The economic dilemma"라는 책에서 주장하였다. Baumol과 Bowen은 베토벤의 현악 4중주를 연주하는데 필요한 시간이나 사람이 1800년대에나 현재나 똑같다는 것을 강조하며 고전음악의 수행에 있어 생산성이 증가하지 않았음을 강조하였다. Baumol의 효과이론은 대체적으로 교육이나 간호 그리고 사회복지와 같은 인간의 상호행동 또는 상호활동에 많은 부분 의지하는 휴먼서비스(human service)분야는 예술 공연분야와 마찬가지로 수년 또는 수십 년 동안에 걸쳐 낮은 생산성의 발전이나 거의 생산성이 발전하지 않고 있음으로 생산성 증대 없이 비용만 증대하는 매우 비효율적인 영역임을 강조한다. 결국, Baumol효과이론에 따르면, 사회복지서비스영역으로의 국가지출은 생산성을 증대시키지 못하고 비용만 잡아먹는 영역임으로 사회복지재정지출은 최소화하고 공공부분보다 민간부분에서 사회복지서비스가 제공되는 것이 효율성을 증대시키는 방안이 된다(지은구, 2010).

반대로 사회복지재정지출확대를 강조하는 가장 대표적인 이론은 케인즈가 강조하였던 유효수요창출이론이다. 케인즈는 시장의 실패 즉, 경제대공항을 극복하는 가장 효과적인 정책으로 사회정책의 필요성을 주장하였다. 그에 따르면, 정부는 사회적 지출을 증대하여 일자리를 만들고 사회복지정책에 대한 공급을 강화하여 저소득층이 수요를 창출할 수 있도록 함으로서 유효수요를 통한 시장실패를 극복할 수 있음을 각종 정책을 통하여 입증하였다. 국가의 시장에 대한 적극적 개입과 투자의 사회화를 강조한 유효수요창출이론은 사회복지재정확대를 통한 복지국가 발전의 이론적 토대로 작동하였다[19].

---

19 케인즈경제이론과 사회복지경제에 대한 구체적인 설명은 지은구(2006) “자본주의와 사회복지” (청목출판사), 제1장을 참고할 것.

2. 민영화와 사회복지재정

자본주의국가를 유지하고 정당화시키기 위한 방안으로서 뿐만 아니라 현실적으로 자본주의의 확대 발전과 함께 지속적으로 확대되고 복잡화되는 사회문제에 대한 국가적 응답과 다양한 국민들의 욕구에 대한 응답으로 사회복지재정지출은 증가될 수밖에 없다. 따라서 증가하는 사회복지재정지출을 효율적이고 효과적으로 사용하여야 한다는 당위성과 함께 실천 가능한 대안으로 등장한 사회복지재정지출모델은 사회복지서비스의 비효율성을 지적하며 등장하였던 복지혼합유형의 민영화모델이다. 자본주의 경제체제 하에서 사회적 안전망을 유지 확대하기위한 사회복지재정지출은 지속적으로 확대될 수밖에 없지만 그나마 국가의 복지재정을 효율적이고 효과적으로 지출하기 위한 방안으로 민영화 사회복지재정모델이 등장하였다고 볼 수 있다.

민영화를 통해서 국가가 사회복지재화와 서비스를 전달하기 위해 취할 수 있는 재정지출모델은 일반적으로 크게 두 방식이 존재하는데, 첫 번째 방식은 제공자중심모델이고 두 번째 방식은 수요자중심모델이다(Ascoli and Rancil, 2002). 수요자중심모델은 시장모델이나 준시장모델 그리고 혼합시장모델로 사회복지전달을 추진하는 경우의 재정지출구조를 설명하는 모델이다. 즉, 수요자중심모델은 이용자들의 수요측면을 강조하는 것으로서 국민들에게 직접 현금이나 바우처를 통하여 민간서비스를 구매하도록 유도하며 또한 세금보전을 통해 역시 민간서비스를 구매할 수 있도록 하여 수요를 창출한다. 나아가 사회보험의 영역을 민간보험이 대체할 수 있도록 하는 정책 역시 자유경쟁시장을 통해서 더욱 효과적이고 효율적으로 서비스가 제공될 수 있다는 수요자중심모델에 기초한다. 제공자중심모델은 민영화에 의해서 등장한 비영리제공모델의 재정지출구조를 설명해준다. 특히, 제공자중심모델 재정지출은 공급을 강조하는 민영화방식으로서 민간조직이 서비스를 필요로 하는 사람들에게 직접 서비스를 제공할 수 있도록 국가가 민간기관에게 재정을 지원하는 방식으로 도구로는 계약이나 국고보조금 등이 활용된다. 아래의 표는 수요자중심모델과 제공자중심모델을 비교한 것이다.

[표 4-5] 민영화 중심 사회복지서비스 재정지원방식비교

	수요자중심모델	제공자중심모델
사회복지전달모델	시장모델, 준시장모델, 혼합시장모델	비영리제공모델
재정지원방식의 특성	이용자의 수요를 강조	제공자 중심의 공급을 강조
도구	바우처와 세금감면(tax allowance)이나 개인계좌 그리고 수당이나 직접지불	계약, 비영리기관에 세금혜택, 공개입찰, 민과 관의 협력체계(PPP[20] 또는 PSPP[21])
특징	- 국가는 경쟁과 선택으로 재정적 효율성을 확보할 수 있음을 전제 - 일부 국가에서는 공적복지재정축소를 전제	- 국가는 공적복지재정책임을 유지 - 재정적 책임성 및, 성과관리강조 - 효과성개선전제
장점	- 재정과 서비스운영관리측면에서 국가는 모두 간접적 책임만 진다. - 이용자의 선택권이 강화되므로, 이용자 중심성이 증가할 수 있다. - 경쟁으로 인해 서비스 제공기관의 품질향상 노력이 증가할 수 있다.	- 국가는 직접적으로 재정적 책임만 있고 운영과 관리는 민간조직에게 있어 공적조직이 가지고 있는 관료적 한계를 극복하고 서비스가 보다 효과적으로 제공될 수 있다. - 계약과 같은 제공자보조금방식은 국민들의 새로운 욕구에 보다 빠르게 대응할 수 있으며 새로운 프로그램을 제공하기에 적합하다. - 제공기관 간 협력과 조정이 가능하다.

단점	- 정보비대칭으로 취약계층에 대한 사회서비스제공과 접근성에 한계가 있다. - 공적복지의 국가책임에 대한 도덕적 해이가 발생할 수 있다. - 공적복지영역의 축소가 발생할 수 있다. - 거대자본을 바탕으로 하는 거대영리 기관이 서비스를 독점하는 경향이 일어날 수 있으며 서비스 협력과 조정은 불가능하다. - 기관들이 이용자들을 선별하여 서비스를 제공하는 서비스 차별이 일어나 이용자 간에 양극화가 일어날 수 있다. - 다수의 공급기관이 형성되기 어려운 서비스나 전문성이 강한 서비스 등에는 효과적이지 않다. - 품질관리체계가 구축되지 않은 상태에서는 오히려 취약계층에게 불리하다.	- 서비스를 독점하는 비영리조직의 도덕적 해이가 발생할 수 있다. - 서비스이용자들은 서비스이용에 있어 도덕적 해이가 발생할 수 있다. - 더 많은 재원을 확보하기 위한 제공기관 간의 부적절한 로비 등의 부작용이 발생한다.

* 자료: 지은구. 2009. 사회복지민영화의 비판적 검토. 상황과 복지 제27호 , p. 44 표2-2에서 재수정.

위의 표에서 제시된 바와 같이 사회복지재정의 민영화는 결국, 수요를 창출하느냐 아니면 공급을 창출하느냐 그리고 선택과 경쟁의 가치를 강화하느냐 아니면 협력과 공공의 가치를 강조하느냐의 차이로 구분될 수 있다.

20 public-private partnership
21 public-social-private partnership

3. 사회복지전달모델과 재정

재정은 사회복지재화와 서비스의 기획에서부터 생산 및 제공에 들어가는 경제적 부담의 정도를 나타내는 기준으로 누가 재정 부담을 가지고 있는가는 사회복지전달의 주체와 책임성을 분명히 하는데 있어 중요한 기준이 된다.

공공제공모델에서 사회복지의 재정은 전적으로 국가재정에 기초하며 시장모델에서는 개인의 부담능력 또는 구매력에 기초함으로 재정적 측면에서 공공제공모델과 시장모델은 대칭점에 서있다고 볼 수 있다. 준시장모델에서 사회복지재정은 공공제공모델과 마찬가지로 국가로부터 오며 참여모델이나 신공공서비스모델 역시 재정은 전적으로 국가에 의존한다. 비영리제공모델에서도 비영리조직이 사업목적을 성취하기 위해 시민들로부터 자체적으로 조달하는 회비나 기부금 등을 제외하고 사업비용은 대부분 국가재정에 의존한다. 시장모델을 제외하고 대부분의 사회복지전달모델에서 사회복지재정을 국가가 책임지는 것은 사회문제에 대한 국가의 적극적 대응의 결과이자 국민들의 삶의 번영과 안정을 유지 보전하여야 하는 것이 국가의 기본적 책무라고 할 수 있기 때문이다. 따라서 재정적 측면에서 본다면 사회복지전달모델의 가장 핵심적 비교 대상은 시장모델이다. 이는 오로지 시장모델이 국가가 아닌 개인의 경제적 능력에 의존하기 때문이다.

하지만 엄격히 논한다면 시장모델에서도 재정은 일부 국가재정에 의존하는 경향이 있음으로 국민의 세금을 통해 영리조직이 이익을 창출한다는 측면에서 시장모델은 비판을 받을 수 있다. 예를 들어 근로장려금(Earned income tax credit)은 임금소득이 낮은 계층의 국민들에게 경제적 삶의 안정을 지원하는 대표적인 소득재분재적 성격을 갖는 사회복지제도이지만 현금으로 혜택을 받은 국민들은 국가재정으로부터 지원받은 현금을 가지고 시장을 통해서 원하는 서비스를 교환하게 된다. 즉, 시장에서 국가재정을 소비함으로써 자기 이익이 실현된다. 시장은 영리기업의 이익창출을 정당화하는 이익실현의 장임으로 국민들의 세금이 곧 영리조직의 이익창출에 기여하게 된다. 하지만 시장에서의 소비는 또 다른 생산을 유도함으로 시장을 활성화한다는 재정정책의 측면에서 본다면 소득재분배적 성격의 사회복지제도가 소비를 진작시키는 시장활성화정책으로 전환하는 것임으로 분배와 성장이 동시에 실현되는 효과를 지닌다.

시장모델에서 사회복지에 대한 소비가 전적으로 자신의 소득으로부터 오지 않고 국가의 재정에 의존하는 경우는 사회복지전달과 사회복지재정이 분리되어 재정은 국가가 그리고 제공은 시장이 책임지는 혼합시장모델이 된다. 하지만 국민들이 자신의 부담능력을 가지고 이익창출을 실현하는 영리조직이 제공하는 사회복지서비스를 소비하는 경우 사회복지재정과 전달이 모두 시장에 영향을 받는 순수시장모델이 된다.

[표 4-6] 재정과 시장모델의 관계

순수시장모델	혼합시장모델
- 개인의 경제적 능력에 따라 서비스의 선택이 결정 - 서비스전달은 시장이 주도	- 국가의 재정지원 정도에 따라 서비스의 선택이 결정 - 서비스기획은 국가가 그리고 서비스전달은 시장이 주도

결론적으로 공공제공모델과 신공공서비스모델 그리고 참여모델에서 사회복지재정은 전적으로 국가에 의존하게 되며, 비영리제공모델과 신뢰모델은 비영리조직과 국가가 함께 재정을 부담하지만 대체적으로 정부의 재정 부담의 정도가 크고, 공동생산모델에서 재정은 국가와 개인 그

리고 민간조직과 지역사회의 재원이 공동으로 개발되어 활용된다. 준시장모델의 경우는 재정이 국가에 의해서 전액 지원됨으로 개인부담이 발생하는 순수시장모델이나 혼합시장모델과는 큰 차이점이 있다고 할 수 있다. 아래의 표는 사회복지재정과 사회복지전달모델의 관계를 설명한다.

[표 4-7] 사회복지전달모델과 재정의 관계

<table>
<tr><th>재정</th><th colspan="2">사회복지전달모델</th></tr>
<tr><td>국가 전액 부담</td><td colspan="2">공공제공모델</td></tr>
<tr><td>대부분 국가부담
일부는 비영리조직 자체부담</td><td colspan="2">비영리제공모델</td></tr>
<tr><td>전액 개인의 경제적 부담</td><td>순수시장모델</td><td rowspan="3">시장
모델</td></tr>
<tr><td>일부 개인의 경제적 부담</td><td>혼합시장모델</td></tr>
<tr><td>전액 국가부담</td><td>준시장모델</td></tr>
<tr><td>전액 국가부담</td><td colspan="2">신공공서비스모델</td></tr>
<tr><td>국가부담
일부는 비영리조직 자체부담</td><td colspan="2">신뢰모델</td></tr>
<tr><td>국가전액 부담</td><td colspan="2">참여모델</td></tr>
<tr><td>국가, 개인, 비영리조직 등 지역에서 활용가능한 모든 자원</td><td colspan="2">공동생산모델</td></tr>
</table>

제5절 제공

1. 공공선택이론과 사회복지서비스전달체계

사회복지제공의 국가적 책임을 강조하는 논리는 시장실패이론이며, 정부와 민간의 계약을 통해 민간조직의 사회복지제공을 강조하는 논리는 정부실패이론이다. 특히, 민간조직이 사회복지서비스를 제공(민영화)하는데 가장 핵심적으로 영향을 미친 이론은 공공선턱이론이라고 할 수 있는데 공공선택이론은 정부실패이론에 기초한다. 공공선택이론은 정치학의 경제학으로의 적용에 의해서 나타난 이론으로 비시장적 결정수립에 대한 경제학적 연구라고 정의할 수 있다(Bovaird, 1996). 즉, 공공선택이론은 시장의 실패보다는 정부의 실패를 강조한다. 따라서 공공조직이 얼마나 성공적으로 성과를 만들어 내는가? 또는 얼마나 성공적으로 업무를 수행하는가에 대해서는 관심이 적을 수밖에 없다. 특히 공공선택이론은 정부관료들이나 선출된 정치인들이 대체적으로 자기이익을 최대화하려고 노력하는 자기중심적 사고에 빠져 있음을 강조한다. 즉, 자신들의 경제적 혜택을 최대화하려는 노력의 일환으로 예산을 최대화하려고 노력한다고 강조한다. 또한 대중의 이익에 반하더라도 사람들은 자신들이 결정한 일을 수행하는데 이는 자신들이 무엇을 하는지에 대해서 이성적 동기부여를 가지고 있기 때문이라고 강조한다(Arrow, 1963; Becker, 1985). 따라서 공공선택이론에 따르면 사회복지서비스가 정부에 의해서 독점적으로 제공되면 정부관료들이나 정치가들의 이기적 속성으로 인해 비효율적이고 비효과적이 될 수 있음으로 일반대중들이 선택할 수 있도록 사회복지서비스영역에서 민영화가 이루어져야함이 강조된다.

사회복지재화나 서비스의 제공에 있어 국가가 직접 제공하는 경우를 제외하고 민간조직에게 국가가 서비스의 제공을 위임하는 경우는 비영리민간조직에게 계약이라는 방식을 통해 서비스를 위임하는 경우가 가장 대표적이며 이 경우는 비영리민간중심 민영화로 분류할 수 있으며 전달체계로 분류하면 공공제공모델이 된다. 비영리민간조직을 통한 서비스제공이외에 민간영리조직의 시장진입을 허용하여 시장을 통하여 서비스가 제공되도록 하는 시장중심민영화 역시 민영화의 또 다른 방식이며 전달체계로 구분하면 시장모델, 준시장모델 그리고 혼합시장모델들이 포함된다. 국가가 직접 사회복지제공을 책임지는 공공제공모델을 제외하고 복지혼합의 사회복지제공은 크게 비영리제공모델과 시장모델 즉, 비영리조직을 통한 제공과 시장을 통한 제공 그리고 협력과 조정을 통한 제공 등으로 나누어진다.

2. 비영리조직을 통한 제공

비영리조직 중심의 민영화는 비영리조직과 정부가 주인-대리인관계를 통하여 사회복지서비스가 민간비영리조직과의 계약에 기반하여 독점적으로 제공됨으로 사회복지서비스의 시장은 형성되지 않는다. 즉, 비영리중심의 사회복지서비스제공은 국가가 재정을 책임지면서 서비스 전달의 모든 내용은 계약관계에 있는 대리인조직에게 위임되며 국가는 대리인조직에 대한 책임성을 강화하기 위한 각종 관리 및 감독방안을 제시하여 비영리조직을 규제하게 된다. 공적부조와 사회보험을 제외하고 우리나라 사회복지서비스전달체계는 앞에서 살펴본바와 같이 대부분 비영리조직중심의 민영화방식에 의존하여 발전되어 왔다.

비영리중심 사회복지제공의 장점은 첫째, 서비스가 개별화된 국민들의 욕구사정을 기반으로 하여 제공될 수 있다는 점 둘째, 민간조직의 기술력과 지식을 바탕으로 한 전문성을 가진 서비스가 개발되고 제공될 수 있다는 점, 셋째, 서비스를 필요로 하는 사람들에게 보편화된 서비스의 제공과 함께 특정 욕구에 있는 사람들을 위한 서비스가 동시에 제공될 수 있다는 점을 지적할 수 있으며 비영리중심 사회복지제공의 단점으로는 첫째, 국가와의 계약으로 특정 지역에서 서비스제공에 대한 독점권이 비영리조직에게 주어짐으로 나타나는 서비스독점화 현상 둘째, 계약에 따라 장기간 서비스제공이 보장됨으로 인해 나타나는 변화 수용 거부, 셋째, 국가재정에 대한 도덕적 불감증으로 나타나는 각종 탈법행위, 넷째, 기관 간 조정이 이루어지지 않는 경우 나타나는 서비스중복제공 등을 꼽을 수 있다. 따라서 비영리제공모델에 대한 가장 큰 비판은 바로 재정적 효율성이 약하다는 점이라고 할 수 있으며 이러한 비판에 대한 대책으로 정부는 재정적 책임성강화를 위한 방안을 지속적으로 고민하게 된다.

3. 시장을 통한 제공

영리중심민영화는 일반적으로 사회복지재화와 서비스를 영리를 추구하는 시장을 통해서 교환이 이루어질 수 있도록 하는 것을 의미한다. 즉, 민영화를 추진하는 경우 국가는 복지재화의 공급을 민간비영리조직에게 일임하기도 하지만 제공하는 재화나 서비스를 시장을 통해서 수요자가 직접 구입할 수 있도록 허락하기도 하고 나아가 영리조직이 시장을 통해서 사회복지재화를 판매하여 이익을 실현하도록 하는 것을 허락하는데 이러한 현상을 비영리중심 민영화와 구별하여 영리중심 민영화 즉, 상업화(commercialization)라고 부를 수 있다. 즉, 영리를 추구하는 민간조직들이 사회서비스영역에서 시장을 형성하고 경쟁을 통하여 서비스 질을 담보하며 이용자(소비자)들은 원하는 만큼의 서비스를 개인적 소비능력을 통하여 구매하게 된다.

상업화는 다음과 같은 영역에 큰 변화를 가져다준다고 볼 수 있는데 그 변화들은 첫째, 이용자 개인의 책임 강화와 둘째, 현 수준에서 직접적 서비스제공의 당사자인 국가복지영역의 발달지체나 축소 그리고 셋째, 수많은 거대한 영리기관들의 사회서비스영역으로 진입과 시장독점 등이다. 이러한 변화가 가능하도록 하는 이념적 가정은 선택을 개인적 능력으로 돌림으로써 정당화된다. 즉, 민영기관들이 제공하는 다양한 서비스들을 개개인들이 자유롭게 선택할 수 있다는 점을 전제하여야 가능하다고 볼 수 있다(지은구, 2009).

지은구(2009)는 일반적으로 민영화가 상업화를 포함하는 개념으로 사용되고 있지만 민영화와 상업화는 기본 가정을 구분하여야 할 필요성이 있음을 주장하였다. 즉, 상업화와 민영화를 구분 짓는 가장 중요한 경계는 두 가지로 요약할 수 있다. 첫째, 국가가 복지서비스를 생산[22]하고 공급하는 경우는 상업화라기보다는 비영리조직중심의 민영화라고 할 수 있다. 하지만 국가가 복지서비스의 생산과 공급을 시장에 넘기게 되면 이런 경우는 영리중심의 민영화로서 상업화라라고 할 수 있다. 둘째, 개인적 영리를 추구하는가 아니면 집합적 이익을 추구하는가에 대한 구분 역시 민영화와 상업화를 구분 짓는 경계가 된다. 비영리중심의 민영화는 기본적으로 협력과 조정을 통해 지역사회의 기능을 보존 증대시켜 지역주민의 삶을 향상시키는 것에 있기 때문에 개인적 이익을 추기하기보다는 집합적 이익을 추구한다. 하지만 상업화는 단위 조직뿐만 아니라 개인적 이익을 추구하여 복지서비스의 생산과 공

22 서비스공급은 민간이 주도하지만 국가가 복지서비스의 재정적 책임을 전적으로 갖고 있는 경우 복지생산을 국가가 주도하는 것으로 인정한다.

급을 통하여 이익을 추구한다. 이는 Gilbert와 Terrell(2005)이 민간비영리중심의 민영화와 이익을 추구하는 영리조직중심의 민영화를 구분하여 후자를 상업화라고 부른 이론적 토대라고 할 수 있다. 다음의 표는 비영리조직중심의 민영화와 상업화를 구분한 것이다.

[표 4-8] 민영화구분

	(비영리중심의)민영화	상업화
가치	사회적 가치: 지역사회번영 등의 사회적 목적 실현과 서비스의 공급을 강조	시장가치: 이윤추구, 경쟁과 선택권 그리고 수요를 강조
가정	생산과 공급에 있어 협력과 조정을 강조. 민관협력네트웍 등의 협력실천을 위한 조정기구강조	생산과 공급에 있어 시장의 자율적 조정과 경쟁 강조
국가역할	국가는 관리통제의 역할 그리고 재정책임	국가는 최소한의 재정지출만을 추구하며 개입은 제한적임
도구	보조금, 위탁계약, 민관파트너십	수당, 바우처, 민간보험
이용자	비영리기관이 서비스를 제공하며 이용자들은 선택권이 제한	영리와 비영리기관이 서비스를 제공하며 이용자들의 선택권은 강화

* 자료: 지은구. 사회복지민영화와 노인장기요양보험제도. 사회정책.15(2): p.106 표-1에서 재수정

시장중심으로 사회복지재화와 서비스가 제공되는 경우 나타날 수 있는 장점으로는 첫째, 소비자주의의 확대에 따른 소비자선택권과 자기결정권이 향상된다는 점 둘째, 조직간 경쟁으로 서비스의 내용과 질의 조정이 국가의 간섭 없이 이루어질 수 있어 서비스 제공 및 관리에 따른 간접비용이 줄어들 수 있다는 점 셋째, 질이 담보되는 서비스가 개인의 경제적 수준에 따라 제공될 수 있다는 점 등을 지적할 수 있으며 시장

중심으로 사회복지재화와 서비스가 제공되는 경우 나타날 수 있는 단점으로는 첫째, 특정규모 이상의 영리조직이 서비스를 독점하는 서비스 독점화현상이 발생할 수 있다는 점, 둘째, 경제적 능력에 따라 서비스 선택이 결정될 수 있어 이용자들의 서비스차별화 현상이 발생할 수 있다는 점, 셋째, 영리조직이 이익을 창출하는 서비스만 집중하여 서비스를 제공함으로 이익을 창출하지 않는 소수를 위한 개별적인 서비스제공은 불가능하다는 점 넷째, 영리조직들이 경제적 부담능력이 있는 이용자들을 선별하여 서비스를 제공한다는 점 다섯째, 국민의 보편적 가치보다 조직의 이익실현이 우선시되어 사회적 가치실현이라는 사회복지 서비스제공의 기본적 가치가 훼손될 수 있다는 점 등을 꼽을 수 있다.

이상에서 살펴본 바와 같이 사회복지재화와 서비스를 할당하는데 있어 비영리중심제공과 시장중심제공은 각각의 장단점들을 내포하고 있다. 시장중심상업화와 비영리중심민영화의 특성들을 비교해보면 아래의 표와 같다.

[표 4-9] 시장중심제공과 비영리중심제공의 특성 분류

	시장중심제공(상업화)	비영리중심제공(민영화)
가치	소비자주의/이익창출	집단주의/개별화/전문성
제공주체	시장	비영리조직
서비스 특성	특수한 욕구에 맞는 개별화된 서비스보다 최소수준의 단일화된 서비스	표준화된 보편적인 서비스
서비스 공급	시장이 독점 하지만 수확체증의 법칙으로 특정 영리조직으로 서비스집중화	서비스계약에 따른 비영리조직 중심의 서비스독점
서비스 생산	-이익을 창출하는 서비스	-개별적 욕구에 맞는 서비스 -전문화된 서비스

4. 협력과 조정을 통한 제공

협력과 조정을 통한 사회복지제공 역시 복지혼합의 사회복지전달체계에서 매우 중요한 부분이다. 국가 직접제공이나 비영리제공 또는 시장제공과는 달리 협력과 조정을 통한 제공은 공공과 민간이 상호 협력하여 조정을 통하여 사회복지재화와 서비스를 제공한다는 특징이 있다. 국가가 독점하여 서비스를 제공하는 경우 국민들의 개별적 욕구가 사정되지 못하고 권위적이고 서열적인 상명하달식 조직구조와 의사소통으로 인한 문제점들이 발생하게 되며, 시장이 사회복지재화와 서비스를 공급하는 경우 역시 경쟁과 선택이라는 가치가 실현되어 서비스제공에 있어 효율성이 강화되기보다 일부 민간조직으로의 서비스 쏠림현상과 정보불균형 그리고 이용자선별 등의 문제점들이 발생하여 사회복지제공의 왜곡과 소외현상 등이 발생하게 된다. 또한 비영리조직이 정부와의 계약을 통해 서비스를 제공하는 경우도 제공되는 서비스는 비영리조직만을 통해 제공됨으로 서비스독점현상은 피할 수 없으며 한번 계약하면 수년간 재정적 어려움 없이 서비스가 제공될 수 있음으로 인해 나타나는 비영리조직의 변화에 대한 거부현상이나 권위주의적 속성의 만연, 재정적 측면에서의 도덕불감증 등의 문제점이 나타날 수 있다.

따라서 사회복지제공을 특정 조직이 독점하지 않고 공공과 민간조직 그리고 시민이 함께 기획하고 숙고하여 제공함으로 사회복지제공에 있어 국민들의 욕구가 더욱 현실적으로 사정되고 욕구충족에 맞는 서비스가 적절하게 제공될 수 있는 기반을 마련할 수 있게 된다. 협력과 조정을 통한 사회복지제공의 주요 단점으로는 서비스제공을 위한 기본토대인 협력과 조정이 기능하기 위해서 필요한 이해당사자간 신뢰를 바탕으로 하는 네트워크를 구축하는 기간이 오래 걸린다는 점을 지적할 수 있다.

5. 사회복지전달체계와 제공

사회복지의 제공은 사회복지재화와 서비스를 누가 제공하는가를 설명해주는 사회복지전달의 분석기준이다. Johnson(1990)은 복지의 제공(provision)을 기준으로 국가가 복지제공을 책임지는 국가부분, 시장이 제공을 책임지는 시장부분, 자발적 조직(비영리조직)이 제공을 책임지는 자발적 부분(비영리부분) 그리고 가족이나 친구, 이웃들이 제공을 책임지는 비공식부분으로 복지국가의 유형을 구분하였지만 본 연구에서는 비공식부분은 제외한 공식적 부분의 제공을 다루고 있음으로 제공은 크게 공공조직, 민간조직 그리고 국민 등을 포함하는 이해관계자들의 역할에 따라 다르게 나타날 수 있다. 공공제공모델에서 사회복지재화와 서비스 제공은 전적으로 국가에 의해서 이루어지며, 시장모델에서는 시장에 참여해있는 조직에 의해서 제공이 이루어지고 공동생산모델이나 참여모델에서는 국민이 자신에게 적합한 서비스를 직접 제공하는데 참여할 수도 있다. 비영리제공모델에서 사회복지제공은 전적으로 비영리조직에 의해서 이루어지며 공동생산모델에서 비영리조직은 서비스를 제공하는 제공의 한 축을 담당하기도 하다. 즉, 공동생산모델에서 국가, 비영리조직, 그리고 영리조직 등 이해관계자들은 모두 서비스 제공에 참여할 수 있다.

복지혼합의 시대는 사회복지제공의 측면에서 본다면 사회복지제공의 혼합을 의미한다. 즉, 국가가 전적으로 제공을 책임지는 경우, 비영리조직이 제공을 책임지는 경우 그리고 시장이나 준시장 또는 혼합시장이 제공을 책임지는 경우나 이해관계조직들이 함께 제공을 책임지는 경우 등 모든 사회복지재화와 서비스 제공의 조합은 사회복지전달의 한 모델을 구성하는 중요한 기준이 된다. 아래의 표는 사회복지전달모델과 사회복지제공의 관계를 나타낸 것으로 사회복지전달의 다양한 유형은 곧 사회복지제공의 상이성을 나타내준다.

[표 4-10] 사회복지전달모델과 사회복지제공의 관계

<table>
<tr><th>제공</th><th colspan="2">사회복지전달모델</th></tr>
<tr><td>국가가 직접적으로 서비스제공</td><td colspan="2">공공제공모델</td></tr>
<tr><td>비영리가 직접적으로 제공</td><td colspan="2">비영리제공모델</td></tr>
<tr><td>시장에 참여한 조직으로부터 직접제공</td><td>순수시장모델</td><td rowspan="3">시장
모델</td></tr>
<tr><td>시장에 참여한 조직으로부터 직접제공</td><td>혼합시장모델</td></tr>
<tr><td>시장에 참여한 조직으로부터 직접제공</td><td>준시장모델</td></tr>
<tr><td>국가와 시민이 직접적으로 서비스 기획하고
제공은 국가가 직접제공</td><td colspan="2">신공공서비스모델</td></tr>
<tr><td>국가와 비영리조직이 공동제공</td><td colspan="2">신뢰모델</td></tr>
<tr><td>국가가 직접제공</td><td colspan="2">참여모델</td></tr>
<tr><td>국가와 영리조직을 포함한 민간조직이 제공</td><td colspan="2">공동생산모델</td></tr>
</table>

제6절 규제

1. 국가와 시장 그리고 규제: 시장규제의 제한성

규제는 사회복지전달의 양이나 질을 통제하거나 규제하는 정도를 의미한다. 공공제공모델은 국가가 서비스를 독점적 지위 하에 수직적 전달체계를 통해서 전달함으로 사회복지전달의 양이나 질을 규제하거나 통제하기가 쉬우며 상대적으로 시장은 자기-규제적이고 시장에 참여하는 모든 주체들이 자기이익중심적임으로 사회복지전달의 양과 질을 규제하거나 통제하기가 어렵다. 시장은 사회복지전달을 수행하는 기관들이 스스로 경쟁을 통하여 서비스의 양과 질을 규제하고 통제할 것이라는 단순한 믿음을 가지고 있으며 국가의 시장에 대한 규제와 통제를 불합리한 것으로 이해한다. 하지만 시장이 국가보다 사회복지전달의 양과 질을 규제 및 통제하기 어려운 이유는 아래와 같다.

첫째, 사회복지전달에 있어 재화와 서비스의 양과 질을 규제하기가 어려운 가장 결정적인 이유는 시장이 국민들의 욕구에 반응하는 것이 아니라 국민들의 수요에 반응하기 때문이다. 여기서 국민들은 시장에서 교환이 가능한 구매능력이 있는 국민들을 의미한다. 구매능력이 있는 국민들에게 수요가 있는 서비스는 과잉 생산되며 수요가 없는 서비스는 공급이 제한된다. 따라서 국민들이 반드시 만나야하는 필요한 서비스가 생산 공급되는 것이 아니라 수요에 따라서 서비스가 생산 공급됨으로 과소공급 및 과다공급에 대한 규제는 전적으로 수요에 의해 제한적으로 이루어질 수밖에 없게 된다. 국가의 과소공급 및 과다공급에 대한 규제는 사실상 국민의 수요를 규제하지 않는 이상 실현되지 않게 된다.

둘째, 시장에 참여하는 기관들의 목적은 이익창출에 있다는 점 역시 규제를 어렵게 하는 중요요인이다. 시장이 사회복지전달에 있어 재화와 서비스의 양과 질을 규제하지 못하는 또 다른 이유는 바로 영리기관의 목적이 사회적 목적이나 사회적 가치의 실현에 있지 않고 이익창출에 있고 영리조직의 이익창출을 위한 수많은 노력이나 행동을 국가가 일일이 규제하는 것은 사실상 한계가 있기 때문이다. 시장에서 기업들은 수요에 부응하는 가장 적절한 서비스를 생산 및 공급하기 위해 노력할 것이며 서비스의 양과 질은 곧 국민들의 선택권의 실현을 의미하는 판매에 의해 결정될 것임으로 사회복지재화와 서비스의 양과 질에 대한 국가 규제는 최소한의 개입으로만 이루어지게 된다. 즉, 국가가 시장에 진출한 모든 기업들의 활동을 일일이 규제하기는 어려움으로 가장 현실적인 규제방안으로 국가는 최소의 품질이 제공되도록 인증이나 최소기준안의 실현여부를 조사하는 것에 초점을 맞추게 된다.

셋째, 시장이 사회복지전달에 있어 재화와 서비스의 양과 질을 규제하지 못하는 이유로 수확체증의 법칙이 지적될 수 있다. 수확체증의 법칙은 시장에서 경쟁이 자유롭게 일어나지 못하도록 한다. 조직의 규모가 일정 정도 이상인 경우와 그렇지 못한 조직들 간의 조직 간 시장에서의 경쟁은 일시적으로 발생할 수 있지만 장기적으로는 일정규모 이상의 기술력과 인적 및 경제적 자본이 튼튼한 조직으로 시장의 선택이 수렴화되는 현상이 발생되는데 이를 경제학용어로 수확체증의 법칙이라고 한다. 자본이 튼튼한 일정 규모 이상의 조직이 그동안 축적된 기술과 서비스판매망 그리고 인적구성 등의 물적 토대를 바탕으로 서비스를 생산하고 공급함에 있어 장기적인 전략을 활용하여 단기적으로는 손해가 있더라도 서비스가격을 낮추고 서비스의 질을 높이며 서비스의 양을 최대화하여 서비스를 공급하게 되면 소비자들은 질 좋고 가격이 적절한 서비스를 선택하게 되어 경쟁이 질을 규제하는 현상이 발생하게 되지만 점차적으로 다른 조직과의 경쟁에서 시장을 선점한 조직은 그동안의 손해를 만회하기 위해 들어간 자본을 회수하고 이익을 실현하기 위해 서비스 질을 다시 낮추고 양을 조절하여 서비스가격을 올리게 된다. 이러한 수확체증현상을 국가가 개입하여 규제하는 것은 사실 현실적으로 어려울 뿐만 아니라 시장에 대한 지나친 간섭으로 비쳐질 수 있다.

2. 사회복지전달체계와 규제

1) 시장모델과 규제

시장모델에서 사회복지재화와 서비스의 양은 전적으로 시장에 참여하는 참여자(즉, 소비자)의 수요와 조직이 실현하는 이익의 양에 의존한다. 수요가 많은 서비스는 영리조직의 이윤창출목적에 의해서 더 많은 서비스를 공급하게 됨으로 과다공급현상을 초래하게 되며 마찬가지로 이익을 많이 가져다주는 서비스는 공급을 확대함으로 과다공급이 발생하게 된다. 하지만 반대로 시장모델에서는 조직에 이익을 가져다주지 않는 서비스나 수요가 없는 서비스는 손해 보지 않는 선에서 공급을 최소화하거나 공급을 중단할 수 있음으로 국민들이 반드시 필요로 하는 서비스라고 해도 과소공급이 발생할 수 있다. 시장모델에서 서비스의 질에 대한 규제는 시장 자체의 경쟁에 의해 이루진다고 본다. 시장은 품질이 좋고 가격이 적당한 상품을 생산하는 것이 목적이 아니라 더 많은 소비자들이 선택하는 상품을 생산하는 것이 목적임으로 선택을 받기 위하여 기관들 상호간에 품질경쟁이 발생함으로 국가의 서비스의 질에 대한 규제는 불필요하게 된다. 따라서 서비스 질에 대한 국가규제는 시장의 역동성에 영향을 미치지 않는 최소수준에서 이루어지며 대표적인 방식으로는 인증평가제도나 최소서비스기준의 적용 등이 있다. 국가규제의 불필요성의 전제는 일정 수 이상의 생산자나 공급자가 존재하여야 하고 많은 대체상품들이 존재하여야한다는 것으로 이 경우 품질에 대한 규제가 시장을 통해서 이루어 질 수 있다.

[표 4-11] 시장모델에서 서비스 양과 질의 규제

서비스 양	서비스 질
-서비스의 양은 수요에 의존 -이익의 양에 의존 -이용자들의 구매력	-서비스의 질은 시장에 진입한 조직의 수에 의존 -서비스선택권의 실현에 의존 -소비자들의 수요에 의존 -서비스인증이나 최소기준적용

2) 혼합시장모델과 규제

혼합시장모델에서 서비스의 양과 질은 전적으로 소비자들의 수요에 의존하지만은 않는다는 특징이 있다. 즉, 국가가 사회복지재화와 서비스의 전달을 생산 및 공급하는 주체적인 역할을 그리고 시장은 보조적인 역할을 담당함으로 서비스의 양은 국가재정의 능력에 의존하지만 개인의 선택권을 실현하기 위한 개인의 경제적 능력이 서비스를 제공하는 기관들의 서비스 양이나 질을 조정하도록 하는 역할을 하기 때문에 서비스의 양과 질은 국가재정과 국민의 수요에 의존한다고 볼 수 있다. 따라서 혼합시장모델에서는 국가의 사회복지서비스의 질에 대한 규제 즉, 시장에 대한 규제가 발생하게 되는데 이는 국가재정지출에 대한 책임성의 실현이라는 측면에서 이해될 수 있다. 국가는 민간조직이 제공하는 서비스의 질을 간접적으로 규제하게 되는데 가장 적합한 방식은 인증제도나 서비스최소기준을 설정하는 방식이 가장 대표적이다.

[표 4-12] 혼합시장모델에서 서비스 양과 질의 규제

서비스 양	서비스 질
-국가의 재정 -서비스이용자들의 구매력	-서비스이용자들의 선택권 실현에 의존 -인증제도, 서비스최소기준적용

3) 준시장모델과 규제

준시장모델에서 제공되는 사회복지재화와 서비스의 양은 전적으로 국가재정에 의존한다. 즉, 국가가 서비스의 양을 규제하는데 이는 국가가 예산이 허락되는 범위 안에서 서비스를 공급하게 됨을 의미한다. 서비스의 질은 시장모델과 같이 선택과 경쟁이라는 시장의 가치가 도입되어 작동함으로 시장에서 실현되는 이용자들의 선택권과 기관 사이의 경쟁에 의존하게 된다. 따라서 국가는 서비스의 질에 대한 규제에 있어서 간접적인 규제방안을 시도하게 되는데 가장 대표적인 규제방안은 서비스품질 최소기준안)을 책정하고 이의 적용여부를 모니터링하는 것이다.

[표 4-13] 준시장모델에서 서비스 양과 질의 규제

서비스 양	서비스 질
-국가의 재정	-서비스이용자들의 선택권 -서비스최소기준적용

4) 공공제공모델과 규제

공공제공모델에서 사회복지의 양에 대한 규제는 국가에 의해서 직접적 방식으로 수행된다. 특히, 제공되는 서비스 양과 질은 국가재정에 영향을 받는다. 정부의 사회복지전달의 양은 국민들의 욕구에 전적

으로 의존되어 있으며 욕구가 있는 곳에 서비스가 적절한 양으로 제공되도록 국가는 서비스를 제공하고 관리하여야 하지만 현실적으로 복지서비스의 양은 복지재정에 의존하여 규제가 이루어진다. 공공제공모델의 질에 대한 규제는 양에 대한 규제보다 간접적인 방식으로 이루어진다. 서비스양은 국가재정과 국민욕구정도에 의해 직접적으로 영향을 받지만 질에 대한 규제는 사실상 국가 자체적인 통제가 어려워 기업관리 방안을 적극 도입하여 신공공행정이라는 관리방안(예를 들어 성과주의예산제도)에 의해 이루어진다. 특히, 정부기관의 복지행정을 관리하기 위하여 비용과 결과를 중심으로 하는 성과관리방식이 공공행정에 적극적으로 도입되고 있다.

[표 4-14] 공공제공모델에서 서비스 양과 질의 규제

서비스 양	서비스 질
서비스의 양에 대한 규제는 전적으로 국민의 욕구충족의 정도보다는 국가 재정에 의존되어 있다. 따라서 재정이 서비스의 양을 규제한다.	– 국가독점적 성격의 서비스제공으로 획일적이고 보편적인 서비스가 주로 제공됨으로 서비스의 질에 대한 규제의 필요성이 적어 질 규제는 제한적으로 이루어진다. – 재정효율성 강화를 목적으로 서비스 질을 관리하기 위한 성과주의 예산제도 등이 질을 규제하는 대표적인 방식이다.

5) 비영리제공모델과 규제

정부와 비영리조직 간의 계약을 통해 서비스가 전달되는 비영리제공모델에서 사회복지의 양과 질에 대한 규제와 통제는 주로 국가에 의해서 간접적인 방식으로 이루어진다. 비영리제공모델의 특징은 바로 사회복지전달의 민영화임으로 사회복지전달에 있어 국가는 재정을 부담하지만 서비스는 민간비영리조직을 통해서 전달된다. 따라서 정부의 서

열직렬체제가 아닌 정부의 직접적 통제권 밖에서 서비스가 전달됨으로 국가는 비영리조직에 대한 규제와 통제를 위해 결과중심 성과관리나 입찰경쟁, 성과계약 등과 같은 신공공행정기법을 활용한다. 특히, 효율성을 강화하는 성과관리 규제 방안을 선호하게 되며 입증된 서류를 통한 통제와 전산망 구축을 통한 통제가 동시에 활용된다. 정부에 의해서 주도되는 비영리조직의 성과관리는 보상과 벌칙이 주된 원칙이 되며 비영리조직의 발전이나 직원개발을 강화하는 협력과 신뢰구축의 성과관리는 등한시 된다는 특징이 있다. 서비스의 질을 규제하기 위하여 정부는 비영리조직이 제공하는 서비스나 비영리조직 자체에 대한 평가제도, 인증제도나 서비스최소기준안 등 최소한의 품질을 보장하기 위한 방식과 다양한 계약방식 등을 활용하게 된다.

비영리제공모델에서 사회복지의 양을 결정하는 재정은 대부분 정부의 보조금에 기초하지만 그 중 일부는 민간재단으로부터의 보조금, 주민들로부터의 기부금이나 회원들의 회비 법인보조금 등으로 충당되기도 한다. 따라서 비영리조직의 재정은 국가가 직접 서비스를 책임지는 공공제공모델에 비해 취약할 수밖에 없다. 이러한 재정의존의 심화는 비영리조직의 재정건전성에 영향을 주는 부정적 요인으로 지목되기도 한다. 특히, 비영리제공모델은 정부와 비영리조직 간의 계약을 통해서 서비스가 전달된다는 특징이 있음으로 결국, 서비스의 양을 규제하는 것은 비영리조직 자신이 아닌 정부(지방정부를 포함)의 관리체계라고 할 수 있다. 비영리제공모델에서 규제의 특징은 아래와 같다.

[표 4-15] 비영리제공모델에서 서비스 양과 질의 규제

서비스 양	서비스 질
정부의 재정 법인보조금, 민간보조금이나 기부금의 정도	- 감사, 모니터링, 보상평가제도 - 성과계약 등 다양한 계약방식의 도입 - 인증제도나 최소품질기준

6) 신공공서비스모델과 규제

신공공서비스모델은 공공제공모델과 시장모델의 단점을 극복하기 위해 제시된 모델로서 정부의 스튜어드의 역할을 강조하고 시민의 적극적인 참여를 강조한다. 신공공서비스모델의 기본 작동원리에 근거하면 사회복지재화와 서비스의 양과 질의 규제는 전적으로 국가와 시민의 손에 달려있다고 볼 수 있다. 즉, 서비스 양은 국민들이 필요로 하는 욕구의 실현여부를 전적으로 의존하며 질 역시 시민의 목소리에 부응하고 시민이 만족할 수 있는 서비스의 제공이라는 측면에서 정부의 적극적인 개입을 필요로 한다.

[표 4-16] 신공공서비스모델에서 서비스 양과 질의 규제

서비스 양	서비스 질
-정부 -시민의 욕구해결정도	-시민의 목소리(voice) -정부와 시민의 협력

7) 신뢰모델과 규제

신뢰모델에서 사회복지재화와 서비스의 양과 질에 대한 규제는 일차적으로는 국가에 있지만 민간조직과 협력과 조정을 강조함으로 정부와 민간조직은 공동으로 서비스의 양을 규제하고 질 역시 공동으로 협력하여 서비스의 질을 향상시키고 규제하기 위해 노력하게 된다.

[표 4-17] 신뢰모델에서 서비스 양과 질의 규제

서비스 양	서비스 질
- 정부와 민간조직(비영리와 영리조직을 포함)의 협력과 조정	- 정부와 민간조직의 협력과 조정

8) 참여모델과 규제

참여모델은 공공제공모델의 실패를 국민들의 참여와 정부조직의 국민참여를 향한 참여관리를 통해서 극복할 수 있음을 강조한다. 참여모델에서 사회복지재화와 서비스의 양은 기본적으로 국민들의 욕구에 근거한 정부의 재정에 의존하며 서비스의 질은 국민들의 참여 또는 목소리에 의존하게 된다. 따라서 양에 대한 규제는 전적으로 국민들의 욕구가 해결할 수 있을 정도의 적절한 서비스양이 제공되도록 하는 국가재정에 의해 이루어지며 서비스 질에 대한 규제는 정부의 낮은 직급관리들이 수행하는 참여관리를 통해서 수행된다.

[표 4-18] 참여모델에서 서비스 양과 질의 규제

서비스 양	서비스 질
- 정부재정과 국민의 욕구해결정도	- 국민의 참여 또는 목소리 - 서비스 전담 관료들의 참여관리

9) 공동생산모델과 규제

공동생산모델은 국민의 공동생산자로서의 역할을 강화하여 사회복지재화와 서비스를 전달하는 모델로서 정부를 포함한 제공자와 이용자간의 동반자관계(partnership)가 강조되는 모델이다. 따라서 공동생산모델에서 사회복지재화와 서비스 양은 정부재정 그리고 민간조직이 동원할 수 있는 자원과 지역사회의 활용가능한 자원에 크게 영향을 받으며 질의 규제는 전적으로 동반자의 결정에 의존하게 된다고 볼 수 있다.

[표 4-19] 공동생산모델에서 서비스 양과 질의 규제

서비스 양	서비스 질
– 정부재정 – 민간조직 – 지역자원	정부와 기관 그리고 이용자

3. 규제의 포괄적 이해

본 연구에서 규제는 사회복지재화와 서비스의 양과 질에 대한 관리와 감독의 정도를 의미하는 용어로 정의하였다. 하지만 사회복지서비스의 양과 질만을 관리하고 감독한다는 것은 현 공공조직이나 비영리조직의 서비스개선에 대한 규제방안으로 강조되는 성과관리에 비해 규제를 좁게 해석하는 것으로 보여짐으로 규제방안을 보다 포괄적으로 해석하여 분석하는 것도 의미가 있다. 즉, 규제는 정부나 민간조직이나 시장에 대한 관리 및 감독 또는 통제를 의미하지만 보다 넓은 의미로 규제를 해석한다면 민간이나 공공조직의 서비스 양이나 질을 포괄하는 용어인 성과(performance)를 개선 또는 향상시키기 위한 국가적 차원에서의 관리 또는 규제방안을 분석하는 것이라고 볼 수 있다. 따라서 규제를 분석함에 있어 성과를 개선시키기 위한 규제방안도 분석에 포함하여 규제를 보다 포괄적으로 해석하고 분석하는 것도 의미가 있다.

성과관리방안분석에 있어 성과는 매우 폭넓게 해석되고 있고 성과를 무엇으로 해석하느냐에 대한 합의는 아직 존재하지 않지만 이에 대한 논의가 진행 중임으로 본 연구에서는 성과를 서비스 양(생산성)과

서비스 질을 포함하여 만족도, 효율성, 효과성, 비용효과성 그리고 형평성을 모두 포함하는 용어로 해석하는 지은구(2012b)의 견해를 따라 국가의 규제방안을 분석하기로 한다[23]. 이러한 견해는 규제를 분석함에 있어 규제의 내용에 양(서비스의 양)과 질을 포함하여 만족도, 효율성, 효과성 그리고 형평성 등의 요소로 확대하여 포괄적으로 성과를 향상시키기 위한 방안을 분석함을 의미하는 것이다. 물론 효율성의 경우, 사회복지서비스의 재화적 성격(즉, 인간봉사영역의 특성상 사회복지서비스의 투입과 산출을 화폐가치로 전환하는데 있어서의 어려움)으로 인해 분석이 제한적이지만 비용은 화폐적 가치로 전환하는 것이 가능하고 산출은 제공된 서비스의 총량을 화폐적 가치로 전환할 수 있는 서비스로만 국한하여 측정하는 것이 가능하다.

결국, 규제에 대한 포괄적 해석은 결국, 양과 질을 포함하여 성과를 개선시키기 위한 방안을 포함하는 것이다. 사회복지전달에 있어 규제영역은 국가가 서비스를 직접 제공하는 경우와 민간조직(제공기관)이 서비스를 제공하는 경우, 수요자가 직접 서비스를 구매하는 경우 그리고 공공과 민간 그리고 시민이 협력과 조정을 통해 사회복지재화와 서비스 전달의 양과 질을 자체적으로 규제하는 경우로 나누어서 살펴볼 수 있다.

1) 국가가 직접 서비스를 전달하는 경우 나타나는 규제의 핵심적 내용[24]

최근 국가가 사회복지서비스의 생산과 공급을 전적으로 책임지는 국

---

23 과가 무엇으로 구성되는가에 대한 논의는 별도의 심도있는 논의가 필요하다. 본 연구에서는 성과관리를 규제의 방안으로 성격지우고 성과를 크게 7개 영역으로 구분한 지은구(2012b)의 구분을 따르기로 한다.

24 이하 논의는 윤영진, 장승옥, 지은구, 김은정(2009). “사회복지서비스재정지원방식”의 제7장과 지은구(2012) “비영리조직 성과관리”의 제8장의 내용을 참고하여 발전시켰음.

가책임 또는 국가주도형의 보편적 사회복지서비스 제공방식에 있어 사회복지전달에 따른 서비스 양과 질에 대한 규제는 주로 공공조직의 성과를 관리하는 성과관리방안에 초점이 맞추어지는 경향이 있다. 공공조직의 성과(performance)를 관리하는 성과관리의 핵심은 정부의 실패와 함께 등장한 신공공관리(NPM)기법의 핵심적 요소인 재정적 효율성에 있다고 할 수 있다. 일반적으로 정부의 실패요인으로 지적되어온 x-비효율성이나 이기적 관료 또는 획일화된 서비스의 제공으로 인한 국민들의 다양한 서비스에 대한 욕구를 충족시킬 수 없다는 점 등으로 인하여 보수주의자들로부터 국가주도형 방식은 많은 비판을 받았으며 이러한 문제에 대한 중요한 규제방식을 성과관리체계구축에서 찾으려는 시도가 1980년대 이후 보편화현상으로 굳어지고 있다. 특히, 후기포디즘사회 등장이후 복지국가들이 갖게 되는 인구노령화, 저출산, 가족해체의 심화, 양극화의 심화와 근로빈곤층의 확대 등과 같은 신사회적위험과 산업사회의 전통적인 사회문제인 빈곤, 건강, 약물중독 등의 결합으로 인한 사회문제의 확대재생산으로 인한 국가의 사회적 지출의 증대는 재정한계를 위협하는 수준으로 증가하게 되었고 국가는 이에 대한 대처방식으로 재정적 효율성을 강화하는 성과관리체계구축에서 찾으려고 시도하였다고 할 수 있다.

이러한 시도들은 영국의 경우는 성과와 산출에 대한 측정을 강조한 1982년 재정관리주도(Financial Management Initiatives) 그리고 미국의 경우는 1993년 연방정부수행력과 결과에 관한 법률(the Federal Government Performance and Results Act of 1993, GPRA)의 기반 하에 성과관리체계를 구축하는 결과를 낳았다. 우리나라는 사회복지분야의 경우 성과목표와 성과지표를 통한 체계적인 성과관리보다는 각 부처의 평가담당부서와 사업담당부서가 자율평가를 실시하여 평가서를 작성하고 평가결과를 기획재정부에 제출하는 재정사업자율평가를 통해 예산낭비나 문제 사업을 찾아내는 관리시스템을 2005년부터 도입하고 있다.

결국, 국가주도형 사회복지전달에 있어 핵심적인 규제방안의 최근 흐름은 재정적 효율성과 효과성을 강조하는 성과관리에 초점이 맞추어져 있다고 볼 수 있다. 재정적 효율성을 강조하는 관리는 서비스의 양을 줄여 재정지출을 줄이는 것과 효과성을 강조하는 관리는 제공되는 양은 줄이지 않고 제공되는 서비스의 질을 향상시켜 서비스의 효율성과 효과성을 강화시키려는 국가의 노력이라고 볼 수 있다. 즉, 서비스전달에 있어 서비스의 양과 질에 대한 규제는 서비스 양을 줄이면서 질을 확보하려는 규제와 동일한 서비스 양을 제공하면서 서비스의 질 개선을 통해 효과성(특히, 비용효과성)을 확보하려는 방안으로 귀착되어진다.

형평성을 위한 규제 역시 국가주도형 사회복지전달에 있어 규제의 핵심적인 영역이다. 일반적으로 국가주도형 사회복지제공방식의 특징은 국가가 서비스를 제공하므로 서비스의 책임성이 뛰어나다는 점과 제공되는 서비스가 공공재적 성격을 내포함으로 내용공공성을 확보할 수 있다는 점 그리고 국민들이 서비스를 이용할 수 있는 접근성이 보장된다는 점 등 주로 서비스의 형평성이 장점으로 지적될 수 있다. 따라서 국가주도형 사회복지서비스제공에 대한 규제방식은 첫째, 사회복지사업의 목적 성취를 관리하면서 성과를 증진시키고 나아가 재정적 효율성을 개선하는 것에 주안점을 두는 성과관리방식과 둘째, 국가독점 제공의 지위에 따른 공공성강화방안과 보편적 서비스제공을 확대하기 위한 형평성 강화방안 역시 국가제공의 규제의 특징이라고 볼 수 있다.

국가주도형방식에서 규제의 핵심적인 영역은 첫째, 산출(제공된 서비스의 양), 둘째, 효율성(정부가 제공한 총 비용대비 제공된 서비스의 총량), 셋째 목적대비효과성(서비스이용자들의 변화정도) 그리고 넷째, 비용효과성(서비스비용대비 서비스의 목적성취정도) 다섯째, 형평성 등이다. 규제의 대표적인 영역이라고 할 수 있는 품질은 서비스를 국가가 독점하여 제공한다는 특성으로 인해 관리하여야 할 필요성은 적어진다고 할 수 있다. 이는 이용자의 입장에서 제공기관이나 서비스를 선택할 수 있는 선택의 여지가 없기 때문에 서비스 질과 상관없이 정해져 있는 보편적이고 획일적인 서비스를 제공받을 수밖에 없기 때문에 나타난다. 또한 만족도에 대한 규제는 국가주도형 서비스전달의 경우 재정적 책임성 확보를 위한 규제 영역인 효율성이나 효과성에 대한 규제에 비해 상대적으로 등한시 되는 영역이라고 볼 수 있다. 국가가 직접 서비스를 제공하는 국가주도형 방식의 규제가능여부와 규제를 측정할 수 있는 대상 그리고 규제내용을 중심으로 위에서 제시한 성과를 구성하는 총 일곱 영역으로 구분하여 살펴보면 아래와 같다.

[표 4-20] 국가주도형 방식의 규제가능영역 및 내용

	규제가능여부	규제측정대상	규제영역
품질	제한적	공공기관	서비스내용 및 절차 그리고 산출영역
만족도	가능/제한적	공공기관	서비스내용 및 절차영역
서비스 양	가능	공공기관	제공된 서비스의 총량
효율성	가능	공공기관	투입비용대비 제공된 서비스 총량
효과성	가능	국민	서비스제공의 목적/목표의 성취정도
비용 효과성	가능	국민	투입비용대비 목적성취정도
형평성	가능	국민	서비스기준이나 자격에 따른 배제여부/소외계층 참여비율(배제성), 동등한 대접 정도, 소득불평등 개선정도, 서비스욕구반영정도, 서비스정보공개여부, 의료불평등이나 소득불평등도 개선정도, 삶의 질 개선정도 등

2) 비영리조직이 서비스를 전달하는 경우 나타나는 규제의 핵심적 내용

비영리조직을 통한 사회복지서비스의 전달에 있어 국가의 규제는 공공선택이론이나 대리인이론에 따르면 비영리조직의 도덕적 해이 또는 불감증에 대한 규제가 핵심이다. 민간비영리조직이 중심이 되어 사회복지서비스를 제공하는 비영리중심의 민영화방식은 1970년대 등장한 복지혼합의 대표적 부산물로서 사회복지서비스의 국가제공에 따른 전문성과 기술력의 한계를 극복하고 재정적 효율성을 일정 부분 개선할 수 있다는 장점을 가진다. 비영리중심의 민영화방식은 사회복지서비스의 생산과 공급을 민간자발적 기관의 계획 하에 서비스가 제공될 수 있도록 국가는 제공기관에게 계약을 통해 서비스를 제공하도록 재정을 제공하는 방식이다. 이미 복지국가가 설립되기 전부터 대부분의 국가들에게 있어서 자발적 조직을 통한 사회복지서비스의 제공은 이루어지고 있었으며 그 역사는 국가 직접제공방식보다 앞서 있었고 자발적 조직들의 사회복지서비스제공에 따른 지식과 기술은 비영리조직의 유연성과 개방적 특성에 따라 매우 빠르게 발전하여 왔다. 1980년대 복지혼합의 가장 큰 요인으로서 복지수렴[25]과 복지지출축소경쟁[26]은 높은 전문성을 가지고 있고 지역 주민들에 대한 많은 정보를 소유하고 있는 자발적 조직에게 국가가 재정을 제공하여 보다 전문성 있는 집단들이 효과적으로 사업을 운영하여 재정적 효율성을 담보할 수 있을 것이라는 기대에 의해서 발전하였다고 볼 수 있다. 하지만 비영리조직과의 계약에 의해서 국가의 재정이 지원되어 서비스가 제공되는 경우, 지원

---

25 복지국가들이 포괄적인 국가복지와 재분배정책에서 탈규제와 민영화 그리고 잔여적 복지를 강조하는 현상

26 선진복지국가들이 재정지출 증대요소들이 늘어남에 따라 재정을 축소하는 경향 속에서 특히 복지비에 대한 지출을 줄이는 현상

된 재정에 대한 책임은 전적으로 비영리조직에게 있고 정부와 비영리조직 간에는 정보비대칭이 존재함으로 인해 정부는 재정에 대한 통제권을 관리하는 방식의 규제방안을 확보하기 위해 노력하게 된다. 또한 비영리조직에 대한 규제방안에 있어 정부는 재정적 통제권을 보다 효과적으로 규제하는 방안으로 비영리조직의 효율성 및 효과성을 중심으로 성과를 평가하는 평가시스템을 지속적으로 확대발전시키고 있는 것이 최근의 동향이다.

비영리조직 중심 사회복지전달의 규제는 첫째, 산출(제공된 서비스의 양), 둘째, 품질(표준서비스 또는 최소수준의 서비스제공여부 등), 셋째, 만족도(서비스이용자들로부터의 서비스이용에 대한 전반적인 만족의 정도), 넷째, 효율성(정부가 제공한 총 비용대비 제공된 서비스의 총량) 다섯째, 효과성(목표성취의 정도)과 여섯째, 비용효과성(투입비용대비 목표성취의 정도)을 중심으로 이루어지며 서비스를 제공하는 비영리기관을 평가(evaluation)하는 방식으로 관리가 이루어진다는 특징이 있다. 즉, 국가는 제공기관에 제공된 재정의 책임성을 강화하고 보다 효과적인 사업이 진행되고 있는가를 관리 감독하기 위한 관리체계를 구축하여 주기적으로 제공기관의 사업을 관리하고 평가하게 된다. 민영화방식에 있어 재정적 책임성은 일차적으로 국가에게 있지만 재정을 지원하고 난 후 사용할 재정에 대한 계획은 비영리조직에게 있는 관계로 국가는 비영리조직에 대한 재정적 책임성을 강화하고 사회복지제공기관으로서 비영리조직이 제공한 서비스의 효과성과 효율성을 개선시키기 위한 관리체계구축에 초점을 맞추게 된다. 결국 비영리조직이 서비스를 전달하는 경우, 국가의 규제 및 관리체계는 서비스를 제공받는 이용자에 초점이 맞추어 있다기보다 서비스제공기관에 맞추어져 있다고 볼 수 있다. 따라서 비영리조직의 규제는 혜택의 직접적 당사자인 이용자가 아닌 재정보조를 받는 제공기관에 대한 관리체계를 의미한다. 비영리조직 중심의 사회복지전달에 있어 규제가능여부와 규제를 측정할 수 있는 대상 그리고 규제내용을 성과를 구성하는 일곱 영역으로 구분하여 살펴보면 아래와 같다.

[표 4-21] 비영리조직의 규제가능영역 및 내용

	규제가능여부	규제측정대상	규제영역
품질	가능/제한적	비영리조직/이용자	인증취득여부, 조직이나 사업평가 등의 제한적 영역
만족도	가능	이용자	서비스내용 및 절차 영역
서비스 양	가능	비영리조직	제공된 서비스의 총량
효율성	가능	비영리조직	투입대비 제공된 서비스의 총량
효과성	가능	비영리조직/이용자	서비스제공의 목적/목표대비 성취정도
비용효과성	가능	비영리조직/이용자	투입비용대비 목적성취정도
형평성	가능/제한적	비영리조직/이용자	서비스기준이나 자격에 따른 배제여부/소외계층 참여비율(배제성), 동등한 대접 정도, 소득불평등 개선정도, 서비스욕구반영정도, 서비스정보 공개여부 등

비영리조직을 규제하는 관리적 측면에서 정부가 주안점을 두어야 하는 부분은 다음과 같다.

첫째, 비영리조직의 재정지출관리

둘째, 비영리조직의 이용자관리

셋째, 비영리조직의 서비스 질 관리

넷째, 비영리조직의 도덕적 해이 관리

위의 규제 및 관리의 네 영역에서 비영리조직에 대한 국가규제의 가장 핵심적인 영역은 정보비대칭을 극복하기 위한 재정지출관리와 도덕적 해이를 방지하기 위한 관리이다. 비영리중심으로 서비스가 제공되는 경우 나타날 수 있는 가장 큰 문제점은 이용자중심의 사례관리가 이루어지고 이용자들의 서비스접근성은 강화되지만 제공기관의 재정적 책임성 및 도덕적 해이를 강화할 수 있는 마땅한 규제 대책이 없다는 점이라고 할 수 있다. 이러한 단점을 극복하기 위하여 국가는 제공기관의 재정적 책임을 강화하여 효율성을 향상시키기 위한 다양한 시도들을 하게 된다. 이러한 시도들은 다음과 같다(지은구, 2009).

첫째, 제공되는 비용, 서비스의 총량을 결과(outcomes)와 연관시킨다.

둘째, 계약에서 기관 간의 경쟁을 강화한다.

셋째, 제공기관에 대한 성과(performance)평가를 강화한다.

넷째, 서비스 1인당 계약, 비용환급계약, 서비스구매계약, 서비스단위(unit of service)계약이나 인센티브계약, 결과(outcomes)계약 등의 계약의 다양성을 추진한다.

사회복지서비스 확대에 따른 재정적 효율성을 담보하면서 서비스의 효과성을 증대시키기 위한 국가의 규제 노력은 민영화방식의 대표적 유형인 계약방식의 다양성을 확대하면서 제공기관에 대한 통제권을 강화하는 방향으로 추진되며 이를 위한 현실적 방안으로 관리적 측면에서 제공기관의 결과를 중심으로 성과(performance)를 관리하는 성과

관리체계의 구축의 필요성이 증대하게 된다.

3) 시장을 통하여 서비스를 전달하는 경우 나타나는 규제의 핵심적 내용

사회복지전달이 시장을 통하여 이용자가 직접 선택하는 상업화방식으로 전환되는 경우 국가의 규제는 첫째, 산출(제공된 서비스의 양), 둘째, 품질(표준서비스 또는 최소수준의 서비스제공여부 등), 셋째, 만족도(서비스이용자들로부터의 서비스이용에 대한 전반적인 만족의 정도), 넷째, 효율성(정부가 제공한 총 비용대비 제공된 서비스의 총량) 등으로 국한된다. 상업화방식의 규제 및 관리에 있어 선택권의 강화로 이용자들이 서비스를 한 기관으로부터 지속적으로 제공받는다는 것이 보장되지 않기 때문에 이용자들의 인식이나 태도, 지식, 그리고 지위의 변화나 사업의 목적 성취정도를 나타내는 효과성과 비용효과성 등을 측정할 수 있는 지표를 이용자들로부터 또는 서비스를 제공기관들로부터 확보한다는 것은 어렵다고 볼 수 있다. 특히 형평성에 대한 규제는 선택과 경쟁이 강조되는 시장의 특성상 불가능하다.

즉, 상업화로 사회복지서비스가 제공되는 경우 이용자를 직접 규제하는 것은 불가능함으로 시장을 규제하는 것이 가장 최선의 방안이 된다. 구체적인 방안으로는 시장진입규제를 통하여 일정 규모나 일정 조건을 가진 기관만이 사회복지서비스시장에 진입하는 것을 허용하는 방안과 최소품질기준을 적용하여 제공기관이 제공하는 서비스가 일정 수준의 질을 담보하도록 서비스의 품질을 규제하는 방안 등이다. 시장을 통하여 서비스가 전달되는 상업화방식의 규제가능여부와 규제를 측정할 수 있는 대상 그리고 규제내용과 성과를 구성하는 일곱 영역으로 구분하여 살펴보면 아래와 같다.

[표 4-22] 상업화방식의 규제가능영역 및 내용

	규제가능여부	규제측정대상	규제영역
품질	가능	민간조직	표준품질 또는 최소기준의 품질 준수여부
만족도	가능	소비자	서비스내용 및 절차 그리고 제공된 서비스의 전반적 만족의 정도
서비스 양	가능	민간조직	제공된 양
효율성	가능	민간조직	투입대비 제공된 양
효과성	제한적	민간조직/소비자	소비자들의 변화 정도
비용효과성	제한적	민간조직	비용 대비 목적/목표 성취정도
형평성	제한적/불가능	민간조직/소비자	서비스기준이나 자격에 따른 배제여부/소외계층 참여비율(배제성), 동등한 대접 정도, 소득불평등 개선정도, 서비스욕구반영정도, 서비스정보공개여부 등

상업화방식으로 사회복지서비스가 제공되는 경우, 조직과 이용자 간에 정보불균형이나 이용자선별 등이 발생할 가능성이 매우 높음으로 이용자들이 시장에서 차별받지 않도록 하기 위해 정부는 다음과 같은 항목에 대한 규제가 필요하게 된다(지은구, 2009).

첫째, 제공기관의 이용자선별여부

둘째, 이용자의 자기결정능력의 여부

셋째, 이용자의 서비스이용여부

넷째, 서비스의 품질(최소기준 또는 표준품질)준수여부

다섯째, 제공되는 서비스의 내용과 규정이나 규칙 준수여부

여섯째, 이용자의 자기관리여부

일곱째, 경쟁기관의 수와 경쟁기관의 적정성여부

여덟째, 서비스와 기관에 대한 정보공개체계의 작동여부

아홉째, 이용자의 도덕적 해이 방지대책

정부가 사회복지서비스의 생산과 공급을 전적으로 시장에 책임을 전가하는 상업화방식의 경우 보조금의 유형(예를 들어, 바우처나 직접지불 또는 개인총계좌 등)에 따라 정도의 차이는 있으나 사회복지서비스의 전달체계에 대한 국가의 부담이 사라지고 사회복지서비스의 생산과 공급에 대한 전 과정에서 국가는 재정적 책임만 지는 방향으로 관리의 부담이 가벼워진다고 생각할 수 있으나 오히려 반대로 규제 및 관리적 부분에서 국가책임의 부분은 더욱 증대한다고 할 수 있다. 즉, 이용자에게 재정을 직접지원하고 이용자가 자기결정에 의한 선택권강화를 기초로 하여 제공기관에서 제공되는 다양한 서비스를 이용할 수 있으며 경쟁기관은 이용자의 선택을 받기 위하여 스스로 서비스의 품질을 조절하여 특별한 통제나 감시 없이도 시장의 기능에 의하여 저절로 품질이 향상된다는 조건은 완전한 정보공유에 의한 완전경쟁시장 하에서는 가능하겠지만 사회복지서비스의 특성상 그리고 사회복지서비스를 제공하는 제공기관의 특성상 불가능할 수 있다. 따라서 국가는 다양한 경로를 통하여 이용자에게 직접재정이 지원되는 서비스 분야의 관리와 통제를 강화하여 보다 효과적인 서비스전달과 효율적인 서비스가 제공될 수 있도록 하여야 한다. 국가가 특히 중점적으로 관리하여야 하는 부분은 경쟁의 조건확립여부와 서비스의 적절성 그리고 이용자의 자기결정능력과 제공기관의 이용자선별여부와 서비스접근성 등으로 요

약할 수 있다.

자기결정능력을 가지고 있지 못한 이용자의 경우 이용자에게 직접 제공되는 재정지원을 통한 서비스의 선택은 불가능할 것이고 나아가 스스로 자기의 상태를 관리할 수 없는 이용자들은 서비스의 효과를 기대할 수 없을 것이며 경쟁조직이 다수 존재하지 않는 경우 시장을 통한 품질조절능력은 상실될 것이고 경쟁은 일어나지 않아 이용자선택권과 경쟁을 통한 품질조절이라는 중요한 정책적 목적은 사라지게 된다. 또한 완전한 정보가 공개되지 않는 한에서 이용자들의 제공기관이나 서비스선택능력은 극히 제한적일 것이며 기관들은 지불능력이 있는 이용자만을 선별하여 서비스를 제공하는 이용자선별을 통한 의도적 이용자배제현상이 심화될 것이고 국가가 제공되는 서비스나 제공기관에게 서비스에 대한 표준내용과 규정이나 규칙의 준수여부를 확인하지 않는다면 서비스 이용가격에 미달하는 서비스의 제공이 특히 사회적 목적의식을 가지고 있지 않는 영리기관에서 횡행할 것이다. 이용자들에게 직접 재정이 지원되는 상업화방식에서 이용자들이 자신에게 필요한 서비스와 무관한 영역으로 본인에게 제공된 재정(이용금이나 바우처)을 사용할 가능성도 크다고 할 수 있으며 이는 이용자의 도덕적 해이를 가져다주어 서비스의 효율성이나 효과성에 부정적인 결과를 초래할 수 있다(지은구, 2009).

4) 협력과 조정을 통해 서비스가 전달되는 경우 나타나는 규제의 핵심적 내용

공공과 민간조직이 상호 협력과 조정을 통하여 사회복지전달을 책임지는 경우 사회복지재화와 서비스에 대한 규제는 의사소통 활성화의 정도에 영향을 받을 수 있다. 협력과 조정을 통한 사회복지전달은 국가와 민간조직 그리고 시민들 사이에 의사소통의 통로가 구축되어 있고 상호간에 접촉이 자주 발생함을 전제함으로 사회복지전달에 있어서의 규제는 상호간에 신뢰와 공유된 비전을 바탕으로 하는 협력조정기구를 통해서 이루어진다. 조정기구는 협력네트워크체계로서 공공과 민간조직 그리고 국민들의 사회복지전달과 관련된 각종 사항을 다루는 총괄적 기구이고, 주된 임무는 국민의 사회복지욕구를 사정하고 필요한 서비스가 적절하게 적절한 양만큼 그리고 적절한 품질을 유지하면서 제공되는지를 모니터링하는 것이 된다. 협력과 조정을 통한 규제는 이해관계자이론에 따르면 목적을 성취하기 위한 이해관계자들의 공동노력이 강조됨으로 누구에 의해 통제되고 관리받는 규제보다는 당사자집단들의 자율적인 규제를 통하여 수행된다고 할 수 있다. 특히 품질에 대한 규제는 품질을 구성하는 모든 영역에서 이루어질 수 있으며 성과를 구성하는 일곱 영역에 대한 자율적인 규제가 가능하다는 특징이 있다.

따라서 시장의 자율규제능력을 신뢰하는 시장중심형 규제나 국가가 전적으로 관리 및 통제를 수행하는 국가중심형 규제 그리고 민간비영리조직의 서비스전달에 대한 국가적 측면에서의 감독 및 통제를 강조하는 비영리조직에 대한 규제의 문제점을 극복하고 시민의 참여하에 공공과 민간 그리고 시민 등 사회복지전달의 이해관계자들이 모두 참여하여 협력조정기구를 설치하고 이를 통하여 이해관계집단들이 스스로 자율 규제하는 방안이 협력과 조정을 통한 자율적 규제방안이 된다. 협력조정기구를 통한 자율적 규제가능영역을 규제가능여부와 규제를 측정할 수 있는 대상 그리고 규제내용을 중심으로 성과를 구성하는 일곱 영역으로 구분하여 살펴보면 아래와 같다.

[표 4-23] 협력과 조정방식의 규제가능영역 및 내용

	규제가능여부	규제측정대상	규제영역
품질	가능	공공기관/민간조직	사회성, 신뢰성, 응답성, 확신성, 공감성, 유형성 및 협력성과 권리성 등을 포함한 품질의 전 영역[27]
만족도	가능	공공기관/민간조직/시민	서비스내용 및 절차 그리고 제공된 서비스에 대한 전반적인 만족의 정도
서비스 양	가능	시민	서비스욕구대비 제공된 양/욕구충족율
효율성	가능	공공 및 민간조직	투입대비 제공된 양
효과성	가능	민간조직, 공공기관 그리고 시민	서비스를 제공받은 국민들의 생각, 태도, 기능, 인식 등의 변화정도, 목적/목표 대비 변화정도
비용효과성	가능	민간조직, 공공조직	재정지출 대비 목적/목표성취정도
형평성	가능	민간조직/ 공공조직/시민	서비스기준이나 자격에 따른 배제여부/소외계층 참여비율(배제성), 동등한 대접 정도, 소득불평등 개선정도, 서비스욕구반영정도, 서비스정보 공개여부 등

27 서비스품질의 규제영역은 유형성, 신뢰성, 공감성, 응답성, 확신성의 영역에 권리성과 협력성 등을 추가한 영역이 될 수 있다. 유형성, 신뢰성, 공감성, 응답성, 확신성은 SERVQUAL모델에서 제시된 서비스품질영역으로 SERVQUAL모델은 기본적으로 일반상품에 대한 품질척도임으로 공공기관이나 비영리기관 그리고 시민이 모두 공유할 수 있는 사회복지서비스품질영역으로 적용하기 위하여 권리성이나 협력성과 같은 새로운 품질의 영역이 필요하다.

제7절 재정, 제공 그리고 규제에 따른 사회복지전달체계구분

사회복지전달체계의 성격을 분석하는 기준인 재정, 제공 그리고 규제를 적용하여 사회복지전달모델들과의 관계적 특성을 표로 나타내면 아래의 표 같다.

[표 4-24] 재정, 제공 그리고 규제와 사회복지전달모델의 관계

<table>
<tr><th>재정</th><th>제공</th><th>규제</th><th colspan="2">사회복지전달체계
(모델)</th></tr>
<tr><td>국가 전액 부담</td><td>국가가 직접적으로
서비스 제공</td><td>국가가 직접 규제</td><td colspan="2">공공제공모델</td></tr>
<tr><td>대부분 국가부담
일부는 비영리조직
자체부담</td><td>비영리가 직접적으
로 제공</td><td>국가의 간접규제</td><td colspan="2">비영리제공모델</td></tr>
<tr><td>전액 개인의 경제
적 부담</td><td>시장에 참여한 조직
으로부터 직접제공</td><td>시장의 규제</td><td>순수시장모델</td><td rowspan="3">시장
모델</td></tr>
<tr><td>일부 개인의 경제
적 부담</td><td>시장에 참여한 조직
으로부터 직접제공</td><td>시장 및 국가의
규제</td><td>혼합시장모델</td></tr>
<tr><td>전액 국가부담</td><td>시장에 참여한 조직
으로부터 직접제공</td><td>국가의 간접적
규제</td><td>준시장모델</td></tr>
<tr><td>전액 국가부담</td><td>국가와 시민이 직접
적으로 서비스를 기
획하고 제공은 국가
가 직접제공</td><td>국가와 시민이 직
접 규제</td><td colspan="2">신공공서비스모델</td></tr>
<tr><td>국가부담
일부는 비영리조직
자체부담</td><td>국가와 비영리조직
이 공동제공</td><td>국가와 비영리조직
이 공동 규제</td><td colspan="2">신뢰모델</td></tr>
</table>

국가전액 부담	국가가 직접제공	국가와 시민들이 직접 규제	참여모델
국가, 개인, 비영리 조직 등 지역에서 활용가능한 모든 자원	국가와 영리조직을 포함한 민간조직이 제공	국가와 이용자 제공기관의 공동 규제	공동생산모델

위의 표에서 보는 바와 같이 첫째, 재정적 측면에서는 국가가 재정을 부담하는지의 여부 둘째, 제공적 측면에서는 국가가 사회복지제공에 어느 정도 참여하는지 그리고 셋째, 규제적 측면에서, 국가의 규제 정도가 높은지 낮은지의 정도를 통해 사회복지전달모델의 특징을 구분할 수 있다. 공공제공모델은 국가가 전액 재정을 책임지고 제공도 전적으로 공공조직에 의해서 수행되며 규제 역시 국가에 의해서 전적으로 수행된다. 시장모델은 공공제공모델과는 달리 재정, 제공 그리고 규제의 측면에서 시장의 역할을 강조한다. 반면 시민의 참여가 강조되는 신공공서비스모델이나 참여모델 등은 국가와 조직 그리고 시민들의 공동 참여나 협력과 조정을 통해 재정, 제공 그리고 규제가 이루어진다는 특징이 있다. 아래의 그림은 국가의 사회복지전달에 있어 재정, 제공 그리고 규제의 역할정도를 나타낸다.

[그림 4-2] 국가의 재정, 제공 그리고 규제에 있어서 역할의 정도

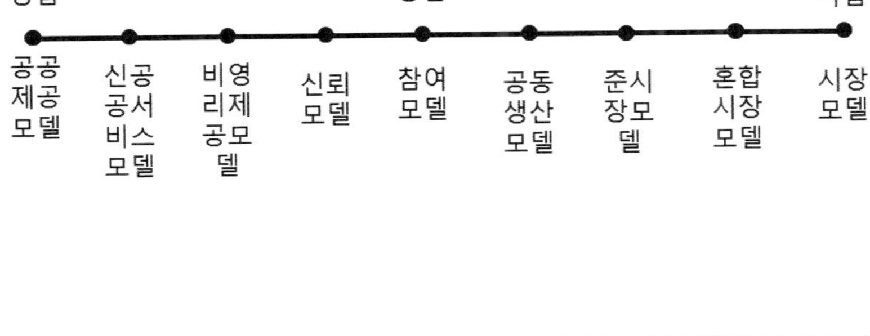

제8절 소결

사회복지전달체계를 분석하고 이해하기 위해서는 분석을 위한 기준이 있어야 한다. 복지국가에서 사회복지전달은 비공식적 부분을 제외하고 크게 국가, 시장 그리고 비영리조직을 통해서 전달되는 것이 일반적이다. 국가 또는 시장이 중심이 되어 사회복지재화와 서비스를 전달하든 아니면 시장과 국가가 함께 공동으로 서비스를 전달하든 중요한 것은 각 관계하고 있는 집단들이 어느 정도 사회복지전달에 개입되어 있는지를 살펴보는 것이다. 본 연구에서는 이해관련 집단들의 사회복지전달에 있어서의 역할을 분석하는 기준 즉, 사회복지전달체계분석을 위한 기준으로 재정, 제공 그리고 규제를 제시하였다. 복지국가의 서비스제공은 일반적으로 국가에 의해서 이루어지는 경우와 시장을 통해서 이루어지는 경우로 이분화될 수 있으며 재정 역시 전반적으로 국가가 복지재정을 전부 또는 일부 책임지는 경우와 이용자의 구매능력을 통해 서비스재정이 충당되는 경우로 구분될 수 있다. 이용자의 구매능력이 재정의 원천인 경우는 개인이 순수하게 재정을 책임지는 경우(순수시장모델)와 재정이 개인에게 지급되고 개인이 정부재정을 시장을 통해 실현하는 경우(혼합시장모델) 등으로 구분된다. 규제는 국가의 직접적 규제와 간접적 규제 그리고 시장을 통한 규제 등으로 구분될 수 있다.

국가가 규제를 전적으로 책임지는 공공제공모델과 시장이 규제를 전적으로 책임지는 시장모델 그리고 국가, 민간조직 그리고 이용자들이 공동으로 재정과 제공 그리고 규제를 책임지는 공동생산모델까지 사회복지전달의 모델에 따라 국가, 민간조직 그리고 참여자(시민 또는 이용자)의 역할은 각각 상이하게 나타나게 됨으로 재정, 규제 그리고 제공의 특성을 모델별로 이해하는 것은 사회복지전달의 특성을 이해하는 중요한 토대가 된다.

제5장 사회복지전달에 있어 공공과 민간의 관계

제5장 사회복지전달에 있어 공공과 민간의 관계

제1절 개관

사회복지전달에 있어 공공과 민간의 관계 역시 전달체계를 분석하는 중요한 요인이다. 사회복지전달을 정부가 독점하는 경우와 시장이 독점하는 경우를 제외하고 사회복지재화와 서비스를 전달하는데 있어 국가와 민간조직 사이의 관계는 사회복지전달의 성격을 규명하는데 중요한 영향을 미친다. 즉, 복지혼합의 시대에 민간조직을 파트너로 인식하는가 아니면 계약을 기반으로 단순한 서비스를 제공하는 기관으로 생각하는가에 따라서 국가의 역할과 민간조직의 역할은 다를 수 있다. 또한 국민을 단순한 이용자나 소비자로 보는가 아니면 권리를 가진 시민으로 보는가 역시 공공과 민간의 역할에 의해서 규정되는 중요한 사안이다. 이와 더불어 협력과 조정을 통한 사회복지전달을 강조하는지 아니면 경쟁과 선택을 통한 사회복지전달을 강조하는지를 구분하는 것도 민간과 공공의 역할을 구분하고 이해하는데 중요한 기준으로 작동한다. 사회복지전달에 있어 공공과 민간의 관계를 설명하는 모델들은 대체적으로 국가와 민간의 역할을 보충 또는 잔여관계, 협력관계, 대항 또는 적대관계 등으로 구분하는데 구분의 기준은 앞장에서 제시된 사회복지전달의 재정, 제공 그리고 규제가 대표적이다.

제2절 사회복지전달에서 공공과 민간과의 관계를 설명하는 모델

1. Young의 모델

Young(2000)은 사회복지전달에 있어 민간조직과 정부와의 관계를 설명해주는 모델을 제시하였는데 첫 번째 관계는 보완관계로 그리고 두 번째 관계는 상보관계로 그리고 마지막 관계는 적대관계로 설명하고 있다. 각각의 특징을 설명하면 아래와 같다.

1) 상보관계

상보관계(complementary relationship)는 공공서비스나 사회복지서비스의 전달에 있어 정부와 민간비영리조직 사이의 관계를 동반관계(partnership) 또는 계약관계(contractual relationship)로 바라본다. 상보관계에서 민간비영리조직은 정부가 재정 지원하는 공공 및 사회복지서비스의 전달을 돕는 동반자로 인식된다. 따라서 사회복지전달에 있어 재정은 국가가 부담하고 제공은 비영리조직이 책임지는 관계가 곧 상보관계라고 할 수 있으며(Reisch and Sommerfeld, 2003), 정부의 복지재정이 증가하면 할수록 정부의 사회복지전달을 돕는 비영리조직의 활동도 함께 증가한다는 특징이 있다.

Salamon(1995)은 정부가 재정지원하고 비영리조직이 사회복지서비스를 제공하는 동반자 또는 계약관계를 강조하는 대표적인 학자이다. 이론적 측면에서 본다면 상보관계는 정부실패를 강조하는 공공선택이론과 같은 경제이론에 기초한다고 볼 수 있는데 이는 비영리조직이 정부보다 효율적으로 전문적인 서비스를 제공하는 것이 가능함으로 훨씬 적은 비용으로 공공조직보다 더욱 효과적인 서비스를 국민에게 제공할 수 있다는 측면이 강조된다. 또한 효율성의 측면만이 아니더라도, 정부의 입장에서 본다면 지역에 토대를 둔 비영리조직들이 지역주민들에 대한 더 많은 정보를 가지고 있고 지속적으로 지역에서 사회복지활동을 수행하였음으로 지역주민들의 욕구에 맞는 보다 적합한 사회복지서비스를 제공하는 것이 가능하다는 점 역시 상보관계가 발전한 중요한 요인이 된다.

2) 보완관계

보완관계(supplementary relationship)는 공공서비스나 사회복지복지서비스의 전달에 있어 민간비영리조직이 정부가 제공하지 않는 서비스를 제공하여 정부의 사회복지서비스의 제공을 보충해주는 관계를 나타낸다. 즉, 국민의 욕구는 있으나 정부가 서비스를 제공하지 않는 경우 비영리조직이 자체적인 활동을 통해서 서비스를 제공하여 국민들이 필요로 하는 욕구를 충족시킴으로 비영리조직은 정부의 사회복지전달을 보완해주는 역할을 담당한다. 보충관계에서 정부가 사회복지에 더 많은 재정을 투입하게 된다면 당연히 비영리조직의 활동은 더욱 축소하게 되고 이는 곧, 정부의 복지재정이 증가하면 할수록 민간재정을 통한 비영리조직의 활동이 축소됨을 나타냄으로 재정적 측면에서 정부와 민간의 관계는 역진적 관계에 놓이게 된다. 즉, 정부의 활동이 증가하면 할수록 비정부조직의 활동은 줄어들게 되고 반대로 정부의 활동이 증가하면 할수록 비영리조직의 활동은 줄어들게 된다.

보완관계의 전제는 국민들의 선호는 동일하지 않고 다양하기 때문에 정부가 제공하는 공공서비스에 국민들의 선호가 충족되지 않고 국민들이 만족하지 못하는 경우 비영리조직이나 자발적 부분의 자원을 동원하여 국민들이 필요로 하는 서비스가 제공되어야 한다는 것이다. Weisbroad(1977)는 비영리조직만이 상이한 선호를 가진 국민들의 선호를 해결하는 조직이 아니고 영리조직도 공공재를 대체할 수 있는 조직임을 강조하였지만 Young(2000)은 영리조직이 제공하는 서비스가 공공재를 완전히 대체하는 것이 불가능함을 주장하며 비영리조직이 시민들의 선호를 충족시키는 대표적인 대체조직임을 주장하였다.

3) 적대관계

공공과 민간의 관계를 설명하면서 마지막으로 Young은 적대관계를 제시하였다. Young에 따르면 적대관계에서 비영리조직은 정부의 공공사회복지정책에 대한 변화와 국민에 대한 책임성을 유지하도록 촉진시키는 역할을 수행하는 한편 정부는 비영리조직이 제공하는 사회서비스와 비영리조직의 사회서비스에 대한 옹호(advocacy)의 역할과 행동에 대한 영향력을 규제하려고 시도한다. 따라서 적대관계에서 민간비영리조직과 공공조직은 상호간에 경쟁자적 관계로 서로 도전하고 대항하는 관계를 나타낸다.

이러한 민간과 공공 사이의 도전과 대항은 비영리조직이 사회개혁의 옹호자이고 민주사회를 건강하게 유지 기능하도록 하여야 한다는 비영리조직의 역할과 임무에 근거한다(Alexander, 1999; Ryan, 1999). 즉, 비영리조직은 국가로부터 소외되어 있는 국민들이 필요로 하는 사회복지재화와 서비스를 제공하여 국민안정과 사회변화를 추구하는 변혁세력이지만, 또 다른 한편으로는 정부의 공공서비스 및 사회복지정책에 대한 감시자 및 정책의 변화 및 수정 그리고 새로운 정책의 입안을 통해 정부의 책임성을 강화하고 촉진시키는 촉진자의 역할을 수행하게 된다. 동시에 비영리조직은 국가와의 계약관계에 의해서 국가를 대신하여 서비스를 제공하기도 함으로 국가는 비영리조직의 서비스제공에 대한 적절한 규제와 감독을 수행하게 되어 정부와 비영리조직 사이에는 긴장 및 갈등관계가 형성된다.

따라서 사회복지전달에 있어 민간과 공공 간에 형성되는 적대관계의 핵심은 첫째, 정부의 비영리조직에 대한 감독 및 통제의 강화와 압박 둘째, 국가로부터 자유로운(특히, 재정적으로 자유로운) 비영리조직을 포함하여 비정부조직인 복지시민운동조직의 등장과 발전에 따른 복지공공성확대를 위한 정부에 대한 압력 및 압박으로 구분될 수 있다. 따라서 적대관계의 키워드는 시민으로부터 오는 복지 공공성확대를 위한 압력과 정부로부터 오는 민간조직에 대한 통제 및 감독 강화를 위한 압력으로 요약될 수 있다.

결국, 적대관계에서 비영리조직 나아가 비정부조직은 정부가 제공하지 못하는 소외세력을 위해 서비스를 제공하는 옹호자이고 정부의 복지정책을 감시하는 감시자 및 개혁가로서 정부와 보완적 관계를 가짐과 동시에 정부는 계약관계에 있는 비영리조직의 성과와 행동을 감시하고 감독하며 때로는 비영리조직의 변화에 압력을 행사하는 관계를 유지함으로 정부와 민간조직과의 관계는 갈등의 관계를 유지한다고 볼 수 있다. 정부의 비영리조직에 대한 통제권 강화는 계약실패이론 즉, 자기이익을 추구하는 비영리조직이 정보를 공개하지 않음으로 인해 정부와 민간조직 사이에 정보비대칭이 발생함으로 이에 대한 대책으로 등장하였다고 볼 수 있다.

2. Girdon, Kramer 그리고 Salamon의 모델

Girdon, Kramer 그리고 Salamon은 1992년 사회복지전달에 있어 공공과 민간(특히, 제3부분)의 관계를 설명해주는 모델을 제시하였다. 그들에 따르면 공공조직과 민간조직 사이의 사회복지전달모델은 정부지배모델, 비영리지배모델, 이중모델, 협조모델로 구분되며 협조모델은 다시 대리인모델과 파트너모델로 구분된다. 그들에 따르면 현재 민과 관의 모델은 정부지배모델에서 파트너모델로 이행중이라고 한다.

정부지배모델은 정부가 사회복지전달을 책임지는 모델이며 비영리지배모델은 자발적 조직이 사회복지전달에 있어 중요한 역할을 수행하는 모델로 주로 회비나 기부금으로 운영되는 종교집단이나 상호부조 등의 가치를 실천하는 자발적 조직들이 사회복지전달을 수행하는 모델이라고 할 수 있다. 따라서 비영리중심모델은 정부가 사회복지전달을 책임지는 정부지배모델 이전에 민간영역으로부터의 사회복지전달을 설명하는 모델이라고 볼 수 있다. 정부지배모델의 한계를 극복하기 위한 대안으로 민간의 역할을 강조하는 모델은 이중모델과 협조모델이다. 이중모델은 정부와 민간의 역할을 명확히 구분하여 비영리조직이 사회적 보호를 그리고 기타 사회복지전달은 국가가 책임지는 모델이다(Taylor and Bassi, 1998). 협조모델 중 대리인모델은 사회복지영역의 1980년대부터 불어 닥친 민영화의 영향으로 사회복지전달을 국가가 재정을 지원하고 민간조직이 서비스를 제공하는 계약을 통해 민간조직은 사회복지전달에 있어 정부의 대리인역할을 수행하게 되는 모델이다. 대리인모델은 정부실패에 따른 재정적 효율성을 강화하는 방안으로 발전하였지만 또 다른 한편으로는 정부의 사회복지전달 및 사회복지서비스에 대한 직접적 책임성의 약화를 가지고 왔는데 이러한 문제점을 극복하기 위해 등장한 모델이 바로 파트너모델이라고 할 수 있다. 파트너모델은 민간조직을 대리인으로 보지 않고 사회복지전달에 있어 민간 조직을 신뢰를 바탕으로 하는 협력의 당사자 또는 동반자로 보는 모델이라고 할 수 있다.

Girdon, Kramer 그리고 Salamon의 모델은 주로 사회복지전달(delivery)과 재정(finance)을 중심으로 민간과 공공의 역할을 구분한다는 특징이 있으며 민영화를 비영리중심의 민영화로 국한하여 바라보고 있는데 이는 1980년대 후반 당시 시장중심의 민영화가 적극적으로 사회복지영역으로 진입하기 이전이었기 때문인 것으로 풀이된다. 아래의 표는 Girdon, Kramer 그리고 Salamon의 모델에서 제시된 민간과 공공의 역할을 나타낸다.

[표 5-1] Girdon, Kramer 그리고 Salamon의 모델

	정부지배모델	비영리지배 모델	이중모델	협조모델	
				대리인모델	파트너모델
사회복지전달	정부	비영리	정부/비영리	비영리	정부/비영리
사회복지재정	정부	비영리	정부/비영리	정부	정부

3. Najam의 모델

Najam(2000)의 모델은 민간과 공공의 관계를 설명하는데 있어 협력(cooperation), 대항(confrontation), 보충(complementarity) 그리고 흡수(cooptation)관계로 구분하며 영어의 앞 철자를 따서 4C모델이라고도 불린다. Najam의 4C 모델은 특히 정부와 자발적, 비정부 조

직 간의 관계를 설명하는 모델로 제시되었지만 공공 및 민간의 사회복지전달에 따른 민간과 공공의 역할을 설명하는 모델로도 유의하다. 특히, Najam의 모델은 성취하려는 목적과 수단(즉, 전략)의 조합으로 민간과 공공의 관계를 설명한다는 특징이 있다. 목적과 수단의 조합은 첫째, 같은 목적과 수단을 추구하는 경우 둘째, 상이한 목적과 상이한 수단을 추구하는 경우 셋째, 같은 목적을 추구하지만 상이한 수단을 추구하는 경우 마지막으로 상이한 목적을 추구하지만 같은 수단을 추구하는 경우로 나누어진다.

협력관계는 공공조직과 민간조직이 같은 목적과 수단을 추구하는 경우로 두 조직이 같은 정책 목적을 성취하기 위해 노력할 뿐만 아니라 목적을 성취하기 위해 비슷한 전략을 선호하는 경우 나타난다. 협력관계는 제휴와 공동생산과 동일한 의미를 내포함(Najam, 2000)으로 민간과 공공조직이 함께 공동으로 서비스를 생산하고 공급을 책임지는 모델이라고 할 수 있다. 신뢰모델이나 네트워크모델 등은 모두 민간조직과 공공조직의 협력관계를 나타내준다. 대항관계는 Young의 적대모델과 비슷한 성격을 가지고 있으며 민간조직과 공공조직의 관계가 그들이 성취하려는 목적과 방법이 완전히 상이한 경우를 나타낸다. 따라서 사회복지서비스를 생산하는 목적과 서비스를 전달하는 수단이 민간조직과 공공조직이 완전히 상이한 시장모델은 대항관계로 설명될 수 있다. 보충관계는 Young의 보충모델과 비슷한 내용을 가지고 있으며 민간조직과 공공조직이 성취하려는 목적은 같지만 상이한 전략을 선호하는 경우를 의미한다. 따라서 정부가 재정을 지원하고 민간조직(비영리조직)이 서비스를 전달하는 계약관계는 모두 보충모델로 설명될 수 있다. 흡수관계는 공공과 민간조직이 성취하려는 목적은 상이하지만 비슷한 전략을 사용하는 관계를 나타낸다. 공공조직은 모든 국민들에게 필요한 서비스를 제공하여 국민들의 복지와 번영을 추구하지만 민간조직(영리조직)이 성취하려는 목적은 기본적으로 이윤창출에 있음으로 목적은 상이하지만 정부와 민간조직(영리조직)은 공개경쟁입찰이나 성과계약과 같은 방식으로 사회복지서비스를 제공할 수 있다. 아래의 표는 민간과 공공조직의 관계를 나타낸 것이다.

[표 5-2] 민간조직과 공공조직사이의 관계

		목적	
		같음	상이함
수단 (전략)	같음	협력관계	흡수관계
	상이함	보충관계	대항관계

* 자료: Najam(2000). p. 25 그림-1에서 재인용

4. Taylor와 Lansley의 모델

Taylor와 Lansley(1992)는 인구통계적 변화, 노인인구의 증가 그리고 경기후퇴 등과 같은 요인이 새로운 사회복지서비스의 전달방식을 찾는 주요원인을 제공하고 있음을 강조하면서 사회복지전달에 있어 민간과 공공의 역할을 구분하는 네 개의 유형을 제시하였다. 특히 그는 George(1981, 1985)의 복지이데올로기에 대한 구분[28]을 적극 활용하여 사회복지전달의 민간과 공공과의 관계를 이데올로기적으로 분석하였다는 특징이 있다. 그가 제시한 유형은 첫째, 복지국가유형, 둘째,

28 George(1981, 1985)는 복지이데올로기를 평등과 불평등 그리고 반국가와 친국가로 구분하여 공산주의, 시장자유주의, 집합주의 그리고 보수주의로 유형화하였다.

자선적 온정주의유형, 셋째, 시장다원주의유형 그리고 복지다원주의유형이다. 그들은 복지전달의 유형을 이해하기 위해서는 국가와 비영리사이의 관계를 분석하여야 함을 강조하였다. Taylor와 Lansley가 제시한 사회복지전달의 유형을 그림으로 나타내면 아래와 같다.

[그림 5-1] Taylor와 Lansley의 사회복지전달의 유형

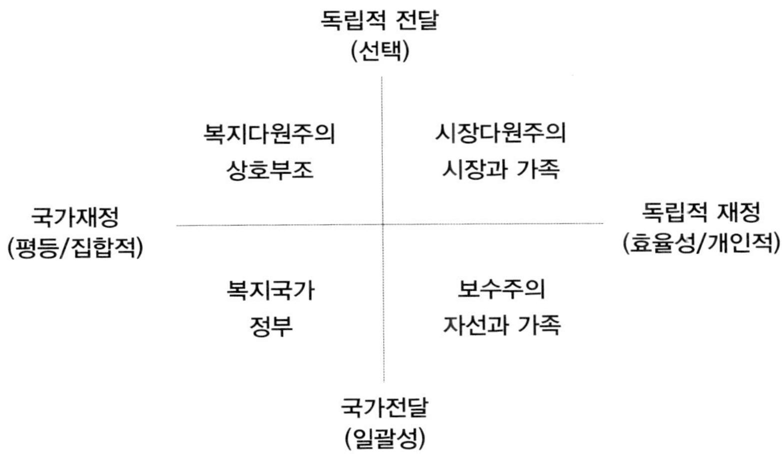

* 자료: Taylor와 Lansley(1992). p. 157 그림-2에서 재인용

각각의 사회복지전달유형의 특징을 설명하면 아래의 표와 같다.

[표 5-3] 사회복지전달유형의 특징

보수주의/온정주의	집합주의/복지국가	공산주의 /복지다원주의	시장자유주의 /시장다원주의
• 기부금이나 회비 등과 같은 자선적 재정 • 자발적/ 민간(영리)부분이 서비스제공 • 국가는 잔여적 활동	• 국가 재정 • 국가가 서비스 제공 • 자발적/ 민간(영리)부분은 잔여적 활동	• 국가재정 • 자발적 부분(비영리)이 서비스 제공 • 민간(영리)부분 보충적 역할	• 소비자재정 • 민간(영리)부분이 서비스제공 • 자발적(비영리) 부분 잔여적 역할

5. Kuhnle과 Selle의 모델

Kuhnle과 Selle(1990)은 사회복지전달에 있어 비영리조직[29]과 국가의 관계를 설명하는 모델을 제시하였다. 그들은 특히, 국가와 비영리조직의 관계를 두 영역을 중심으로 구분하였는데 그 첫 번째 영역은 거리이고 두 번째 영역은 의존이다. 즉, 국가와의 접촉과 의사소통이 매우 자주 일어나면 비영리조직은 국가와 통합된 조직이고 접촉과 의사소통이 자주 일어나지 않으면 국가와 비영리조직은 거리가 먼 관계를 나타낸다. 또한 재정과 통제를 국가에 의존하면 의존형이며 국가에 의존하지 않고 독립적이면 비영리조직과 국가 간의 관계는 자율관계가 형성된다. 이 두 개념을 적용하면 국가와 비영리조직의 관계는 통합의존형, 통합자율형, 독립의존형 그리고 독립자율형으로 구분된다. 통합의존형

29 Kuhnle과 Selle는 비영리조직과 자발적 조직을 구분없이 사용하고 있다.

은 사회복지전달에 있어 국가와 긴밀한 접촉관계를 유지하며 국가로부터 재정을 지원받고 국가의 통제를 받는 모형을 의미하며 통합자율형은 국가와 긴밀한 접촉관계를 유지하지만 국가로부터 재정이나 통제를 받지 않는 모형을, 독립의존형은 국가와 상관없이 거리를 두고 사회복지전달을 수행하지만 국가로부터 재정을 지원받고 관리적 통제를 받는 모형을 그리고 마지막으로 독립자율형은 국가와 상관없이 거리를 두고 사회복지전달을 수행하지만 국가로부터 재정이나 통제를 받지 않는 모형을 의미한다. 아래의 표는 네 모형을 그림으로 나타낸 것이다.

[그림 5-4] Kuhnle과 Selle의 비영리조직과 국가의 관계 유형

	근접한 관계(국가와 비영리조직 간의 의사소통과 접촉이 빈번하게 일어나는 관계)	거리가 먼 관계(국가와 비영리조직 간의 의사소통과 접촉이 일어나지 않는 관계)
의존(국가로부터 재정과 통제를 받는)	통합의존형	독립의존형
독립(국가로부터 재정과 통제를 받지 않는)	통합자율형	독립자율형

제3절 사회복지전달에 있어 민간과 공공의 관계가 가져다주는 함의

자본주의 초기 사회복지영역의 발전은 자선조직협회 등과 같이 정부재정지원 없이 순수한 기부금이나 회원들의 회비 등으로 운영되었던 자발적 조직에 의해 주도되었다. 급속한 자본주의의 발전과 함께 산업

사회는 각종 사회문제의 발전 및 확산을 가져다주었고 자발적 조직의 자선 및 구호활동만으로는 산업사회가 가지고 있는 빈곤, 실업문제와 건강 및 산업재해 그리고 각종 중독 및 가족해체 등과 같은 전통적 사회문제를 해결할 수 없어 체계적이고 과학적으로 사회문제에 대응하는 복지국가의 발전을 가져다주었다. 복지국가는 국가가 적극적으로 사회문제에 대응하는 체제를 의미하며 이러한 역사적 맥락에서 본다면 사회복지재화와 서비스를 전달하는 사회복지전달은 민간 자발적 조직중심의 사회복지전달에서 국가가 국민의 세금으로 사회문제에 적극적으로 대응하는 공공중심 사회복지전달로 사회복지전달의 중심이 이동되었다고 볼 수 있다.

1980년대 보수주의 정권의 등장과 복지국가가 지향하는 국가중심 사회복지전달모델은 정부실패이론을 주장하였던 보수주의 경제학 및 행정학으로부터 시장중심 조직관리기법의 공공조직으로의 도입 필요성에 따른 신공공행정(NPM)이라는 조직행정기법의 출발과 함께 급속한 민영화가 진행되어 사회복지전달도 효율성을 강화한다는 전제 하에 자발적 조직으로부터 발전된 과학적 지식과 기술을 겸비한 민간비영리조직 그리고 이윤창출을 목적으로 하는 영리조직과 국가가 함께 사회복지재화와 서비스를 전달하는 복지혼합의 시대로 접어들었다.

아래의 표는 유럽복지국가들의 공공과 비영리조직 그리고 민간영리조직의 사회서비스전달의 비율을 나타낸 것이다. 표에서 보는바와 같이 대부분의 유럽복지국가들은 공공중심의 사회서비스가 높은 비율을 차지하고 있으며 비영리조직 중심의 서비스전달도 국가에 따라 다르긴 하지만 공공중심에 이어 두 번째로 높은 비율을 차지하고 있고, 서비스 영역에 따라서는 영리조직들도 서비스전달에 일정부분 참여하고 있음을 알 수 있다. 이러한 비율은 최근에는 비영리조직과 영리조직의 참여율이 조금 더 상승하는 경향으로 나타나고 있다.

[표 5-5] 유럽국가들의 사회서비스 공공과 민간 공급주체별 구성 비율

시장공유	영국	노르웨이	프랑스	독일	스페인	이탈리아
재가 노인 보호			제3부분: 28% 국가:59% 민간:13%	제3부분: 68% 국가:15% 민간:18%	제3부분: 31% 국가:30% 민간:40%	
장애인			제3부분: 85% 국가:11% 민간:4%	제3부분: 84% 국가:7% 민간:9%	제3부분: 56% 국가:26% 민간:17%	
기타 client			(장년) 제3부분: 81% 국가:17% 민간:2%	제3부분: 73% 국가:18% 민간:9%		
모든 종류의 이용자	제3부분: 14% 국가:40% 민간:46%					제3부분: 81% 국가: 19% 민간:0%
아동 돌봄	풀타임 서비스 제3부분: 18% 국가:33% 민간: 49% 파트타임과 풀타임 서비스 제3부분: 82% 국가:6% 민간:12%	제3부분: 32% 국가:68% 민간:0%	제3부분: 70% 국가:26% 민간:3%	제3부분: 62% 국가:37% 민간:1%		

기타 서비스		(장애인) 제3부분: 40% 국가:60% 민간:0% (알콜) 제3부분: 63% 국가:37% 민간:0%			(장애인, 재가) 제3부분: 90% 국가:8% 민간:2% 노인 (day care) 제3부분: 37% 국가:34% 민간:8%	
모든 사회 서비스			제3부분: 55% 국가:41% 민간:4%	제3부분: 61% 국가:22% 민간:17%		

* 제3부분은 비영리조직을 의미하며 민간은 영리기관을 의미함.

* 자료: Ascoli and Ranci, 2002, p. 28-29에서 재인용

위의 표에서 보는바와 같이 대부분의 복지국가의 사회복지전달은 정도의 차이는 있지만 복지혼합의 유형을 띠고 있다. 복지혼합은 공공과 민간이 사회복지재화와 서비스의 전달을 책임지는 체계를 의미한다. 즉, 공공과 민간 나아가 국민이 사회복지재화와 서비스의 재정, 제공 그리고 규제를 책임지는 체계를 의미한다. 복지혼합의 시대에 국민들이 필요로 하는 사회복지재화와 서비스를 전달하기 위해서는 공공과 민간의 역할분담은 매우 중요한 요인이다. 민간과 공공의 역할은 특정 국가의 인구통계적 특성, 역사, 이데올로기, 종교, 정치, 인종구성 등과 같은 성격에 의해 지대한 영향을 받는다(Taylor and Bassi, 1998).

이러한 국가를 둘러싼 내적 외적 환경적 요인 이외에 복지전달의 성격을 규정하는 가장 핵심적인 요인은 국가가 민간조직과 국민들을 어떻게 대접하는가이다. 주인대리인이론에 따르면 국가는 민간조직을 단

순히 서비스를 대신하여 제공하는 대리인으로 간주하므로 대리조직들은 명령과 통제를 필요로 한다. 반면, 스튜어드십이론에 따르면 정부는 민간조직을 동반자로서 인식하여 협력과 조정을 통한 사회복지전달을 강조하게 된다. 국민에 대한 시각도 단순한 서비스이용자, 소비자 또는 공동생산자나 시민 등 다양한 시각이 공존하게 되는데 이러한 시각들은 모두 공공선택이론이나 시민참여이론 등의 이론적 지지에 대한 상이한 표현이라고 볼 수 있다.

제4절 사회복지전달을 설명하는 민간과 공공의 새로운 관계

주인-대리인이론에 따르면 공공 및 사회복지재화와 서비스의 전달에 있어 민간의 역할은 국가의 사회복지제공을 도와주는 대리인 또는 대체자로서의 역할이 강조되며, 스튜어드십이론에 따르면 민간은 서비스 제공에서 국가의 역할을 보조하는 대체자가 아니라 주체적으로 서비스를 제공하는 봉사자의 역할이 강조되고 네트워크이론에 따르면 민간은 사회복지재화를 전달하는데 있어 국가와 공동으로 협력하는 협력자 또는 동반자의 역할이 강조된다.

사회복지전달에 있어 공공과 민간의 역할을 이해하기 위한 기본적 틀로 Young은 경제이론을 적용하여 민간과 공공의 관계를 상보관계, 보완관계 그리고 적대관계로 해석하고 있으며, Girdon, Kramer 그리고 Salamon은 누가 서비스를 전달하고 재정은 누구로부터 오는가를 기준으로 민간과 공공의 역할을 구분하였고, Najam은 성취하려는 목적과 그 목적을 어떻게 성취할 것 인가(수단)를 중심으로 민간과 공공의 역할을 구분하였으며 마지막으로 Kuhnle과 Selle는 국가와 민간의 관계를 민간조직에 대한 국가의 재정과 통제의 정도와 의사소통과 교류의 정도를 가지고 해석하였다. 이들이 제시한 민간과 공공의 관계에 대한 구분은 Young을 제외하고는 대체적으로 이론적 틀을 적용하지 않고 서비스 제공과 재정, 목적과 수단 또는 국가의 간섭정도와 의사소통의 정도 등과 같은 기준을 적용하여 분석하였다는 특징이 있다. Young은 자신이 제시한 모델을 대리인이론과 계약이론, 정부실패이론 등을 적용하여 분석하였지만 상보관계를 설명하면서 스튜어드십이론을 적용하지 않아 민간조직이 대리인이 될 수도 있고 스튜어드(봉사자)가 될 수도 있음을 구분하지 않는 한계를 가진다. 즉, 정부와 민간조직의 계약관계는 대리인이론이나 공공선택이론의 적용으로 해석될 수 있지만, 동반자관계는 대리인이론이나 공공선택이론으로는 해석할 수 없고 스튜어드십이론이나 네트워크이론[30] 등을 적용하여 해석될 수 있음으로 상보관계는 정확하게 구분하면 계약관계와 동반자관계로 이분화하는 것이 정당한 구분이다.

본 연구에서는 위의 모델들이 갖는 이론적 한계를 극복하기 위하여 사회복지전달에 있어 민간과 공공의 역할을 구분하여 이해하기 위한 기준으로 서비스의 제공과 재정 그리고 규제를 그리고 이론적 틀로서 주인-대리인이론, 공공선택이론, 스튜어드십이론, 네트워크이론과 자원의존이론 등을 적용하며, 민간과 공공의 사회복지전달에 있어 관계를 대체관계, 협력관계, 보완관계 그리고 적대관계로 구분하여 제시한다. 이들 관계들의 구체적인 내용을 설명하면 아래와 같다.

30 네트워크이론을 적용하여 해석하면 민간조직이 동반자나 협력자가 될 수 있다.

1. 대체관계

대체관계는 정부조직이 제공하는 공공 또는 사회복지서비스의 제공에 있어 정부조직의 서비스전달의 한계를 극복하기 위한 대책으로서 대리인이란 자격을 부여하여 정부 대신 서비스를 제공하는 대리인(agency)으로 민간조직을 일반적으로 계약을 통해 지명하여 서비스를 전달함을 강조한다. 즉, 민간조직의 지식과 기술을 활용하면서 정부는 민간조직을 협력파트너로 인정치 않고 대리인으로 인식하게 된다(지은구, 2012). 따라서 민간조직과 정부와의 대체관계를 설명하는 핵심적인 이론은 정부실패이론과 주인-대리인이론이다.

정부실패이론에 따르면, 정부의 서비스전달은 비효율적임으로 정부를 대신하여 영리조직을 중심으로 하는 민간조직들이 사회복지서비스를 대신 제공하여야 한다는 것이다. 정부실패요인을 설명하는 X-비효율성은 정부가 제공하는 사회복지서비스의 독점적 성격으로 인해 서비스는 비효율적일 수밖에 없음을 설명해주며, 관료들의 이기적 속성으로 인해 그들이 전체 사회에 대한 이익이나 복지보다는 개인적 이익이나 복지를 추구함으로 정부의 공공 및 사회복지서비스는 정부를 대신하여 민간조직으로부터 제공되어야 한다는 것이다(지은구, 2010). 이 경우 국가는 필수적인 사회복지서비스만을 제외하고 비효율적이라고 판단되는 대부분의 사회복지서비스는 민간조직에게 개방되어 공공 및 사회복지서비스의 민영화 나아가 시장화는 가속화된다. 이 경우 이익을 추구하는 민간조직들의 난립으로 조직들의 정보불균형과 이용자선별 현상이 만연하게 되고 서비스전달의 가치는 신뢰나 사회통합 그리고 국민욕구의 보편적 해결이 아닌 이기주의에 기초한 경쟁과 선택 등으로 바뀌게 된다. 경쟁과 선택의 가치가 중요시 된다는 것은 영리조직에 대한 사회복지전달을 허용하는 것을 의미하는 것임으로 사회복지시장이 형성되어 개인적 구매능력이 개인의 선택을 결정하는 결정요인으로 작동할 수 있음을 의미하고 이는 곧 사회복지시장화를 의미하는 것이다. 사회복지시장화는 재정적 측면에서 정부의 재정능력이 서비스의 양과 질을 결정하는 요소가 아니라 개인의 구매능력이나 국민들의 서비스에 대한 수요와 이윤창출의 정도가 서비스의 양과 질을 결정함을 또한 의미하는 것이다. 이 경우 서비스의 제공과 규제는 시장을 통해서 구체화된다.

주인-대리인이론에 따르면 정부의 대리인인 민간조직은 서비스전달과 관련하여 정부와 계약관계에 있다. 계약이론에 따르면 정부조직은 민간조직에 대해 도덕적 해이문제와 역선택의 문제를 가질 수 있음(Martimort, 2008)으로 정부는 이를 방지하기 위하여 지속적인 조직관리 및 감독강화를 강조하게 되며 관리는 주로 재정적 통제와 보상을 통해서 이루어진다. 즉, 서비스제공이 잘 이루어지는 조직에게는 예산증액이나 보상(인센티브)을 제공하며 서비스제공이 잘 이루어지지 않는 조직에 대해서는 예산삭감이나 프로그램삭감 등의 벌칙이 뒤따른다. 대체관계에서 서비스전달 계획의 책임은 전적으로 정부에게 있으며 서비스전달의 직접적 책임은 정부가 그리고 간접적 책임은 민간조직에게 있다. 민간조직은 서비스전달에 있어 직접적 책임을 가지고 있지 않음으로 정부보조금을 개인적 이익이나 조직적 이익을 위해 유용하는 등의 도덕적 해이문제가 발생할 수 있다. 또한 계약이론에 따라 정부와 민간조직은 계약관계를 유지하고 있음으로 서비스를 대신 제공하는 민간조직의 선택권은 정부에게 있고 민간조직에 대한 선택을 잘못하는 경우 역선택의 문제가 발생하게 된다. 즉, 정부가 정부조직보다 우수한 서비스전달능력이 있을 것이라고 기대하고 계약을 통해 서비스전달의 대리인으로 특정 민간조직을 선택하였지만 계약관계에 있는 민간조직의 실질적인 서비스전달능력이 기대에 못 미치는 경우 또는 다른 민간조직이 보다 우수한 서비스전달능력을 가지고 있는 경우 역선택의 문제가 발생하게 된다(지은구, 2012).

결국, 역선택의 문제와 도덕적 해이문제를 해결하기 위한 유일한 방법은 민간조직에 대한 조직통제권을 강화하는 것임으로, 대체관계에 있는 민간조직에게 정부는 조직관리적 측면에서 계약의 주체인 주인으로서 민간조직의 서비스전달과정 및 결과에 대한 책임을 강화하기 위하여 통제와 관리를 강화하게 되는 관리방안을 고안하여 적용하는 필연적 결과를 초래하게 된다. 즉, 대체관계에서는 정부조직은 민간조직을 대리인으로만 인식하고 공동의 목적을 성취하기 위해 노력하는 협력자로 인식하지 않음으로 주인과 대리인 사이에 수직적 관계가 존재하게 되고 이 수직적 관계는 조직·관리적 측면에서 보상과 채찍이라는 통제방법을 활용하게 만든다.

2. 협력관계

민간조직과 정부조직 간의 협력관계에서, 사회복지서비스의 전달과 관련하여 정부는 민간조직의 지식과 기술을 활용하는데 있어 민간조직을 협력파트너 또는 동반자로 인식하게 된다. 즉, 대체관계와 마찬가지로 정부는 공공부분에서 제공하는 서비스전달의 능력이 제한적이고 한계가 있음을 인정하지만, 민간조직을 정부의 대리인이 아닌 서비스 전달의 중심축으로 인정하여 민간자원과 민간조직을 활용하여 조직 상호간의 상호지원과 지지행동을 통해서 국민들의 사회복지서비스욕구를 공동으로 해결하기 위해 노력한다.

민간조직은 정부와 마찬가지로 사회복지서비스전달의 공동 축이자 협력자임으로 정부는 민간조직을 관리하고 통제하여야 할 필요가 없어 민간조직에 대한 관리비용(서비스제공과 직접적으로 관련이 없는 간접비용)은 줄어들게 되는 효과가 있다. 즉, 서비스제공에 대한 매몰비용으로서 민간조직의 관리 및 통제에 들어가는 모든 비용(시간 및 노력비용을 포함하여)은 서비스제공의 직접적 효과가 있는 서비스개발이나 서비스의 질 향상 또는 서비스양적 확대를 위해 활용될 수 있다.

협력관계에서 사회복지서비스를 제공하는 민간조직과 정부조직은 서비스와 연관하여 직접적 관련이 있는 이해관계자(stakeholder)이다. 따라서 협력관계를 이해하고 설명하는 중심이론은 이해관계자이론이 된다. 이해관계자이론에 따르면 공공 및 사회복지서비스 전달과 직접적인 이해관계가 있는 사람 또는 집단은 정부, 비영리사회복지조직, 지역사회, 서비스수혜자(이용자), 보충적 서비스제공자 등이며 이들은 지역사회를 보다 건강하게 유지 보전한다는 공동의 비전이나 목적 또는 임무선언 등의 사회적 목적을 실현하기 위해 노력함으로 서비스제공에 있어 공동의 목적을 실현하기 위하여 상호조직을 파트너로 동등하게 대접한다는 특징이 있다(지은구, 2012). Freeman과 Phillips(2002)에 따르면 이해관계자이론의 핵심은 조직의 성공이 조직목적 실현에 영향을 줄 수 있는 이용자, 직원, 지역사회, 재정지원자, 공급자 등과 같은 핵심집단과의 관계를 어떻게 잘 관리하는가에 전적으로 달려있다는 것이다. 이와 관련된 관리자의 과업은 모든 이해관련 집단의 지지나 지원활동을 유지하고, 그들의 이익이 최대가 될 수 있도록 균형을 이루도록 하는 것이다. 따라서 이해관계자이론을 민간조직과 정보조직 간의 협력관계에 적용하게 되면 사회서비스를 제공하여 지역주민들의 삶이나 지역사회를 보다 건강하게 유지 및 보전한다는 사회적 목적에 공감하는 정부를 포함하는 모든 이해관계자들은 이러한 목적이 실현될 수 있도록 하기 위하여 정부는 모든 이해관계자들의 상호 지지와 지원활동을 유지하여야 한다.

네트워크이론 역시 정부와 민간조직 간의 서비스전달에 있어서 협력관계를 가장 적절히 이해할 수 있도록 해주는 이론적 틀이다. 네트워크 이론에 따르면 정부와 민간조직은 행동의 주체로서 네트워크 안에 존재하며 상호 협력을 통하여 국민들이 필요로 하는 사회복지재화와 서비스를 개발하고 제공하고 조정한다. 국민들에게 필요한 서비스를 협력관계를 통하여 개발하고 제공하는 것은 네트워크의 가장 중심적 역할이라고 할 수 있다.

3. 보완관계

보완관계는 사회복지전달에 있어 비영리조직의 자발적 행동을 보다 강조하는 것으로 비영리조직이 국가가 제공하지 않지만 국민들이 필요로 하는 사회복지재화와 서비스를 제공하는 관계를 나타낸다. 비영리조직은 복지국가가 등장하기 전부터 사회소외계층이 필요로 하는 다양한 서비스를 제공하여 비공식적 부분인 가족과 친구 그리고 이웃 등의 도움만으로는 감당할 수 없는 자원을 개발하고 지원하여 사회적 지지망이나 지원망으로서의 역할을 수행하여왔다. 보완관계에서 비영리조직은 국가가 제공하는 서비스가 항상 충분하게 모든 필요로 하는 사회소외계층에게 제공되지 않음으로 국가적 대응과 실제 국민들의 욕구 사이에 존재하는 거리를 메우는 역할을 담당한다.

스튜어드십이론에 따르면 사회적 목적을 성취하는데 있어 정부와 민간조직은 둘 다 사회적 목적과 가치를 실현하기 위해 노력하는 그리고 국민들에게 봉사하는 봉사자 즉, 스튜어드이다. 주인-대리인이론이나 공공선택이론에서 강조하는 바와 같이 비영리조직은 자기 자신의 이익을 최대화하기 위해 노력하는 이익최대실현자가 아니고 조직이 설정한 목적을 성취하기 위해 노력하는 집단주의적 성향과 사명감을 가지고 있는 것으로 간주된다. 따라서 정부조직과 비영리조직의 모든 행동들은 이익실현이 아닌 목적 실현을 위해 움직이게 되고 목적실현을 위해 공동으로 노력하는 봉사자가 된다. 정부와 민간조직의 행동은 공공의 가치와 비전 그리고 신뢰에 기초한다.

비정부조직이 정부와의 계약을 통해서 사회복지서비스를 전달하는 경우, 스튜어드십이론은 주인-대리인이론과는 달리 신뢰, 그동안 쌓아놓은 평판, 공동체 지향적이고 집합주의적인 목적 성취를 위한 노력 등으로 무장된 전문화된 서비스를 제공하는 비영리조직의 특성이 주인-대리인이론에서 지적된 대리인이 가지는 한계를 극복하고 보다 완전한 계약관계를 통한 사회복지서비스제공에 더욱 적합하다는 것을 강조한다(Van Slyke, 2007). 특히, 민간과 공공의 사회복지전달관계에서, 스튜어드십이론에 따르면 민간 비영리조직은 빈곤제거, client의 안전, 협치, 그리고 정부와의 관계에서 자원의 상호의존 등을 강조하여 공공조직만으로는 한계가 있는 사회복지서비스의 전달을 책임 질 수 있음이 강조된다. 보완관계에서 비영리조직이 제공하는 사회복지서비스의 재정은 국가의 보조금을 포함하여 자체적인 재정력에 의존하게 되는데 주로 기부금이나 회원들의 회비 또는 최소경비의 이용료 등으로 구성된다.

4. 적대관계

적대관계에서 민간조직과 정부와의 관계를 설명하는 가장 중심적인 전제는 민간조직이 비정부조직이나 자발적 조직으로서 국가에 대한 공공 및 사회복지서비스 책임성강화를 주문하여 국가가 더 많은 사회복지서비스를 제공할 수 있도록 압력을 행사하여야 한다는 것이다. 따라서 민간조직은 사회복지서비스를 직접 제공하는 직접서비스제공기관이라기 보다 정부의 서비스전달능력을 감시하고 주민들의 이익을 대변하는 주민옹호조직으로 기능하게 된다. 국가의 사회복지서비스전달의 책임성을 강조하는 것은 결국, 사회복지전달에서 국가의 공공성강화를 의미하는 것으로서 국민들의 욕구에 대한 대응은 결국 국가에 의해서 해결되어야 함이 강조되는 것이다(지은구, 2012). 국가의 서비스전달에 있어 책임성을 강화하는 것은 시장실패이론과 공공선택이론에 근거한다. 시장실패이론에 따르면, 시장(준시장이든 시장이든)은 정보불균형 또는 정보왜곡과 판매자와 소비자 사이의 힘의 불균형과 소비자선별 등 시장실패요인에 의해 필연적으로 실패할 수밖에 없음으로 국민복지 및 국민의 안정적인 생활에 직접적인 영향을 주는 공공 및 사회복지서비스는 모두 시장을 통해서가 아닌 국가가 직접 제공하여야 한다. 또한 공공선택이론에 따르면 정부관료들이나 선출된 정치인들이 대체적으로 자기이익을 최대화하려고 노력하는 자기중심적 사고에 빠져 있으며 이를 위해 국민들의 이익에 반하는 일을 수행할 수 있음으로 비영리조직은 정부의 사회복지전달의 책임에 대한 지속적인 문제제기와 사회복지의 확대를 위한 지속적인 압력행동을 추구하게 된다.

적대관계에서 민간조직과 정부와의 관계를 설명하는 두 번째의 전제는 정부가 계약관계에 있는 비영리조직의 성과와 행동을 감시하고 감독하는 것을 포함하여 비영리조직에 대한 규제 및 통제를 강화하는 것을 의미하는 것으로서 이는 곧 재정적 효율성강화라는 명목으로 수행된다. 정부의 비영리조직에 대한 감독 및 통제의 강화와 압박을 통해 정부는 계약관계에 있는 비영리조직의 성과를 통제함과 동시에 비영리조직의 변화에 압력을 행사함으로써 주인인 정부와 대리인으로 서비스를 제공하는 민간조직과의 관계는 갈등의 관계를 유지하게 된다. 정부가 민간비영리조직에 대한 감독과 통제를 강화하는 압력을 행사하여 적대관계를 유지하는 가장 핵심적인 이유는 바로 주인-대리인이론의 가장 핵심적인 문제점으로 지적되는 정보비대칭문제를 정부가 적극적으로 해결하고자하는 노력에 의해서 나타난다. 즉, 정부의 비영리조직에 대한 통제권 강화는 정보비대칭을 강조하는 계약실패이론 즉, 주인-대리인이론의 한계를 극복하기 위한 정부의 관리방안이라고 볼 수 있다.

5. 민간과 공공의 새로운 사회복지전달체계의 특성

사회복지전달에 있어 공공과 민간의 관계를 설명하는 대체관계, 협력관계, 보완관계 그리고 적대관계는 그 근거가 되는 이론적 배경이 상이한데 이는 곧 민간과 공공의 사회복지전달에 있어서의 역할과 임무가 이론적 전제에 따라 상이할 수밖에 없음을 설명해준다. 대체관계에서 주인-대리인이론과 정부실패이론에 영향을 받아, 정부와 민간조직은 각각 주인이자 대리인으로 역할을 하며 개인의 구매력이 선택을 결정하는 경우 민간조직의 역할은 강화되어 규제와 제공은 민간조직이 참여한 사회복지시장을 통해서 이루어진다. 협력관계는 네트워크이론과 이해관계자이론의 영향을 받아, 민간조직과 공공조직은 사회복지전달에 있어 각각 협력자와 조정자 그리고 동반자의 역할이 강조되며 제공과 규제는 양자 간에 협력과 조정으로 이루어진다는 특징이 있다. 민간과 공공을 설명하는 보완관계는 이론적으로 각각의 참여자들이 소명감과 집합주의와 이타심이 강조되는 스튜어드이론에 영향을 받아 각각의 서비스영역에서 서비스를 독자적으로 제공하고 규제 역시 자체적인 노력으로 이루어지지만 재정의 경우는 국가와 비영리조직의 자체적인 비용부담노력에 의해서 서비스가 제공되기도 하며 국가부담에 의해 서비스가 제공되기도 한다. 민간과 공공의 관계를 설명하는 적대관계는 이론적으로 시장실패이론과 계약실패이론에 근거함으로 국가가 전적으로 책임감을 가지고 서비스를 제공하는 것과 효율성강화를 위해 정부가 민간조직의 통제권을 강화하는 것이 강조되지만 공공선택이론에 의해서 정부관료들은 대체적으로 대중의 이익에 반하더라도 자기이익을 최대화하려고 노력함으로 비영리조직과 복지시민조직들이 꾸준히 정부에 사회복지전달의 책임을 묻고 지속적으로 사회복지전달의 확대를 위해 노력하여야 함이 강조된다. 결국, 적대관계에서 사회복지제공은 국가에 의해서 이루어지지만 사회복지의 확대와 규제를 책임지는 것은 비영리조직과 복지시민조직의 주요한 역할이 된다.

아래의 표는 위에서 제시된 정부와 민간조직 간의 관계에 영향을 주는 이론과 공공과 민간조직의 역할을 표로 나타낸 것이다.

[표 5-6] 사회복지전달관계의 이론적 배경 및 정부와 민간의 역할

관계	이론	정부의 역할	민간조직의 역할
대체관계	• 주인-대리인 이론 • 계약이론 • 정부실패이론	민간조직의 서비스 전달을 규제하고 통제하는 서비스전달의 간접적 책임자 또는 규제자	• 정부의 서비스를 대신하여 전달하는 대리인 • 국민의 화폐적 수요에 응답하는 서비스제공자 • 이익을 창출하는 이익창출자
협력관계	• 이해관계자이론 • 네트워크이론	서비스를 기획하고 제공하는 생산 및 공급자 그리고 서비스조정자	국가의 서비스제공 노력에 공동협력하는 협력자
보완관계	• 스튜어드십이론	사회복지전달의 생산 및 공급책임자	공공조직의 서비스영역이나 서비스내용을 보완해주는 보완자 또는 직접적 사회복지서비스의 제공자

적대관계	• 시장실패이론 • 계약실패이론 • 공공선택이론	• 사회복지전달의 직접적 책임자 • 민간조직을 관리 및 통제하는 감독자임과 동시에 비영리조직의 변화를 추동하는 인도자 • 정부는 민간조직 및 국민의 목소리를 수용하는 수용자	• 정부의 사회복지전달의 내용을 모니터링하고 감시하는 감시자 및 국민들의 사회복지욕구를 대변하는 대변자/요구자 • 대상자 확보를 위해 경쟁하는 경쟁자

정부와 민간조직 간의 관계 즉, 대체관계, 협력관계, 보완관계 그리고 적대관계를 재정과 제공 그리고 규제를 중심으로 설명하면 아래의 표와 같다.

[표 5-7] 정부와 민간조직의 사회복지전달관계의 특성

관계	재정	제공	규제
대체관계	국가 및 개인부담	계약을 통한 제공 시장을 통한 제공	• 정부에 의한 비영리민간조직의 관리 감독 필요성 증가: 통제 및 보상 • (경쟁과 같은)시장의 자체적인 규제노력
협력관계	국가 전액 부담	공공과 민간의 협력체계를 통한 제공	• 민간조직에 대한 통제는 불필요 상호조직간 파트너십 및 협력네트워크를 통한 규제
보완관계	국가재정/국가와 비영리조직 간의 자체적인 재정	정부와 비영리조직의 독자적 제공	• 비영리조직의 자체적인 규제: 정부는 비영리조직에 대한 통제가 아니라 비영리조직에게 사회복지서비스전달의 전 내용을 위임하여야 함

적대관계	• 국가 전액부담 • 민간조직이 전액 부담	• 정부 제공 • 민간조직 제공	• 민간조직은 변화 및 통제의 대상 • 민간조직에 대한 규제강화: 정부는 민간조직의 재정 및 관리전반을 통제하여 효율적이고 효과적인 서비스를 제공하도록 유도함 • 공공조직은 감시의 대상: 비정부조직 중심의 지역사회복지운동조직은 국가의 사회복지전달을 모니터링하며 정부의 복지정책에 시민의 목소리를 반영하도록 하기 위해 노력함. 따라서 공공조직은 시민의 의견을 수용하는 수용자

제5절 소결

공공과 민간이 사회복지재화와 서비스를 전달하는 복지혼합체제에서 민간과 공공의 사회복지전달에 있어서의 역할을 명확히 이해하고 구분하는 것은 특정 국가의 사회복지전달의 성격을 구분 짓는 매우 중요한 작업이다. 사회복지전달에 있어 민간과 공공의 역할을 이해하는 가장 핵심적인 키워드는 협력과 조정, 경쟁과 선택, 국민, 시민 소비자, 시민사회 또는 경쟁사회, 파트너, 협력자 또는 대리조직 등이다. 이러한 키워드는 사회복지전달의 민간과 공공의 역할을 이해하는데 있어 아래와 같은 핵심적인 질문을 구성한다.

첫째, 민간이 파트너인가 아니면 단순히 서비스를 제공하는 대리기관인가?

둘째, 시민사회인가 경쟁사회인가?

셋째, 협력과 조정인가 선택과 경쟁인가?

넷째, 소비자인가 시민인가?

위와 같은 핵심질문에 대한 대답은 곧 특정 국가의 사회복지전달모형을 결정짓는 주요한 키워드로서 작동하게 되며 이에 대한 대답을 찾는 것이 곧 한국 사회복지전달체계의 성격을 구분 짓는 중요한 잣대로 작동할 것임을 믿어 의심치 않는다.

이상적으로 본다면 사회복지서비스를 제공하는 민간비영리기관들은 정부의 단순한 대리인이 아니며 정부의 역할을 감시하고 복지확충을 위해 노력하는 시민조직이고 정부와는 협력자이면서 동시에 파트너십을 통해 상호 협력하는 주체이다. 또한 정부와 민간기관들은 사회복지서비스 전달을 선택과 경쟁이 아닌 협력과 조정을 통해 이루어지도록 하여야 하며 정부, 민간기관 그리고 시민들은 공동으로 서비스를 기획하고 생산하도록 하여야 함으로 정부와 민간기간 그리고 시민은 복지시민사회를 공동으로 이끌어나가는 주체세력이다.

제6장 한국 사회복지전달체계의 성격

제6장 한국 사회복지전달체계의 성격

제1절 개관

가족이나 친구 또는 이웃들이 그들 구성원들의 복지와 안녕을 책임지는 비공식부분을 제외하고 우리나라의 사회복지는 크게 공공영역과 민간영역으로 이분화되어 국민들에게 제공되고 있다. 즉, 국가가 직접 모든 사회복지서비스를 제공하는 경우도 있지만 많은 부분 사회복지서비스는 민간조직이 국가를 대신하여 서비스를 제공한다. 특히, 우리나라의 경우, 사회복지재화와 서비스 전달체계는 대표적으로 복지혼합체계라고 할 수 있다. 민간조직이 사회복지 전 영역에서 국가를 대신하여 서비스를 제공하는 것은 우리나라 사회복지전달체계의 속성을 설명하는 중요한 특성요인이다(지은구, 2012b). 특정 국가의 사회복지전달체계는 그 국가에서 이루어지는 사회복지재화와 서비스를 전달하는 방식을 설명해줌으로 복지국가의 성격을 규명하는데 있어 매우 중요한 성격을 띤다. 특히, 민간과 공공으로 크게 이분화되어 있어 복지혼합의 유형을 띠고 있는 사회복지전달체계의 특성상 민간과 공공의 역할을 중심으로 사회복지전달의 방식을 이해하는 것은 복지국가의 성격을 이해하는 가장 중요한 기준이 될 수 있다.

사회복지의 급여의 유형 즉, 혜택의 유형으로 본다면 사회복지는 가장 일반적으로 현금과 현물 그리고 서비스로 제공되는데 현금혜택은 공적부조제도인 전국민기초생활보장제도가 가장 대표적이며 고용보험의 실업급여나 국민연금 등이 모두 이에 해당된다. 서비스인 경우는 국민건강보험제도의 의료서비스와 노인장기요양보험제도의 요양서비스가 대표적이다.

우리나라를 포함하여 복지국가는 대체적으로 현금으로 제공되는 대부분의 사회복지전달체계는 국가중심 즉, 공공서비스제공의 유형을 나타내고 있으며 서비스로 제공되는 대부분의 사회복지전달체계는 공공중심이나 민간중심 또는 공공과 민간이 혼합되어 서비스가 제공되는 대표적인 복지혼합의 영역이다. 따라서 우리나라 사회복지전달체계, 정확하게 얘기하면 사회복지재화(현금과 현물)와 서비스의 전달체계의 성격을 규명하기 위해서는 사회복지서비스전달체계의 성격을 규명하는 것이 중요하다. 즉, 사회복지가 공적부조와 사회보험 그리고 사회복지서비스로 삼원화되어 있고, 공적부조의 현금서비스전달체계는 대체적으로 공공중심임으로 이보다는 사회복지의 중요한 영역을 구성하는 사회보험과 사회복지서비스 전달의 성격이 전체 사회복지전달체계의 성격을 규정하는 중요한 영역이 됨은 의심의 여지가 없다.

본 장은 우리나라 사회복지전달체계의 성격 특히 사회보험과 사회복지서비스 영역에서의 사회복지전달체계성격을 분석하는 것을 목적으로 한다. 공적부조를 포함하여 사회보험과 사회복지서비스의 전달을 설명하는 사회복지전달의 모델은 앞장에서 제시된 공공제공모델, 시장모델, 준시장모델, 혼합시장모델, 비영리제공모델, 참여모델, 신공공서비스모델, 신뢰모델 그리고 공동생산모델 등이 있으며 이들 모델들은 모두 특정 국가의 사회복지전달체계를 설명하는데 있어 중요한 분석 틀을 제공한다. 특히 사회복지서비스전달체계의 성격을 규명하기 위해서는 분석기준이 필요한데 본 연구에서는 선행연구를 토대로 사회복지서비스전달체계의 분석을 위한 기준으로 재정(finance), 제공(provision), 규제(regulation)의 세 요인을 활용하였다. 재정은 국가의 사회복지재정 부담정도를 나타내며, 제공은 서비스전달의 주체가 누구인가에 대한 분석을 그리고 규제는 국가가 서비스의 양과 질을 통제하는 정도를 분석하는 것이다. 또한 민간과 공공의 사회복지서비스전달체계에 있어서 상호간의 관계를 규명하기 위해서 본 연구에서는 앞장에서 선행연구를 통해 새롭게 제시된 대체관계, 협력관계, 보완관계 그리고 적대관계를 중심으로 적용하여 우리나라 사회복지서비스전달체계의 성격을 분석한다. 아래의 그림은 사회복지전달의 성격을 규명하기 위한 분석 틀을 나타낸다.

[그림 6-1] 사회복지전달체계분석의 틀

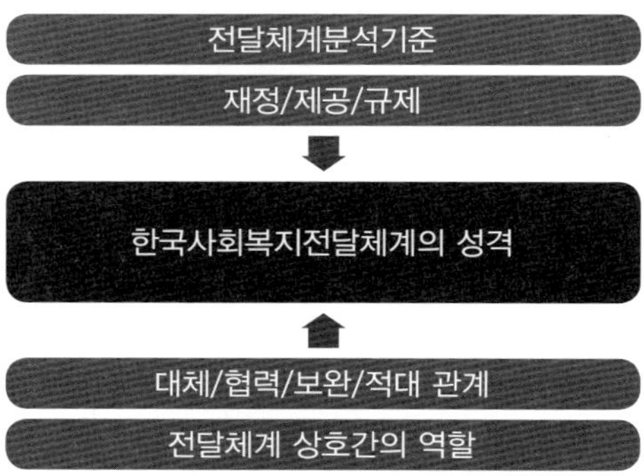

제2절 사회복지전달체계의 논리

1. 공공중심 사회복지전달체계의 논리

공공중심 사회복지전달은 국가가 직접적으로 사회복지서비스를 재정, 제공 그리고 규제하는 경우를 의미하며 이론적 근거는 시장실패이론이라고 할 수 있다. 국가가 사회복지서비스에 있어 재정, 제공, 그리고 규제를 전담하는 것은 자본주의의 시장논리에 의해서 심화 확대되고 있는 전통적인 사회문제인 빈곤과 실업 등 근본적인 자본주의 자체적 모순에 따른 시장 개입의 필요성(1960년대) 그리고 노령화, 가족구조변화, 성역할의 변화, 저출산 등 새로운 사회문제의 등장에 대한 개입의 필요성(1990년대)이 적극적으로 제기되었기 때문이다. 특히, 시장실패이론은 시장이 부정적 외부효과, 정보비대칭, 그리고 수확체증의 법칙 등으로 인해 실패할 수밖에 없음으로 부정적 외부효과를 긍정적 외부효과(즉, 복지외부효과)[31]로 전환시키고 시장에 의해서 왜곡되는 정보비대칭을 시정하며 시장을 선점하고 있는 기업만이 지속적으로 이윤을 창출하는 독점과 과점적 형태를 지양하기 위해서 국가는 시장에 적극적으로 개입할 수밖에 없음을 설명해준다(Le Grand, 2002, 2011).

국가개입의 강화를 야기한 시장실패이론은 사회복지영역에 다음과

---

31 부정적 외부효과는 시장이 낳은 문제(예를 들어 오염 등)를 해결하기 위해 국가가 개입하는 것으로서 시장에 대한 국가개입의 한 요인이다. 긍정적 외부효과는 국가가 직접 사회복지서비스를 제공함으로 서비스제공의 직접적 당사자뿐만 아니라 가족, 지역주민, 지역사회 전체의 만족이 함께 증진되는 효과로서 복지외부효과라고 부르며 시장을 통해서는 얻을 수 없는 긍정적 효과임으로 긍정적 외부효과라고 할 수 있다(보다 자세한 논의는 지은구, 2003. 사회복지경제학연구 제2장을 참고할 것).

같은 영향을 미쳤다. 첫째는 시장이 개인적 이익 그리고 개인주의와 경쟁을 강조하여 시장을 통한 국민들의 보편적 삶의 실현은 불가능함으로 이타주의와 통합을 강조하는 사회적 목적과 사회적 가치를 실현시키는 도구로서 사회복지재화와 서비스의 필요성이 증대하게 되었다는 점이다. 둘째는 시장이 자체적으로 사회복지재화와 서비스를 제공하는 경우, 정보불균형, 외부효과, 수확체증 등을 해결할 수 없음으로 사회복지재화와 서비스를 국가가 직접 제공함으로써 사회복지재화와 서비스에 대한 완전한 정보의 공개를 실현하고, 경제, 사회, 문화적으로 긍정적 외부효과를 창출할 수 있는 사회복지서비스에 보다 많은 재정을 투입할 수 있으며, 투입자본에서 유리한 일부 기업이 사회복지재화와 서비스를 독점 또는 과점할 수 없도록 함으로 이용자들을 선별하는 소비자선별이 일어나지 않도록 할 수 있다는 점이다(지은구, 2012b).

2. 민간중심 사회복지전달체계의 논리

민간중심 사회복지서비스전달체계의 가장 핵심적 논리는 정부실패이론에 근거한다. 1970년대 복지국가 위기론을 주장하였던 대다수 보수주의 학자들은 국가가 직접 공공 및 사회복지서비스를 제공하는 큰 정부 보다 민간조직이 서비스를 제공하는 것이 보다 효율적이고 효과적임을 주장하는 작은 정부론을 강조하였다. 그들이 강조하였던 민영화의 핵심적 근거는 바로 정부실패이론이다. 정부실패이론은 정부관료들이나 선출된 정치인들이 대체적으로 자기이익을 최대화하려고 노력하는 자기중심적 사고에 빠져 있음을 강조한다. 사회복지영역에서 특히 정부실패이론은 먼저, x-비효율성에 의해서 설명되어 질 수 있다(지은구, 2012b).

Leibenstein(1966)에 따르면 정부가 공공 및 사회복지서비스를 독점

함으로서 국민들의 요구에 신속하게 반응할 수 없고 즉각적인 행동을 회피하게 만들어 민간조직에 비해 상대적으로 비효율적일 수밖에 없게 된다. 사회복지영역에서 정부실패이론은 두 번째로 정부가 제공하는 서비스나 재화는 국민들의 개별적 만족을 충족시키지 못하는 보편적 서비스임으로 개인적 다양성과 개별적 욕구를 반영할 수 있도록 사회복지재화와 서비스가 민간조직으로부터 제공되어야 한다고 강조되고 있다(지은구, 2010). 결국, 정부실패이론에 따르면 사회복지서비스의 국가독점제공이 비효율적이고 비효과적임으로 대중이 선택하여 서비스를 제공받을 수 있도록 사회복지서비스영역이 민영화되어야 함을 강조한다.

제3절 사회복지전달체계의 특성

1. 사회복지전달체계 현황

우리나라는 이미 사회복지 전 영역에서 복지혼합이 진행되어져 왔다. 전통적으로 우리나라는 서구 복지국가와 달리 사회보험을 중심으로 하는 복지정책이 2000년대에 들어서서야 기본적인 골격을 갖추었으며 공적부조제도 역시 2000년대 들어서서야 기본적인 뼈대를 갖추게 된다. 특히, 우리나라의 경우 공적부조를 제외한 사회복지서비스의 제공은 국가가 직접 제공하기보다는 민간조직(영리 및 비영리 조직을 포함)이 국가의 재정지원 하에 서비스를 제공하는 민영화중심의 서비스전달체계라는 성격을 내포하고 있다. 즉, 재정은 국가가 제공하며 서비스제공은 민간조직이 그리고 국가는 민간조직에 대해 관리 및 감독을 강화하는 평가시스템을 통해 규제를 한다. 우리나라의 사회복지서비스전달에 있어 복지혼합의 정도를 간략하게 설명하면 다음과 같다.

2016년(3월 기준)을 기준으로 민간비영리조직(사회복지법인, 비영리법인, 학교법인 등)은 전국의 종합사회복지관(455개 기관)의 90% 이상을 운영하고 있으며 국가직접주도의 종합사회복지관(지자체가 직접 운영하는 기관)은 약 6%(28개 기관)정도에 머물러 있다(한국사회복지관협회, 2016).

[표 6-1] 전국종합사회복지관 공급유형구분

구분	개수
사회복지법인	329
재단법인	57
학교법인	24
사단법인	12
의료법인	1
군직영	**16**
시직영	**11**
구직영	**1**
시설관리공단*	3
기타(공사, 공단)**	1
총계	455

* 시설관리공단은 울주군시설관리공단을 나타낸다.
** 기타는 부산광역시 기장군도시관리공단을 나타낸다.
* 자료: 2016년 3월 전국사회복지관 현황, 한국사회복지관협회(2016).

노인복지증진이라는 목적을 성취하기 위해 노인복지서비스를 제공하는 노인종합복지관이나 장애인복지의 향상을 목적으로 장애인복지서비스를 제공하는 장애인종합복지관 역시 공공과 민간의 혼합 그리고 민간이 중심이 되어 서비스를 제공하는 전달체계임은 종합사회복지관과 크게 다르지 않다. 장애인종합복지관의 경우 총 220개의 기관 중 국공립 기관은 불과 6개(공단 포함하면 8개)에 불과하고 나머지는 모두 비영리법인이 운영하고 있다.

[표 6-2] 전국 장애인종합사회복지관 유형구분(2016. 03. 기준)

구분	개수
사회복지법인	120
재단법인	30
학교법인	5
사단법인	56
의료법인	1
시직영	**2**
군직영	**3**
구직영	**1**
시설관리공단*	2
총계	220

* 시설관리공단은 김해시시설관리공단, 울주군시설관리공단을 나타낸다.
* 자료: 한국장애인복지관협회, http://www.hinet.or.kr/

대표적인 인간봉사영역인 의료서비스영역의 경우 2015년 기준으로 총 3,205개의 전국의 병원 중 국·공립 병원은 단지 75개에 불과하며 의료법인을 포함한 비영리법인이 운영하는 병원은 1,404개(약 43%) 그리고 개인이 운영하는 병원이 1,706개(약 53%)로 국가가 직접 서비스를 제공하는 국공립병원보다는 비영리법인과 영리개인을 포함한 민간 병원의 수가 절대적으로 많다. 이러한 자료는 우리나라 사회복지전달체계 중 의료서비스전달체계의 성격은 민간중심, 특히 비영리와 영리가 혼합된 혼합구조로 발전하고 있음을 알 수 있다.

[표 6-3] 전국 병원 공급유형구분

설립구분	종합병원	병원	요양병원	군병원	합계
국립	1	10	0	–	11
공립	20	16	28	–	64
법인	249	437	721	–	1,404
학교법인	65	12	6	–	83
특수법인	30	14	67		111
종교법인	0	0	0		0
사회복지법인	2	20	23		45
사단법인	0	11	11		14
재단법인	22	22	22		69
회사법인	0	0	0		2
의료법인	130	358	592		1,080
개인	66	1,017	623	–	1,706
군병원	–	–	–	20	20
합계	336	1,480	1,372	20	3,205

* 출처: 국가통계포털. (2015). http://kosis.kr.

보육서비스영역도 국가와 비영리 그리고 영리조직이 모두 서비스를 제공하고 있는 복지혼합의 대표적인 영역이다. 보건복지부(2014)의 보육통계를 살펴보면 국공립이나 비영리법인이 운영하는 보육시설을 제외한 영리보육시설[32]이 전체 보육시설의 약 89%를 차지하고 있는 실정이다. 즉, 2014년을 기준으로 전체 시설 수 약 43,742개 중에 국공립보육시설은 5.7%(2,499개소)이고 민간(영리조직)이 38,981개를 차지하고 있으며 사회복지법인을 포함한 비영리법인 보육시설이 1,468개로 5.1%를 차지하고 있다. 복지부가 관할하는 보육시설(어린이집)의 통계를 보더라도 이미 보육영역의 복지혼합현상은 고착화됨을 지나 민간시장의 확대가 지속적으로 발생하고 있다고 할 수 있다. 연도별 현황의 특징은 사회복지법인과 같은 비영리법인이 운영하는 어린이집의 수가 지속적으로 감소하고 있다는 점과 국공립어린이집의 수가 소폭 증가하고 있다는 점 그리고 영리를 목적으로 하는 어린이집의 수가 지속적으로 상승하고 있다는 점이다. 민간어린이집의 증가는 곧 영리실현추구라는 가치와 영유아 돌봄의 사회적 책임을 강조하는 사회적 가치의 출동을 의미하는 것이기도 하며 영리기관들에 대한 정부규제의 어려움과 비영리법인들이 민간영리시설과의 경쟁에서 어려움을 겪고 있음을 의미하는 것이라고 할 수 있다.

[표 6-4] 어린이집 연도별 설치 · 운영 현황

(단위 : 개소)

구 분	계	국 · 공립 어린이집	사회 복지법인 어린이집	법인 · 단체 등 어린이집	민간 어린이집	가정 어린이집	부모 협동 어린이집	직장 어린이집
2014	43,742	2,489	1,420	852	14,822	23,318	149	692
2013	43,770	2,332	1,439	868	14,751	23,632	129	619

32 여기서 보육시설은 복지부가 관할하는 어린이집을 의미함.

2012	42,527	2,203	1,444	869	14,440	22,935	113	523
2011	39,842	2,116	1,462	870	14,134	20,722	89	449
2010	38,021	2,034	1,468	888	13,789	19,367	74	401
2005	28,367	1,473	1,495	979	12,769	11,346	42	263
2000	19,276	1,295	2,010	324	8,970	6,473	미분류	204
1995	9,085	1,029	928	22	3,175	3,844	미분류	87

* 자료: 복지부(2014). 보육통계.

또한 2015년 노인복지시설현황을 분석해보면, 노인복지영역에서 2015년을 기준으로 노인복지서비스를 제공하는 시설의 공급유형 역시 영리와 비영리 그리고 소수의 국공립기관으로 나누어져서 서비스를 전달하는 복지혼합의 전달체계를 유지하고 있다. 구체적으로 보면, 노인양로시설, 공동생활가정 그리고 노인복지주택 등 노인주거복지시설은 지자체가 직접 운영하는 곳은 한군데도 없으며 총 443개의 주거복지시설 중 영리기관이 305개(69%) 그리고 138개소(31%)가 비영리조직이 운영하는 것으로 나타났다. 노인의료복지시설에 포함되는 노인요양시설은 노인장기요양보험의 개시와 함께 최근 그 수가 지속적으로 증대하고 있는 대표적인 시설로서 지자체가 직접운영하는 곳은 2군데에 그치고 영리기관이 3,387개 그리고 비영리법인이 운영하는 시설이 1,452개 인 것으로 나타났다. 아래의 표는 노인보호시설의 서비스공급유형을 분류한 것으로서 표에 따르면 우리나라 노인복지서비스시설은 영리시설이 가장 많은 부분을 운영하고 있어 노인복지영역은 대표적인 상업화가 일어나고 있는 영역이라고 할 수 있다. 특히 재가장기요양기관의 방문요양서비스기관의 경우는 영리기관의 시장진입이 허용된 이래로 급속하게 시장화가 일어난 영역으로 전체 8,029개의 기관 중 영리기관이 7,298개 그리고 비영리기관이 677개 그리고 국공립기관이 5개로 영리기관이 전제 기관의 91%를 차지하고 있다.

[표 6-5] 노인복지서비스공급유형구분

(단위: 개소)

시설		계	운영주체			
			영리	비영리	지자체	기타
노인주거복지 시설	양로시설	272	162	110	0	0
	공동생활가정	142	122	20	0	0
	노인복지주택	29	21	8	0	0
노인의료복지 시설	노인요양시설	2,707	1,492	1,213	2	0
	노인요양 공동생활가정	2,134	1,895	239	0	0
	노인전문병원	0	0	0	0	0
노인여가복지 시설	노인복지관	344	0	305	37	2
	경로당	63,960	0	0	63,960	0
	노인교실	1,361	0	0	1,361	0
	노인휴양소	0	0	0	0	0
재가노인복지 시설	방문요양서비스	992	307	682	0	3
	주 · 야간보호서비스	913	177	732	0	4
	단기보호서비스	96	52	43	0	1
	방문목욕서비스	588	249	337	0	2
	재가지원서비스	208	7	201	0	0
노인보호전문기관		28	0	28	0	0

재가장기요양 기관	방문요양	8,029	7,298	677	5	49
	방문목욕	6,845	6,169	632	5	39
	방문간호	585	476	98	6	5
	주 · 야간보호	777	640	123	5	9
	단기보호	220	197	20	1	2
	복지용구	1,599	1,504	92	0	3
		91,829*	20,768	5,560	65,382	119

* 자료: 2015년 노인복지시설 현황, 보건복지부
* 경로당을 제외하면 총 노인복지서비스제공기관의 수는 27,869개임
* 개인, 법인 구분이 명확하지 않은 경우를 기타로 함.

장애인, 노인, 여성 그리고 아동 등을 대상으로 서비스가 제공되는 사회서비스영역을 살펴보면, 정부는 2007년 이후 이용자들의 선택권을 강화한다는 명목으로 시장화의 도구인 전자바우처를 도입하여 지역사회서비스사업을 시작하면서 사회서비스영역은 대표적인 시장중심의 복지혼합영역으로 자리잡아가고 있다. 사회서비스사업은 정부가 경쟁과 선택이라는 시장의 가치를 전면에 내세운 대표적인 영역으로 정부는 사회서비스영역에서 서비스를 직접 제공하는 것이 아니라 이용자들에게 재정을 지원하는 바우처와 같은 이용자재정지불방식을 도입하였다. 2007년 이후 영리기관의 시장 진입이 급격하게 늘어나 2010년을 기준으로 영리기관의 수는 40%를 상회하고 있는 것으로 나타났다. 이러한 현황은 사회서비스사업 상업화의 특성상 지속적으로 유지 확대될 것으로 생각된다. 아래의 표는 지역사회서비스투자사업의 참여기관 현황을 나타내고 있다.

[표 6-6] 지역사회서비스투자사업의 참여기관 현황

	영리기업	비영리기업	국가 및 지자체	합계
규모	1,144개	1,599개	0	2,743개
비중	41.7%	58.3%	0%	

* 자료: 복지부(2012). 지역사회서비스투자사업안내

2. 사회복지전달체계 현황과 문제점

위에서 제시된 자료들은 우리나라의 경우 사회복지영역에서의 비영리 중심 민영화, 나아가 특정 영역의 경우 영리중심 상업화가 보편적인 현상임을 나타내준다. 즉, 아동보육의 경우와 노인영역의 경우는 민영화를 넘어 특히, 상업화가 이미 상당 부분 진척되어 있음을 알 수 있다. 사회복지서비스제공의 상업화로 나타날 수 있는 문제점들은 이용자와 제공기관 간의 정보비대칭, 수확체증의 법칙에 따른 특정 조직으로의 서비스의 집중화, 이윤창출로 인한 제공기관의 서비스 질 저하와 이용자선별 등이 있을 수 있다. 사회복지전달의 상업화로 인해 돌출되고 있는 문제점들을 간략하게 살펴보면 아래와 같다.

보건복지부가 지난 2008년 8월부터 11월까지 1차 노인장기요양기관을 현장 조사한 결과를 보면 제공기관간의 이용자확보를 위한 경쟁심화와 이용자선별 등과 같은 불법 탈법이 그대로 나타나는 심각한 양상을 나타내고 있다. 복지부의 보도자료에 따르면 보험급여비를 부당청구하거나 인력기준을 위반하고, 시간과 노력비용이 큰 치매환자를

거부하는 등[33]의 이용자선별현상이 나타나고 있고 서비스를 원하는 노인을 유인 알선하는 부당행위를 하거나 다른 기관의 노인을 빼가는 행위가 만연하고 있는 것으로 나타나 노인장기요양보험의 상업화에 따른 제공기관의 도덕적 해이가 도를 넘고 있는 것이 아닌가 하는 우려를 낳고 있다(지은구, 2009). 이러한 문제점은 2011년 현장조사에서도 줄어들지 않고 심화되고 있음을 알 수 있다. 특히 2010년 11월 현지조사 대상 465개 기관 중 345개 기관이 약 580억 이상의 비용을 부당청구 한 것[34]으로 나타났는데 이러한 부당청구는 서비스제공 자격이 없는 무자격자로 하여금 서비스를 제공하여 서비스비용을 부당청구하는 것으로 제공기관에게는 이익을 가져다주지만 필연적으로 국민의 부담증가와 사회복지서비스의 질 저하를 가져다준다. 노인장기요양기관의 서비스부당청구는 수가 가·감산 위반, 산정기준 위반, 허위청구, 자격기준 위반청구, 기타 부당청구 등 다양한 유형으로 일어나고 있다(감사연구원, 2012). 아래의 표는 부당청구의 유형을 나타낸 것이다.

[표 6-7] 노인장기요양보험 부당청구 유형

유형	주요 사례
수가 가 · 감산 위반 (15%)	· 입소시설 근무인력을 허위로 신고한 후 감산하지 않고 청구 · 정원을 초과하여 운영하고 감산하지 않고 청구 · 전문인 배상책임보험을 가입하지 않고 가입한 것으로 청구 · 인력을 추가배치하지 않고 인력추가 가산 청구

33 환자 선별의 원인은 수가체계에 있다고 할 수 있다. 즉, 현행 수가체계는 일당 또는 시간당정액제로 되어 있어 기관의 입장에서 단위시간당 더 많은 노력이 들어가는 환자를 받을 만한 이유가 없기 때문이다(정완교, 진양수, 2008).

34 복지부 보도자료, 2011년 12월 28일.

산정기준 위반 (50%)	· 1일 4시간 이상 연속급여 제공하고 1일 2회 분리청구 · 방문목욕 1인이 제공하고 2인이 제공한 것으로 청구 · 욕조를 이용한 전신입욕을 제공하지 않고 전신입욕 수가 청구
허위 청구 (19%)	· 서비스를 제공하지 않고 제공한 것으로 청구
자격기준 위반 청구 (12%)	· 무자격자 또는 미등록자가 서비스를 제공하고 청구
기타 부당청구 (4%)	· 미 지정 장소에 수급자를 입소시키고 청구

* 자료: 국민건강보험공단 내부자료: 감사연구원(2012) p. 60에서 재인용

위와 같은 제공기관의 이윤창출을 향한 도덕적 불감증은 결국 국가의 재정지출을 증가시키는 요인으로 작동한다. 아래의 표는 부당청구 적발로 인한 환수건수와 금액을 나타내주고 있는데 지난 3년 동안 공개된 환수금액만 100억원에 이르는 것으로 나타났다.

[표 6-8] 급여 사후 환수 사유별 현황

(단위: 건, 백만 원)

연도	환수사유	기관 수	결정건수	결정금액	환수금액
2008-2011년 11월 까지 합계	계	37,115	86,556	11,534	10,901
	의료기관 입원 중 장기요양급여비용 청구	10,745	22,838	2,820	2,738
	기관 자진신고	3,843	8,819	2,034	1,930
	요양요원 건강보험 입원기간 중 서비스	2,784	6,516	944	841
	동일 요양보호사 동일 시간 중복 청구	2,994	11,409	802	652
	종사자 급여정지기간 중 서비스 제공	3,476	8,256	772	700
	이용지원 현지 확인	905	1,920	758	753
	무자격 요양보호사 청구	1,604	3,481	640	602
	바우처 중복 서비스 청구	1,943	6,025	440	436
	중복 청구	3,243	6,788	420	413
	기타	5,578	10,504	1,904	1,836

* 자료: 국민건강보험공단 내부자료: 감사연구원(2012) p. 60에서 재인용

또한 2012년 5월 감사원의 '보육료지원시책 추진실태보고서'와 복지부의 '민간어린이집 합동점검 중간발표'를 보면 보육시간조작, 어린이집 보조금 및 특별활동비의 편취 등 민간어린이집의 운영비리가 심각한 수준으로 나타났으며 또한 어린이집에 대한 정확한 정보가 제공되지 않음으로 인한 정보불균형 등이 나타나고 있었다. 어린이집의 운영비리는 보육교사 허위등록을 통한 보육료 부정수급, 운영비 사적이용,

통학차량 미신고, 급식, 건강, 위생 미흡 그리고 허위결재를 통한 보조금부정수급과 불법리베이트 등 이었다(감사원, 2012; 복지부 보도자료, 2012). 이러한 문제점들은 결국, 사회복지서비스전달에 있어 상업화에 따른 경쟁과 선택이라는 시장의 원리와 이윤추구의 가치가 적용되어 나타나는 현상이라고 할 수 있다.

제4절 한국사회복지전달체계의 성격

1. 사회복지전달체계: 재정

최근 우리나라 사회복지서비스전달체계 있어 재정적 측면에서의 특징은 정부가 민간조직에게 재정을 제공하고 서비스 제공을 책임지도록 하는 제공자중심모델(비영리제공모델)에서 이용자들에게 직접 재정을 지원하여 선택권을 강화하도록 하고 시장을 창출할 수 있도록 하는 수요자중심모델로의 전환이라고 할 수 있다. 이는 우리나라의 사회복지전달에 있어 재정이 비영리제공모델에서 시장모델 특히 혼합시장모델로 급격하게 전환되고 있음을 설명해 준다. 혼합시장모델의 재정적 특징은 사회복지의 재정이 국가로부터도 오지만 개인으로부터도 온다는 점이다. 즉, 순수시장모델에서 사회복지의 재정은 전적으로 개인의 부담이고 준시장모델(유사시장모델)에서는 재정이 전적으로 국가의 책임이지만 혼합시장모델은 재정이 국가책임과 개인책임이 섞여 있다는 것이 특징이다. 물론 국가가 사회복지재정을 완전히 책임지는 순수 공공제공모델도 존재하지만 이는 일부에 국한된다. 즉. 공공제공모델은 이용자의 비용부담 없이 국가가 전적으로 사회복지재정을 책임지는 것으로서 우리나라의 경우는 사회복지서비스를 제외한 공공부조제도 즉, 기초생활보장제도나 의료보호제도(1종 보호자) 등이 대표적인 공공제공모델 사회복지전달의 예이다. 또한 이용자부담이 없는 사회보험의 산재보험이나 고용보험도 큰 테두리에서 보면 공공제공모델 영역에 포함된다.

하지만 2000년대 초반까지 재정적 측면에서 보면 사회복지서비스의 거의 전 영역에서는 정부를 대신하여 민간비영리조직이 재정지원을 받아 서비스를 제공하는 제공자재정지원모델 즉, 비영리제공모델이 핵심이었고, 2000년대 중반이후 국가의 사회복지재정지원은 특히 돌봄영역을 중심으로 수요자중심모델(혼합시장모델)로 급격히 변화하고 있다. 수요자중심모델로의 전환에 있어 가장 결정적인 역할을 담당한 것은 영리기관의 시장진입을 허용한 사회보험영역의 노인장기요양보험과 사회복지서비스영역의 노인돌보미사업 등 4대 사회서비스전자바우처사업이었다. 이 두 영역에서 이용자들은 이용기관과 서비스를 선택할 수 있어 이용자선택권의 강화가 부분적으로 이루어지고 있다고 볼 수 있지만 또 다른 한편으로는 정부지원액 이외에 본인부담금과 추가부담금의 사용으로 이용자구매능력이 질 좋은 서비스를 이용하는 기준으로 작동하여 이용자선별이 발생하고 있는 것으로 나타나고 있다.

노인장기요양보험은 장기요양보험료, 국가, 그리고 본인부담금 등 3자 부담원칙이 적용된다. 건강보험료율의 4.78%에 해당하는 보험료를 건강보험가입자가 부담하고 국가는 보험료 예상수입의 20%를 부담하며 본인부담금은 시설이용자인 경우 서비스수가의 20% 그리고 재가시설이용자의 경우는 15%를 부담하도록 되어 있다. 시설이용의 경우, 식사 역시 본인부담금에 포함되어 있다. 일반적으로 시설이용자인 경우 2012년을 기준으로 이용자 1인당 시설이용비와 식비로 한 달에 약

400,000원 이상의 경제적 부담이 발생한다.

지역사회서비스사업 역시 소득기준에 따라 본인부담금이 책정되어 있고 본인이 원하는 경우에는 추가서비스를 제공받을 수 있어 구매능력에 따른 추가부담이 발생할 수 있도록 되어 있다. 정부는 2007년 사회서비스사업을 처음 시작하면서 본인부담금의 기준을 서비스가격의 20% 이상으로 설정하였다가 2009년에는 서비스가격의 20% 내외로 하되 차상위(최저생계비 120% 이내)계층과 취약계층 등에게는 10% 미만 설정가능으로 재설정하였다[35]. 노인장기요양보험의 경우, 감사연구원(2012)의 조사에 따르면 입소시설 이용자의 51% 그리고 재가시설이용자의 43.5%가 "본인부담금이 부담스럽다"고 대답하였다. 대표적인 사회보험인 국민건강보험 역시 보장성이 2013년을 기준으로 62%[36] 대로서 본임부담의 비율이 높으며 선택 진료 등에서 본인부담금이 추가로 발생하는 대표적인 영역이다(이재훈, 2015).

결국, 우리나라의 사회복지전달체계의 특징은 위에서 제시된 사회복지조직의 공급유형과 재정적 측면에서 본인부담의 실제 등을 보았을 때, 정부가 직접 서비스를 국민들에게 재정부담 없이 공급하는 공공제공모델이 사회복지전달을 주도하는 것이 아니라 사회복지전반에 물적토대를 갖추게 되는 1980년대 중반 이후부터 주로 계약관계에 의한 비영리중심모델이 사회복지전달의 주된 흐름이었고 2000년 이후부터는 상업화가 도입되어 확산되면서 사회복지영역에 경쟁과 선택이 강조되는 시장모델이 도입되었다는 것이다. 특히, 준시장모델과는 달리 우리나라의 사회복지전달은 정부가 복지재정을 완전히 책임지는 것이 아니

---

35 현재 사회서비스사업인 노인돌보미사업, 장애인활동보조사업, 지역자율형 사회서비스투자사업 등은 모두 소득에 따라 본인부담금이 다르게 책정되어 있다.

36 예를 들어 의료비가 100원이면 환자가 38원을 부담하여야 한다.

고 일부를 본인이 부담하게 하는 혼합된 유형의 전달모델 즉, 혼합시장모델의 특성을 띠고 있다는 점이다.

혼합시장모델은 사회서비스시장과 노인장기요양시장의 특성을 설명해주며, 계약에 의해서 서비스가 제공되는 대부분의 종합사회복지관(장애인, 노인, 지역사회복지관 등)사업과 각종 사회복지사업 등은 비영리제공모델의 특성을 반영한다. 재정적 측면에서 혼합시장모델과 비영리제공모델은 다소간 비용부담의 구조가 다르다고 할 수 있다. 본인의 경제적 부담이 서비스선택에 일부 영향을 주는 혼합시장모델과 사회복지전달에 있어 비영리제공모델의 국가 복지재정의 분담구조의 실례를 보면 아래의 표와 같다. 장애인복지관사업은 대표적으로 비영리조직과 계약을 통해 서비스가 제공되는 비영리제공모델의 사업이며 장애인활동지원사업은 정부가 재정을 부담하지만 일부 본인부담금제도를 채택하여 사회서비스가 제공되는 대표적인 혼합시장모델의 핵심 사업이다.

[표 6-9] OO장애인복지관 2014년 예산의 실제

(단위: 천원)

항목	예산	비중
보조금(시비보조금)	693,655	58%
후원금	44,000	4%
전입금	95,000	8%
사업수익	357,907	30%
총 세입	832,655	100%

장애인복지관사업은 2005년 복지재정분권으로 지방으로 이양된 대표적인 사회복지사업으로 국고보조금사업에서 지자체사업으로 사업

주체가 바뀌면서 분권교부세(지금은 지방교부세)[37]에 의해서 재정지원을 받는 사업이다. 위의 표를 보면 OO장애인복지관의 경우 시비보조금이 약 58%를 차지하고 있지만 각종 프로그램을 진행하면서 프로그램이용자들로부터 이용료를 받아 사업수익이 3억5천만원(전체 세입의 30%) 정도를 차지하고 있고 자체 재원으로 법인전입급등이 유입되어 비영리제공모델이지만 일부 프로그램이 자체적인 재원조달방식에 의해서 유지됨을 알 수 있는데 이는 대부분의 사회복지관들(지역사회복지관, 노인복지관, 장애인복지관 등)에게 나타나는 공통적인 현상이다. 사회복지분야에서 혼합시장모델로 재정이 지원이 지원되는 장애인활동지원제도의 실제 예산을 들여다보면 아래와 같다.

[표 6-10] OO장애인활동지원사업 2014년 예산의 실제

(단위: 천원)

항목	예산	비중
사업수입(바우처수입+본인부담금수입)	1,428,248	96.6%
이월금	47,762	3.2%
잡수입	1,058	0.2%
총 세입	1,476,010	99.8%

장애인활동지원사업의 경우 대표적인 바우처사업으로 이용자들은 자신의 바우처카드에 생성된 액수와 본인부담금을 가지고 제공기관을 선택하여 서비스를 제공받는 혼합시장모델로 사회복지서비스가 제공되

37 2014년 '지방교부세법' 개정안 통과되면서 2015년부터 지방이양사업에 대한 재정보전의 일환으로 일시적으로 운영되던 분권교부세는 폐지되고 지방교부세로 통합되었다. 분권교부세는 내국세의 0.94%로, 2014년 기준 1조 7천여억 원 규모였다.

고 있는 사업이다. 위의 경우에서 보는 바와 같이 사업수입(바우처수입과 본인부담금수입)이 전체 예산의 약 97%를 차지하고 있음을 알 수 있다. 하지만 우리나라의 경우 사회서비스사업은 대표적인 혼합시장모델이지만 정부의 재정부담이 높고 이용자본인의 본인부담금은 상대적으로 낮게 책정되어 있다는 점이 특징이라고 할 수 있다. 이는 사회서비스사업의 경우 대부분 최저생계비 이하의 국민들에게는 무료로 서비스가 제공되고 소득에 따라 본인부담금이 차등 지원되는데 예를 들어 2012년을 기준으로 장애인활동지원사업의 경우 차상위계층의 본인부담금은 월 2만원이며 노인돌보미 종합서비스의 경우 차상위계층의 본인부담금은 월 4만8천원이다.

앞에서 살펴본 바와 같이 의료서비스와 최근에 시행되고 있는 노인장기요양서비스 그리고 사회서비스 전자바우처사업 등은 모두 본인부담금과 추가부담금 등이 책정되어 있어 완전한 공공제공모델이라기 보다는 혼합시장모델의 성격이 있으며 국고보조금이나 교부세에 의해 재정지원되는 사업들은 대부분 비영리조직에게 제공되는 보조금임으로 비영리제공모델이 사회복지재정의 특징이라고 할 수 있다. 예를 들어 2005년 지방이양사업의 사회복지이양사업 총 67개 사업은 대부분 비영리조직의 시설(예를 들어 종합사회복지관, 노인복지관, 장애인복지관, 사회복귀시설, 아동시설 등) 운영보조금사업(약 35개, 기능보강사업까지 합하면 약 38개)과 사업비보조 사업(예를 들어 저소득재가노인식사배달사업, 여성장애인가사도우미사업 등)으로 비영리조직에 대한 보조금사업으로 구성되어 있다.

결국, 우리나라 사회복지전달의 재정적 성격의 특성은 바로 국가가 직접 재정을 책임지는 공공제공모델과 비영리조직에 재정을 지원하여 사회복지전달을 책임지는 비영리중심모델 그리고 사회복지전달에 대한 재정의 일부를 개인이 책임지는 혼합시장모델이 섞여 있는 복지혼합모형이라고 할 수 있다. 우리나라 사회복지전달체계의 재정적 측면의 성격을 그림으로 나타내면 아래와 같다.

[그림 6-2] 사회복지재정의 복지혼합모형

결론적으로 한국사회복지전달에 있어 재정은 첫째, 정부가 민간비영리조직과의 계약을 통해 서비스제공에 따른 자금을 보전하지만 대부분의 기관들은 자체적인 기금을 통해 사업 및 운영비 일부를 지출하고 있는 비영리제공모델의 측면과 둘째, 공적부조제도와 같이 정부가 직접 사회복지혜택(benefits)을 제공하는 경우는 전액 국고로 사업 및 운영비를 지출함으로 순수공공제공모델의 측면을 가지고 있으며 셋째, 좁게는 의료보험과 넓게 보면 노인장기요양보험 그리고 사회서비스사업과 같이 이용자들의 선택권확대라는 측면이 강조되면서 사회복지영역에 시장을 도입하여 시장을 통해 서비스가 제공되는 경우 이용자들의 부담으로 본인부담금 및 추가서비스비용을 지출할 수 있어 전액 국고재정이 투입되지 않음으로 완전시장모델이 아닌 혼합시장모델의 성격을 동시에 나타내주고 있어 우리나라 사회복지전달체계의 재정적 성격은 대표적인 복지혼합모형이라고 할 수 있다.

2. 사회복지전달체계: 제공

사회복지전달의 제공측면에서 보면, 우리나라는 비공식부분인 가족을 제외하고 1980년대 이후 민간비영리중심의 자발적 부분이 발전하였으며 2000년대 들어 영리기업의 사회복지영역으로의 진입이 증대되어 국가가 제공하는 서비스를 민간이 함께 제공하는 또는 시장을 통해서 서비스가 제공되는 복지혼합의 시대로 접어들었다고 할 수 있다. 따라서 복지서비스의 생산과 공급을 국가가 책임지는 정부부분 그리고 민간비영리중심의 자발적 부분 그리고 노인장기요양서비스와 사회서비스가 본격적으로 제공되기 시작한 2007년 이후 영리기관이 복지시장에 개입하는 것을 인정하는 시장부분이 혼합되는 복지혼합의 시대로 발전하게 되었다.

대표적인 민영화[38]모델로서 정부가 전액 재정지원하고 이용자들이 제공기관들을 선택함으로 경쟁을 유발하여 효율적이고 효과적인 서비스 제공이 가능하도록 하여, 이용자들의 선택권향상을 통한 형평성강화를 목적으로 하는 준시장모델은 우리나라의 경우는 발달되지 않았다. 우리나라의 경우는 준시장모델보다는 이용자의 경제적 부담능력이 선택에 영향을 미치는 혼합시장모델이 보다 발전하였는데 이는 노인장기요양보험제도에서 영리조직의 시장진입을 허용하였고 사회서비스사업에서 지불수단으로 바우처를 채택하여 2007년 이후에 본격적으로 사회복지서비스 시장화(즉, 상업화)가 탄생되기 시작하였기 때문이다. 예를 들어 노인장기요양보험과 사회서비스투자사업에서 시장의 가치인 이윤창출과 경쟁과 선택권을 강화하여 민간기업의 시장진입허용과 전

38 본 저서에서 민영화와 상업화는 구분하여 사용한다. 민영화는 비영리중심 민영화와 영리중심민영화가 둘 다 포함되어 있는 개념이며 상업화는 영리중심 민영화 즉, 시장화를 의미한다.

자바우처를 도구로 하는 이용자재정지원모델을 채택하였지만 사회복지서비스 제공에 있어 국가가 모든 이용자들에게 비용을 100% 지원하는 경우는 존재하지 않으며 본인부담금이 존재하고 있고 특정 서비스에 대해서는 추가부담금이 있으며 또한 특정 영역에서는 민간비영리조직의 수가 제한적이어서 경쟁이 발생하지 않고 있고, 시장실패의 요인인 정보비대칭, 이용자선별, 수확체증의 법칙에 따른 서비스집중화 등이 이용자들의 서비스 선택권 및 경쟁효과를 제한하여 선택과 경쟁의 가치를 통해 국민들의 형평성을 강화하는 사회복지준시장화는 실현되고 있다고 보기에는 한계가 있기 때문이다.

앞의 표에서 제시된 바와 같이 전국 대부분의 사회복지관(노인, 장애인, 지역사회복지관)은 정부와의 계약을 통해 서비스를 제공하는 비영리 중심의 제공이 대다수를 차지하고 있어 사회복지전달에 있어 비영리중심의 사회복지전달이 핵심이다. 의료서비스를 제공하는 전국 병원의 공급유형을 살펴보아도 대부분 비영리법인과 민간병원으로 두 공급기관이 합하여 96%의 의료서비스 제공을 책임지고 있어 의료보험의 사회복지전달은 혼합시장모형을 구축하고 있다. 보육서비스의 경우도 국공립보육시설과 법인보육시설을 합하여도 전체 보육서비스 제공의 11%를 넘지 못하고 나머지 시설은 대부분 민간영리보육시설을 통해 서비스가 제공되어 보육서비스 역시 혼합시장모형으로 구성되어있다고 볼 수 있다. 또한 노인복지서비스의 경우도 민간영리기관이 서비스를 제공하는 경로당을 제외하고 전체 노인복지서비스제공기관의 약 72%를 차지하며 약 26.6%의 제공기관이 비영리기관임으로 노인복지비스의 제공 역시 혼합시장모형과 비영리중심모형이 대부분의 사회복지제공을 책임지고 있다고 볼 수 있다. 또한 시장을 적극적으로 활용하는 사회서비스사업의 경우 국가는 사회서비스를 제공하지 않고 재정만을 지원하며 앞의 표에서 나타난 것과 같이 영리와 비영리가 4:6의 비율로 사회서비스제공을 책임지고 있다.

결국, 사회복지 제공에 있어 우리나라 사회복지전달의 성격은 국가가 사회복지제공을 전적으로 책임지는 공공제공모델이 일부 존재하지만 민간비영리조직이 국가의 대리인으로 서비스를 대신 제공하는 비영리중심모델과 이용자들에게 재정일부를 지원하고 이용자들은 시장을 통해 본인의 경제적 부담능력을 활용하여 서비스를 구매하는 것을 유도하는 혼합시장모델이 대표적인 사회복지제공의 성격이라고 할 수 있다. 특히 비영리제공모델에서 국가는 조직 간의 신뢰나 참여를 강조하기보다 대리인에 대한 통제와 감독강화를 통해 비영리조직의 결과와 재정적 책임성을 강화하는 조직관리기법을 활용하고 있고 혼합시장모델을 통해서 선택과 경쟁을 강조함으로써 현 한국사회복지전달의 제공적 측면에서의 핵심주제어는 협력과 신뢰를 바탕으로 하는 집단 간 상호행동이 아닌 경쟁과 선택을 통한 조직이기주의로 급격하게 기울어져 가고 있다. 아래의 그림은 사회복지제공에 있어 혼합모형의 내용을 나타낸다.

[그림 6-3] 사회복지제공의 복지혼합모형

3. 사회복지전달체계: 규제

사회복지전달에 있어 규제는 사회복지전달모형에 따라 다르게 나타난다. 따라서 비영리제공모델과 혼합시장모델이 중심인 우리나라의 경우 각각의 모델에 따른 정부적 차원에서의 규제는 상이하게 나타나게 된다. 비영리제공모델을 통해 대부분의 사회복지서비스가 정부와의 계약을 통해서 제공되는 경우 정부는 더 낮은 비용으로 더 좋은 서비스가 제공되도록 하기 위한 관리방안을 모색하게 된다. 따라서 정부의 규제와 관리를 위한 방안은 비영리조직을 통제하고 감시하고 보상하는 내용을 포함하는 계약관리(contract management)의 질(quality)에 의존하는 것으로 요약될 수 있다(Van Slyke, 2007). 이를 위해 정부는 종합사회복지관을 포함하여 민간비영리조직이 참여하는 사회복지사업의 전 부분으로 통제와 보상을 강조하는 정기적인 사회복지시설 및 사업에 대한 평가 사업을 확대 시행하여 관리 및 감독을 강화하고 있다[39]. 특히, 계약관계에 있는 비영리조직에게 사업의 관리 및 통제에 대한 우선권을 제공하기보다 국가가 직접 시설 평가 및 감사를 통해 재정 및 운영 전반에 대한 평가를 시행하고 지자체 사업으로 이양된 사회복지시설운영 역시 지자체가 통제권을 유지하면서 재위탁 여부를 결정하고 있어 정부가 운영 전반에 대한 통제와 감시 및 감독권한을 가지고 있음으로 사회복지전달과 관련된 규제의 주체는 정부가 된다.

혼합시장모델에 대한 정부의 규제는 크게 시장에 대한 규제와 서비

39 1999년 지역종합사회복지관에 대한 평가가 시행된 이후 사회복지사업제공의 주체인 비영리조직에 대한 평가는 노인복지관, 장애인복지관, 시니어센터, 지역자활센터 등으로 전 사업장 확대되었으며 사업적 측면에서의 평가는 노인일자리사업 등 각종 사회복지사업 전체영역으로 확대되고 있다.

스내용 및 질에 대한 규제가 핵심적인 내용이다. 이를 위해 정부는 최근 민간조직의 사회서비스시장진입에 대한 장벽을 강화하고 있으며 최소품질을 보장하는 서비스품질기준안이나 어린이집 등과 같은 보육시설에 대한 평가인증제도 등을 개발하여 시행하고 있다. 결국, 혼합시장모델과 비영리제공모델의 경우 논리적으로 정부적 차원에서의 규제는 간접적 규제방식을 선택하게 되며 평가관리, 계약관리 그리고 품질관리가 핵심적 내용이라고 할 수 있고 규제의 대상은 민간조직과 조직에서 제공하는 서비스로 이분화할 수 있다.

사회복지제공에서 살펴본 바와 같이 우리나라는 공적부조와 사회보험을 제외하면 사회복지서비스를 국가가 직접 제공하는 경우는 매우 제한적임으로 사회복지전달의 규제적 측면에서의 특징은 민간비영리조직에 대한 재정적 책임성에 대한 규제와 사회복지시장에서 제공되는 서비스의 내용 나아가 서비스의 품질에 대한 규제가 중심이다. 재정적 책임성에 대한 규제는 국가재정에 대한 효율적 사용을 강화하는 즉, 국가가 보조하는 예산 사용의 적절성에 대한 관리 강화를 의미한다. 특히 결과중심의 성과관리체계 도입은 민간조직의 재정적 책임성을 강조하는 흐름을 반영하는 대표적인 민간조직규제 및 관리방안이라고 할 수 있다. 정부는 민간비영리조직에 대한 재정적 책임성을 강화하기 위하여 기존의 계약방식을 탈피하여 비영리조직의 책임성이 보다 강조될 수 있는 새로운 결과지향적인 계약방식의 도입과 적용을 고려하고 있는데 가능한 방식으로는 미국 등에서 활용되고 있는 대표적인 계약방식인 서비스구매계약과 성과기반계약(performance based contract, 대표적으로 비용환급계약방식, 단위비용계약방식, 정액지급계약방식 그리고 인센티브계약방식 등이 포함됨)이 있다[40].

시장에서 제공되는 서비스내용이나 품질에 대한 규제는 공공 및 민간조직들로 구성된 시장을 통해서 제공되는 서비스의 효과성을 강화하여 서비스가 국민들이 원하는 문제해결적인 결과를 가져다줄 수 있도록 민간조직의 시장진입에 대한 규제와 서비스의 내용과 서비스의 품질을 규제하는 것을 의미한다. 특히, 정부는 시장에 대한 직접적인 방식으로 시장에서 제공되는 서비스를 직접 규제하고 통제하는 것이 불가능함으로 간접적인 규제방식으로 서비스의 내용과 품질에 대한 규제를 시행하게 된다. 사회서비스내용에 대한 규제는 특히 서비스기관평가를 통해 그리고 서비스품질에 대한 규제는 품질에 대한 최소 품질기준설정이나 품질인증제도 등을 통해 시행한다.

정부는 초기 사회서비스시장과 노인요양서비스시장을 형성하기 위하여 민간영리조직들이 손쉽게 시장에 진입할 수 있도록 시장진입장벽을 낮추었다. 즉, 노인장기요양서비스나 지역사회서비스사업이 초기 모든 민간조직들의 시장진입을 허용하였지만, 조직 간 경쟁을 통한 서비스 품질 향상이라는 목적이 실현되지 않고 민간조직들의 자기이익실현을 위한 활동으로 서비스비용과다청구 및 무분별한 이용자확브경쟁, 기준이하의 서비스제공기관난립 등의 문제점들이 나타나자 시장진입 규제를 통하여 일정한 수준의 서비스가 제공되도록 정책적 전환이 일어난 것이 대표적이다. 서비스품질규제방안은 사회서비스최소품질기준을 확보하기 위한 노력이나 보육시설에 대한 품질인증제도 등으로 대표된다. 영리민간어린이집의 증가는 품질인증이라는 간접적 규제에 의한 문제점이 나타날 수 있음을 의미하는 것으로서 이러한 문제점들은 아

---

40 계약방식의 보다 구체적인 내용은 윤영진 외(2009)와 최재성(2005)을 참조할 것.

동학대라는 사회문제를 지속적으로 증가시키는 요인으로 지적되고 있다. 민간비영리조직(시설 및 각종 프로그램)에 대한 정기적인 평가와 인증제도 실행의 확대 그리고 최근 상업화의 확대에 따른 민간영리조직의 서비스제공에 따른 국가 규제의 어려움을 극복하고자 시행하는 사회서비스최소기준안 개발 및 적용 등은[41] 모두 정부의 사회복지전달에 대한 규제에 있어 서비스내용과 품질에 대한 규제 방안이라고 볼 수 있다.

우리나라의 경우, 계약관리의 질 개선방안을 지속적으로 모색하는 것과 함께 정부는 2007년 이후 사회서비스 시장화를 적극 추진하면서 사회서비스제공기관들에 대한 국가적 규제 장치의 필요성을 인식하고 사회서비스품질기준안 및 최소 서비스기준안 등을 적극적으로 개발하고 있다. 특히, 상업화가 진행된 사회서비스분야에서 정부의 영리시장에 대한 규제방안은 시장진입규제나 정보비대칭규제, 수확체증의 법칙에 따른 일부 영역의 독점 및 과점의 규제 그리고 이용자선별규제 등의 기본적 규제를 소외시한 채 최소한의 서비스내용과 품질만을 규제하는 최소수준의 시장에 대한 규제가 특징이다. 예를 들어 노인요양서비스가 제공되는 영국이나 독일 그리고 일본의 경우 국가의 규제는 서비스최소기준 적용여부의 감시를 넘어 서비스품질을 총괄 관리하는 독립된 기구를 중심으로 철저한 민간조직들에 대한 시장진입규제와 서비스품질측정기준의 엄격한 적용을 통한 이용자들의 권리확보 및 질 향상

---

41 복지부가 주도한 서비스품질기준에 대한 논의는 성균관대학교 산학협력단·보건복지부(2006), "사회복지시설서비스 최소기준(안) 개발"과 보건복지가족부·사회서비스관리센터(2008), "사회서비스 활성화를 위한 품질 및 성과관리체계구축방안"을 참고할 것.

에 초점이 맞추어져 있는 것이 핵심이지만[42] 우리나라는 여전히 사회복지서비스영역에서 서비스품질측정을 위한 대표적인 독립기구가 존재하지 않으며 객관적인 노인요양서비스의 품질척도 역시 개발되어있지 않은 것이 현실이다.

평가관리적 측면에서 본다면 사회복지서비스를 정부를 대신하여 제공하는 민간비영리조직에 대한 감독 및 감시는 사회복지시설평가를 통해 이루어지고 있는데 시설에 대한 평가는 각 서비스영역별 3년 주기로 이루어지고 있다. 시설평가는 대부분 정량적 평가가 핵심이며 일정수준의 정량적 서류만 준비하고 있다면 평가에서 일정 점수를 확보하는 것이 손쉽게 이루어질 수 있어 최소품질기준이나 인증제도와 같이 최소한의 시설이나 일정한 서류를 중심으로 하는 간접적 규제방식이라는 특징이 있다. 단순 서류중심의 정량적 평가는 사회복지시설의 조직발전과 성과개선 나아가 조직구성원들의 역량강화를 통한 서비스품질개선 등의 순기능적 역할을 수행한다고 보기 어려우며 주인의 대리인에 대한 감독과 통제권을 행사하고 있다는 행정적 절차에 지나지 않음을 나타내준다.

공공제공모델에서의 사회복지전달에 대한 규제는 우리나라의 경우 재정지출에 대한 규제가 핵심이다. 특히, 국민기초생활보장제도에서와 같이 국가가 직접 서비스를 기획하고 제공하며 재정을 완전히 부담하는 경우 중앙정부와 지방 정부를 중심으로 전달체계에 대한 직접적 규제와 수혜대상자의 자격기준에 대한 직접적 규제 등이 중심이다. 최근에 정부는 재정지출의 효율성을 강화한다는 목적으로 대상자들에 대한 심사기준 및 자격 그리고 서비스이중지원에 대한 검사를 강화하기

---

42 독일, 영국, 일본의 노인요양서비스질관리체계에 대한 내용은 정용호(2009), 남현주(2011), 김학주(2009), 나용선(2011), 권진희(2008) 그리고 권진덕 외(2007) 등을 참고할 것.

위하여 정보시스템[43]을 개발하여 시행하고 있다. 즉, 사회복지전달체계의 가장 일선에 있는 주민센터의 사회복지사들은 사회복지의 고유업무와 별도로 정부의 직접적 규제방식에 따라 심사와 조사가 핵심 업무가 되고 있으며 상담을 통한 정서적 지지나 옹호 및 나아가 사례발굴이나 대상자 또는 잠재적 대상자들의 생활환경실태조사가 아닌 그리고 타 기관들과 대상자들에 대한 정보를 교류하여 서비스 이중지원물색보다는 효과적인 서비스를 제공하기 위한 및 협력과 조정이 강조되는 것이 아닌 규제 및 감독강화를 위한 서류작성 및 정보검색업무가 강화되고 있다. 즉, 공공제공모델에 따라 서비스가 전달되는 경우의 규제는 정부의 직접적 규제가 서비스의 질이나 서비스의 내용 그리고 대상자들의 상태를 개선시키기 위한 서비스전달체계에 대한 규제라기보다는 서비스대상자들의 재정의 효율성 강화를 위한 자격요건이나 서비스혜택요건에 대한 규제나 감독이 핵심이다.

결국, 우리나라의 경우 사회복지전달에 대한 규제는 공공조직의 정보전산망을 통한 대상자들에 대한 직접적 규제와 비영리조직에 대한 시설평가 품질인증제도의 확대가 주된 방향이고 상업화가 진행된 돌봄 영역을 포함한 사회서비스영역에서의 규제는 최소품질기준의 적용여부에 대한 규제가 핵심이다. 특히 우리나라의 사회복지전달에 있어 규제는 주로 조직에 대한 또는 사업에 대한 재정적 통제권강화가 목적임으로 조직발전 및 조직역량강화를 목적으로 하는 성과관리나 민-관의 협력과 조정을 통한 효과적인 자원배분을 강화하는 규제 그리고 이용자들의 권리향상 및 서비스품질개선을 위한 국가적 차원에서의 규제와는 거리가 있다. 아래의 그림은 사회복지전달에 있어 규제의 방식을 나타내준다.

---

43 가장 대표적인 것이 행복e음 사회복지통합관리망이다.

[그림 6-4] 사회복지규제의 복지혼합모형

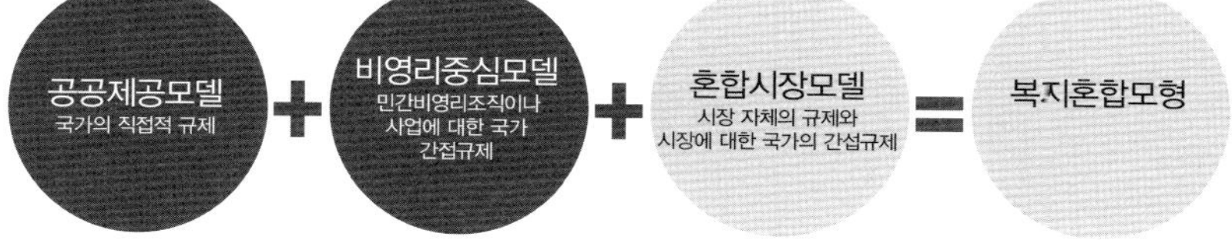

4. 한국사회복지전달체계의 성격

우리나라 사회복지전달의 특징을 살펴보면 먼저, 국가가 직접 서비스를 전달하는 공공제공모델은 사회복지 전 영역에서 매우 제한적이며 1980년대 이후 민간비영리조직이 국가를 대신하여 사회복지서비스를 제공하는 비영리제공모델이 특징이었지만 2000년 중반이후 노인장기요양보험과 사회서비스사업의 서비스 시작과 함께 민간영리조직의 대거 시장 진입 및 서비스제공에 따라 급격하게 혼합시장모델로 전달체계의 성격이 변화하였다. 따라서 우리나라 사회복지전달체계의 특성을 설명해주는 대표적인 모델은 비영리제공모델과 혼합시장모델이다. 국민들이 자신의 부담능력을 가지고 이익창출을 실현하는 민간조직이 제공하는 사회복지서비스를 소비하는 경우 사회복지재정과 전달이 모두 시장에 영향을 받는 순수시장모델이라고 할 수 있지만 우리나라의 경우는 사회복지에 대한 소비가 전적으로 개인의 소득으로부터 오지 않고 국가의 재정에 의존하는 경우가 상당부분 존재함으로 사회복지전달과 사회복지재정이 분리되어 재정은 국가가 그리고 전달은 시장이 책임지는 혼합시장모델을 구성하고 있다.

혼합시장모델은 정부조직, 영리 및 비영리조직을 포함하여 혼합적으로 구성되어 있는 사회복지시장에서, 영리조직은 분명한 서비스제공의 목적이 이윤창출이지만 정부조직이나 비영리조직의 경우 서비스제공의 목적이 사회적 목적이나 가치의 실현 여부에 달려 있어 상이한 목적성취를 위해 노력하는 모델이다. 따라서 혼합시장모델에서는 재정적 측면에서 국가재정의 일부가 시장을 통해서 소비되고 서비스를 제공하는 조직 역시 목적이 상이한 조직들이 공동으로 시장을 형성한다는 특징 있다.

노인장기요양서비스와 사회서비스사업의 경우, 공공조직과 민간조직이 함께 시장을 형성하여 서비스를 제공하며 본인부담금이나 추가부담금이 발생하고 본인부담금 또는 추가발생금은 전액 본인이나 가족의 경제적 능력으로 충당하여야 서비스가 제공됨으로 이용자가 서비스를 소비하기 위해서는 자신의 경제력 일부를 지출하여야 서비스의 소비가 가능한 혼합시장모델이 사회복지전달의 특징이라고 할 수 있다. 혼합시장모델에서 민간조직의 조직 가치는 바로 경쟁이며 이용자들에게 소비자주의를 강조하여 소비자의 주권 또는 자기결정권의 실현이 강조됨으로 선택권 또한 매우 중요한 서비스제공의 가치로 자리 잡는다는 특징이 있다. 결국, 선택과 경쟁이 강조되는 혼합시장모델에서 국가와 이용자들은 재정을 그리고 공공 및 민간조직들로 구성된 사회복지조직들은 시장을 형성하여 서비스를 제공하며 조직이나 서비스에 대한 감독과 관리 등의 규제는 시장을 통해서 이루어지도록 하고 국가는 최소한의 규제만을 강조하게 된다. 비영리제공모델과 혼합시장모델에서 국가의 최소한의 조직이나 서비스에 대한 규제는 바로 신공공행정에서 강조하는 산출중심의 성과관리, 계약관리 그리고 평가제도, 인증제도 그리고 최소품질기준 등의 적용이 대표적이다.

5. 한국사회복지서비스전달에 있어 민간과 공공의 관계

Young(2000)은 사회복지전달에 있어 민간조직과 정부와의 관계를 첫 번째 관계는 상보관계로 그리고 두 번째 관계는 보완관계로 그리고 마지막 관계는 적대관계로 설명하였다. 상보관계에서 정부는 비영리조직을 계약관계에 기초하여 공공 및 사회복지서비스의 전달을 돕는 동반자로 인식하는데 이는 이론적인 측면에서 공공선택이론에 영향을 받았음을 Young은 지적하였다. 공공선택이론에 따르면 비영리조직은 정부와의 계약관계를 통해 서비스를 대신 제공하는데 이는 비영리조직이 정부보다 지식이나 기술적인 측면에서 보다 효율적이고 전문적인 서비스를 제공할 수 있다는 측면이 강조되기 때문이다. 보완관계는 공공서비스나 사회복지서비스의 전달에 있어 비영리조직이 정부가 제공하지 않는 사회복지서비스를 제공하여 사회복지의 사각지대를 메우고 사회복지전달을 보충해주는 관계를 나타낸다. 이는 국민의 욕구는 있으나 정부가 서비스를 제공하지 않는 경우 비영리조직이 자체적인 활동을 통해서 서비스를 제공하여 국민들이 필요로 하는 욕구를 충족시킴을 강조하는 것으로서 이 경우 정부와 비영리조직 간의 관계는 비영리조직이 정부에 의존하지 않는 즉, 정부의 자원에 의존하지 않는 비영리조직의 자발적 노력이 강조되는 관계를 설명한다고 볼 수 있다. 비정부조직은 정부의 재정적 지원 이외에 후원비나 회비 또는 참가비나 서비스이용료 등과 같은 자체적인 수입구조를 가지고 정부지원프로그램 이외에 주민들이 필요로 하는 서비스를 자체적으로 개발하여 서비스를 제공하는 조직 목적성취 지향을 위한 서비스전달자의 역할을 수행하게 된다. 따라서 보완관계에서 정부와 비영리조직 사이에는 힘의 의존관계가 성립되지 않음으로 비영리조직이 설립한 목적을 성취하기 위한 독자적인 역할을 수행할 수 있게 된다.

적대관계에서 비영리조직과 정부는 상호간에 경쟁자적 관계로 서로 도전하고 대항하는 관계에 있다. 민간조직과 정부사이의 도전과 대항의 관계는 첫째, 비영리조직이 정부의 공공 사회복지정책에 대한 변화와 국민에 대한 책임성을 유지하도록 촉진시키는 역할을 수행하는데서 온다. 즉, 비영리조직이 사회개혁의 옹호자이고 민주사회를 건강하게 유지 기능하도록 하여야 한다는 민간조직의 역할과 임무가 강조되는 것으로서 비영리조직의 국민 대중에 대한 옹호(advocacy) 역할이 강조되는 것이다. 국민들이 안정적인 서비스를 제공받도록 하기 위해서 비영리조직은 정부의 정책에 대한 감시자의 역할을 수행하게 된다. 또한 민간조직과 정부사이의 도전과 대항의 관계는 둘째 민간비영리조직이 국가와의 계약관계에 의해서 국가를 대신하여 서비스를 제공하는 대리인임으로 국가는 비영리조직의 서비스제공에 대한 적절한 규제와 감독을 수행하게 되어 정부와 비영리조직 사이에는 긴장 및 갈등관계가 형성된다는 점이 강조된다. 따라서 적대관계의 핵심은 첫째, 비영리조직의 정부에 대한 도전과 대항의 관계와 둘째, 정부의 비영리조직에 대한 통제와 감독의 관계이다.

적대관계에서 비영리조직의 영역은 사회복지서비스를 제공하는 자발적 조직으로서의 사회복지제공조직을 뛰어 넘어 정부의 사회복지정책에 압력을 행사하는 비정부조직까지를 포함한다. 따라서 적대관계에서 비영리조직은 국가에 대한 공공 및 사회복지서비스 책임성강화를 주문하여 국가가 더 많은 사회복지서비스를 제공할 수 있도록 압력을 행사하는 것을 포함하여 정부와 사회복지의 향상을 위하여 상호 경쟁하는 경쟁조직의 역할을 수행하며 또한 국가의 서비스제공에 대리인의 역할을 수행하여 국가로부터 통제와 감독을 받음으로 정부와 민간조직 간의 관계는 갈등 및 적대관계를 유지 형성하게 된다.

위와 같이 민간과 공공의 역할을 삼분화하여 설명하는 Young모델의 한계는 바로 이론적 편향에 있다. Young이 강조하는 바와 같이 상보관계에서 협력의 파트너(동반자)로서 비영리조직의 역할이 강조된다는 것은 사회복지전달에 있어 비영리조직과 정부조직의 협력동반자로서의 긍정적인 측면이 지나치게 부각되는 측면이 있다. 즉, 협력의 파트너(동반자)로서 비영리조직의 역할이 강조된다는 것은 조직의 자기이익을 강조하는 대리인이론이나 공공선택이론과 같은 경제이론보다는 집합적이고 친 조직적이면서 목적지향적인 스튜어드십이론이나 네트워크이론 등에 따른 비정부조직의 역할이 강조된다는 것을 의미하는 것이다. 따라서 Young의 모델을 정확하게 이론적 측면으로 분류한다면 상보관계에서 정부와 비영리조직 사이의 관계는 주인-대리인이론에 따른 단순한 대리인이나 서비스전달자와 네트워크이론이나 스튜어드십이론에 따른 협력파트너 내지는 공동제공자의 역할로 이분화된다는 것을 의미하는 것임으로 Young이 지적하는 상보관계는 정부와 비영리조직의 관계를 한쪽 면만을 강조한 모델에 지나지 않음으로 대리인이론과 스튜어드십이론 등을 정확히 반영하여 구분한 모델이라고 보기 어렵다.

즉, 상보관계에서 정부와 비영리조직 간의 관계는 단순한 대리자의 역할과 협력동반자로서의 역할이 모두 가능하지만 Young은 단순한 정부의 대리자의 역할보다는 협력동반자로서의 비정부조직의 역할을 강조하고 있기 때문이다. 이러한 이론적 한계를 극복하기 위해서 본 연구에서는 우리나라의 사회복지전달에 있어 민간과 정부와의 관계를 사분화하여 살펴보고자 한다. 즉, 제4절 사회복지전달에 있어 민간과 공공의 새로운 관계에서 지적한 바와 같이 민간과 공공의 관계는 첫째, 주인대리인이론에 기초한 대체관계, 둘째, 이해관계자이론 및 네트워크이론에 근거한 협력관계, 셋째, 스튜어드십이론에 근거한 보완관계 그리고 넷째, 시장실패이론과 공공선택이론에 따른 적대관계로 구분하여 살펴보는 것이다.

민간조직은 대체관계에서 정부의 서비스를 대신하여 제공하는 대리인에 불과하며 협력관계에서 민간조직은 국가의 서비스제공 노력에 공동 협력하는 협력자이고 보완관계에서 민간조직은 공공조직의 서비스 영역이나 서비스내용을 보완해주는 보완자 또는 직접적 사회복지서비스의 제공자이고 적대관계에서 민간조직은 정부의 사회복지전달의 내용을 모니터링하고 감시하는 감시자 및 국민들의 사회복지욕구를 대변하는 대변자 및 요구자이고 또 다른 한편으로는 민간조직은 정부의 사회복지서비스를 대신하여 제공하는 대리인조직으로서 정부의 지도, 통제 및 감시를 받는 대상자이고 정부는 비영리조직 변화에 압력을 행사하는 압력조직이 된다.

본 연구에서 제시한 모델을 적용하여 분석하면 우리나라의 사회복지전달체계는 보완관계와 대체관계 그리고 적대관계가 핵심이라고 할 수 있다. 한국전쟁 이후 우리나라 사회복지전달은 외국의 원조기관에 의한 제공이 중심이었다. 전후 당시 정부는 자발적 조직 중심의 사회서비스전달을 보완하는 역할을 수행하였는데 특히, 최소한의 복지혜택만을 강조하면서 생활보호제도(1961년), 산업재해보상법(1963), 의료보험법(1977년, 500이상 사업장 강제적용), 최저임금법(1986), 국민연금법(1988) 등의 공적부조제도와 사회보험 중심의 사회복지서비스가 국가중심으로 기획되고 제공되기 시작하였다. 따라서 이 당시 사회복지서비스는 민간중심 그리고 공적부조 및 사회보험은 국가중심의 보완관계가 핵심이다.

사회복지서비스분야에서 1980년대 중반부터 정부의 사회복지전달은 정부의 사회복지서비스를 대신 제공하는 대리인을 두는 즉, 비영리조직과의 계약관계에 의해서 서비스가 전달되는 대체관계가 핵심적 관계로 발전하였다. 즉, 전쟁 이후부터 1980년대 중반까지는 국가와 민간조직이 각각 자기의 영역에서 서비스를 전달하는 보완관계가 중심이었지만

1980년대 중반 이후부터 사회복지전달에 있어 민간과 공공의 관계는 대체관계로 발전되었다. 우리나라의 경우 대체관계의 발전은 지역종합사회복지관사업이 국고보조사업으로 인정되어 국가재정이 지원되었던 1983년 이후가 중심이다. 1983년 사회복지사업법 개정에 따라 종합사회복지관은 가형, 나형 사회복지관으로 구분되어 국가의 지원이 이루어졌으며 1988년에는 사회복지관 운영, 건립 등에 대한 국고보조사업 지침이 마련되어 국가지원금 산출방식이 정해졌다. 이러한 기준에 따라 현재 우리나라 대부분의 사회복지관(지역사회복지관, 노인종합복지관, 장애인복지관 등)은 국가와의 계약을 통해 운영권을 위임받은 비영리조직중심의 전달체계를 갖추고 있다. 특히, 국가와 계약을 맺은 비영리조직들은 대부분 국가로부터 정기적으로 관리 통제를 받고 있어 사회복지제공노력에 공동으로 협력하는 협력동반자라기 보다는 단순한 서비스제공의 대리자의 역할이 강조되고 있다. 이 시기부터 자발적 조직중심 사회복지전달은 퇴색하게 되고 대부분의 비영리조직들이 정부와의 계약관계를 유지하면서 서비스를 제공하는 대체관계가 사회복지전달의 민간과 공공을 설명하는 핵심적인 의제로 자리 잡았다.

2000년대 우리나라 사회복지전달체계의 민간과 공공조직과의 관계적 측면에서 가장 큰 변화는 바로 대체관계에서 적대관계로의 발전이다. 즉, 정부와 민간조직의 관계는 2000년대 초반까지 계약을 통한 서비스전달체계인 대체관계를 유지하다가, 1990년대 중반 이후 복지시민운동조직의 등장 그리고 2000년대 후반 영리를 추구하는 노인장기요양기관의 시장진입허용과 이용자재정지원방식 즉, 상업화의 도구인 바우처방식이 도입되고 확대되면서 적대관계로 빠르게 변화하고 있다. 영리를 추구하는 민간조직의 시장진입 허용은 더 많은 이익을 추구하기 위한 조직 간 경쟁을 유발하였다. 나아가 이용자에게 재정을 직접 지원하도록 하여 이용자들이 직접 서비스를 선택하도록 하는 바우처방식 역시 이용자에게 선택권을 부여하여 더 많은 이용자들을 확보하기 위한 조직 간 경쟁을 유발하였으며. 서비스제공기간 간에 협력이나 조정보다는 경쟁의 가치가 중요한 토대로 작동하도록 하였다. 이러한 경쟁심화로 인한 기관 간 갈등은 결국, 사회복지전달에 있어 적대관계를 형성하도록 한 중요한 요인이 된다. 따라서 우리나라의 경우 적대관계는 정부의 사회복지전달에 대한 복지시민조직의 도전과 대항 그리고 사회복지의 공공성강화가 아닌 민영화 나아가 상업화를 통한 민간조직으로의 서비스전달체계의 위임이 특징이라고 할 수 있다. 즉, 상업화가 적대관계를 설명하는 하나의 중요 틀이며 또 다른 틀은 복지시민조직의 대항 및 도전이 된다. 결론적으로, 우리나라의 공공과 민간의 사회복지전달을 설명하는 민과 관의 관계는 상업화도구의 도입과 시장진입장벽 완화 그리고 복지시민운동조직의 조직적 대응에 따른 공공조직과 민간조직을 포함한 모든 조직 간의 그리고 민간조직과 공공조직 사이의 적대관계형성이다. 즉, 상업화와 복지시민조직은 적대관계를 설명하는 핵심어이다.

상업화는 공공과 민간조직과의 관계에 있어 주인-대리인이론과 공공선택이론에 근거한다. 정부는 대리인인 민간조직에게 사회복지전달의 상당부분을 위임한 후 민간조직에 대한 재정적 통제권을 강화하기위해 노력하였지만, 민간조직에 대한 정보불균형을 극복하기 위한 각종 규제방안이 효과적으로 작동하지 않자 재정지원방식을 전환하여 이용자에게 직접 재정을 지원함으로서, 사회복지전달에 있어 정부와 민간조직의 관계는 민간조직을 규제하는 적대관계로 발전하게 되었다. 즉, 상업화는 이용자들에 선택권을 행사하도록 하여 이용자가 스스로 서비스를 시장을 통해서 구매할 수 있도록 다양한 상업화도구(예를 들어 바우처)를 활용함으로, 시장경쟁을 통해 서비스가 제공되는 것을 의미하는 것이고 시장경쟁이 가능하기 위해서는 많은 제공기관이 있어야 가능함으로 경쟁은 곧 사회복지영역의 시장진입장벽 완화를 의미한다.

사회복지영역의 시장진입장벽 완화는 곧 시장진입에 대한 국가규제가 완화되어 서비스제공기관들은 더 많은 이용자를 확보하기 위한 무한경쟁의 시대로 진입함을 의미한다. 이는 민간조직들이 공공조직뿐만 아니라 민간영리조직과 비영리조직을 포함한 모든 영역의 서비스제공기관이 서비스제공영역에서 더 많은 이용자를 확보하기 위해 경쟁하게 되고 이는 통합적 서비스나 통합적 사례관리와 같은 조직간 협의와 조정이 강조되는 협력관계가 아닌 시장에 살아남기 위한 경쟁이 강조되는 갈등관계 나아가서는 조직 간에 상호 신뢰하지 않고 불신하는 적대관계로 발전하게 됨을 의미하는 것이다. 결국, 정부는 2000년 이후 바우처와 같은 상업화도구를 적극적으로 사회복지영역에 수용하여 조직 간에 적대관계를 형성하도록 하였으며, 이를 위해 민간영리조직의 시장진입을 용인하고 민간조직에게 공공 및 사회복지서비스 전달을 위임하여 정부와 민간영리 및 비영리조직들 사이에 경쟁을 통해 서비스가 전달되도록 하는 즉, 시장을 통한 사회복지전달이 이루어지도록 하는 방안을 적극적으로 확대하고 있다고 볼 수 있다.

상업화는 비영리조직의 사회서비스제공에 있어 독점이 불가능하게 하는 도구로 작동한다. 비영리제공모델에서 정부는 비영리조직에게 계약을 통해 서비스를 제공하도록 일임함으로 수탁기관인 비영리조직들은 사회복지서비스제공에 있어 독점적 지위를 가지게 되지만 이용자들의 선택을 통해 기관의 서비스제공이 결정되는 상업화는 곧 기관 간 더 많은 이용자들을 확보하기 위한 경쟁을 의미하는 것임으로 사회적 가치 실현을 추구하는 비영리조직들에게 시장화를 통한 생존전략은 곧 사회적 가치의 포기를 의미할 수 있고 이는 곧 정부와 비영리조직 사이에 갈등관계를 가지도록 하는 한 요인을 제공하게 된다. 상업화는 정부의 민간조직에 대한 규제라는 측면에서 보았을 때 규제가 정부를 통해서가 아닌 소비자선택권이 실현되는 시장을 통해 자율적으로 실현되도록 함으로 민간조직에 대한 재정적 책임성확보를 위한 국가규제의 필요성은 사라지게 되고 시장을 효율적으로 관리하는 시장규제가 정부 규제의 핵심적 영역으로 등장하게 하였다.

복지시민조직의 발전은 사회복지운동이 사회변화의 긍정적인 역할을 수행한다는 사회복지의 진보적 관점에 기인한다(지은구, 조성숙, 2010). 즉, 사회운동의 측면에서 사회복지운동은 지역사회를 변화시키며 사회복지시민조직은 지역사회를 변화시키는 개혁자의 역할을 수행하게 됨을 의미하는 것이다. 현재 활동 중인 지역사회복지운동조직은 서울의 "관악사회복지", "참여연대", 대구의 "우리복지시민연합", 충청도의 "천안복지세상을 열어가는 시민모임" 등을 포함하여 전국적으로 약 19개 단체가 활동 중이며(지역사회복지운동단체네트워크, 2008) 이들 단체들은 국가의 사회복지전달전반에 대한 감시와 대안제시 등을 위한 노력을 기울이고 있다.

우리나라 민간과 공공의 사회복지전달체계는 협력과 신뢰를 바탕으로 하여 서비스가 제공되는 협력관계는 한 번도 경험해보지 못한 채, 보완관계에서 대체관계로 그리고 2000년대 이후는 적대관계로 빠르게 개편되고 있다. 특히, 사회복지전달에 있어 조직 간의 경쟁은 필연적으로 서비스의 집중화와 개별적 서비스제공을 방해하고, 이익이 발생하는 서비스만 제공되도록 하여 서비스차별과 이용자선별이 발생하도록 함으로 적대관계의 형성은 사회복지자원과 기반이 취약한 우리나라의 경우 바람직한 관계라고 보기 어렵다. 국민들의 욕구에 빠르게 대응하고 협력과 신뢰를 통하여 지역사회를 보다 건강하게 유지 발전시키기 위해서는 자원협력은 기본적인 발전의 토대이며 자원협력은 바로 공공과 민간의 협력적 동반자관계구축과 신뢰를 통한 통합적이고 전문적인 서비스전달체계를 구축하는 것에 있음을 주지하여야 한다. 우리나라의 경우 공공과 민간의 사회복지전달에 있어 특징을 표로 나타내면 아래와 같다.

[표 6-11] 우리나라 공공과 민간의 사회복지전달의 특징

	한국전쟁 이후	1980년대 중반 이후	2000년대 이후
공공과 민간의 관계	보완관계	대체관계	적대관계
정부의 역할	서비스전달의 책임자	서비스전달의 주체	서비스기획자 및 경쟁자
민간의 역할	자발적 제공자	대리인	개혁가/경쟁자, 지도 및 통제의 대상자
특징	국가의 최소한의 복지혜택과 사회복지서비스전달능력의 부재에 따라 자발적 조직의 서비스전달	국가의 직접적 서비스전달능력의 한계를 대리인조직을 통해 극복	– 대리인조직에 대한 통제권강화를 위하여 상업화도구 도입 – 시장경쟁체제구축을 위하여 시장진입장벽 완화 – 복지시민조직의 발전 및 역량강화

결국, 우리나라 사회복지전달의 성격을 규정짓는 핵심의제는 첫째, 민간비영리조직은 사회복지전달에 있어 협력자나 공동생산자라기 보다는 감독과 규제의 대상인 단순 대리인의 역할이 강조된다는 점과 둘째, 비영리조직의 대리인 역할에서 더 나아가 정부는 사회복지전달에 있어 민영화 나아가 상업화를 강조하여 감독과 규제의 책임을 시장에 전가하면서 시민사회의 협력과 협동 그리고 공동체의 가치가 시장의 가치로 빠르게 이동하도록 하여 협력보다는 경쟁이 그리고 조정보다는 선택이 강조되어 공공 및 비영리조직들은 영리조직들과 함께 사회복지제공에 있어 경쟁자가 되었고 사회복지서비스를 제공받는 이용자들로 하여금 사회복지는 시민의 권리라기보다는 소비자의 권리로 인식하도록 강조하고 있다는 점이다. 즉, 복지시민사회를 구성하는 국민들은 사회

복지를 당연한 권리로 인식하며 국가에 의해서 전적으로 제공되는 사회적 목적을 실현하기 위해 당연히 국가가 기획, 생산하고 분배하는 서비스로 이해하기 보다는 경쟁시장에 의해서 제공되는 개인의 결정과 선택권이 강조되는 자유경쟁사회의 소비자로서의 권리가 강조되는 필요에 의해서 충족될 수 있는 시장이 생산하고 분배하는 사회서비스로 인식되고 있다는 점이다. 즉, 사회복지서비스 전달에 있어 재정, 제공 규제의 책임이 국가에서 비영리로 그리고 비영리에서 시장과 개인으로 빠르게 이동하고 있다는 점이 한국 사회복지전달체계의 성격을 규정짓는 가장 확실한 핵심의제라고 할 수 있다.

제5절 소결

우리나라의 사회복지전달의 특징은 국가가 전적으로 재정, 제공 그리고 규제를 책임지는 방식이 아니고 민영화의 확대와 상업화의 도입으로 사회복지전달의 국가적 책임성 및 공공성이 크게 훼손되어 국가와 이용자가 재정을, 민간조직은 제공을, 그리고 국가와 시장이 규제를 책임지는 복지혼합의 성격을 유지하고 있다는 점이다. 특히, 2000년대 중반이후 노인장기요양보험의 도입과 지역사회서비스투자사업의 시행은 시장확대와 이용자 중심의 재정지원방식인 시장중심의 사회복지전달을 강화하는 역할을 수행하였다. 이러한 변화를 먼저, 재정적 측면에서 보면, 서비스를 이용하는 이용자가 재정을 책임지는(본인부담금과 추가부담금의 확대) 방식은 국가의 재정적 책임의 약화를 가져다주었다. 서비스제공의 측면에서 보면 계약을 통해 민간조직을 대리인으로 임명하여 서비스가 제공되도록 하는 방식에서, 이용자의 선택권을 강화하여 이용자가 직접 서비스제공기관을 선택하도록 하여 선택과 경쟁이라는 시장가치를 도입하였으며, 사회복지시장이 서비스제공의 주체로 역할하도록 하여 기관 간 경쟁이 사회복지전달에 있어 주요한 가치로 자리잡게 하였다. 그리고 규제의 측면에서 보면, 국가의 민간조직에 대한 규제는 주로 민간조직에 대한 통제권강화를 목적으로 하는 재정적 책임성에 대한 규제와 국가의 관리적 책임을 최소화하기 위한 서비스최소기준이나 품질을 규제하는 방식이 주된 규제의 특징이다. 특히, 서비스기준만을 제시하고 서비스의 내용은 시장을 통한 경쟁으로 시장이 스스로 규제할 수 있도록 하는 방식으로 전환되고 있다.

사회복지전달에서 민간조직과 정부의 관계는 복지혼합으로 인한 민영화와 상업화의 도입으로 대체관계에서 적대관계로 전환되고 있으며 이러한 관계적 특성은 바로 공공조직을 통한 사회복지전달보다 영리조직을 포함한 민간조직에게 모든 사회복지전달을 책임지도록 하는 시장화방식을 설명해준다. 결국, 우리나라 사회복지전달의 특성은 재정, 제공 그리고 규제 그리고 복지혼합에 따른 공공 및 민간조직과의 관계적 측면에서 보았을 때, 공공성의 약화와 시장의 강화라고 요약할 수 있다.

이론적 측면에서 보았을 때 공공과 민간 사이의 대체관계는 주로 대리인이론에 영향을 받는다. 주인인 국가는 대리인을 통해 서비스제공의 책임을 전가하고 최소한의 결과중심의 관리체계를 구축하여 민간조직을 통제하기 위해 노력하지만 대리인이론의 가장 큰 결점인 대리인조직과 주인조직 사이의 정보불균형은 극복되기 어렵다. 이를 극복하기 위한 대안이 바로 공공과 민간 사이의 관계를 적대관계로 전환하는 것이다. 적대관계는 서비스제공조직들 사이에 치열한 경쟁과 조직이기주의를 만연하도록 하면서 조직과 조직사이에 갈등이 만연하도록 한다. 조직간 경쟁이 강조되는 적대관계는 이익을 최대화하는 공공선택이론에 의해 설명되어 질 수 있다. 서비스를 제공받는 국민들은 자기결정권(선택권)을 행사할 수 있다는 점을 통해 시장화방식의 결점(이용자차별과 이익창출을 위한 서비스 질 저하 등)은 무시되는 경향이 나타난다. 국가는 적대관계를 형성하여 시장을 통한 자율규제를 강조하게 됨으로 적극적인 사회복지제공에 대한 민간조직의 규제에 대한 적극적 개입의 필요성은 적어지게 되는 부수적인 효과를 얻을 수 있다.

민영화를 통해 사회복지전달의 재정적 효율성을 강화하면서 효과성과 형평성을 강화하기 위해서는 시장의 실패요인에 대한 철저한 규제가 필요하다. 국민들의 복지서비스에 대한 욕구는 자본주의가 심화, 확대되면서 지속적으로 증대되고 있지만 재정적 측면에서 모든 욕구를 해결할 수 있을 정도의 충분한 능력을 가진 국가는 존재하지 않음으로 사회복지전달에 있어 재정적 효율성을 강화하는 것은 역사적 순리라고 받아들일 수 있지만 재정적 효율성강화만 강조하여 시장에 대한 철저한 분석과 규제를 등한시 한 채 시장을 적극적으로 확대하는 상업화방안은 고려되어야 한다. 특히, 효율성 이외에 사회복지전달의 중요한 배분 기준인 형평성과 사회복지전달에 따른 효과성을 강화하기 위한 관리체계를 적극적으로 개발 적용하지 않는다면 결국, 우리나라의 사회복지전달의 책임은 국가에서 기관으로 그리고 기관에서 개인으로 개편되고 사회복지의 가치는 협력과 사회통합 그리고 연대가 아닌 이기주의, 개인주의 그리고 경쟁만이 강조될 것이다.

제7장 결론

제7장 결론

본 연구의 목적은 사회복지전달을 이론과 모델 그리고 모델분석을 위한 기준을 설정하고 이를 공공과 민간의 역할관계를 중심으로 적용 분석하여 한국 사회복지전달체계의 성격을 규명하는 것이다. 특히, 사회복지전달의 이론적 배경 그리고 전달모델, 사회복지전달에 있어 민간과 공공의 역할 그리고 사회복지전달체계분석을 위한 기준을 적용하여 한국 사회복지전달체계의 성격을 분석하는 것이 주된 연구의 영역이다. 연구의 목적을 성취하기 위하여 비공식부분인 가족을 제외하고 공식적으로 사회복지재화와 서비스가 전달되는 공공 및 민간부분을 중심으로 논의를 한정하였으며 질적연구방법을 사용하여 선행연구 및 문헌조사를 통한 내용분석(content analyis) 및 비교분석(comparative analysis) 그리고 다양한 사회지표를 활용한 이차자료분석(secondary data analysis)을 활용하였다.

한국사회복지전달체계의 성격을 이해하기 위해서는 사회복지재화와 서비스의 전달이 어떠한 방식으로 어떻게 이루어져야하는지를 이해하고 분석할 수 있도록 돕는 이론적 틀이 필요하며 전달의 경로를 밝히기 위한 전달모델에 대한 분석 그리고 사회복지전달에 있어 민간과 공공의 역할에 대한 분석 등 그동안 연구가 활발하게 이루어지지 않은 영역에 대한 탐구가 필요하다. 특히 사회복지전달체계의 성격을 규명하기 위해서는 성격을 규정하는 기준이 반드시 필요하며 이 기준을 활용하여 전달체계를 설명하는 이론과 전달모델 그리고 민과 공의 역할에 대한 면밀한 분석이 필요하다.

본 연구에서 적용하는 사회복지전달체계의 성격을 분석하기 위한 기준은 재정(finance), 제공(provision) 그리고 규제(regulation)이며 이 기준들에 대한 조작적 정의는 Savas와 Besley의 모델로부터 수정 발전시켰다. 공공조직과 민간조직 간의 사회복지전달에 있어 관계적 측면에 대한 모델 및 분석틀은 Young의 모델 및 분석틀을 발전시켜 적대관계, 대체관계, 그리고 보완관계로 한국 사회복지전달에 있어 관계적 특성을 분석하였다. 사회복지전달을 설명하는 이론적 측면에서는 기존의 대리인이론과 공공선택이론의 경제이론에 이해관계자이론과 스튜어드십이론, 자원의존이론 그리고 네트워크이론을 새롭게 적용하여 전달체계분석을 위한 이론적 배경의 확대를 시도하였다. 또한 사회복지전달모델은 기존에 제시된 Le Grand의 명령과 통제모델, 준시장모델, 그리고 네트워크모델 그리고 Peters가 제시한 시장모델, 참여모델과 Denhardt와 Denharrdt가 제시한 신공공서비스모델과 공동생산모델 그리고 비영리제공모델에 신뢰모델과 혼합시장모델을 사회복지전달모델로 추가하여 제시하였다.

본 연구를 통해 도출된 결론은 아래와 같다.

첫째, 현 한국사회복지전달체계는 혼합시장모델로 설명하는 것이 가장 적합하다. 한국은 2000년대 까지 국가가 대리인에게 사회복지전달을 위임하는 주인-대리인이론에 입각한 비영리제공모델이 중심이었지만 2000년 이후 사회복지영역에 시장을 도입하고 상업화를 인정하여 이익을 추구하는 민간조직들이 대거 사회복지전달을 책임지고 있다. 또한 적은 부분이지만 국가가 직접 사회복지를 전달하는 영역도 존재함으로 한국의 경우 Le Grand가 제시한 통제와 명령모델 또는 공공제공모델과, 시장모델 그리고 비영리제공모델이 혼합되어 있는 혼합시장모델의 성격을 띤다.

둘째, 한국사회복지전달체계에 있어 제공, 재정 그리고 규제적 특징은 다음과 같다. 먼저 재정적 특징은 국가가 직접 재정을 책임지는 공공제공모델과 비영리조직에 재정을 지원하여 사회복지전달을 책임지는 비영리중심모델 그리고 사회복지전달에 대한 재정의 일부를 개인이 책임지는 혼합시장모델이 섞여 있는 복지혼합모형으로 복지혼합의 대표적 특성을 나타내고 있다. 아래의 표는 한국 사회복지전달체계의 재정적 특징을 나타낸다.

[표 7-1] 한국 사회복지전달체계의 재정적 특징

모델의 유형	특징	내용
비영리제공모델	대부분 국가가 재정을 부담하지만 일부는 비영리조직이 자체부담	종합사회복지관의 경우 사업비를 포함한 조직운영경비에서 국고보조금의 비율이 약 90% 정도를 차지하며 10% 정도는 법인전입금이나 후원금 등으로 충당
혼합시장모델	사회복지재정의 일부를 개인이 부담	노인장기요양서비스를 비롯하여 지역사회서비스투자사업은 자체부담금이 소득수준에 따라 책정되어 있음. 즉, 서비스이용에 대한 부담액의 대부분은 국가로부터 오지만 서비스를 이용하는 개인들의 본인부담금이나 추가부담금 등을 지불함

공공제공모델	사회복지재정을 국가가 전액 부담함	우리나라의 경우 국공립의료원이나 일부 국공립어린이집 그리고 지자체가 직접 운영하는 소수의 복지관 그리고 공적부조제도 등은 국가가 전적으로 재정을 충담함

우리나라 사회복지전달체계의 제공에 있어 나타나는 특징은 국가가 사회복지제공을 전적으로 책임지는 공공제공모델도 일부 존재하지만 대부분 민간비영리조직이 국가의 대리인으로 서비스를 대신 제공하는 비영리중심모델과 이용자들에게 재정일부를 지원하고 이용자들은 시장을 통해 본인의 경제적 부담능력을 활용하여 서비스를 구매하는 것을 유도하는 혼합시장모델이 대표적인 사회복지제공의 성격이라고 할 수 있다. 국가가 서비스를 생산 기획하고 서비스는 시장에 진출한 기관들이 제공하는 경우 준시장(유사시장)모델이라고 통칭할 수 있지만 우리나라의 경우는 국가가 서비스재정을 전적으로 책임지지 않음으로 엄밀한 의미에서 본다면 준시장모델[44]이라기 보다 혼합시장모델이라고 보는 것이 타당하다.

44 준시장 또는 유사시장의 재정적 특징은 서비스공급은 민과 관의 혼합된 유형의 조직이 서비스를 제공하지만 재정적 측면에서는 전적으로 국가가 재정을 책임진다는 점으로 개인의 부담은 이루어지지 않는다.

[표 7-2] 한국 사회복지전달체계 제공의 특징

모델의 유형	특징	내용
비영리제공모델	국가가 사회복지서비스를 비영리조직과의 계약을 통해 제공	우리나라의 사회복지전달체계는 종합사회복지관사업이 국고보조금사업으로 전환된 1980년대 후반부터 대부분의 사회복지서비스를 계약에 의해 민간비영리조직이 정부를 대신하여 서비스를 제공하는 특징이 있음
혼합시장모델	시장에 참여한 조직으로부터 서비스를 제공받음	우리나라의 경우 노인장기요양서비스나 지역사회서비스투자사업 등의 영역에 서비스를 제공하는 민간 영리조직과 비영리조직 등이 혼합되어 서비스를 제공하는 혼합시장이 형성되어 있음
공공제공모델	국가가 사회복지서비스를 생산, 기획하고 제공	우리나라의 경우 국공립의료원과 지자체가 직접 운영하는 소수의 복지관 그리고 공적부조제도 등은 국가가 전적으로 서비스를 생산하고 제공함

그리고 마지막으로 우리나라 사회복지전달체계의 규제적 특징 역시 모델에 따라 상이하게 나타난다. 비영리제공모델과 혼합시장모델이 중심인 우리나라의 경우 각각의 모델에 따른 정부적 차원에서의 규제는 상이하게 나타나게 된다. 비영리중심모델을 통해 대부분의 사회복지서비스가 정부와의 계약을 통해서 제공되는 경우 정부는 더 낮은 비용으로 더 좋은 서비스가 제공되도록 하기 위한 관리방안을 모색하게 됨으로 정부는 규제와 관리를 위한 방안으로 비영리조직을 통제, 감시하고 보상하는 내용을 포함하는 계약관리(contract management)를 통한 서비스의 질(quality)을 보존하고 유지하는 방안으로 이루어지고 있다. 계약관계에 있는 비영리조직에게 사업의 관리 및 통제에 대한 우선권을 제공하기보다 국가가 직접 시설 평가 및 감사를 통해 재정 및 운영 전

반에 대한 평가를 시행하고 지자체 사업으로 이양된 사회복지시설운영 역시 지자체가 통제권을 유지하면서 재위탁 여부를 결정하고 있어 정부가 운영 전반에 대한 통제와 감시 및 감독권한을 가지고 있다고 보는 것이 정당하다.

혼합시장모델을 통해 이루어지는 사회복지전달에 대한 정부의 규제는 크게 시장에 대한 규제와 서비스내용 및 서비스 품질에 대한 규제가 핵심이다. 이를 위해 정부는 최근 민간조직의 사회서비스시장진입에 대한 장벽을 강화하고 있으며 서비스의 최소품질을 보장하는 서비스품질기준안이나 어린이집 등과 같은 보육시설에 대한 평가인증제도 등을 개발하여 시행하고 있다. 결국, 혼합시장모델과 비영리제공모델의 경우 정부적 차원에서의 규제는 평가관리, 계약관리 그리고 품질관리가 핵심적 내용이라고 할 수 있으며 규제의 대상은 민간조직과 조직에서 제공하는 서비스이다. 결국, 사회복지전달의 규제적 측면에서의 특징은 민간비영리조직에 대한 재정적 책임성에 대한 규제와 사회복지시장에서 제공되는 서비스의 내용 나아가 서비스의 품질에 대한 규제가 중심이다.

혼합시장모델에 따른 규제 즉, 시장에서 제공되는 서비스내용이나 품질에 대한 규제는 공공 및 민간조직들로 구성된 시장을 통해서 제공되는 서비스의 효과성을 강화하여 서비스가 국민들이 원하는 문제해결적인 결과를 가져다줄 수 있도록 민간조직의 시장진입에 대한 규제와 서비스의 내용과 서비스의 품질을 규제하는 것을 의미한다. 특히 정부는 시장이 경쟁을 통해서 스스로 시설이 제공하는 서비스의 내용이나 질을 규제할 수 있을 것이라고 생각하여 초기 요양서비스와 사회서비스의 시장진입장벽을 낮추었다. 즉, 2007년 이후 사회서비스시장과 노인요양서비스시장을 형성하기 위하여 민간조직의 시장진입장벽을 낮추었다. 즉, 노인장기요양서비스나 지역사회서비스사업이 초기 모든 민간조직들의 시장진입을 허용하였지만, 조직 간 경쟁을 통한 질 향상이라는 목적이 실현되지 않고 민간조직들의 자기이익실현을 위한 활동으로 서비스비용과다청구 및 무분별한 이용자확보경쟁, 기준이하의 서비스제공기관난립 등의 문제점들이 나타나자 시장진입 규제를 통하여 일정한 수준의 서비스내용과 품질의 유지 및 제공되도록 정책적 전환이 일어난 것이 대표적이다.

공공제공모델에서 규제는 서비스 전 영역에 대한 국가의 직접적 규제가 가능한 영역이다. 특히 국가는 서비스의 질을 포함하여 전달의 내용 및 전달의 과정과 전달결과의 전 영역에 대한 규제를 통하여 서비스의 형평성 및 효과성 그리고 대상자들의 권리성을 담보할 수 있도록 하는 규제가 중요하다. 하지만 우리나라의 경우 사회복지전달에 있어 국가의 규제는 재정지출의 효율성을 규제하는 것이 핵심이다. 특히, 이를 위한 방안으로 최근 정부는 정보전산망을 통한 자격심사와 이중서비스지원 등과 같은 서비스대상자들에 대한 규제를 강화하고 있다.

결론적으로, 사회복지전달체계에 대한 규제는 비영리조직에 대한 평가 및 인증제도의 확대가 주된 방향이고 시장화가 진행된 돌봄 영역을 포함한 사회서비스영역에서의 규제는 최소품질기준의 적용여부에 대한 규제가 핵심이다. 특히 우리나라의 사회복지전달에 있어 규제는 주로 조직에 대한 또는 사업에 대한 재정적 통제권강화가 목적임으로 비영리조직의 조직발전을 목적으로 하는 성과관리나 민-관의 협력과 조정을 통한 효과적인 자원배분을 강화하는 규제 그리고 이용자들의 권리향상 및 서비스품질개선을 위한 국가적 차원에서의 규제와는 거리가 있다.

[표 7-3] 한국 사회복지전달체계 규제의 특징

모델의 유형	특징	내용
비영리제공모델	비영리기관과 국가가 서비스의 내용과 질을 공동으로 규제	비영리기관이 제공되는 서비스의 내용과 질을 직접적으로 규제하며 국가는 간접적인 방식으로 시설평가를 통해 기관을 규제
혼합시장모델	시장에 참여한 기관들이 스스로 서비스의 내용과 질을 규제하며 국가는 간접적인 방식으로 규제	시장이 자율적으로 사회복지의 양 및 내용 그리고 질을 규제할 수 있도록 하는 시장의 직접적 규제방식과 국가가 시장의 진입장벽 및 서비스의 내용과 질을 다양한 방안으로 간접적으로 규제하는 방식의 혼합형태
공공제공모델	국가가 서비스의 내용과 질을 규제하기 보다 대상자들을 규제	국가가 서비스의 내용과 서비스의 품질을 유지 보전하기 위해 직접적인 방식으로 규제하기보다 정보전산망을 통해 서비스의 질과는 상관없는 대상자들의 정보를 중심으로 재정지출에 대한 규제

결국, 우리나라의 경우는 사회복지전달에 있어 국가가 조직 간의 신뢰나 참여를 강조하기보다 비영리조직인 대리인에 대한 통제와 감독강화를 통해 비영리조직의 결과와 재정적 책임성을 강화하는 조직관리기법을 활용하고 있고 혼합시장모델을 통해서 선택과 경쟁을 강조하고 있는 실정이다.

셋째, 우리나라의 경우 사회복지전달에 있어 민간과 공공의 관계는 대체관계에서 적대관계로 빠르게 재편되고 있다. 전후 1980년대 까지는 민간부분이 국가의 사회복지전달에 대한 기본적 책임을 대신하여 서비스를 전달하는 보완관계가 지배적이었다. 보완관계는 국가가 사회복지의 국가적 책임성을 인지하지 못한 복지국가 형성기 이전을 설명하며 이 기간 동안에 국가는 최소수준의 사회복지서비스만을 전달하고 대부분의 사회복지서비스는 재정적으로 국가로부터 도움을 받지 않고 원조나 기부 등 자립적으로 전달체계를 갖춘 민간시설에서 사회복지전달을 책임지는 경우가 많았다.

1980년부터 2000년대까지의 시기는 사회복지에 대한 국가적 책임성이 한층 강화된 시기로, 국가가 비영리조직에게 사회복지전달을 위임하여 민간과 공공조직 사이에는 민간부분이 공공부분을 대체하는 대체관계가 형성된다. 그리고 2000년 중반 이후 현재까지의 한국 사회복지전달에 있어 민간과 공공의 관계는 시민운동의 발전으로 국가의 사회복지정책에 대한 시민운동조직들의 감시와 주민중심의 욕구분출을 해결하기 위한 다양한 주민중심의 행동들이 공공과 민간조직 특히, 비정부복지시민조직 사이에 긴장과 갈등이 형성되도록 하였으며 또한 사회복지전달에 있어 상업화의 도입으로 민간조직과 공공조직 그리고 민간조직들 사이에 치열하게 이용자를 확보하기 위한 경쟁이 강조되는 적대관계로 발전하게 되었다. 또한 2000년대 이후 도입된 사회복지서비스영역의 상업화는 공공부분의 민간부분에 대한 규제와 통제를 시장을 통하여 강화한다는 것을 의미한다. 상업화는 정부가 민간비영리조직을 사회복지전달의 동반자 및 협력파트너로 인식하기보다는 지속적으로 규제하여야 하는 감독과 감시의 대상으로 바라본다는 점을 의미한다.

이상과 같은 연구결과에 기초하여 민관협력의 바람직한 한국형 사회복지전달체계를 구축하기 위한 정책방향을 제언하면 아래와 같다.

첫째, 조직의 이익과 지나친 경쟁을 유발하여 사회복지전달을 왜곡하는 기관과 기관 사이의 적대관계는 청산되어야 한다.

민간조직들에게 이익추구를 인정하는 상업화가 한국사회복지전달의 민간과 공공의 관계를 적대관계로 전환시키는데 큰 역할을 담당하였다. 적대관계는 지나친 경쟁과 조직이기주의를 가져다주어 민간조직들 사이에 그리고 공공과 민간조직들 사이에 협력과 조정을 통한 사회복지전달을 어렵게 하는 요인이 된다. 현대 사회는 복잡하고 다양한 사회문제의 지속적인 확대로 인하여 그에 대처하는 방안 역시 단편적이고 일회적인 방안보다는 통합적이고 종합적인 해결방안이 필요하며 이에 대한 대처는 한 조직만이 완전한 해결방안을 내놓을 수 없음으로 통합적인 서비스전달을 통해 극복되어야 하고 통합적 서비스전달은 기본적으로 조직과 조직사이에 신뢰를 바탕으로 하는 협력과 서비스조정을 통해 이루어질 수 있음으로 국가와 민간조직들이 상호간에 협력과 조정을 통한 통합적 서비스가 제공될 수 있도록 사회복지영역에서 민간영리조직에 대한 시장진입장벽을 높여야 한다. 보다 바람직한 방법은 경쟁보다는 협력과 조정이 강조될 수 있도록 사회복지전달체계를 형성하도록 하는 정책적 시도들 예를 들어 민-관, 또는 민-민간의 협력적 의사소통의 네트워크를 강조하고, 궁극적으로는 혼합시장이나 준시장 시장 자체를 폐지하고 시장 이외에 다른 자원할당양식을 도입하는 것이 필요하다.

둘째, 민과 관의 관계에 있어 지나친 경쟁과 갈등을 유발하는 적대관계를 극복하기 위하여 신뢰와 참여가 강조되는 신뢰모델과 참여모델 그리고 복지혼합시대에 적합한 모델로 인정되고 있는 공동생산모델 등으로의 전환이 필요하다.

셋째, 우리나라는 사회복지전달에 있어 국가책임이 강조되는 공공제공의 비율이 너무 낮고 취약함으로 국가가 직접 서비스를 제공하는 국가 시설의 대폭적인 확충이 필요하다. 서비스전달의 대부분을 민간조직에게 맡기는 현 혼합시장모델은 국가와 비영리조직 간에 서비스를 보완하며 협력을 통해 서비스가 제공되도록 하는 통합적 서비스제공을 불가능하게 하는 한 요인이다.

본 연구는 첫째, 사회복지전달체계를 규정하고 이해하기 위한 이론들을 비교분석하여 각각의 특징을 명확하게 제시하였다는 점 둘째, 사회복지전달체계의 성격을 규명하기 위한 모형을 비교 분석한 후 이론적 틀과의 연관을 제시하였다는 점 셋째, 사회복지전달체계의 성격규명을 위한 기준에 대한 비교문헌조사를 통해 사회복지전달체계를 분석하기 위한 기준으로 제정, 규제 그리고 제공을 제시하였다는 점 넷째, 사회복지전달체계를 이해할 수 있는 이론과 전달체계 모형 그리고 상대적 비교기준을 적용하여 한국 사회복지전달체계의 성격을 규명하여 향후 한국사회의 사회복지전달의 성격에 대한 연구 및 복지혼합의 성격규명을 위한 연구를 보다 심도있게 유도하고 활성화할 수 있는 가교의 역할을 하였다는 점에 의의가 있다고 할 수 있다.

참고문헌

참고문헌

감사원. 2012. 감사결과보고서: 보육지원시책 추진실태.

강혜규. 2003. 사회복지 전달체계의 현안과 개선과제. 한국사회복지학회. 2003년도 추계학술대회자료집.

강혜규. 2007. 복지전달체계 개편의 과정과 주민생활서비스 전달체계 개편의 의의. 월간 복지동향.

김진욱. 2004. 복지혼합의 모형에 관한 이론적 연구. 연세사회복지연구. 22: 1-31

김진욱. 2007. 한국 사회서비스 공사역할분담 개혁방안에 관한 연구: 공공책임성강화를 전제로 한 공사혼합모델을 중심으로. 한국사회정책. 31: 177-210.

박경숙. 2003. 참여정부 초기의 지방분권화 및 참여복지 정책방향오가 사회복지전달체계 개편과제. 사회복지정책.

박영미. 김경영. 2007. 지방공공복지 전달체계 개편과정에 관한 분석. 지방정부연구.

배응환. 2001. 정책네트워크모형의 행정학연구에 적용탐색. 한국행정연구, 10(3), 258-298.

보건복지가족부·사회서비스관리센터. 2008. 사회서비스 활성화를 위한 품질 및 성과관리체계구축방안, 보건복지가족부.

보건복지부. 2011년 12월 28일 보도자료: 2012년 노인장기요양기관 기획현지조사사전예고제 첫 도입.

보건복지부. 2010. 2010년 보육통계.

보건복지부. 2011. 사회복지시설현황.

보건복지부. 2011. 노인복지시설 현황.

사회적기업가센터. (2002). http://sksecenter.kaist.ac.kr.

서재호. 2008. 기초자치단체의 사회복지서비스 전달체계 개편에 대한 평가-사회복지전달체계의 구성원칙을 중심으로. 한국거버넌스학회.
성균관대학교 산학협력단·보건복지부. 2006. 사회복지시설서비스 최소기준(안) 개발. 보건복지부.
신동면. 2001. 한국의 복지혼합에 관한 연구. 한국사회복지학. 45: 220-249.
이재훈. 2015. 국민건강보험 보장성 및 정책결정구조. 복지동향. 2015. 12: 24-18.
이현주. 정익중. 2012. 아동복지서비스 전달체계의 복지혼합과 공공의 역할 재구축. 한국사회정책. 19(1): 65-94.
이현주. 2001. 공공복지 전달체계에 대한 새로운 대한 모형의 모색. 사회복지연구.
윤영진, 장승옥, 지은구, 김은정. 2009. 사회복지서비스이용자재정지원. 청목출판사.
정완교, 진양수. 2008. "노인장기요양보험제도의 문제점과 개선방향" KDI 정책포럼. 제202호. 한국개발연구원.
지은구. 2003. 지역복지론. 서울: 청목출판사.
지은구. 2005. 사회복지행정론. 서울: 청목출판사.
지은구. 2012. 비영리조직과 성과관리. 나눔의 집
지은구. 2012b. 한국사회복지서비스전달체계의 특성. 민족연구. 51: 203.
지은구. 2010. 사회복지재정연구. 집문당.
지은구. 2009. 사회복지민영화와 노인장기요양보험제도. 한국사회정책. 15,2: 99-143.
지은구. 2006. 자본주의와 사회복지. 청목출판사.
지은구, 조성숙. 2010. 지역사회복지론. 서울: 학지사.
차보현. 2006. 사회복지전달체계의 개편과 발전과제-이론적 배경을 바탕으로. 복지행정논총. 복지행정논총 제 16 집.
최재성. 2005. 사회복지서비스전달체계의 민영화쟁점과 과제: 서비스수요증가와 국가 시장 그리고 가족의 역할분담. 한국사회복지학회. 2005년도 추계학술대회자료집.
한국사회복지관협회. 2012. 전국사회복지관 현황 및 인사동향.
현외성. 2001. 한국사회복지법제론. 양서원.
Adams, J. S. 1965. Inequity in social exchange. Advances in experimental social psychology, 2(267-299).
Adams, C., & Perlmutter, F. 1991. Commercial venturing and the transformation of America's voluntary social welfare agencies. Nonprofit and Voluntary Sector Quarterly, 20(1), 25-38.
Albanese, R., Dacin, M. and Harris, I. 1997. Davis, Schoorman, and Donaldson Reply: The distinctiveness of agency theory and stewardship theory. Academy of Management Review. 22: 20-47.
Alexander, J., Nank, R. and Stivers. and C. 1999. Implications of welfare reform: Do nonprofit survival strategies threaten civil society?. Nonprofit and Voluntary Sector Quarterly. 28(4): 452-475.
Alexander, J. and Weiner, B. 1998. The adoption of the corporate governance

model by nonprofit organizations. NONPROFIT MANAGEMENT & LEADERSHIP. 8(3): 224-242.

Alexander, J. and Nank, R. 2009. Public-nonpublic partnership: Realizing the new public service. Administration & Society, 41(5): 364-386.

Alexander, J. 1999. The Impact of Devolution on Nonprofits: A Multiphase Study of Social Service Organizations. NONPROFIT MANAGEMENT & LEADERSHIP, 10(1): 57-70

Alexander, Jennifer. 1999. The Impact of Devolution on Nonprofit, A Multiphase Study of Social Service Organizations. Nonprofit Management and Leadership 10(1): 57-70.

Alexander, Jennifer, Renee Nank, and Camila Stivers. 1999. Implications of Welfare Reform: Do Nonprofit Survival Strategies Threaten Civil Society? Nonprofit and Voluntary Sector Quarterly 28(4): 452-75.

Alexander, Jeffrey A., and Bryan J. Weiner. 1998. The Adoption of the Corporate Governance Model by Nonprofit Organizations. Nonprofit Management and Leadership 8(3):233-42.

Alford, C. F. 2002. Whistleblowers: Broken lives and organizational power. Cornell University Press.

Allen, N. J., & Meyer, J. P. 1990. Organizational socialization tactics: A longitudinal analysis of links to newcomers′ commitment and role orientation. Academy of Management journal, 33(4), 847-858.

Allen, N. and J. Meyer: 1996, ′Affective, Continuance and Normative Commitment to the Organization: And Examination of Construct Validity′, Journal of Vocational Behavior 49(3), 252-276. doi:10.1006/jvbe.1996.0043

Argryis, C. 1964. Intergrating the individual and the organization. New York: Wiley

Argryis, C. 1973a. Organization man: Rational and self actualizing. Public Administration Review, 33(July/August): 354-357.

Argryis, C. 1973b. Some limits of rational man organizational theory. Public Administration Review, 33(May/June): 253-267.

Arrow, K. J. 1963. Social choice and individual values, 2nd edn. New Haven: Yale University Press.

Ascoli, U., & Ranci, C. 2002. Dilemmas of the welfare mix: The new structure of welfare in an era of privatization. Springer Science & Business Media.

Aspen Institute. 2001. http://www.aspeninstitute.it.

Ascolil, U. and C, Rancil(eds.) 2002. Dilemmas of The Welfare Mix. New York: Kluwer Academic/Plenum Publisher.

Backman, Elaine V., and Steven Rathgeb Smith. 2000. Healthy Organizations, Unhealthy Communities? Nonprofit Management and Leadership 10(4): 355-73.

Barber, G., Slavin, S., & Barnett, S. 1983. Impact of Reagan economics on social services in the private sector. Urban and Social Change Review, 16(1), 27-32.

Barber, B. R., 1984. Strong Democracy: Participatory Politics for a New Age. Berkeley: University of California Press.

Becker, G. S. 1985. Public Policies, Pressure Groups, and Dead-weight Costs. Journal of Public Economics. 28,3: 329-347.

Besley, T. 2002. Making government responsive. Public Service Productivity. HM Treasury.

Bovaird, T. 1994. Managing urban economic development: learning to change or the marketing failure? Urban Studies, 31,4/5: 573-603.

Bovaird, T. 1996. The political economy of performance measurement. In Halachmi, A. & Bouckaert, G. Organizational performance and measurement in the public sector: Toward service, effort, and accomplishment reporting. London: Quorum Books.

Box, Richard. 1998. Citizen Governance. Thousand Oaks, CA: Sage Publications.

Box, R. C. 1999. Running government like a business implications for public administration theory and practice. The American Review of Public Administration, 29(1), 19-43.

Box, R. C., Marshall, G. S., Reed, B. J., & Reed, C. M. 2001. New public management and substantive democracy. Public Administration Review, 61(5), 608-619.

Boyne, Geoge A. 1998a. Public Choice Theory and Local Government: A Comparative Analysis of the UK and the USA. New York: St. Martins's Press.

Bramley, G., Le Grand, J., & Low, W. 1990. How Far is the Poll Tax a'Communitv Charge'? The Implications of Service Usage Evidence. Policy & Politics, 17(3), 187-205.

Brodkin, E. 2007. Bureaucracy redux: Management reformism and the welfare state. JPART. 17:1-17.

Brudney, J. L., & England, R. E. 1983. Toward a definition of the coproduction concept. Public administration review, 59-65.

Bryson, J. M., Crosby, B. C., & Stone, M. M. 2006. The design and implementation of Cross-Sector collaborations: Propositions from the literature. Public administration review, 66(s1), 44-55.

Buchanan, J. M., & Tullock, G. 1962. The calculus of consent (Vol. 3). Ann Arbor: University of Michigan Press.

Buchholz, R. and Rosenthal, S. 2005. Toward a contemporary conceptual framework for stakeholder theory. Journal of Business Ethics, 58: 137-148.

Burchardt, T., Hills, J., & Propper, C. 1999. Private welfare and public policy. London School of Economics and Political Science.

Bush, Richard. 1992. Survival of the Nonprofit Spirit in a For-Profit World. Nonprofit and Voluntary Sector Quarterly 21(4): 391-410.

Carroll, N. 1996. Nonfiction film and postmodernist skepticism.

Carnevale, D. G. 199). Trustworthy government: Leadership and management strategies for building trust and high performance. Jossey-Bass.

Casciaro, T. and Piskorski, M. 2005. Power imbalance, Mutual dependence, and Constraint absorption: A closer look at resource dependence theory. Administrative Science Quarterly, 50: 167-199.

Chapin, L., & DENHARDT, R. (1995). Putting citizens first in Orange Country. Florida: National Civic Review, 84(3).

Coleman, J. S. 1990. Commentary: Social institutions and social theory. American Sociological Review, 55(3), 333-339.

Cooper, Z. and Le Grand, J. 2010. Choice, competition and the political left. Eurohealth, 13,4: 18-20.

Cosier, R. A., & Dalton, D. R. 1983. Equity theory and time: A reformulation. Academy of Management Review, 8(2), 311-319.

Coston, J. M. "A Model and Typology of Government-NGO Relationships." Nonprofit and Voluntary Sector Quarterly, 1998, 27(3): 358-382

Cribb, J. 2000. Agents or Stewards? Contracting with Voluntary Organizations. Policy Quarterly. 2: 11-17

D'Aveni, R. A., & MacMillan, I. C. 1990. Crisis and the content of managerial communications: A study of the focus of attention of top managers in surviving and failing firms. Administrative Science Quarterly, 634-657.

Daniels, R. J., & Trebilcock, M. J., 2005. Rethinking the Welfare State- The prospects for government by voucher. London: Routledge.

Das, T. K., & Teng, B. S. 1998. Between trust and control: Developing confidence in partner cooperation in alliances. Academy of management review, 23(3), 491-512.

Davis, J. H. and Schoorman, F. D. and Donaldson, L. 1997. Toward a stewardship theory of management. Academy of Management Review. 22(1): 20-47.

Denhardt, R. B. 1993. The pursuit of significance: Strategies for managerial success in public organizations. Wadsworth Publishing Company.

Denhardt, J. and Denhardt, R. 2000. The new public service: Serving rather than steering. Public Administration Review. 60(6): 549-559.

Denhardt, J. and Denhardt, R. 2003. The new public service: Serving, not steering. Armonk, NY: M.E.Sharpe.

Denhardt, R. B., & Denhardt, J. V. (2007) The new public service: Serving, not steering. Armonk, NY: M. E. Sharpe

Denhardt, Robert B. 1981. In the Shadow of Organization. Lawrence, KS: Regents Press of Kansas

Denhardt, Robert B., and Joseph E. Gray. 1998. Targeting Community Development in Orange County, Florida. National Civic Review 87(3):227-35

Denhardt, Robert B., and Janet Vinzant Denhardt. 1999. Leadership for Change: Case Studies in American Local Government. Arlington, VA: Price Waterhouse Coopers Endowment for the Business of Government.

Denhardt, Robert B., and Janet Vinzant Denhardt. 2000. The New Public Service: Serving Rather than Steering. Public Administration Review 60(6): 549-59

DeLeon, Linda and Robert Denhardt. 2000. The Political Theory of Reinvention. Public Administration Review 60(2):89-97

Dharwadkar, R., George, G. and Brandes. 2000. Privatization in emerging economies: An agency theory perspective. Academy of Management Review.25(3): 650-669.

Donaldson, L. 1990. The ethereal hand: Organizational economics and management theory. Academy of management Review, 15(3), 369-381.

Donaldson, L. and J. Davis: 1991, 'stewardship Theory or Agency Theory: CEO Governance and Shareholder Returns', Austrailian Journal of Management 16(1), 49-64.

Donaldson, L. and Davis, J. 1991. Stewardship theory or agency theory: CEO Governance and shareholder return. Australian Journal of Management. 16(1): 50-65.

Donaldson, T. and L. Preston: 1995, 'A Stakeholder Theory of the Corporation: Concepts, Evidence, and Implications,' Academy of Management Review 20/1

Dosher, A. 1977. Networks: A key to person-community development. Paper presented to Office of Youth Development. Department of Health, Education, and Welfare, Denver Hearings.

Downs, A. 1957. An economic theory of political action in a democracy. The journal of political economy, 135-150.

Dryzek, J. S. 1990. Discursive democracy. Cambridge University Press.

Eddleston, K. and Kellermanns, F. 2007. Destructive and productive family relationships: A stewardship theory perspective. Journal of Business Venturing, (22): 545-565.

Eisenhardt, K. 1989. Agency theory: An assessment and review. Academy of Management Review. 14(1): 57-74.

Eikenberry, A. and Kluver, J. 2004. The marketization of the nonprofit sector: Civil society at risk?. Public Administration Review. 64(2): 133-140.

Epstein, R. 1990. The Independence of Judges: The Uses and Limitations of Public Choice Theory. Brigham Young University Law Review. 827-855.

Entwistle, T. and Martin, S. 2005. From competition to collaboration in public service delivery: A new agenda for research. Public Administration. 83(1): 233-242.

Entwistle, Tom, and Steve Martin. 2005 From Competition to Collaboration in Public Service Delivery: A New Agenda for Research. Public Administration 83(1): 233-42.

Emerson, R. 1962. Power-Dependence relations. American Sociological Review. 31-41.

Etzioni, A. 1993. The spirit of community: The reinvention of American society.

Feeney, Suzanne. 1997. Shifting the Prism: Case Explications of Institutional Analysis in Nonprofit Organizations. Nonprofit and Voluntary Sector Quarterly 26(4): 489-508.

Fischer, S., & Easterly, W. 1990. The economics of the government budget constraint. The World Bank Research Observer, 5(2), 127-142.

Freeman, R. E. 1984. Strategic management: A stakeholder perspective. Boston: Pitman.

Freeman, E. R. and Phillips, R. A. 2002. Stakeholder theory: A libertarian defense. Business Ethics Quarterly. 12(3): 331-349.

French, J. R., Raven, B., & Cartwright, D. 1959. The bases of social power. Classics of organization theory, 311-320.

Feeney, S. 1997. Shifting the Prism: Case explications of institutional analysis in nonprofit. Nonprofit and Voluntary Sector Quarterly, 26(4): 489-508.

Frey, Bruno S. 1993. Does monitoring increase work effort? The rivalry with trust and loyality. Economic Inquiry 31: 663-70

Froman, L. 1999. The university as learning community. Journal of Adult Development, 6(3), 185-191.

Fox, Charles. 1996. Reinventing Government As Postmodern Symbolic Politics. Public Administration Review 56(3):256-61.

Fox, Charles, and Hugh Miller. 1995. Postmodern Public Administration. Thousand Oaks, CA: Sage Publication

Fox, M. and R. Hamilton: 1994, 'Ownership and Diversification: Agency Theory or Stewardship Thoery', Journal of Management Studies 31(1), 69-81. doi: 10.1111/j.1467-6486.1994.tb00333.x.

Fukuyama, F. 1999. The great disruption: Human nature and the reconstitution of social order (p. 14). New York: Free Press.

Garvey, G. 1993. Improving government performance: An owner's manual. John J. DiIulio, & Donald F. Kettl (Eds.). Brookings Institution Press.

Gazley, B., & Brudney, J. (2007). The purposes (and perils) of government nonprofit partnership. Nonprofit Voluntary Sector Quarterly, 36, 389-415

George, P. 1981 Ideology and the welfare state, unpublished paper delivered to the annual conference of the Social Administration Association, University of Leeds.

George, P. 1985 Towards a two-dimensional analysis of welfare ideologies,Social Policy and Administration, 19:1, 33-45.

Gibson, K.: 2000, 'The Moral Basis of Stakeholder Theory', Journal of Business Ethics 26, 245-257.

Glennerster, H., & Le Grand, J. 1995. The development of quasi-markets in welfare provision in the United Kingdom. International Journal of Health Services, 25(2), 203-218.

Grand, J. Quasi-markets and social policy. The Economic Journal. 101: 1256-1267.

Gingold, D. 2000. New Frontiers in Philanthropy. Fortune. com, July. http://www.timeinc.net/fortune/sections/.

Girdon, B., Kramer, R., and Salamon, L. (1992). Government an the third sector: Emerging Relationships in Welfare States. San Francisco,

California.
Girdon, B., Kramer, R. and Salamon, L. 1992. Government an the third sector: Emerging Relationships in Welfare State. San Francisco: CA: Jersey Bass,
Gilbert, H. and Terrel, P. 2005(6th ed.). Dimensions of social welfare policy. Boston : Allyn and Bacon.
Golembiewski, R. T. 1995. Managing diversity in organizations. University of Alabama Press.
Golembiewski, R. T., & McConkie, M. 1975. The centrality of interpersonal trust in group processes. Theories of group processes, 131, 185.
Goodin, R. E., & Le Grand, J. 1987. Creeping universalism in the Australian welfare state. Not Only the Poor, London: Allen and Unwin.
Granovetter, M. 1983. The strength of weak ties: A network theory revised. Sociological Theory, 1: 201-233.
Granovetter, M. 1985. Economic action and social structure: The problem of embeddedness. American journal of sociology, 481-510.
Graham, J. 1991. Exit, Voice, and Ethics. Journal of Business Ethics, 10: 349-355.
Graham, J. 1999. Competition, Cooperation, or Control? Tales form the british national health service. Health Affairs. 18(3): 28-39.
GrØnbjerg, Kristen, and Steven Rathgeb Smith. 2006. Scope and Theory of Government-Nonprofit Relations. In The Nonprofit Sector: The Research Handbook, edited by Walter W. Powell and Richard Steinberg, 221-42. New Haven, CT: Yale University Press.
Gulick, Luther. 1937. Notes on the Theory of Organization. In Papers on the Science of Administration, edited by L. Gulick and L. Urwick, 1-46. New york: Institute of Government.
Hackler, D. 2003. Invisible Infrastructure and the City The Role of Telecommunications in Economic Development. American Behavioral Scientist, 46(8), 1034-1055.
Hardcastle, D. A., Powers, P. R., & Wenocur, S. 2004. Community practice: Theories and skills for social workers. Oxford University Press, USA.
Heath, J. and Norman, W. Stakeholder theory, corporate governance and public management: What can the history of state-run enterprises teach us in the Post-Enron era? Journal of Business Ethics, 53: 247-265.
Hill, C. and Jones, T. 1992. Stakeholder-agency theory. Journal of Management Studies, 29(2): 132-154.

Hills, J. 2004. Inequality and the State. OUP Oxford.

Hirst, P. Q. 1990. Representative democracy and its limits (p. 4). Cambridge: Polity Press.

Hirschman, A. 1970. Exit, Voice, and Loyalty. Harvard University Press Cambridge, Massachusetts and London, England. 1-150.

Hodgetts, R. M., & Luthans, F. 1993. US multinationals' compensation strategies for local management: Cross-cultural implications. Compensation & Benefits Review, 25(2), 42-48.

Hodgkin, Christopher. 1993 Policy and Paper Clips: Rejecting the Lure of the Corporate Model. Nonprofit Management and Leadership 3(4): 415-28.

Hofstede, G. 1980. Motivation, leadership, and organization: do American theories apply abroad?. Organizational dynamics, 9(1), 42-63.

Hofstede, G., Hofstede, G. J., & Minkov, M. 1991. Cultures and organizations: Software of the mind (Vol. 2). London: McGraw-Hill.

Hood, C. 1991. A public management for all seasons?. Public administration, 69(1), 3-19.

Hood, Christopher. 1995. The "New Public Management" in the Eighties. Accounting, Organization and Society 20(2/3): 93-109

Hudson, N., Galván, G., & Lowe, S. 2004. The effect of loading rate and spatial variability on pond odour emission, Final report for Australian Pork Limited, Project 1628. Department of primary industries, fisheries. Toowoomba, Queensland, Australia.

Hunter, S. and Ritchie, P.(eds). 2007. Co-production and personalization in social care: Changing relationships in the provision of social care. London: Jessica Kingsley Publishers.

Hefetz, Amir, and Mildred E. Warner. 2007. Beyond the Market vs. Planning Dichotomy: Understanding Privatisation and Its Revers in US Cities. Local Government Studies, 33(4): 552-72.

Hershkoff, H. 1999. Welfare Devolution and State Constitutions. Fofdham Law Review. 67(4): 1403-1433.

Jaffee, D. 2001. Organization theory: Tension and change. New York, NY: McGraw-Hill.

Jaffee, David. 2001. Organization Theory, Tension and Change. New York: McGraw-Hill

Jeavons, Thomas H. 1992. When the Management is the Message: Relating Values to Management Practice in Nonprofit Organizations. Nonprofit Management and Leadership 2(4):403-17.

Johnson, N. 1990. The mixed economy of welfare. In A. Ware and R. Goodin(ed.), Needs and welfare. pp. 145-164. Sage: London.

Kaboolian, Linda. 1998. The New Public Management. Public Administration Review 58(3): 189-93.

KÄHKÖNEN, and Av L. 2004. Quasi-markets, competition and market failures in local government services. Kommunal ekonomi och politik, 8(3): 31-47

Kass, H. 1990. Stewardship as Fundamental Element in Images of Public Administration. In Images and Identities in Public Administration, edited by H. Kass and B. Catron, 113-30. Newbury Park, CA: Sage Publications.

Keeley, M., & Graham, J. W. 1991. Exit, voice, and ethics. Journal of Business Ethics, 10(5), 349-355.

Kettl, Donald F. 1993. Sharing Power. Washington, DC: The Brookings Institution.

Kettl, Donald F., and Jon J. DiIulio, eds. 1995. Inside the Reinvention Machine. Washington, DC: The Brookings Institution.

Kettl, Donald F., and H. Briton Milward, eds. 1996. The State of Public Management. Baltimore, MD: Johns Hopkins University Press.

Kettl, D. F. 2000. Public administration at the millennium: The state of the field. Journal of public administration research and theory, 10(1), 7-34.

Keyes, L., Schwartz, A., Vidal, A. and Bratt, R. 1996. Network and nonprofits: Opportunities and challenges in an era of federal devolution. 1996. Housing Policy Debate. 7(2): 201-229.

King, Cheryl Simrell, Kathryn M. Feltey, and Bridget O'Neill. 1998. The Question of Participation in Public Administration. Public Administration Review. 58(4): 317-26.

King, C., Stivers, C., Simrell King., Stivers, C., Nank, R., Hummel, R etal. (1998). Government is us: Public administration in an anti-government era. Thousand Oaks, CA: Sage.

King, Cheryl, and Camilla Stivers. 1998. Government Is Us: Public Administration in an Ani-government Era. Thousand Oaks, CA: Sage Publications.

Knoke, D., & Yang, S. 2008. Social network analysis (Vol. 154). Sage.

Kochan, T. and Rubinstein, S. 2000. Toward a stakeholder theory of the firm: The saturn partnership. Organization Science, 11(4): 367-386.

Kooiman, J. (Ed.). 1993. Modern governance: new government-society interactions. Sage.

Korsgaard, M. A., Schweiger, D. M., & Sapienza, H. J. 1995. Building commitment, attachment, and trust in strategic decision-making teams: The role of procedural justice. Academy of Management journal, 38(1), 60-84.

Koven, S. G., & Hadwiger, D. F. 1992. Consolidation of rural service delivery. Public Productivity & Management Review, 315-328.

Kramer, R. (1981). Voluntary Agencies in the Welfare State, University of California Press, Berkeley, California.

Kramer, R. A. 1990. U.S. Patent No. 4,945,412. Washington, DC: U.S. Patent and Trademark Office.

Kramer, R., Lorentzen, H., Melief, W., and Pasquinelli, S. (1993). Privatization in Four European Countries: Comparative Studies in Government, Third Sector Relationships, M. E. Sharpe, New York

Kramer, Ralph M. 1981. Voluntary Agencies in the Welfare State. Berkeley: University of California Press

Kuhnle, S., & Selle, P. 1990. Meting Needs in a Welfare State: Relations between Government and Voluntary Organizations in Norway. Needs and welfare, 165-184.

Lappé, F. M., & Du Bois, P. M. 1994. The Quickening of America: Rebuilding Our Nation, Remaking Our Lives. Jossey-Bass, Inc., 350 Sansome Street, San Francisco, CA 94104.

Lawler III, E. E. 1986. High-Involvement Management. Participative Strategies for Improving Organizational Performance. Jossey-Bass Inc., Publishers, 350 Sansome Street, San Francisco, CA 94104.

Lawler III, E. E. 1992. The ultimate advantage: Creating the high-involvement organization.

Leadbetter, C. 2006 www.charlesleadbeater.net/.

Le Grand, J. 1991. Quasi-markets and social policy. The Economic Journal, 101(408), 1256-1267.

Le Grand, J. 2007. The other invisible hand. Delivering Public Services through Choice and Competition, Princeton/New Jersey.

Le Grand, J. 2011. Quasi-market verse state provision of public services: some ethical considerations. Public Reason. 3(2): 80-89.

Le Grand, J. 2002. Models of public service provision: command and control, networks or quasi-markets? Public Service Productivity. HM Treasury.

Le Grand, J. and Bartlett, W. (eds.). 1993. Quasi-markets and social policy. Macmillan, London.

Le Grand, Julian. 1995. The development of quasi markets in welfare provision on the U. K. International Journal of Health Service, 25, 2: 203-218.

Le Grand, J. and Robinson, R. 1984. Privatization and the welfare state. London: George Allen & Unwin.

Ledyard, J. O. 1991. Market failure. In The World of Economics (pp. 407-412). Palgrave Macmillan UK.

Leibenstein. H. 1966. Beyond economic man. Massachusetts: Harvard University Press.

Lewicki, R. J., McAllister, D. J., & Bies, R. J. 1998. Trust and distrust: New relationships and realities. Academy of management Review, 23(3), 438-458.

Lipsky, M. 1980. Street Level Bureaucracy: Dilemmas of the Individual in Public Services. Russell Sage Foundation, New York, NY.

Lipsky, M. 1991. The paradox of managing discretionary workers in social welfare policy. The sociology of social security, 212-28.

Lin, N., Cook, K. S., & Burt, R. S. (Eds.). 2001. Social capital: Theory and research. Transaction Publishers.

Lin, N. 2008. A network theory of social capital. The handbook of social capital, 50, 69.

Lowery, D. 1998. Consumer sovereignty and quasi-market failure. J-PART. 8,2: 137-172.

Macneil, I. R. 1980. Power, contract, and the economic model. Journal of Economic Issues, 14(4), 909-923.

Manz, C. C. 1986. Self-leadership: Toward an expanded theory of self-influence processes in organizations. Academy of Management review, 11(3), 585-600.

Manz, C. C., & Sims, H. P. 1990. Super-leadership. Berkley Publishing Group.

Martimort, D. 2008. Contract theory. The New Palgrave Dictionary of Economics(2nd ed.). London: Oxford University Press.

Martynov, A. 2009. Agents or Stewards? Linking managerial behavior and moral development. Journal of Business Ethics. 90:239-249

Maslow, A. 1970. The farther reaches of the human mind. New York: The Viking.

Massey, D. 1993. Power-geometry and a progressive sense of place. Mapping the futures: Local cultures, global change, 1, 59-69.

Mayer, R. C., Davis, J. H., & Schoorman, F. D. 1995. An integrative model of organizational trust. Academy of management review, 20(3), 709-734.

McClelland, D. C. 1974. Proceedings: Drinking as a response to power needs in man. Psychopharmacology bulletin, 10(4), 5.

McClelland, D. C. 1975. Power: The inner experience. Irvington.

McClelland, D. C., & Burnham, D. H. 1976. Power is the Great Motivator. Harvard business review, 54(2), 100-110.

McGregor, J. L., Clemetson, K. J., James, E., Luscher, E. F., & Dechavanne, M. 1980. Characterization of human blood platelet membrane proteins and glycoproteins by their isoelectric point (pI) and apparent molecular weight using two-dimensional electrophoresis and surface-labelling techniques. Biochimica et Biophysica Acta (BBA)-Biomembranes, 599(2), 473-483.

McKinley, W., & Mone, M. A. 2003. Micro and macro perspectives in organization theory: A tale of incommensurability. The oxford handbook of organization theory, 345-372.

McSwite, O.C. 1997. Legitimacy in Public Administration: A Discourse Analysis. Thousand Oaks, CA: Sage Publications.

Meyer, J. and N. Allen: 1984, 'Testing the Side-Bet Theory of Organizational Commitment: Some Methodological Considerations', The Journal of Applied Psychology 69(3), 372-378. doi:10.1037/0021-9010.69.3.372

Mitchell, R. K., Agle, B. R., & Wood, D. J. 1997. Toward a theory of stakeholder identification and salience: Defining the principle of who and what really counts. Academy of management review, 22(4), 853-886.

Mohr, J., & Spekman, R. 1994. Characteristics of partnership success: partnership attributes, communication behavior, and conflict resolution techniques. Strategic management journal, 15(2), 135-152.

Muellar, D. 2008. "Public Choice: An introduction." in Readings in Public Choice and Constitutional Political Economy. 31-46.

Meynaud, A., Grand, M., Belleville, M., & Fontaine, L. 1975. Effet du naphtidrofuryl sur le métabolisme énergétique cérébral chez la souris. Therapie, 30, 777-788.

Meyer, J. and N. Allen: 1991, 'A Three-Component Conceptualization of Organizational Commitment', Human Resource Management Review 1(1), 61-89. doi:10.1016/1053-4822(91)90011-Z.

Meyer, J. and N. Allen: 1997, Commitment in the Work Place: Theory, Research, and Application (Sage, Thousand Oaks, CA).

Miller, D. S. 1990. Internal flow system. BHRA.

Morrison, E. W. 1994. Role definitions and organizational citizenship behavior: The importance of the employee's perspective. Academy of management journal, 37(6), 1543-1567.

Mowday, R. T., Porter, L. W., & Steers, R. 1982. Organizational linkages: The psychology of commitment, absenteeism, and turnover.

Murray, C. A. 1984. Losing ground: American social policy, 1950-1980. Basic books.

Musgrave, R. 1997. Devolution, Grants, and Fiscal Competition. Journal of Public Economics. 11(4): 65-72.

Najam, A. 2000. The fore Cs of government-third sector relations: Cooperation, confrontation, Complementary, Co-optaton. Research Report Series #25. The Sustainable Development Policy Institute.

Nathan, Richard. 1996. The "Nonprofitization Movement" as a Form of Devolution. In Capacity for Change? The Nonprofit World in the Age of Devolution. 1-47. Bloomington, IN: Indiana University Press.

Netten, A. and Davies, B. 1990. The social production of welfare and consumption of social services. Jnl Publ. 10(3): 331-347.

Nelissen, Nico, Marie-Louise Bemelmans-Videc, Arnold Godfroij, and Peter deGoede. 1999. Renewing Government. Utrecht, Netherlands: International Books.

Nesslein, T. S. 2003. Markets versus planning: an assessment of the Swedish housing model in the post-war period. Urban Studies, 40(7), 1259-1282.

Niven, I., Zuckerman, H. S., & Montgomery, H. L. 2008. An introduction to the theory of numbers. John Wiley & Sons.

O'Connor, J. 1973. The fiscal crisis of the state. New York, NY: St. Martin's Press.

O'Reilly, C. A., & Chatman, J. 1986. Organizational commitment and psychological attachment: The effects of compliance, identification, and internalization on prosocial behavior. Journal of applied psychology, 71(3), 492.

Ostrom, E. 2000. Collective Action and the Evolution of Social Norms. Journal of Economic Perspectives, 14(3): 137-158

Parks, R. B., Baker, P. C., Kiser, L., Oakerson, R., Ostrom, E., Ostrom, V., Percy, S. L., Vandivort, M. B., Whiataker, G. P. and Wilson, R. (1981) Consumers as Co-producers of Public Services: Some Economic and Institutional Considerations, Policy Studies Journal. 9 pp1001-11. Reprinted in

McGinnis, M. ed. (1999) Local Public Economies: Reading from the Workshop in Political Theory and Policy Analysis. Ann Arbor, MI: University of Michigan Press.

Parks, C. D., & Sanna, L. J. 1999. Group performance and interaction. Westview Press.

Paul, S. 1992. Accountability in public services: Exit, Voice and Control. World Development, 20(7): 1047-1060.

Perrow, C. (1986). Economic theories of organization. Thecry and society, 15(1), 11-45.

Perry, M. E. 1994. The specialised structure of crypt epithelium in the human palatine tonsil and its functional significance. Journal of anatomy, 185(Pt 1), 111.

Perry, J. L., & Wise, L. R. 1990. The motivational bases of public service. Public administration review, 367-373.

Pesqueux, Y. and Danmak-Ayadi, S. 2005. Stakeholder theory in perspective. Corporate Governance, 5(2): 5-21.

Pestoff, V. 2006. Citizens and co-production of welfare services. Public Management Review. 8(4): 503-519.

Peters, B. G. 1996. The future of governing: Four emerging models. Lawrence, KA: University Press of Kansas.

Peters, B. G. 1998. Managing horizontal government: The politics of co-ordination. Public Administration. 76: 295-311.

Peters, B. and Pierre, J. 1998. Governance without government?: Rethinking public administration. J-PART, 8(2): 223-243.

Peters, G. (1994) Alternative Models of Governance: The Changing State of Public Service. Paper presented at the IPSA Congress, RC27, August, Berlin. Published (1996) as The Future of Governing Four Emerging Models, Lawrence, KS: University Press of Kansas

Pesqueux, Y., & Damak-Ayadi, S. 2005. Stakeholder theory in perspective. Corporate Governance: The international journal of business in society, 5(2), 5-21.

Pfeffer, J., and G. R. Salancik. 1978. The External Control of Organizations: A Resource Dependence Perspective. New York: Harper and Row.

Pfeffer, J., and G. R. Salancik. 2003. The External Control of Organizations: A Resource Dependence Perspective, 2d ed. Stanford, CA: Stnaford University Press.

Pollitt, C. 1990. Managerialism and the public services: The Anglo-American experience. Basil Blackwell.

Pollitt, C., & Bouckaert, G. 2000. Public management reform: A comparative perspective. In Notes form supporting the international conference on modernization and state reform. Rio de Janeiro (Vol. 13).

Portes, A., & Sensenbrenner, J. 1993. Embeddedness and immigration: Notes on the social determinants of economic action. American journal of sociology, 1320-1350.

Post, D. A., & Jakeman, A. J. 1996. Relationships between catchment attributes and hydrological response characteristics in small Australian mountain ash catchments. Hydrological Processes, 10(6), 877-892.

Porter, L. W., Steers, R. M., Mowday, R. T., & Boulian, P. V. 1974. Organizational commitment, job satisfaction, and turnover among psychiatric technicians. Journal of applied psychology, 59(5), 603.

Powell, W. W. 1990. The Transformation of Organizational Forms: How Useful Is Organization Theory-f-1 in Accounting for Social Change?!!. Beyond the marketplace: Rethinking economy and society, 301.

Pozorski, Carilu. 2000. Social Venture Partners: "Venture Capital" Grantmaking in Practice. Grantmanship Center Magazine, Fall, 24-64

Pratt, A. C. 1997. The cultural industries production system: a case study of employment change in Britain, 1984–91. Environment and planning A, 29(11), 1953-1974.

Provan, K. and Huang, K. 2006. Resource tangibility and patterns of interaction: A longitudinal network analysis. Working Paper Series. January. Federal Reserve Bank of Boston.

Putnam, Robert. 1995. Bowling Alone. Journal of Democracy 6(1): 65-78

Putnam, R. 2000. Social Capital Community Benchmark Survey. In Unpublished paper. Harvard University, Saguaro Seminar of the John F. Kennedy School of Government.

Rabin, Jack W., Bartley Hildreth, and Gerald J. Milner, eds. 1998. Handbook of Public Administration. 2nd ed. New York: Marcel Dekker.

Racine, D. P. 1995. The welfare state, citizens, and immersed civil servants. Administration & Society, 26(4), 434-463.

Ranci, C. 2002. The mixed economy of social care in Europe. In Dilemmas of the welfare mix (pp. 25-45). Springer US.

Reisch, M. and Sommerfeld, D. 2003. Welfare Reform and the Future of Nonprofit Organizations. NONPROFIT MANAGEMENT & LEADERSHIP, 14(1): 19-46

Romzek, B. S. 1990. Employee investment and commitment: The ties that bind. Public Administration Review, 50(3), 374-382.

Rosenman, Mark, Kristin Scotchmer, and Elizabeth Van Benschoten. 1999. Morphing Into the Market: The Danger of Missing Mission. Washington, DC: Aspen Institute.

Ross, J. R. 1967. Constraints on variables in syntax.

Rowley, T. 1997. Moving beyond dyadic ties: A network theory of stakeholder influences. Academy of Management Review. 22(4): 887-910

Ryan, W. P., Letts, C. W., & Grossman, A. 1999. High performance nonprofit organizations: Managing upstream for greater impact.

Salamon, L. M. (1987). Of market failure, voluntary failure, and third party government. Journal of Voluntary Action Research, 16(1), 29-49

Salamon, L. M. 1994. The rise of the nonprofit sector. Foreign Affairs, 73(4): 109-122.

Salamon, L. M. 1995. Partners in public service. Baltimore: The Johns Hopkins University Press.

Salamon, L. M. "Partners in Public Service: The Scope and Theory of Government-Nonprofit Relations" In The Nonprofit Sector: A Research Handbook, edited by Walter W. Powell. Pages 99-117. New Haven: Yale University Press., 1987

Salamon, L. M. 1997. Holding the center: America's nonprofit sector at a crossroads. Nathan Cummings Foundation.

Salamon, L. M. 1999. The nonprofit sector at a crossroads: The case of america. International Journal of Voluntary and nonprofit organizations. 10(1): 6-23.

Salamon, L. M. and Hems, L. C. Chinnock, K. 2000. The Nonprofit Sector: For What and for Whom?. Working Papers of The Johns Hopkins Comparative Nonprofit Sector Project. 1-31.

Salamon, L. M. 2002(ed). The tools of government: A guide to the new governance. London: Oxford University Press.

Salamon, L. M. 2012(ed). The state of nonprofit America(2nd ed.).Washington, D.C.: Brookings Institution Press.

Salamon, L. M., & Anheier, H. K. 1998. The Emerging Sector Revisited: A Summary; Revised Estimates.

Salamon, L. M. and Sokolowski, S. 2005. Nonprofit organizations: new insights from qcew data. Monthly Labor Review September.

Salamon, Lester M. 1993. The Marketization of Welfare: Changing Nonprofit and For-Profit Roles in the American Welfare State. Social Service Review 67(1):16-39.

Salamonm Lester M., ed. 2002. The Tools of Government: A Guide to the New Governance. New York: Oxford University Press.

Salancik, G. R., & Meindl, J. R. 1984. Corporate attributions as strategic illusions of management control. Administrative science quarterly, 238-254.

Salancik, G. 1995. WANTED: A Good Network Theory of Organization. Administrative Science Quarterly. 40:345-349.

Savas, E. S. 1982. Privatizing the public sector: How to shrink government. Chatham house publishers.

Savas, E. H. 2000. Privatization and public private partnerships. New York: Chatham House Publishers.

Schwartz, H. 2009. Public choice theory and public choices: Bureaucrats and state reorganization in Australia, Denmark, New Zealand, and Sweden in the 1980s. Administration & Society. 26(1): 48-77.02

Scott, D., & McBoyle, G. 2001. Using a 'tourism climate index'to examine the implications of climate change for climate as a tourism resource. In Proceedings of the first international workshop on climate, tourism and recreation (pp. 69-88). Freiburg,, Germany: Commission on Climate, Tourism and Recreation, International Society of Biometeorology.

Selznick, Phillip. 1992. The Moral Commonwealth. Berkeley, CA: University of California Press.

Semel, Rita R. 2000. Collaboration: The Key to Effective Philanthropy. Chronicle of Philanthropy, December 14, 13, 38.

Seppänen, J. T., Forsman, J. T., Mönkkönen, M., & Thomson, R. L. 2007. Social information use is a process across time, space, and ecology, reaching heterospecifics. Ecology, 88(7), 1622-1633.

Sethi, Rajiv. 2010. "The Astounding Voice of Albert O. Hirschman."

Sharp, E. B. (1980) Towards a New Understanding of Urban Services and Citizen Participation: The Co-production Concept, Midwest Review of Public Administration. 14: June pp105-18.

Sillman, S. 1991. A numerical solution for the equations of tropospheric chemistry based on an analysis of sources and sinks of odd hydrogen. Journal of Geophysical Research: Atmospheres, 96(D11), 20735-20744.

Skloot, E. 1999. Evolution or extinction: A strategy for nonprofits in the marketplace. Nonprofit and Voluntary Sector Quarterly. 29(2): 315-324.

Skloot, Edward. 2000. Evolution or Extinction: A Strategy for Nonprofit in the Marketplace. Nonprofit and Voluntary Sector Quarterly 29(2): 315-24.

Smith, S. 2008. The challenge of strengthening nonprofits and civil society. Public Administration Review.

Staw, B. M., McKechnie, P. I., & Puffer, S. M. 1983. The justification of organizational performance. Administrative science quarterly, 582-600.

Steinberg, R., & Young, D. R. 1998. A comment on Salamon and Anheier's "social origins of civil society". Voluntas: International Journal of Voluntary and Nonprofit Organizations, 9(3), 249-260.

Stivers, Camilla. 1993. Gender Images in Public Administration. Thousand Oaks, CA: Sage Publication.

Stivers, Camilla. 1994. The Listening Bureaucrat: Responsiveness in Public Administration. Public Administration Review, 54(4): 364-69.

Stoker, G. 1998. Governance as theory: five propositions. Unesco, 1998.

Swanstrom, Todd. 1999/ The Nonprofitization of United States Housing Policy: Dilemmas of Community Development. Community Development Journal 34(1): 28-37.

Taylor, M. and Bassi, A. 1998. Unpacking the state: The implications for the third sector of changing relationships between national and local government. Voluntas, 9(2): 113-136.

Taylor, M. and Lansley, J. 1992. Ideology and welfare in the UK: The implications for te voluntary sector. Voluntas, 3(2): 153-174.

Terry, P. 1995. The efficacy of mood state profiling with elite performers: A review and synthesis. Sport Psychologist, 9, 309-309.

Terry, L. D. 1998. Administrative leadership, neo-managerialism, and the public management movement. Public Administration Review, 194-200.

Tollison, R. D. (1997). "Rent seeking," in Mueller, D. C. (ed.) Perspectives on Public Choice. Cambridge: Cambridge University Press, pp. 506-525.

Van Slyke, D. M. (2007). Agents or stewards: Using theory to understand the government-nonprofit social service contracting relationship. Journal of Public Administration Research and Theory, 17, 157-187

Vallejo, M. 2009. The effects of commitment of non-family employees of family firms from the perspective of stewardship theory. Journal of Business Ethics, 87: 379-390.

Van Slyke, D. M. 2007. Agents or stewards: Using theory to understand the government-nonprofit social service contracting relationship. Journal of Public Administration Research and Theory. 17(2): 157-187.

Van Slyke, David. 2007. Agents or Stewards: Using Theory to Understand the Government-Nonprofit Social Service Contracting Relationship. Journal of Public Administration Research and Theory 17(2): 157-88.

Vickers, J., & Yarrow, G. (1988). Regulation of privatised firms in Britain. European Economic Review, 32(2), 465-472.

Vinzant, J. C., Denhardt, J. V., & Crothers, L. 1998. Street-level leadership: Discretion and legitimacy in front-line public service. Georgetown University Press.

Walsh, J. P., & Ungson, G. R. 1991. Organizational memory. Academy of management review, 16(1), 57-91.

Ware, A. and Goodin, R.(ed) 1990. Needs and welfare. London: Sage.

Wagner, David. 2000. What's Love Got to Do With It? A Critical Look at American Charity. New York: New York Press

Walden, G. I. 2006. Who's watching us now? The nonprofit sector and the new government by surveillance. Nonprofit and Voluntary Sector Quarterly, 35(4), 715-720.

Warner, M. 2002. Applying market solutions to public services an assessment of efficiency, equity, and voice. Urban affairs review, 38(1): 70-89.

Warner, M. and Hefetz, A. 2008. Managing markets for public service: The role of mixed public-private delivery of city services. Public Administration Review. 157-166.

Warner, Mildred E., and Germa Bel. 2008. Competition or Monopoly? Comparing U.S. and Spanish Privatization. Public Administration 86.

Wasserman, S., & Faust, K. 1994. Social network analysis: Methods and applications (Vol. 8). Cambridge university press.

Waterman, R. W., & Meier, K. J. 1998. Principal-agent models: an expansion?. Journal of public administration research and theory, 8(2), 173-202.

Wasserman, S., Faust, K., & Galaskiewicz, J. 1990. Correspondence and canonical analysis of relational data. Journal of Mathematical Sociology, 15(1), 11-64.

Wasserman, S., & Galaskiewicz, J. (Eds.). 1994. Advances in social network analysis: Research in the social and behavioral sciences (Vol. 171). Sage Publications.

Weisbrod, B. A. (Ed.). 1977. The voluntary nonprofit sector: An economic analysis. Lexington Books.

Weisbrod, B. A., Handler, J. F., & Komesar, N. K. 1978. Public interest law: An economic and institutional analysis. Univ of California Press.

Wicks, A. C., Gilbert, D. R., & Freeman, R. E. 1994. A feminist reinterpretation of the stakeholder concept. Business ethics quarterly, 4(04), 475-497.

Williamson, O. E. 1993. Calculativeness, trust, and economic organization. The Journal of Law & Economics, 36(1), 453-486.

Woodard, K. L., & Doreian, P. 1994. Utilizing and understanding community service provision networks: a report of three case studies having 583 participants. Journal of Social Service Research, 18(3-4), 1-41.

Young, D. R. (2000). Alternative models of government-nonprofit sector relations: Theoretical and international perspectives. Nonprofit and voluntary sector quarterly, 29(1), 149-172.

Young, D. 2001. The influence of business on nonprofit organizations and the complexity of nonprofit accountability. American Review of Public Administration. 32(1): 3-19.

Young, D. R., & Salamon, L. M. 2002. Commercialization, social ventures, and for-profit competition. The state of nonprofit America, 423-446.

Zapf, W. 1984. Welfare production: Public versus private. Social Indicators Research, 14: 263-274.

http://en.wikipedia.org/wiki/Quasi_market

http://hospitalmaps.or.kr/hm/frhospital/hospital_stat_05.jsp?&s_mid=020500

찾아보기

찾아보기

저자소개

• 지은구. 컬럼비아대학교 사회복지학석사, 뉴욕시립대학교(CUNY) 사회복지학박사.
현 계명대학교 사회과학대학 사회복지학과 교수

• 주요저서

지은구, 2003. 사회복지경제학연구. 청목출판사(문화관광부선정 우수학술도서).
지은구, 2005. 사회복지프로그램개발과 평가. 학지사.
지은구, 2005. 사회복지행정론. 청목출판사.
지은구, 2006. 자본주의와 사회복지. 청목출판사.
지은구. 2006. 사회복지조직연구. 청목출판사.
지은구. 2008. 사회복지평가론. 학현사.
지은구. 2010. 사회복지재정연구. 집문당.
지은구. 2012. 비영리조직 성과관리. 나눔의 집.
지은구. 2012. 비영리조직변화연구. 청목출판사.
지은구. 2013. 사회복지경제분석론. 청목출판사.
지은구. 2014. 사회복지경제와 측정. 도서출판 민주.
지은구 외. 2009. 지역사회복지론. 학지사.
지은구 외. 2009. 사회서비스사례조사연구. 청목출판사.
지은구 외. 2009. 사회복지서비스 재정지원방식. 청목출판사.
지은구 외. 2010. 사회복지서비스의 특성과 이용자재정지원(문화체육부 선정 우수학술도서). 나눔의 집
지은구 외. 2014. 복지국가와 사회통합. 청목출판사.
지은구 외. 2015. 사회복지측정도구개발의 실제. 학지사.
지은구 외. 2015. 노인요양시설과 성과측정. 학지사.
지은구 외. 2015. 최신 사회문제론. 학지사.
지은구 외(공역). 2009. 바우처와 복지국가(학술원 선정 우수학술도서). 학지사.
지은구 외(공역). 2012. 프로그램평가와 로직모델. 학지사.

• 주요논문

Eun-gu Ji. 2006. A study of the structural risk factors of homelessness in 52 metropolitan areas in the U. S. *International Social Work* 49(1): 107-117 외 다수